BIBLIOTECA INDIANA
Publicaciones del Centro de Estudios Indianos (CEI)

Universidad de Navarra
Editorial Iberoamericana

Dirección: Ignacio Arellano y Celsa Carmen García Valdés.
Secretario ejecutivo: Juan Manuel Escudero.
Coordinadora: Pilar Latasa.

Biblioteca Indiana, 10

EL TEATRO
EN LA HISPANOAMÉRICA COLONIAL

IGNACIO ARELLANO
JOSÉ ANTONIO RODRÍGUEZ GARRIDO (EDS.)

Universidad de Navarra • Iberoamericana • Vervuert • 2008

Bibliographic information published by Die Deutsche Nationalbibliothek.
Die Deutsche Nationalbibliothek lists this publication in the Deutsche Nationalbi-
bliografie; detailed bibliographic data are available on the Internet at http://dnb.
ddb.de

Agradecemos a la Fundación Universitaria de Navarra su ayuda en los proyectos de
investigación del GRISO a los cuales pertenece esta publicación.

ISBN 978-84-8489-326-4 (Iberoamericana)
ISBN 978-3-86527-374-1 (Vervuert)

Depósito Legal: M. 54.824-2008
Cubierta: Juan M. Escudero

Impreso en España
Este libro está impreso íntegramente en papel ecológico sin cloro.

PN
2309
T43
2008

ÍNDICE

PRESENTACIÓN

Las contribuciones que componen este volumen son fundamentalmente el resultado del encuentro sobre teatro colonial hispanoamericano que se realizó en la ciudad de Lima entre el 5 y el 7 de abril de 2006, organizado por el Instituto Riva-Agüero de la Pontificia Universidad Católica del Perú y el GRISO (Grupo de Investigación Siglo de Oro) de la Universidad de Navarra. Un significativo grupo de académicos procedentes de diversas instituciones de Europa y América se reunió en aquella ocasión para presentar y discutir sus investigaciones en torno a un campo que empieza a revelarse como uno de los más prometedores en los próximos años. Más allá de los habituales recorridos panorámicos sobre el teatro en la América hispana entre los siglos XVI al XVIII, trabajos como los que aquí se incluyen llaman la atención sobre la necesidad de estudios pormenorizados sobre campos específicos en este dominio: desde el teatro como instrumento de la evangelización o el afianzamiento doctrinal, hasta aquel que sirvió para la expresión de identidades locales. Podría imaginarse en un futuro próximo que algunos de los núcleos temáticos desarrollados en este volumen pudieran convertirse en motivo independiente de nuevos congresos y nuevos libros.

La recolección de trabajos se abre con tres aproximaciones al estudio del teatro escolar en los colegios jesuitas. Julio Alonso Asenjo estudia el *Coloquio a lo pastoril* escrito hacia 1598 en México por el padre Juan Cigorondo con motivo de la elección del padre Francisco Báez como provincial de la Nueva España y del padre Esteban Páez como visitador del Perú, un doble motivo que permite resaltar la construcción apoteósica en el drama jesuítico de las figuras directivas de la orden. Lo sigue el trabajo de Pedro Guibovich Pérez centrado en la investigación sobre el teatro jesuita en el virreinato del Perú, un campo que ha sido menos explorado hasta la fecha que el de la Nueva España, en parte por la mayor dispersión y consiguiente pérdida de los materiales. Por su parte, María Palomar Verea afronta la comparación entre la *Comedia de San Francisco de Borja* del jesuita Matías de Bocanegra, escrita en México para la recepción del marqués de Villena en 1640, y *El gran duque de Gandía*, hallada en Bohemia y atribuida a Calderón por su descubridor y editor Václav Cerny, oponiendo ambas obras al relato hagiográfico de Ribadeneira que les dio origen.

Más allá del ámbito específicamente jesuita, el teatro religioso del siglo XVI es también motivo del trabajo de Margaret Greer, centrado en el análisis del símbolo de la caza (un motivo que tendría posteriormente un rico desarrollo en la obra de Calderón) en uno de los más complejos coloquios elaborado por González de Eslava, el coloquio decimosexto llamado *El bosque divino*.

El siguiente núcleo de trabajos lo componen las contribuciones de Claudia Parodi y Beatriz Aracil Varón, dedicadas al estudio de las manifestaciones del teatro religioso en lengua indígena escrito, ya sea en náhuatl o en quechua, durante el siglo XVII. Claudia Parodi reseña las adaptaciones en lengua náhuatl que Bartolomé Alva Ixtlixóchitl hizo de obras de Lope y Calderón, y se centra particularmente en *El gran teatro del mundo* y en la particular conversión al mundo americano hecha por Alva Ixtlixóchitl del auto calderoniano. Por su parte, Beatriz Aracil Varón dedica su atención, de un lado, a reconocer la filiación de la pieza en quechua *Usca Paucar* con el modelo del *exemplum* medieval y, en particular, la historia de Teófilo, así como a precisar la significación de la pieza en el contexto colonial en el que fue concebida.

Otro conjunto lo forman los trabajos destinados a actores y prácticas escénicas. Así, el artículo de Pilar Latasa, centrado en el estudio de la demanda judicial presentada en Lima en el siglo XVII por la comedianta María de Torres contra Diego Muñoz del Castillo por incumplimiento matrimonial, sirve de vehículo para indagar sobre la reputación moral de las mujeres actrices en la sociedad colonial. El empleo del espacio, ya sea en el plano simbólico o en su utilización escénica, guía la reflexión de los siguientes artículos. En relación con *La verdad sospechosa* de Juan Ruiz de Alarcón, dramaturgo oriundo de la Nueva España que encuentra, por ello, un lugar en este volumen, Dalmacio Rodríguez Hernández plantea de qué modo el espacio desempeña una función simbólica ya sea para caracterizar al protagonista o para reforzar la dimensión crítica de la obra. Susana Hernández Araico, por su parte, enfrenta la tarea de explicar el complejo sistema de uso y representación de múltiples espacios en *Los empeños de una casa* de sor Juana Inés de la Cruz, una obra en que la autora, si bien parte de las convenciones de la comedia de capa y espada, explota al máximo las posibilidades del género y del escenario del corral.

Por su parte, el artículo de Carmela Zanelli continúa la indagación sobre la obra teatral de la genial monja mexicana, en este caso mediante el examen de cómo sor Juana se sirve de la representación de un debate o aun del disfraz travestido para conducir al espectador a replantear la representación convencional de la cultura americana.

Otra terna de artículos indaga sobre los modelos y los géneros que sirvieron al desarrollo del teatro en la Hispanoamérica colonial y a sus transformaciones en manos de los dramaturgos locales. Laura Bass inicia esta sección con su aproximación a la comedia *Amar su propia muerte* de Juan de Espinosa Medrano situándola dentro de las prácticas de la *imitatio* barroca y logrando con ello una lectura de la obra como alegoría del ingenio que la vincula al conjunto de la obra de su autor, en particular al celebrado *Apologético en favor de Góngora*. Eduardo Hopkins Rodríguez, por su parte, estudia de qué manera el modelo trágico continúa vigente, a pesar de sus transformaciones, en el teatro colonial peruano a través de textos tan diferentes entre sí como el ya mencionado *Amar su propia muerte* de Espinosa Medrano, *La Rodoguna* de Pedro de Peralta Barnuevo o el *Ollantay,* drama en quechua de discutida autoría. Finalmente, José A. Rodríguez Garrido se centra en el estudio del teatro de Peralta Barnuevo, en particular en su comedia *Triunfos de amor y poder,* como vehículo de participación del intelectual criollo en la esfera del poder colonial, mostrando para ello cómo este autor emplea y transforma los modelos teatrales dominantes en las cortes europeas a principios del siglo XVIII (la ópera, la tragedia, la comedia mitológica).

Frederick Luciani dedica su trabajo a un campo que reclama todavía mayor atención por parte de los investigadores: el de las prácticas teatrales en los conventos de monjas. En su caso, Luciani estudia la *máscara* que forma parte de un festejo completo, representado el 19 de agosto de 1756 en el convento de San Jerónimo de la Ciudad de México para recibir al marqués de las Amarillas, virrey de Nueva España, y su esposa. En dicha máscara, representada por las niñas educandas del convento, el autor del artículo reconoce la expresión de las normas que debían regir el comportamiento dentro del jerárquico mundo conventual, pero también la expresión de tensiones internas. El conocimiento de lo que fue la actividad y la producción teatral en la Audiencia de Charcas se ha visto enriquecido notoriamente en los últimos años por la aparición y posterior publicación de manuscritos de piezas breves escritas en ese ámbito, en particular durante el siglo XVIII. Un grupo de artículos de este libro, elaborados en parte por quienes han contribuido a ello, se hace eco de ese hallazgo o continúa la búsqueda. Andrés Eichmann Oehrli expone los resultados de su reciente investigación en la colección musical del Archivo y Biblioteca Nacionales de Bolivia. A partir del estudio de las partituras y particelas allí conservadas, el investigador desprende la existencia no sólo de música incidental para algunas piezas teatrales reconocibles, sino que también deduce fragmentariamente los textos de varias piezas breves u obras mayores sólo conservadas a través de los testimonios musicales. Miguel Zugasti, por su parte, aporta el estudio de las dos loas incluidas en un impreso capital para el conocimiento de la cultura festiva en la Audiencia de Charcas, pero del que no abundan ejemplares: la *Aclamación festiva* escrita por fray Juan de la Torre, relación del agasajo del que fue objeto el arzobispo de Charcas, fray Diego Morcillo Rubio y Auñón, en su paso por la villa de Potosí camino a asumir el cargo de virrey del Perú al que había sido promovido. Por su parte, Ignacio Arellano se dedica al estudio de los recursos empleados para la producción de situaciones cómicas en el conjunto de piezas breves halladas en el convento de Santa Teresa de Potosí, recuperadas por Eichmann y él mismo en años recientes. Su aproximación revela el rico aprovechamiento en este corpus de medios verbales y signos no lingüísticos, muchos de ellos habituales en el teatro breve hispano de la época, pero también la experimentación con tipos, situaciones y registros lingüísticos locales que son creación del nuevo contexto.

El siguiente conjunto nos vincula con lo que podríamos denominar la «memoria inca» en el teatro colonial peruano. Carlos García Bedoya analiza cómo se representa y se reinterpreta la conquista del Perú y la caída del imperio inca en dos obras asociadas en su gestación a las elites indígenas del período virreinal. Se trata de *La conquista del Perú* de fray Francisco del Castillo, escrita por encargo de la nobleza indígena de Lima en el marco de la celebración en esta ciudad por la coronación de Fernando VI. La otra pieza es la más problemática, en cuanto a la determinación de su origen, *Tragedia del fin de Atahualpa*. Por su parte, Ari Zighelboim enfrenta el estudio de una obra capital de la literatura en quechua del período colonial, el *Ollantay*, para evaluar y discutir la supuesta existencia de un hipotexto de origen inca prehispánico. En su lugar, Zighelboim propone serios indicios que apuntan a reconocer la obra como producto del momento de mayor auge del incaísmo criollo, durante las últimas décadas del dominio español.

Los dos trabajos siguientes nos llevan a la etapa final del teatro colonial, en el momento en que se empiezan a establecer los cambios de paradigma que intentan desarticular la vigencia del teatro barroco en favor del nuevo modelo ilustrado. Margarita Peña analiza una obra escrita y representada en 1796, *La lealtad americana* de Fernando Gavila, drama histórico construido sobre el respeto de las unidades clásicas que tiene como fondo los ataques del pirata Morgan a Panamá y que fuera escrita en el contexto del mecenazgo del virrey marqués de Branciforte. A su vez, Dalia Hernández Reyes estudia los concursos de teatro promovidos por el *Diario de México* entre 1805 y 1808 destinados a provocar una transformación en la producción teatral de la Nueva España hacia el modelo neoclásico, aunque lo hicieran privilegiando un género en apariencia menor, el del sainete, al que, sin embargo, se le reconocían posibilidades como medio de crítica y corrección de vicios.

Se cierra el volumen con las contribuciones de Milena Cáceres, Gonzalo Santonja y Celsa Carmen García Valdés. La primera proyecta el campo de la investigación del teatro colonial hacia el presente al reconocer, en las todavía hoy vigentes fiestas de moros y cristianos que se celebran en varias localidades de los Andes peruanos, la sobrevivencia de textos teatrales del Siglo de Oro de los que la tradición oral se ha apropiado hasta transformarlos parcialmente. En esta ocasión, se centra en el comentario sobre la representación en Huamantanga, en la sierra de Lima, de *Garcilaso o el Ave María del Rosario,* una obra que recrea un tema que dejó huella tanto en el romancero como en el teatro español del XVII, especialmente en la obra de Lope de Vega. El segundo ofrece un rico panorama de escritores que tuvieron parte de su ámbito de actuación y escritura en las Indias, prestando especial relieve al caso de Tirso de Molina. Puede constituir este trabajo de Santonja un mapa que podría recorrerse en múltiples direcciones y dar lugar a numerosas investigaciones especializadas. La investigación de Celsa Carmen García Valdés persigue las adaptaciones de un tema convertido en folklórico en muchas áreas americanas, el tema de la cueva de Salamanca, que arrancando de una tradición oral antigua, se incorpora al discurso literario, se traslada a las Indias y evoluciona en variantes sincréticas con elementos indígenas, «testimonio de la universalidad de su simbología».

★★★

Fuera de la investigación académica, que se ve plasmada y recogida en el presente volumen, el coloquio celebrado en Lima permitió la exhibición de un conjunto de actividades artísticas vinculadas a la cultura colonial. Estas actividades dieron realce al encuentro y contribuyeron a crear el clima propicio para el desarrollo académico.

Gracias al auspicio del Centro Cultural de España en el Perú, fue posible la puesta en escena, en el patio de la casona colonial del Instituto Riva-Agüero, de un conjunto de piezas de teatro breve bajo el título general de *De burlas y amores: una fiesta teatral de la Colonia.* El espectáculo incluyó dos entremeses anónimos *(Entremés cantado del robo de las gallinas* y *Entremés de los tunantes)* que forman parte de la recolección de piezas teatrales halladas en el convento de Santa Teresa de Potosí, publicadas recientemente por Ignacio Arellano y Andrés Eichmann, así como del baile *El Mercurio galante* del escritor limeño Pedro de Peralta Barnuevo.

Por otro lado, gracias a la generosidad de la Fundación BBVA-Banco Continental, fue posible la exposición, previo trabajo de restauración, de la colección de máscaras festivas y teatrales que perteneció a don Guillermo Ugarte Chamorro, y que actualmente integra el acervo del Museo de Artes y Tradiciones Populares del Instituto Riva Agüero. La exhibición se llevó a cabo en la galería del Banco.

Por último, contando con el auspicio de la Embajada de México en el Perú, se presentó el Quinteto de Guitarras Manuel M. Ponce en un concierto efectuado en el teatro Manuel A. Segura (ubicado en el mismo solar donde, durante el período colonial, se levantó el antiguo corral de comedias de la ciudad) ofreciendo un hermoso programa de transcripciones de música colonial hispanoamericana y música contemporánea que revela la permanencia de esa herencia.

Los organizadores quieren renovar aquí el agradecimiento a las instituciones y las personas que hicieron posible nutrir de esta manera las sesiones del coloquio.

I. Arellano

J. A. Rodríguez Garrido

APOTEOSIS DE VARONES EJEMPLARES EN MÉXICO Y PERÚ: EL *COLOQUIO A LO PASTORIL* DEL P. CIGORONDO

Julio Alonso Asenjo
Universidad de Valencia

No parece exagerado considerar apoteosis el *Coloquio a lo pastoril hecho a la elección del padre provincial, Francisco Baes, y a la del padre visitador del Perú, Esteban Páez*. Naturalmente, «apoteosis» no es «deificación», sino «ensalzamiento de una persona con grandes honores o alabanzas» (*DRAE*). En este *coloquio*, el de dos personas, bajo disfraz bucólico: Dafnis, por Báez, nuevo provincial de la de Nueva España de la Compañía de Jesús; y Alexis, por Páez, provincial saliente, nombrado visitador del Perú.

I. EL *COLOQUIO A LO PASTORIL*

Compuso este *Coloquio* Juan Cigorondo (Cádiz, 1560-México, 1611), jesuita de Nueva España, poeta y dramaturgo atestiguado desde 1585. Cigorondo sabía de églogas, pues posiblemente escribiera ya en ese año la *Egloga seu pastorum lusus quorum subiectum Maria Magdalena est;* también, de fecha aún no determinada, las *Églogas del Engaño* y la *Égloga pastoril al Nacimiento del Niño Jesús,* editada y estudiada. Si en esta última no busca el elogio de un personaje[1], sino fomentar la

---

[1] Sólo a esta obra parece referirse Arteaga en su tesis doctoral, según González, 2004, p. 159.

devoción, pretende ambas cosas en la primera y particularmente el elogio o panegírico, y aun la apoteosis, en el *Coloquio a lo pastoril*. Este coloquio se fue componiendo posiblemente desde principios de 1598, a la elección del provincial, P. Báez[2], y, en consecuencia, al cese de Páez en el mismo cargo, por su nombramiento como visitador de la Provincia del Perú.

La representación debió de tener lugar en 1598[3], posiblemente en el acto de relevo de Provinciales y despedida de Páez, que llegó al Callao el 31 de julio de 1599. En este acto y a modo de agradecimiento, se finge la fábula de la llegada de pastores peruanos a México, con el fin de arrancar de los pastores mexicanos la cesión del mayoral Alexis para el gobierno de pastores y rebaños en los *«peruensia arva»*, ahora que los tenuxtlitanos ya disfrutan del amado Dafnis, como nuevo mayoral. Para mostrarle a éste su agradecimiento, los mexicanos, conformes, tejen «guirnaldas disconformes, / mas no de su valor y pecho tierno, / que le tiene ofreçida / con las guirnaldas alma, sangre y vida» (vv. 115-120)[4]. El campo está en flor («*vere novo, dum floret ager*», v. 349), si bien este texto es cita de Andrea Navagero (como en Llanos) y un tópico bucólico (vv. 901 y ss.), por lo que no sirve como indicio de la fecha de representación. En todo caso, ambos, Páez y Báez, asisten a la representación del *Coloquio* en su honor, en cuya culminación dos pastores entregan (*ca.* v. 1010), simbólicamente, a Páez, una corona de flores; a Báez, una cítara.

El *Coloquio* se representó en el colegio de San Ildefonso, seminario de la Compañía, del que Cigorondo era rector, donde se habían representado dos famosos diálogos en forma de églogas del P. Bernardino de Llanos, renovador y teórico de la enseñanza en Nueva España,

---

[2] Es escasa y no del todo clara la documentación romana allegada referida a estas circunstancias: comunicada la elección al interesado por el P. General, 04-10-1597 (*M. M.*, VI, doc. 101, p. 312); envío de patente, 10-10-1597 (*M. M.*, VI, doc. 102, pp. 314-316); Páez aún provincial en el catálogo fechado el 07-11-1597 (*M. M.*, VI, doc. 106); Roma responde a la consulta del nuevo provincial, Báez, sobre la elección de socio el 18-04-1598; salvo error, certificada la toma de posesión en Roma después del 30-06-1598 y antes del 26-09-1598 (*M. M.*, VI, doc. 169, pp. 524-526; doc. 170, p. 526); el 02-03-1599 ya saben en Roma que Páez está «de camino para Perú» (*M. M.*, VI, p. 562).

[3] En Alonso, 2006, p. liii, por confusión, se pone la fecha de 1594.

[4] En el último verso podría haber un eco de «*Daphnis, / pars animae, et cordis pars, Daphnis, maxima nostri*» (B. de Llanos, *Pro patris Antonii de Mendoza adventu in collegio Divi Ildephonsi*, vv. 21 y ss., en Quiñones, *Égloga*).

poeta neolatino y profesor de Retórica a lo largo de cuarenta años. El primero de estos diálogos, *Pro patris Antonii de Mendoza adventu* [PP], se representó en 1585, para celebrar la visita al colegio del Provincial. El segundo, *Dialogus in adventu inquisitorum* [DInq], en 1589.

Cigorondo no había sido alumno de Llanos (eran coetáneos) y está en su último curso cuando Llanos llega a México en 1584; pudo leer[5] e incluso ver representados ambos diálogos. El primer *Dialogus* de Llanos[6] y este *Coloquio* de Cigorondo comparten elementos y estructuras. En primer lugar, comparten expresiones características de la bucólica y el uso de epítetos. Coinciden también en el recurso y cita de los mismos versos de los *Lusus* de Navagero o Naugerius (*PP*, vv. 36, 152-156; *CP*, vv. 269, 348-354). Muy significativa igualmente es la coincidencia en el número y nombres de los pastores protagonistas (nueve e idénticos en ambos casos). Y el uso de estribillos con función de énfasis y realce del discurso. Con uno, «*donec adesse velis... ergo ades...*», que ciñe los lamentos pastoriles o «*questus*» por la ausencia de Dafnis, abre Llanos su *PP* (vv. 1-49)[7]; con uno («*huc ades, o ovium pastorum et gloria, Alexi...*»), también construido sobre el elemento «*ades*» («ven», *PP*, vv. 30 y ss.)[8], ciñe Cigorondo una amplia sección, con cierre, de su *Coloquio* (vv. 62-82, 113 y ss.), y sobre el concepto de la ausencia, destacada por Llanos, expresa Cigorondo la afanosa y angustiosa búsqueda del «*exoptatus, quaesitus...*» Alexis (vv. 43, 47, 50) de los pastores peruanos en toda la égloga 1.ª, y aun en la 3.ª. Además de eso, Cigorondo montará su *Coloquio* sobre otros conceptos fundamentales que presenta Llanos: el de la llegada vivificante de Dafnis (vv. 105 y ss.) y el de los pastores gemelos (vv. 59 y ss., 331): «*ductores ovium geminos*» (v. 366), pues, realmente gemelos y pares en mérito y virtudes, en cargos y hasta en el nombre son Páez

---

[5] Así debió de ser, pues Llanos y Cigorondo fueron colegas varios años y afortunadamente se nos han conservado los diálogos en el códice Ms. 1.631 de la BN de México. Lo mismo sugiere la cercanía del v. 35 del *Coloquio a lo pastoril* de Cigorondo: «*Hesperidum nova rura, novae telluris et orbis*», al verso de una oda del poeta novohispano Luis Peña «*O nova pars mundi, nova tellus et novus orbis*», que se conserva en el mismo Ms., fol. 119; ver Osorio, 1979, p. 60.

[6] Tuvo lugar antes del primer destino de Cigorondo, aún hermano, como profesor de Gramática en Puebla en el curso 1585-1586.

[7] Reaparece la idea en Llanos, *Dial. in adventu Inquisitorum*, vv. 51 y ss., en Quiñones, *Dialogus in adventu*.

[8] B. de Llanos, *Dial. in adventu Inquisitorum*: «*Ergo ades, ergo veni...*», vv. 80 y ss., en Quiñones, *Dialogus in adventu*.

y Báez en el *Coloquio*. A todo lo cual se añade la circunstancia del homenaje a un provincial en la *Égloga* de Llanos; a dos, en el *Coloquio* de Cigorondo. Demasiados elementos compartidos como para que se deban a mera coincidencia por el uso del mismo género, en ese cultivo, desde 1574, de la égloga en México, que a unos parecía excesivo[9], y característica, para otros, del teatro escolar de los jesuitas en Nueva España[10].

Es probable que también asistiera Cigorondo a la representación del *Diálogo* de Llanos (*DInq*), en 1589[11], pues la cercanía del *Coloquio* a él es también muy notable. De él aprovecha los vv. 51 y ss.: *CP*, vv. 61, 65, 79. En lugar de la lucha de los pastores (vv. 135 y ss.) y sus juegos (vv. 169 y ss.) en la representación de Llanos, en Cigorondo, como guiño, encontramos el relato de lo que suelen ser tales entretenimientos (*CP*, vv. 345-354). Es lógico que Cigorondo innove, como hace, poniendo a sus pastores a tejer guirnaldas y coronas y a cazar pájaros, como regalos para Alexis («*Pulchrum tibi munus, Alexi*», v. 208). Pero es aún más llamativa aquí la coincidencia en las circunstancias de celebración. En ese *Diálogo* de Llanos, se festeja a tres inquisidores, dos de ellos relacionados con el Perú: sirve de despedida y homenaje, por su promoción, a uno de ellos, Alonso Hernández (o Fernández) de Bonilla, fiscal mayor del Tribunal de la Inquisición de México, que partía como *visitador al Perú*. Y en Lima murió[12]. Justamente como el P. Páez, que, también visitador del Perú, pasará a provincial de Perú (1604-1609) y morirá en Lima como rector del colegio de San Pablo (1613). El lugar de aquel inquisidor de Llanos lo ocupará Bartolomé Lobo Guerrero, rector de la Universidad de Sevilla en 1580, que, después de ser arzobispo de Bogotá, lo fue de Lima hasta su muerte

---

[9] «*Singulis hebdomadis, singulosque etiam mensibus tam dialogis soluta oratione componendis, quam etiam in eglogis condensis* ['elegantes'] *diligentissimam navant operam*» (*Annua* de 1574, en Zubillaga, 1976, I, pp. 257 y ss. Reacciona Roma: demasiado teatro (Osorio, 1979, pp. 26 y ss.).

[10] Osorio, 1981, pp. 131 y ss. Nosotros diríamos: de parte del conservado.

[11] «*At cum sacrarum quaesitores causarum... scholas invisere benevolentiae causa voluerunt, recitatus est dialogus venustus et gravis*». ['se representó un diálogo precioso y grave'] (*Annua* de 1590: M. M. III, 504s, en Osorio, 1979, p. 64).

[12] Quiñones, *Dialogus in adventu*, pp. LIII y ss.; 1992, pp. 28 y 134-135. Confirmado por Alberto Tauro, *Ensayos de cultura bibliotecaria*, p. 28 (http://cervantesvirtual.com). El tercer inquisidor era Santos García, es decir, Francisco Santos García de Ontiveros, quien, mejorado lo que afirma Quiñones (*Dialogus in adventu*, p. LIV; 1992, pp. 28 y 135), sólo fue elegido obispo de Guadalajara (Jalisco), el 22 de mayo de 1592.

en 1622[13]. Estas circunstancias de los *Diálogos* de Llanos (honra a provincial, función de visitador, sucesión en cargo dejado vacante), junto a las que él tenía ante sus ojos, sirven a Cigorondo para elaborar el esquema de su *Coloquio* a la elección del P. Provincial, Francisco Báez, promoción debida al nombramiento de Páez para el honroso cargo de visitador del Perú. Así, tendremos dos modélicos mayorales, Alexis y Dafnis, nombres enaltecedores por su prestigiada ascendencia literaria desde Teócrito, en especial el de Dafnis.

Ya sólo por eso Cigorondo va más allá de Llanos y quizá hasta podría decirse que quiere competir con él, compañero de fatigas docentes, pero que recibía y hasta ahora ha recibido mayor reconocimiento por las tareas profesionales-literarias y especialmente en su cultivo de la égloga[14]. Competirán como lo hacen los pastores de las églogas, sus pastores; demostrarán su competencia en un círculo de expertos y degustadores de la bucólica.

El fondo de Llanos y Cigorondo es inevitablemente virgiliano: de las *Bucólicas,* pero no menos de la obra completa del mantuano. Y, junto a él, como en Llanos, en Cigorondo está también Ovidio. Pero Cigorondo quiere mostrarse más exquisito en fuentes, modelos, géneros. Imita el esquema de las diez églogas de Virgilio y de los diez idilios de Teócrito, demediándolos. Y, además, la galanura pastoril no acabó en Virgilio: están los modernos, como el humanista Navagero, o Naugerius, con sus elegantes *Lusus* pastorales, que (con Llanos) aprovechará Cigorondo: ocho versos, y quizá también el personaje de Iolas. Y destaca, sobre todo y por todo, el recurso exclusivo de Cigorondo a Petrarca, cabeza de la modernidad, el Petrarca exquisito del *Bucolicum Carmen* y de las *Epístolas.* Son no menos de 35 los versos (frente a unos 20 de Virgilio) que le adeuda Cigorondo, convirtiéndolo en su estrella. Estos modernos y su estilo dan tono, novedad y elegancia a las églogas de Cigorondo.

---

[13] Sus restos mortales, como señala una inscripción, descanSan en la cripta de la catedral de Lima; su retrato figura en la galería de retratos de los arzobispos de Lima en el museo de la misma y su estatua, en posición de orante, obra de Martín Alonso de Mesa (1622), que antes embellecía su monumento funerario, se conserva en la capilla de las Ánimas del Purgatorio, penúltima de la nave de la derecha en la misma catedral.

[14] Además de las dos representadas, conocemos de Llanos otra composición bucólica: *Egloga de felicissimo Beati Patris Azebedi et Sociorum Martyrio* (Quiñones, *Dialogus in adventu*, pp. 27 y ss.).

Comparado con las composiciones de Llanos que conocemos, más sencillas y tradicionales, menos dramáticas, este *Coloquio* es un espectáculo complejo y rico en cualquiera de sus niveles, volviendo Cigorondo a su modo de hacer en otras obras como la *Comedia a la Magdalena* (tres trofeos y cada uno tres elogios), las *Églogas del Engaño* (en lo que nos queda, cuatro bucólicas, y cada una tres églogas), sus siete *Encomios,* más el último (Guadalajara, 1596), el *Coloquio al Santíssimo en metáfora de doctor* (*laudationes* por un cuádruple doctorado, más vejamen, de Jesús-el Santísimo). Aquí tenemos un *Coloquio* que también podría llamarse diálogo y égloga(s), pero que, para potenciar lo dramático, es normal que reciba estructura de comedia, con Argumento y, después, Prólogo (vv. 15-32). Tras él, como en la tragedia, otros coros (hasta siete), con diversas funciones. La acción, a pesar de su articulación externa en cinco églogas y el oráculo o sentencia de Apolo, puede verse (también) articulada en dos partes muy marcadas (por vehículo lingüístico, duración, personajes...). Forman la primera las cinco églogas latinas, 494 versos del total, 1058: el 46,6% de la obra. La segunda parte va en variedad de metros castellanos: un soneto (con el argumento: vv. 1-14); canciones o letras con sus estribillos; un romance y estrofas aliradas. Esta parte o vertiente se articula en un coro a modo de obertura para la entrada (que exige otro a su salida) de Apolo con séquito de diosas: Flora y Pomona. Apolo, con su oráculo, sentencia el pleito («*litem*», v. 572; «discordia», v. 590; «contienda», v. 634), para lograr la «concordia» (v. 732) de los pastores de México y del Perú.

Pero no hay que exagerar el corte por uso de distinta lengua entre las supuestas primera y segunda parte. No debe olvidarse que el *Coloquio* se abre con Argumento y Prólogo (un coro) en verso castellano y tres coros más del mismo estilo. Tampoco que, dada la presencia de Argumento y Prólogo (como, al final, Epílogo o despedida), el autor demuestra que tiene en la mente una estructura dramática en tres, cuatro o cinco unidades de acción (actos), que todas ellas, por modernidad o clasicismo, podía utilizar Cigorondo (la *Tragedia Ocio,* de 1586, tiene tres actos)[15]. Esta exigente organización de la acción, frente a las laxas estructuras de la égloga, responde también a la preceptiva dramática, con planteamiento, nudo y desenlace, o, siguiendo a Escalígero, *protasis, epitasis, catastasis* y *catastrophe* (más el anteacto).

---

[15] Alonso, 2006, pp. LXXXVI y ss.

Aclaremos la cuestión: destaca un prolongado debate y gran tensión dramática en la égloga 5.ª, que, en dos casos (tres o cinco actos) constituiría el nudo, en el otro (con cuatro) correspondería a la *catastasis*, o clímax, a la que seguiría la cuarta unidad de acción, llamada *desenlace* (caso de tres actos), o *catastrophe* (si cuatro). Si a la sentencia de Apolo, muy extensa, se le concede rango de acto, la concordia de los pastores constituiría otro, por lo que, de rebote, las cuatro primeras églogas formarían también dos; uno solo, si pensamos en tres unidades: planteamiento, nudo y desenlace.

Optando por los tres actos, en el primero tendríamos el planteamiento de la acción (cuatro primeras églogas o escenas), acción de camino o en el campo: en la 1.ª comentan los pastores peruanos, entrando en Puebla, «*madidae Tlaxcalidos arva*» («los húmedos campos tlaxcaltecas»: v. 36), los trabajos y pesares sufridos en su ya largo peregrinaje para conseguir al mayoral Alexis (vv. 33 y ss.); 2.ª: afán de los pastores mexicanos por tener regalos dignos de su afecto y agradecimiento hacia Alexis: «*parantur Alexi*» (v. 137); 3.ª: los pastores poblanos ya en territorio de México («*Habes Tenuxtlitania rura*», v. 249) animan a los del Perú: lograrán sus deseos, pues harán ver a los mexicanos que, teniendo al ínclito Dafnis, inteligente y virtuoso, de atento oído y buen juicio, cuidadoso, experto, lo tienen todo (vv. 422-430), nada tienen que temer («*quid deinde timendum est?*», vv. 443, 447) y pueden ceder a Alexis: «*nec pro tali Daphnide detur Alexis?*» (vv. 473, 478, 491, 516); en la 4.ª escena ya tienen los mexicanos el regalo completo, con los pájaros. Pero alguien se llevó las coronas entretejidas. Afortunadamente, dejó unas cítaras en su lugar.

En el segundo acto, o nudo, los nueve pastores están reunidos en México. Falla la estrategia de los mancomunados del sur frente a los mexicanos, que por nada del mundo cederán a Alexis, ni siquiera por Dafnis, quien —les dicen los peruanos— es como la primavera. Pero éste no hace menos necesario para los mexicanos a Alexis, por quien sienten indecible afecto:

> *e nostris pateremur cedere silvis*
> *illum, cuius amor pastorum e pectore cedet,*
> *fixa movebuntur propriis dum sedibus astra*
> *mellis apes studium linquent, nidosque columbae,*
> *coniugium turtur, praedam lupus, arbuta caprae?*
> (vv. 433-437; 461 y ss.).

'¿Podremos soportar que salga de nuestros bosques
aquel cuyo amor sólo saldría del pecho de los pastores,
si las estrellas fijas pudieran moverse de su punto,
si las abejas pudieran dejar su trabajo con la miel y el
nido las palomas,
las tórtolas separarse, dejar el lobo su
presa, las cabras los madroños?'

Nada lo suple (vv. 492-500). Su ausencia acarreará graves incon-
venientes (vv. 467 y ss., 540 y ss., 550 y ss., 560 y ss.). Por eso,
resistir a las exigencias de los peruanos lo reclaman amor, piedad
y mérito: «*Tendere in adversum, vestrisque obsistere votis / suadet amor,
pietasque iubet, meritumque reposcit*» (vv. 479 y ss.). Alexis es también
dispensador imprescindible de bienes y escudo y garantía frente a
males. Para todos está claro que el pleito necesita un juez o árbitro,
que entre pastores no puede ser sino Apolo: «*Omnibus una salus atque
omnibus unus Apollo est*»[16].

En el acto tercero, acude solícito y solemne el invocado Apolo y
dicta sentencia, que acatarán, satisfechas, todas las partes.

Los actos son breves, aunque prolongaba el espectáculo la intervención de los coros. Pero es notable la variedad, riqueza y contraste
de acción, actitudes y sentimientos de los protagonistas: cansancio y
desesperanza de los peruanos, su «*anxia cura*»:

Quod si fata viam nobis utcumque negarint
sive diu optatum spes tarda negarit Alexin,
stat, Meliboee, mori (vv. 242-244).
'Si los hados nos negasen una salida
o si la esperanza perezosa nos negase al deseado
Alexis,
sólo nos queda, Melibeo, la muerte'.

Viveza y acción trepidante muestran los pastorcicos mexicanos;
sosiego y calmo razonar, los poblanos. Fuerte contraste igualmente se
da entre pastores y divinidades, entre pastores y los mayorales Alexis
y Dafnis, que asisten pasivamente a la asamblea en que se les rinde
homenaje. Es deliciosa la escena de los pastores mexicanos, enseñán-

---

[16] Así Luis Peña, desconocido poeta de Nueva España, cuyas obras se recogen
en el códice Ms. 1.631 de la BN de México, fol. 19, junto a las de Llanos y otros. Ver
Osorio, 1979, pp. 60 y ss.

dose los pájaros cazados: el ruiseñor y un vistoso papagayo, que se ponen a amaestrar para que pueda repetir el nombre de Alexis:

SILENUS	*Miraris achantida pictam.*
	'¿No te parece encantador mi papagayo?'
TITYRUS	*Psitace, quando meum cantabis Alexin? Alexin!* (vv. 379 y ss.).
	'Lorito, ¿cuándo llamarás cantando a mi querido Alexis? Canta: ¡Alexis!'

Tenso, dramático y vibrante es el debate o pelea por Alexis; solemne y pomposa, la aparición y discursos de Apolo. Ritual, la entrega de regalos a los mayorales. Muy lograda, la caracterización de los pastores, sea por tríos, sea individualmente. Los mexicanos son duros e irreductibles negociadores: *«Auxilii spei nulla mei»* ('No esperéis mi ayuda': Mopso, v. 418): ceder a Alexis es imposible; así que es perder el tiempo seguir con la exigencia (Mopso, v. 523). Palemón, poblano, es la voz de la sabiduría y la prudencia; Melibeo es el artista sensible a la poesía, a la música... Coronas y también liras o cítaras, aportadas por mexicanos y peruanos desde la égloga 2.ª, intercambiadas como por olvido (*ca.* vv. 187, 208 y 345 y ss.) y símbolo de un acto propiciatorio de la fortuna para el triunfo de la causa de los mancomunados: *«victricia signa / serta ferant; o sic di nostra incepta secundent»* ('Ojalá que estas guirnaldas / símbolo sean de triunfos. Ojalá los dioses favorezcan lo iniciado', vv. 364 y ss., 381 y ss.), muestran al fin su simbolismo en su entrega trocada a los dos mayorales homenajeados (vv. 1005 y ss.). La acción está bien trabada. Curioso, el artificio del número 3 o sus múltiplos: 9 son los pastores, 3 las intervenciones de 2 de ellos (= 6) coreando las del dios y su fermíneo séquito, que son 3 x 3. Tal es la elaborada estructura, que muestra la maestría dramatúrgica de su autor, con elementos y materiales de gran variedad, contraste y colorido. Gemidos y entusiasmos, ansiedades y esperanzas en el marco de una naturaleza exuberante y tropical, entre poesía, relación de poemas y músicas de coros, con referencia a la riqueza de los territorios (vv. 819 y ss.) y esperanzas de futuro (vv. 837-842).

II. APOTEOSIS

Con ello queda resuelto el planteamiento del título, pues realmente ¿qué mejor apoteosis que un logrado espectáculo en honor de los protagonistas? ¿Qué mejor loor que el alarde de la mejor poesía a su mayor honra?

Pero los procedimientos panegíricos se multiplican para ofrecer una apoteosis a varones estimados y estimados ejemplares, porque, teniendo en cuenta para quién mayoritariamente se representa, escolares, «el idioma más persuasivo es el ejemplo» (dicho). Ejemplo que se realza, por acumulación de varios procedimientos.

1. Elogio de otros como peana. Aunque resulte un procedimiento poco visible, por indirecto, se sublima la valía de alguien cuando se dice que supera la de otros. Peana de los honrados parece ser la mención del P. Morales, procurador que fue en Roma, donde procuró un cúmulo de reliquias, razón de aquella memorable semana de festejos, marco de la *Tragedia del Triunfo de los Santos* (1578), en cuya composición tuvo él considerable responsabilidad. A pesar de estar entonces en la Ciudad de México, no lo vemos asistir a la representación[17]. Su nueva procura de más reliquias se enfoca como servicio a Alexis / Páez: «Procúrote el que en Roma / las causas procuró...» (v. 743). La mención de Antonio de Mendoza, es más compleja: sirve de peana a Dafnis / Báez, nuevo provincial, en cuanto antecesor en el cargo; con él volvió a México, habiendo sido también procurador en Roma: *pastores géminos*. Pero Mendoza, ya muerto (Roma, 1596), también es tributo del recuerdo de quien fue su socio, el Cigorondo autor (vv. 767-778). Base más sólida para el elogio es la imagen del relevo, que representa el fundador Pedro Sánchez, primer provincial de México, a quien se apostrofa en dos estrofas, nuevo Pedro, sobre cuya piedra pueden coronar el edificio Páez y Báez (vv. 913-924).

2. El relato biográfico, que no hagiografía, deviene panegírico de los protagonistas, Alexis y Dafnis, dictados dechados para la «lozana juventud» (vv. 837-842). Lo que se hace mediante la exposición de su trayectoria vital y actividades, con mucho tropo y a todo trapo, transparente para el público espectador, pero con zonas opacas para nosotros.

De Esteban Páez, Alexis, cuenta Sileno sus dos viajes a Nueva España (vv. 195-197) y cuenta Apolo (vv. 637-654) sus estudios y docencia en Alcalá y en Roma-Nápoles; su paso a las Indias como

---

[17] Mal pudo, pues, participar con su propio parlamento en la representación, como afirma Alonso, 2006, p. lix. Tampoco hablan ni Páez ni Báez. Discúlpense errores de una apresurada primera lectura.

socio de visitador y su definitiva vuelta como provincial (vv. 737-742). Ahora se le propone iniciar nueva corona de méritos por el mar del sur, en el Perú (vv. 761-766; 813-842), donde, efectivamente, después de su visita, largos desplazamientos y propuestas con resultados positivos, fue provincial y rector hasta su muerte.

De Francisco Báez, Dafnis, se hacen lenguas los poblanos uno tras otro: su actividad lo hizo famoso (vv. 288 y ss.; quizá como profesor, v. 292: no está clara la alegoría de su actividad); aunque ahora cultiva una pequeña parcela (maestro de novicios, vv. 260-265), de la que lo sacan para entregarle el gobierno (vv. 302 y ss.). Relata Apolo su nacimiento en Salamanca, su paso por Valladolid (España); su viaje desde el Betis a la nueva Menfis con «asiento / en aguas situado / del nuevo imperio por Cortés hallado» (vv. 670-672). Fue, después, del Tíber al Betis a juntarse a aquel tropel de gente decidida (vv. 655-694) con Antonio de Mendoza y B. de Llanos (v. 767) y: «como todos te aman», ahora «al gobierno pastoral te llaman» (vv. 695 y ss., 773-778).

3. Y, de lo externo, al carácter y cualidades de los elogiados. Es Alexis infatigable y valeroso, aseguran los tres pastores mexicanos (v. 164-174). De ahí la seguridad que proporciona, como, según el pastor Mopso, su mismo nombre pregona[18]: Páez, de paz: *«pacem fronte refert, dulce fert nomine pacem»* («paz en su frente anuncia, en su mismo nombre porta la paz», vv. 174-177). Y premio merece su virtud: *«puniceis humilis quantum saliunca rosetis, / ille rosas vario vincit virtutis odore»* («Cuanto la humilde saliunca a los purpúreos rosales, / aquél vence a las rosas por el olor de su virtud», vv. 178 y ss.).

De Dafnis dice Menalcas:

> *Quantus honos, quantumque decus, quamque ynclita virtus*
> *quanta viri pietas, et rerum industria quanta,*
> *et labor et studium, carum pastoribus illum*
> *et fecere gregi, et fama super aethera notum*
> (vv. 474-477).
> 'Tan gran honor y tanta honra, tan ínclita virtud,
> tan grande piedad en varón y tanta capacidad de

---

[18] Llanos en 1589 también había jugado en los epigramas expuestos para la fiesta con que se recibió a los inquisidores con los nombres de éstos: si Bonilla, porque bueno; Santos, como alejado de vicio; García, por lleno de gracia (Quiñones, *Égloga*, pp. 19-26).

gestión,
empeño y estudio, lo hicieron caro a los pastores
y al rebaño, y conocido por su fama más allá del cielo'.

Todos reconocen su virtud (especialmente vv. 319-322), y loa
Apolo «el trato suave con mescla de entereza» (vv. 697 y ss.) y ese des-
vivirse por los demás, implícito quizá en el consejo que le brinda:

> Mira, pues, lo que puedes,
> que no es gobierno de un rebaño solo,
> y quien tras tantos corre
> el bien les cargue, lo demás ahorre (vv. 775-778),

que podría responder a algo tan poco práctico como querer contentar
a todos, que le achacaba la autoridad romana (*M. M.*, VI, p. 562).

4. Súmese a ello, más allá de los honrosos nombres de la tradición
literaria pastoril (Alexis, Dafnis), el concentrado olor de los epítetos
que merecen, herencia del género pastoril. Alexis, el anhelado: *«exoptatus Alexis»* (vv. 38, 44), *«quaesitum Alexin»* (v. 47), *«optatum ducem...
votisque petitum»* (v. 51), *«Magistrum»* (v. 69); amado de las ovejas (v.
72); *«ovium [pecudum], pastorum et gloria»* (vv. 66, 71, 81, 113); *«ruris,
Alexi, [amor, honos] decus; spes unica ruris»* (vv. 60, 62, 113 y ss.). Es un
rompedor de corazones:

> *Nil animum mulcent, nec clementissimus aer*
> *allicit, at solus mihi, pectora solus Alexis*
> *allicit, hic mira reficit dulcedine mentem*
> (vv. 498-500).
> 'Nada calma el ánimo ni atrae al moderadísimo
> aire, como arrastra mi pecho solamente el señero Alexis;
> él restaura con admirable dulzura mi mente'.

Y del parangonable Dafnis se dice:

> *Nil movet, at solus Daphnis mihi, pectora Daphnis*
> *leniit, et curas quoties sua lumina praesens*
> *obtulit et vox viva meas pervasit in aures*
> *invasitque animum* (vv. 509-512),
> 'Sólo alivia mi pecho el señero Alexis
> cada vez que ofrece a mi vista sus ojos

> y su voz viva penetra en mis oídos
> e invade mi alma'.

que lo tiene seducido (vv. 510-515). Dafnis es «*noster amor*» (v. 260), «*dis genitus*» («ese amado de los dioses», v. 276), «*pastorum iubar et laus optima*...» (vv. 424 y ss.), a quien, según Melibeo, un reconocido trovador pindáricamente había cantado (vv. 299-310).

5. (Los pastores gemelos.) Querido, requerido y hasta más disputado (égloga 5ª) es Alexis, por quien resuena machaconamente el «*huc ades!*» ('ven') de los pastores peruanos. Se quiere agradecer su dedicación con flores y pájaros (églogas 2.ª y 4.ª). Todos cifran en él sus expectativas, pastores peruanos y mexicanos, pastores y dioses. El mismo Apolo las deposita en él (vv. 813-842), y le confía el futuro del dilatado Perú:

> Y tú que te traspones
> al antártico mar (¡oh, cómo veo
> lo que de industria pones
> en ceñir tu corona a tu trofeo!),
> va, pues, y, a mano y rienda,
> consuela, alienta, alarga, acorta, enmienda
> (vv. 925-930).

No menos se espera de Dafnis-Báez en México:

> Y tú del mexicano
> fértil suelo el abeto, el cipro, el nardo
> cultiva de tu manos... (vv. 843-845).

Apolo de estos mayorales dice que son:

> Ambos de mi cabeza
> y de mi mano música, ornamento,
> corona de entereza,
> grata afabilidad para instrumento (vv. 779-782).

Y, al despedirse, recomienda cooperación con ambos a los «cuidosos pastores» (vv. 937-942). Alexis y Dafnis son los «*pastores geminos, qui ut coeli lumina fulgent*» (*PP*, v. 331), como los que Llanos celebró en su visita al colegio de S. Ildefonso, el provincial Mendoza acom-

pañado de Báez, procurador (Osorio, 1979, p. 54). La transposición
resultaba fácil: Páez será Alexis, y Báez, nuevo Provincial, Dafnis,
que sucede a aquel Dafnis memorable. Como Lícidas o Mopso son
portavoces de Llanos, aquellos mismos nueve pastores serán quienes,
junto a Apolo, Flora y Pomona, canten encomiásticamente a Alexis y
al nuevo Dafnis.

Gemelos e inseparables sienten los pastores mexicanos ahora a
Alexis y a Dafnis. Por ello, ambos son imprescindibles. Gemelos los
reconoce el poblano Palemón, por lo que, si se tiene uno, bien se
puede ceder al otro (vv. 473, 478, 491, 516) y por qué temer si uno de
ellos se va, pues queda el otro: «adest alter, quid deinde timendum est?»
(vv. 443, 447). Son gemelos, en cuya presencia todo florece[19], o en
cuya ausencia todo fenece. Lo primero sucederá en el Perú con la presencia de Alexis (vv. 483-485, Lícidas, peruano), o en México, según
los pastores poblanos y peruanos, con Dafnis (vv. 486-490, 501-522):
es como si estallara la primavera (vv. 531-539), efectos que se describen tras la fórmula anafórica Ut cum vere novo gaudet:

> Ut cum vere novo gaudet pulcherrimus annus
> flos viget, herba viret nitidos fons excitat haustus
> induitur frondes, et pomis affluit arbos
> laetus arat, laetusque cupit, serere arva colonus,
> omnia sic vobis fausto dabit omine Daphnis (vv. 545-549).

> 'Como cuando, en primavera, ríe hermosísimo el
> tiempo,
> brota la flor, verdea la hierba, la fuente borbota límpi-
> dos sorbos,
> se visten las frondas y el árbol rebosa de frutas,
> contento ara y contento desea sembrar los campos el
> labrador,
> así Dafnis os dará todo con presagio favorable'.

Y, de modo semejante, en vv. 555-559, 565-569.

Pero en México la ausencia de Alexis acarreará desgracias sin
cuento, según Títiro:

---

[19] Como a la llegada de Dafnis (Llanos, Dial. in adventu, vv. 80 y ss., en Quiñones, Dialogus in adventu).

> *Fronde reor silvas carituras, arbore fontes*
> *ac me praesidio, et carae dulcedine vitae*
> *si et mihi, si et silvis, si et montibus absit Alexis*
> (vv. 467-469).

'¡Creo que los bosques perderán su fronda; las fuentes, árboles;
y yo me veré privado de la fuerza y la dulzura de la estimada vida,
si a mí, si a los bosques, si a los montes falta Alexis!'

Sin Alexis, sucederá como cuando recrudece el invierno (fórmula anafórica, *Ut cum saevit hiems*):

> *Ut cum saevit hiems atris comitata procellis*
> *flos cadit, herba aret, nitidos fons abnegat haustus*
> *exuitur frondes, et pomis deficit arbos,*
> *moestus arat, moestusque timet, serere arva colonus,*
> *omnia sic nobis si carus desit Alexis* (vv. 540-544).

'Como cuando recrudece el invierno, acompañado de negras tormentas,
cae la flor, se seca la hierba y la fuente niega límpidos sorbos
se desnudan las frondas y el árbol pierde sus frutas,
y el labrador ara entristecido y triste teme sembrar los campos,
así resultará todo para nosotros, si falta el caro Alexis'»

Y, de modo semejante, en vv. 550-554, 560-564. El requerido milagro sólo podrá obrarlo un dios, es decir, Apolo (vv. 570 y ss.).

6. Loores son que realza el ornato retórico. Ante los jóvenes estudiantes que representan y escuchan, Cigorondo debe ofrecer dechados de virtud como el de estos varones ejemplares. También debe enseñar a proponerlos como tales de manera atractiva y, como maestro, envueltos en el manto de la retórica. Es posible advertir en este *Coloquio* los tres géneros que Aristóteles proponía en su *Retórica* (I, 1358a-b): el deliberativo del consejo, el judicial del triunfo en asunto disputado y el apodíctico, que incluye panegírico o sátira. Muestras del género deliberativo se dan en la exposición de los comportamientos modélicos de los mayorales loados y mencionados, y en los discursos de Apolo. Pero también, dado el prestigio de lo alegórico, en los coros 3.° (vv. 210-241, *tempus fugit*) y 4.° (vv. 395-412: la inconsciencia infantil);

también en otros: en el 1.°, prólogo que busca disponer al público para el espectáculo; o en el 2.°, que revela al público el sentido de la acción (vv. 115-126). Ejemplo de género judicial es el pleito propuesto en la égloga 5.ª y, después, la sentencia oracular de Apolo como corona.

No obstante, en este *Coloquio* celebrativo y encomiástico, el género predominante naturalmente es el panegírico o apoteosis, que pone de relieve las cualidades personales, mediante una acción y una elocución en un discurso pleno de ornato: tropos y metáfora como el símbolo de los pastores o de los niños pastores. De este modo, se propone un ejemplo de *virtud letrada,* con el género pastoril, de tan encarecido reconocimiento como la égloga clásica, vivificada por los humanistas (Petrarca, Navagero...) y trasplantada a las letras renacentistas, igualmente apreciada bajo forma de églogas (recitables o representables) o libros de pastores, por reconocidos escritores tanto de España como de Ultramar, Cervantes o Balbuena. Por lo demás, ya desde Virgilio sirvió la égloga para el panegírico o apoteosis y resultaba una joya de gran precio con su juego de alegorías y símbolos. Dentro de este género cabe la yuxtaposición y mezcla de la mejor poesía latina y castellana, el uso de discursos, monólogos o relatos, o el diálogo ágil en los numerosos versos compartidos, el debate que da viveza y emoción a la expresión, el dominio de las estructuras dramáticas y hasta el hecho de dotar a los personajes de rasgos distintivos. Y, no menos notable, entre el colorido de la naturaleza en flor y los pájaros, la música instructiva, suasiva o triunfante de los coros.

Muestra también Cigorondo a los escolares su maestría en la invención y disposición de la fábula, recogiendo lo mejor de sus modelos preferidos (de Virgilio a Llanos), en una estructura formalmente compleja, aunque, en el fondo, sencilla, las ansias finalmente satisfechas de unos pastores que buscaban el mejor mayoral posible. Sobre esta base pone acción bien trabada, emoción y goce estético, para satisfacción de todos, en la acción y en la representación. En aquélla, al final, todos se sienten victoriosos (desde v. 993): Mopso, mexicano: «Victoriosos quedamos». Lícidas, peruano: «Pues ¿qué será los que nos coronamos?». Coridón, peruano, remata, diciendo: «Con tal don, hecho un Creso / me voy». También ahora Títiro, mexicano y convencido: «Con tal don yo, hecho un Craso». Palemón, de los poblanos, olvidándose de Apolo, dirá:

> Este feliz suceso
> a nosotros se debe, pues, al paso
> de nuestra diligencia
> salió a gusto de todos la sentencia (vv. 1001 y ss.).

Todos satisfechos. También, de la representación, el autor, que humildemente y no sin gracia (que la sembró en su obra), solicita, en el último verso, la del aplauso: «si recibiendo el don nos dan las manos»[20].

BIBLIOGRAFÍA CITADA

ALONSO ASENJO, J., «Tragedia intitulada Ocio» de Juan Cigorondo y Teatro de Colegio Novohispano del siglo XVI, México D.F., El Colegio de México, 2006.
— «Coloquio a lo pastoril», en Obras dramáticas del P. Cigorondo. Texto preparado para próxima publicación, por el que se cita.
CIGORONDO, J. de, Colloquio a lo pastoril..., en el Cartapacio curioso de algunas comedias del P. Cigorondo, de la Compañía del nombre de Jesús, Biblioteca Nacional, Madrid, Mss. 17.286, fols. 95r–129r.
GONZÁLEZ, A., «Construcción teatral de una égloga novohispana de Juan Cigorondo», en Theatralia, VI: Teatro Colonial y América Latina, ed. J. G. Maestro, Pontevedra, Mirabel, 2004, pp. 155-168.
LLANOS, B. de, ver Quiñones Melgoza.
O'NEILL, C. E. y J. M.ª DOMÍNGUEZ (dirs.), Diccionario histórico de la Compañía de Jesús: biográfico-temático, Madrid-Roma, Universidad Pontificia de Comillas-Institutum Historicum, 2001.
OSORIO ROMERO, I., Colegio y profesores jesuitas que enseñaron latín en Nueva España (1572-1767), México, UNAM, 1979.
— «Jano o la literatura neolatina en México», Humanistica Lovaniensia, 30, 1981, pp. 124-148.
QUIÑONES MELGOZA, J., Égloga por la llegada del Padre Antonio de Mendoza, representada en el Colegio de San Ildefonso [PP] (siglo XVI) [<Égloga> Pro patris Antonii de Mendoza advente in collegio Divi Ildephonsi], ed. B. de Llanos, México D.F., UNAM, 1975.
— Diálogo en la visita de los inquisidores, representado en el colegio de San Ildefonso [DInq] (siglo XVI), [Dialogus in adventu inquisitorum factus in collegio D<ivi>. Ildephonsi], y otros poemas inéditos, México D.F., UNAM, 1982.

---

[20] Este trabajo se inscribe en el Proyecto de Investigación de «Teatro escolar y humanístico del siglo XVI: estudio, edición crítica y comentario de la producción dramática de Hernando de Ávila, Juan de Cigorondo, Andrés Rodríguez y Jaime Romañá», patrocinado por la DGICYT del Ministerio de Educación y Cultura del Gobierno de España (Ref. BFF2003-07362).

— ed., LLANOS, B. de, «*Diálogo para la visita del padre Antonio de Mendoza*», *representado en el colegio de San Ildefonso,* y «*Diálogo en la visita de los inquisidores, representado en el colegio de San Ildefonso*», en *Teatro mexicano. Historia y dramaturgia,* IV. *Teatro escolar jesuita del siglo* XVI, México D.F., Consejo Nacional para la Cultura y las Artes, 1992, pp. 27-30, 75-85, 117-122, 129-132; y pp. 17-30, 87-95, 123-129, 129-135.

ZUBILLAGA, F., *Monumenta Mexicana,* en *Monumenta Historica Societatis Iesu,* Roma, Institutum Historicum Societatis Iesu, 1968-, vol. VI (1596-1599), 1976.

A MAYOR GLORIA DE DIOS Y DE LOS HOMBRES: EL TEATRO ESCOLAR JESUITA EN EL VIRREINATO DEL PERÚ

Pedro Guibovich Pérez
Pontificia Universidad Católica del Perú

La Compañía de Jesús llegó al virreinato del Perú en 1568. Fue la última de las grandes órdenes religiosas en arribar a esas tierras durante el siglo XVI. No obstante, pronto alcanzó un lugar prominente en la sociedad colonial. A fines de aquel siglo, miembros de la orden eran confesores de virreyes, preceptores de los hijos de ricos mercaderes y terratenientes, censores del Santo Oficio, confesores de monjas, catedráticos de la universidad y administradores de propiedades agrícolas. El éxito de los jesuitas se debió en parte a su reputación de hombres piadosos, como también a su prestigio como educadores. A lo largo y ancho del territorio fundaron colegios para la enseñanza de las elites europea, criolla e indígena. En dichos colegios los jóvenes estudiantes alternaban el estudio de las humanidades con la práctica teatral, considerada parte esencial de su formación académica y personal.

No obstante su importancia dentro de las prácticas educativas de los jesuitas, el teatro escolar en el virreinato peruano ha sido escasamente investigado. Esto se explica, en parte, por la pérdida de los archivos de sus colegios[1]. En consecuencia, la bibliografía sobre el

---

[1] A fines del siglo XIX, los archivos de los colegios jesuitas de Lima, en particular el de San Pablo, formaban parte de las colecciones de la Biblioteca Nacional. Por entonces, los documentos existentes habían sufrido importantes mermas. Desafortunadamente, el incendio de 1943 destruyó la mayor parte de ellos. Lo que se rescató

tema es, pues, comprensiblemente escasa. Hace ya muchos años que
Guillermo Lohman y Rubén Vargas Ugarte dedicaron algunas líneas
a las representaciones en sus estudios *El arte dramático en Lima*[2] y *De
nuestro antiguo teatro,* respectivamente[3]. Con algunas adiciones, Vargas
Ugarte repitió la información de este último texto en su obra general sobre los jesuitas[4]. Aun cuando no lo declara explícitamente, la
mayor parte de la información proviene de la obra inédita del jesuita
limeño Jacinto Barrasa escrita a fines del siglo XVII[5], y en menor proporción de algunas *letras anuas.* En las páginas que siguen expongo
información procedente de nuevas fuentes no consultadas por Lohmann y Vargas Ugarte, y complemento, cuando no corrijo, los datos
que ambos proporcionaron. La información que ofrezco se refiere a
los colegios fundados en las áreas nucleares del antiguo virreinato,
que corresponden a las actuales repúblicas del Perú y Bolivia. Desafortunadamente, poco se sabe de la práctica teatral en los colegios de
la región del Río de la Plata, o de las ciudades de Bogotá, Santiago
de Chile y Quito.

Como otros elementos de los colegios jesuitas, el teatro escolar
no fue invención de la Compañía de Jesús. Las escuelas luteranas así
como algunas públicas en Europa habían precedido a los jesuitas en el
empleo del escenario con propósitos didácticos. También las grandes
universidades tenían una larga tradición en el empleo del drama y su
afición por éste no había disminuido a pesar de la promulgación de
algunas medidas represivas. Aun cuando existían opiniones contra-
rias sobre la moralidad de la actividad teatral, los jesuitas juzgaron el
empleo de las representaciones dramáticas como algo bueno de mantenerse, siempre y cuando estuviese bajo control. En las escuelas jesuitas, el teatro se convirtió en un importante vínculo entre la orden y la
sociedad[6]; y, como trataré de mostrar, un medio de cumplimentar a los
poderosos, dar realce a las fiestas religiosas, hacer propaganda en favor
de la Compañía de Jesús, infundir en los estudiantes valores cristianos

en la actualidad se halla en mal estado de conservación, no se puede consultar y está
a la espera de su restauración.
    [2] Lohmann, 1945.
    [3] Vargas Ugarte, 1974.
    [4] Vargas Ugarte, 1963-1965.
    [5] Barrasa, *Historia eclesiástica.* Se trata de una copia mecanográfica del manuscrito
original, al parecer perdido.
    [6] McCabe, 1983, p. 11.

y morales. En suma, el teatro escolar debía servir, al mismo tiempo, a la causa de Dios y de los hombres.

El interés por el teatro escolar se remonta al propio San Ignacio de Loyola, quien consideraba que las representaciones no sólo ofrecían entretenimiento sino, además, otorgaban prestigio al colegio. Poco tiempo después de fundada la Orden, la realización de coloquios, autos y dramas se había vuelto una práctica común en los colegios. El entusiasmo que despertó la actividad dramática fue causa de alarma entre algunos miembros rigoristas de la Orden. Así se explica que en las ordenanzas de la Compañía de Jesús de mediados del siglo XVI se incluyeran ciertas medidas orientadas a limitar las representaciones[7].

A pesar de la voluntad censoria de algunos jesuitas, el teatro se siguió desarrollando notablemente en sus escuelas de Europa. En ellas, las ocasiones para su representación pueden ser divididas en dos tipos: los más importantes momentos del año escolar; y los inusuales eventos del colegio o de la sociedad, cuya celebración reclamaba una obra especial. Naturalmente, el inicio o fin del año escolar eran las ocasiones preferidas para las representaciones, en particular durante la clausura ya que a esta iba asociada la entrega de premios a los estudiantes. En esta ceremonia, común en muchas otras instituciones del Viejo Continente, la contribución de los jesuitas fue conferirle particular esplendor y elegancia hasta el punto de que convocaba numerosos espectadores. También la época de carnaval era considerada adecuada para hacer teatro. Ésta era una práctica antigua entre algunas universidades, que los jesuitas adoptaron con el propósito de ofrecer «entretenimiento honesto» y de esa manera alejar al público de los excesos de la fiesta. Las celebraciones de la Iglesia como el Corpus Christi, Navidad, Epifanía, Semana Santa, Pascua, o la fiesta del Santo Patrón del colegio eran también ocasiones para montajes escénicos. El centenario de la fundación de la Compañía de Jesús, en 1640, fue de general observancia en todos los colegios de la Orden y con tal motivo se realizaron procesiones, fuegos artificiales, desfiles y representaciones. Éstas, además, solían darse también con ocasión de matrimonios reales o de la visita de personajes ilustres de la nobleza o del clero a los colegios[8].

---

[7] McCabe, 1983, p. 14.
[8] Simón, 1952-1959, vol. 1, p. 147.

En América, los momentos para realizar presentaciones fueron múltiples pero no tantos como en el Viejo Continente. A partir de la documentación conservada, se concluye que solían ser bastante fastuosas las llevadas a cabo con ocasión de las visitas y recibimientos de virreyes. En 1570, el virrey Francisco de Toledo asistió a unos coloquios, con acompañamiento de música y cantos, en el colegio de San Pablo de Lima. Los estudiantes de esa misma institución ofrecieron al virrey Martín Enríquez de Almansa un coloquio sobre la parábola de Lázaro y el rico Epulón; y al virrey García de Hurtado de Mendoza, una tragedia basada en la vida de María Estuardo, reina de Escocia[9]. En 1599, al virrey Luis de Velasco se le entretuvo con un drama alegórico titulado *El Anticristo y el Juicio final*[10]. Asimismo, en las primeras décadas del siglo XVII, los virreyes Marqués de Montesclaros y Príncipe de Esquilache fueron recibidos con los autos *Antiguo patriarca José* y *El Triunfo de San Eustaquio,* respectivamente[11]. Consta que en 1674, los estudiantes del colegio de San Martín, en Lima, recibieron al virrey conde de Castelar con la comedia *El Fénix de las Españas, San Francisco de Borja*[12].

A su vez, el teatro sirvió para cumplimentar a las autoridades eclesiásticas. En 1611 llegó a Arequipa, de paso para diócesis de La Plata, Alonso de Peralta, inquisidor de México. Los jesuitas del colegio de esa ciudad prepararon un coloquio, cuyo título no se da en las letras anuas de aquel año[13]. En 1674, el colegio de San Pablo de Lima recibió al arzobispo Juan de Almoguera con la comedia *El Príncipe de Fez*[14].

Además de servir para cumplimentar a ilustres y poderosos personajes, el teatro jesuita cumplió otros importantes propósitos. Se usó, por ejemplo, para celebrar la consagración de los lugares de culto de la orden. En 1573 se estrenó la iglesia del colegio máximo de San Pablo y, por ello, hubo un coloquio[15]. En la inauguración de la iglesia del

---

[9] Vargas Ugarte, 1963-1965, vol. 2, p. 237.

[10] La representación de este auto causó honda impresión en el auditorio ya que los jesuitas, con el propósito de lograr mayor realismo en la representación de la resurrección final, pusieron en el tablado momias extraídas de las huacas vecinas a Lima (Vargas Ugarte, 1974, p. 37).

[11] Vargas Ugarte, 1963-1965, vol. 1, p. 237. Podría tratarse de la misma comedia editada modernamente por Julio Alonso Asenjo. Ver al respecto Alonso, 1995.

[12] Mugaburu, 1918, vol. 2, p. 69.

[13] Vargas Ugarte, 1963-1965, vol. 2, p. 239.

[14] Mugaburu, 1918, vol. 2, p. 67.

[15] Vargas Ugarte, 1963-1965, vol. 2, p. 236.

colegio del Callao, en 1653, los niños de la escuela representaron un auto sacramental[16]. En 1737 se inauguró una nueva capilla dedicada a la Virgen en el colegio de Córdoba y con tal motivo, con asistencia de las autoridades, «después del banquete festivo se representó por los colegiales un drama [...] sobre la Iglesia Militante»[17]. Adicionalmente, el teatro fue empleado en las fiestas del calendario religioso. En 1618 se representó el coloquio sobre la vida de San Eustaquio en la fiesta de la Concepción de María[18].

También podía emplearse para dar mayor realce a las fiestas de los principales santos de la orden. Así, por ejemplo, en 1610 en el colegio de Potosí, con motivo de la beatificación de San Ignacio, se organizaron solemnes fiestas y, entre ellas, una comedia que duró dos días. Ésta trató acerca de cómo Dios había enviado a San Ignacio al mundo en momentos en que más lo necesitaba la Iglesia. La representación gustó tanto que fue repetida al año siguiente en el colegio de Chuquisaca[19]. Ese mismo año, 1610, en el colegio de Córdoba se realizó un coloquio acerca de la vida del santo fundador «que salió muy al gusto de todos, y con otras demostraciones agradables de la gran devoción que todos generalmente tienen ante el Santo y a sus hijos»[20]. Tres años después, en 1613, se celebró la fiesta de San Ignacio con representaciones teatrales en Santiago del Estero[21]. En 1620 se hicieron representaciones en los colegios de El Callao, La Paz, Cuzco y Arequipa con motivo de la beatificación de San Francisco Javier[22]. Tres años después, en 1623, se presentó en la plaza de la iglesia de San Pablo, en Lima, un coloquio con ocasión de las fiestas por la canonización de San Ignacio y San Francisco Javier[23]. La canonización de San Francisco de Borja fue celebrada, en 1672, con diversas obras en los colegios de El Callao y Cuzco[24]. Avanzado el siglo XVIII, en 1740, los colegios de Santa Fe y Córdoba realizaron

---

[16] Vargas Ugarte, 1945, p. 235.

[17] Rela, 1990, p. 186.

[18] El programa de la fiesta en Concejo Provincial de Lima, 1955, pp. 548-557.

[19] Vargas Ugarte, 1963-1965, vol. 2, p. 239.

[20] Rela, 1990, p. 184.

[21] Rela, 1990, p. 184.

[22] «Letras Annuas 1620-1724», 1900.

[23] El programa detallado de la fiesta en Concejo Provincial de Lima, 1958, pp. 448-451.

[24] Cavero, *Letras annuas de la provincia del Perú*, fol. 37r. A Marisol Barbón debo una copia de este extenso documento.

dramas en el marco de las fiestas por la canonización de San Francisco Regis[25].

Los jesuitas gustaban enaltecer las fiestas de sus santos con un teatro como el escolar que ellos pudiesen controlar. Por lo tanto, aquello que escapaba de su control era rechazado. Así, por ejemplo, en 1619, con ocasión de haber escogido el cabildo de Potosí a San Ignacio como patrón de la ciudad y protector contra la peste, se realizaron ceremonias religiosas y «quiso el cabildo que en nuestro cementerio y plaza —anota el autor de la *Letra Annua* de ese año— se representase una comedia, ofreciéndose los comediantes sin más interés que el de su devoción, aunque no se quiso admitir agradeciendo la voluntad de todos»[26].

Además de cumplimentar a autoridades y dar mayor realce a las festividades religiosas, el teatro escolar tuvo una función pedagógica en el propio estudiantado. Dotó al colegial de estrategias de declamación y de experiencia para poder enfrentar a una audiencia. Este tipo de entrenamiento era acorde con uno de los objetivos de la Orden que era influir en la sociedad mediante la acción de líderes cristianos.

El teatro escolar era, pues, considerado como un poderoso instrumento para moldear la sociedad de acuerdo a los ideales cristianos. El éxito de tal objetivo dependía de la recepción del mensaje contenido en una obra. De allí que el teatro jesuita, como las artes plásticas patrocinadas por la Orden, debía ser muy didáctico. La preocupación por el didactismo teatral, pues, se manifiesta en la temática de la dramaturgia jesuítica. En ella aparecen personificaciones de la virtud y el vicio, representaciones de los buenos y malos espíritus, vidas de santos, mártires, escenas de la Biblia, entre otras. También los temas teológicos fueron tratados por la dramaturgia jesuítica: la Iglesia, la Fe, los atributos de Dios, la creación del mundo, los ángeles, la Gracia y la caída del hombre, la encarnación del Hijo de Dios, la adoración debida a Dios, la Virgen y sus santos, los sacramentos dados para la ayuda del hombre, la recompensa y el castigo que espera al hombre después de la muerte, etc. Las obras representaron, además, un enorme repertorio de temas profanos tales como la virtud, el amor filial, el deber y amor paternal, la lealtad, el patriotismo, la generosidad, la fidelidad, el honor, la fortaleza y la justicia. Para ilustrar estos temas los

---

[25] Rela, 1990, p. 186.
[26] «Letras Annuas 1620-1724», 1900, p. 66.

dramaturgos se sirvieron de episodios tomados de la historia antigua, medieval o contemporánea[27].

El carácter de didactismo moral del teatro jesuita es expresado claramente por Diego de Ledesma, prefecto del Colegio Romano, en un texto escrito alrededor de 1575. Allí Ledesma recomendaba que las obras no debían contener «nada indecoroso o vil» o «un indicio de tales cosas». Sostenía que no debían «herir la moral». El teatro escolar jesuita tenía por objetivo «vigorosamente inspirar y edificar»[28]. Por su parte, el jesuita Pedro Pablo de Acevedo, autor de numerosas obras de teatro escolar en España a mediados del XVI, decía que el drama era «un espejo de la vida» y «una escuela de moral»[29].

Si en Europa el didactismo moralizante había caracterizado el teatro escolar jesuita, en América, tierra de evangelización, ese elemento no será dejado de lado. El jesuita Joseph de Acosta detalla la celebración en 1577 de la octava del Corpus Christi en el colegio de San Pablo. La fiesta se realizó durante varias tardes en la iglesia, donde unos días hubo sermón y otras oraciones latinas a cargo de los estudiantes. El último día se representó un coloquio, cuyo argumento trató acerca de cuál de las diferentes fiestas que se hacían al Santísimo Sacramento era la mejor. Según Acosta,

> la victoria se dio al recibirle con devoción, donde de camino se tocaron varios abusos y vicios del pueblo casi en todos estados; hiziéronlo bien por estremo los muchachos y el aderezo fue bueno, y las verdades que dixeron fueron no pocas, y así causó por buenos días no olvidarse el coloquio[30].

Por su parte, el jesuita limeño Jacinto Barrasa sostenía que uno de los beneficios de las representaciones «honestas y ejemplares» era ser un teatro de virtudes por medio del cual los asistentes obtienen «fruto espiritual»,

> pues siendo cuando se dice y representa o verdadera historia o moralidad verosímil, de ponerse a los ojos con la viveza que si estuviere sucediendo, se excitan en cuantos lo ven y oyen vehementes afectos de lástima

---

[27] McCabe, 1983, pp. 14-17.

[28] McCabe, 1983, p. 23.

[29] McCabe, 1983, pp. 24-25.

[30] «Carta de Joseph de Acosta a Everardo Mercuriano», en Egaña, 1954-1981, vol. 2, p. 216.

y ternura, que conducen a la piedad con los que injusta y desgraciada-
mente padecen, de horror, odio para detestar y huir de los vicios, que se
proponen feos y abominables en los que los cometen; de aprecio y amor
a la virtud, que se pinta amable, como hermosa premiada finalmente y
coronada en los santos, afectos que con más viveza despierta cuanto se
representa a la vista[31].

Además de su didactismo, el teatro jesuita tenía un claro propósito
de propaganda institucional. Éste tiene un claro antecedente, como
se ha dicho, en las propias instructivas de San Ignacio. Según él, los
coloquios debían realizarse de manera periódica, no solamente como
entretenimiento para los niños y sus padres, sino además porque «esto
añadirá prestigio a la escuela». Frente al sistema educativo vigente en la
Europa de mediados del siglo XVI, caracterizado por el mercenarismo
y la violencia, los jesuitas introdujeron profundas innovaciones: división de los estudiantes según su edad y aprovechamiento; ubicación
de los alumnos por grupos, con un solo maestro y una sola clase; lectura, repetición y memorización de reglas gramaticales y fragmentos
de textos clásicos; y frecuentes debates y actos públicos[32]. Los métodos
pedagógicos de los jesuitas hicieron que en poco tiempo sus colegios
adquirieran notable reputación, y que ser patrono fundador de uno de
ellos se convirtiera en cuestión de prestigio. Así no extraña que eclesiásticos y laicos patrocinaran el establecimiento de numerosos colegios en Europa y América.

Los colegios debían servir al doble propósito de la cultura y la religión. Es por eso que los jesuitas, considerados como los renovadores
de la educación y campeones en la lucha contra la heterodoxia, pro-
curaron presentar sus escuelas en ventaja frente al mundo y, al mismo
tiempo, demostrar a patrones y fundadores que sus intenciones se
estaban llevando a cabo[33]. En el Acta de la Congregación, celebrada
en 1584, se recomendaba que para mejorar el trabajo en los colegios
así como su reputación, los más efectivos medios debían ser la observancia de un uniforme método de enseñanza y de entrenamiento de
los estudiantes. Dos años más tarde, en 1586, la *Ratio Studiorum* consideraba al teatro como un medio para exponer los logros educativos,

---

[31] Barrasa, *Historia,* fol. 139v.
[32] Gonzalbo, 1982, p. 265.
[33] McCabe, 1983, p. 30.

ya que en él «los estudiantes pueden dar alguna muestra de su estudio, actuando y recitando»[34]. Una vez más, cito al jesuita Jacinto Barrasa:

> este ejercicio literario de coloquios o representaciones se juzgó por los primeros jesuitas por útil y conveniente así para que la juventud se ejercitase y ocupase mejor con loa y logro de sus capacidades y talentos, como para que estos se conociesen y adelantasen, pasando con la edad de lo representado a lo serio en las cátedras y púlpitos[35].

En la doctrina de Juli, según el padre Acosta, existía en 1579 una escuela con casi trescientos muchachos indígenas, a cargo de un hermano «gran lengua y siervo de Dios». Según el mismo, la habilidad de aquellos muchachos era admirable ya que aprendían con facilidad todo lo que se les enseñaba. Además, agrega lo siguiente: «han representado este año dos o tres coloquios o comedias, en su lengua, de cosas muy útiles a la edificación de los indios», y sin rubor confiesa «yo me hallé a una que me causó gran consolación con entender harto poco de su lengua»[36].

Precisamente eran los alumnos responsables de la actuación, incluso de los roles femeninos[37]. Salvo casos excepcionales, las obras no eran representadas por estudiantes de los colegios. Usualmente los actores procedían de las clases de retórica o de poesía, y antes de ser nominados debían pasar una prueba de selección[38].

Los dramaturgos de las numerosas obras representadas en los colegios jesuitas fueron los propios miembros de la Compañía de Jesús, quienes habían sido educados de acuerdo con la *Ratio Studiorum*. Dueño de una formación filosófica y teológica, el jesuita era destinado a un colegio como profesor de humanidades, retórica o poesía. Adicionalmente, tenía entrenamiento en declamación y en la presentación ante el público. De esa manera, estaba en inmejorable condición de poder satisfacer las demandas de obras dramáticas escolares[39].

---

[34] McCabe, 1983, p. 3.

[35] Barrasa, *Historia*, fol. 139v.

[36] «Carta de Joseph de Acosta a Everardo Mercuriano», Lima, 11 de abril de 1579, en Egaña, 1954-1981, vol. 2, p. 624.

[37] En la tragedia sobre María Estuardo, representada en el colegio de Lima, un joven llamado Cosme de Tébar hizo el papel de la reina (Vargas Ugarte, 1963-1965, vol. 2, p. 237). La referencia procede de la obra de Barrasa.

[38] McCabe, 1983, pp. 34-35.

[39] McCabe, 1983, pp. 36-37.

Al igual que en Europa, en los colegios jesuitas de América, la composición de las obras estuvo a cargo de los propios miembros de la Orden. No obstante, buena parte del repertorio dramático escolar parece haber procedido del Viejo Continente. Al respecto, Jacinto Barrasa escribió que

> muy elegantes y selectas tragedias han sacado a luz en Europa los nuestros, que corren impresos, y se solicitan manuscritas, representadas en las provincias todas y más que en ninguna en Roma, cabeza del mundo; y repetidas cuatro o cinco veces no solo con gusto y aplauso, sino con edificación y compunción de los oyentes, y aún de los mismos representantes[40].

Las comedias o copias de ellas circulaban entre los colegios de la Compañía de Jesús, y eran representadas una y otra vez cuando se consideraba conveniente[41]. En 1610 los estudiantes del Cuzco representaron una comedia sobre San Estanislao de Kostka, la cual según Vargas Ugarte, se trajo de España[42]. Un caso similar parece haber sido el de la comedia *El Fénix de las Españas, San Francisco de Borja*. Una obra con este título fue representada en 1672 en el Colegio Imperial de Madrid[43] y dos años más tarde en Lima en la recepción del virrey conde de Castelar.

Las obras compuestas para ocasiones especiales requerían algunas veces de una tramoya sorprendente. Ello era necesario para poder representar milagros, sucesos sobrenaturales y alegorías religiosas. Lamentablemente carecemos de suficiente información como para conocer las características de los montajes del teatro jesuita en América. El padre Sebastián Amador refiere que con ocasión de la fiesta de la Concepción, en la iglesia del colegio de Lima se organizaron unos coloquios, con asistencia del virrey Toledo, en los cuales

---

[40] Barrasa, *Historia,* fol. 141r.

[41] En 1767 en la biblioteca del colegio noviciado de Lima, los encargados de realizar el inventario de los bienes de los jesuitas expulsos encontraron «unos coloquios de San Eustaquio en verso sin autor, un tomo en cuarto» (Eguiguren, 1956, p. 281). La conservación de este y otros textos similares abonarían la idea de que las comedias siguieron representándose durante el siglo XVIII.

[42] Vargas Ugarte, 1963-1965, vol. 2, p. 239.

[43] Fomperosa y Quintana, 1672, fol. 87v. Ejemplar en la Biblioteca del Archivo Arzobispal de Arequipa.

fue grande el aparato así en los vestidos que sacaban los niños representantes como en la desenvoltura con que decían sus dichos, unas veces en latín otras en romance, en prosa y verso. Estaba el lugar de la representación muy adornado. Dio a todo mucho ser los diferentes motetes que con buena música se cantaron entre acto y acto. Agradó tanto al Virrey que decía no haber visto cosa semejante, aunque había visto muchas en la corte y muy buenas[44].

Como en Europa se debieron combinar complicadas tramoyas, ricos vestidos, joyas, y música para lograr el efecto de conmover al público. Acerca del uso de una compleja tramoya se tiene el testimonio del cronista Joseph de Mugaburu, quien al parecer presenció en 1674 la representación de *El Fénix de las Españas, San Francisco de Borja* en el colegio de Lima. Mugaburu dice que «empezó esta comedia a representar a las cinco de la tarde y se acabó a las once de la noche por las muchas apariencias que tuvo»[45]. La *letra anua*, por su parte, refiere que dicha comedia fue de «extraordinario artificio y admirables perspectivas»[46].

La representación de autos, comedias y coloquios convocaba el interés general aun cuando algunas de esas obras habían sido ideadas para ser representas sólo ante el público escolar. Así en 1569, en la fiesta del Corpus, un oidor de la Audiencia de Lima presenció el ensayo de los coloquios por los estudiantes y recomendó a los jesuitas que permitiesen la asistencia de un mayor público al espectáculo. Según el testimonio del cronista, el propio oidor invitó a los miembros de la Audiencia. En tal situación, los jesuitas se vieron en la necesidad de montar un rico teatro de manera que

lo pudiera gozar así la gente que estaba dentro de la iglesia como la que estaba en el patio de nuestra casa, donde solamente entran hombres. Halláronse a él los señores presidente y oidores con otros muchos caballeros, dignidades eclesiásticas y muchos religiosos. Tenía su lugar aparte la música que para hacerse con más solemnidad vino[47].

No pocas veces el atrio de las iglesias de los colegios fue empleado para montar el escenario teatral. Los días 5 y 6 de septiembre de 1618

[44] Vargas Ugarte, 1963-1965, vol. 2, p. 236.
[45] Mugaburu, 1918, vol. 2, p. 69.
[46] Cavero, *Letras annuas de la provincia del Perú,* fol. 36v.
[47] Vargas Ugarte, 1963-1965, vol. 2, p. 235.

los jesuitas celebraron la fiesta de la Concepción de María con la representación de un coloquio sobre la vida de San Eustaquio. Para el empleo del atrio obtuvieron primero del virrey y luego del cabildo de Lima las respectivas autorizaciones. En su carta al cabildo, el jesuita Alonso Mesía fundamentó su pedido del empleo del atrio «para que hubiese lugar que lo viesen e oyesen mucha gente por ser grande el sitio y capaz para ello». El cabildo accedió al pedido, pero rechazó costear la construcción de los tablados para la representación y el asiento del virrey, arzobispo y cabildos, como solicitaban los jesuitas[48]. Años después la actitud del cabildo limeño fue otra. En las fiestas por la canonización de San Ignacio y San Francisco Javier, en 1623, acordó financiar la construcción del tablado para la representación del coloquio, los estrados para las autoridades y del toldo, «como lo requiere fiesta tan solemne y obligación que se le tiene y orden por la buena doctrina y enseñanza que hacen a los hijos desta ciudad»[49].

Un importante elemento en el teatro, sin lugar a dudas, era la música. En España, la música instrumental, el canto y el baile acompañaron el teatro jesuita desde su nacimiento. Éstos fueron elementos que bien podían estar incorporados en la obra o formar parte de la habitual terminación del espectáculo[50]. En América se empleó la música y la danza. Las referencias que se tiene de ellas para el caso del Perú son diversas pero, lamentablemente, muy escuetas como para darnos una idea de sus rasgos característicos. Con ocasión de la canonización de San Francisco Regis, en 1740, en el colegio de Córdoba «se dieron tres dramas, alusivos a la fiesta y bien representadas, de los cuales uno era melodrama, con acompañamiento de música vocal e instrumental»[51].

¿Quiénes conformaban el público espectador del teatro jesuita? Resulta una cuestión no fácil de responder porque si bien las obras fueron representadas casi siempre en los colegios, las circunstancias y los destinatarios podían variar. En éstas, el público debió de estar compuesto por parientes, amigos de los jóvenes actores y sus compañeros de estudios. También acudían benefactores y patronos así como eclesiásticos y nobles. La presencia de la nobleza y los dignatarios de la Iglesia solía otorgar relieve a las representaciones.

[48] Concejo Provincial de Lima, 1955, pp. 505-506.
[49] Concejo Provincial de Lima, 1958. p. 451.
[50] McCabe, 1983, p. 63.
[51] Rela, 1990, p. 186.

El teatro jesuita era atractivo no por su contenido o la calidad de las obras, sino por el espectáculo según Nigel Griffin. De las diversas provincias jesuitas alrededor del mundo, sostiene el mismo autor, llegaron a Roma cartas en las que los rectores solicitaban la aprobación del general para sus realizaciones dramáticas. La aprobación que buscaban era para la decoración, las figuras, la riqueza y la ostentación de las fiestas literarias y no para la temática de los dramas ni para el talento del dramaturgo en cuanto autor y director de la obra. Fueron, precisa Griffin, los elementos formales de estas piezas —tales como la música, los gestos, los vestidos, la prodigiosa memoria de los alumnos actores, la nobleza e importancia de los invitados— los que aseguraron el éxito de la representación[52].

De lo que no cabe duda es que el teatro escolar convocaba el interés y fue precisamente esta circunstancia lo que motivó serios reparos entre algunos jesuitas rigoristas que censuraron las representaciones. El visitador Juan de la Plaza en su informe sobre el colegio de Lima, escrito en 1576, denunció que los coloquios se habían hecho «con mucha distracción de los nuestros y demasiada inquietud de los de fuera», y que en tales ocasiones se habían realizado convites, con asistencia de mucha gente y que algunos hermanos habían incluso llevado comida a la iglesia a algunas mujeres «que aguardaban a ver el coloquio, con nota y queja de las otras a quien no daban comida»[53]. Como consecuencia de lo anterior entre los pedidos que el rector del colegio Baltasar de Piñas, nombrado procurador de la provincia peruana, llevó al general de la orden en Roma estuvo el de que los estudiantes seglares rara vez hiciesen comedias y que en ellas «no entren mujeres»[54].

Durante el siglo XVII persistieron las consultas acerca de la conveniencia de mantener las representaciones teatrales. A partir de 1630, según Vargas Ugarte, se advierte alguna remisión en la costumbre de representar comedias en los colegios, debido a la orden adoptada por el provincial Nicolás Durán Mastrilli. En la Congregación provincial reunida ese año, se discutió la conveniencia de permitirlas y el resultado fue prohibir que se representaran comedias de Lope de Vega y otras en romance de las que se solían hacer en los corrales, como

---

[52] Griffin, 1975, pp. 411-412.
[53] Egaña, 1954-1981, vol. 2, pp. 83-84.
[54] «Postulados de la primera y segunda congregación de la provincia del Perú [h. 1576]», en Egaña, 1953-1981, vol. 2, p. 203.

también entremeses ni papeles de mujer; y si se ofrecía algún coloquio, antes debía de pedirse licencia al provincial. En cuando a las decurias, o piezas menores, éstas podían seguir representándose, pero sin invitar a nadie, como no fueran los padres de los estudiantes[55]. Ya se ha visto que la prohibición no fue tan radical.

Mas a fines del siglo XVII el general de la compañía Tirso González renovó la prohibición de las comedias y censuró la impresión de dos comedias sobre santa Rosa. El general en una carta al provincial del Perú, Francisco Grijalva, fechada en 1692, le dice que ha recibido un ejemplar de esas comedias gracias a Sancho de Figueroa, obispo de Quito. Cuestiona que se hayan publicado y dice a Grijalva: «Hizo vuestra reverencia muy cuerdamente en recoger todos los ejemplares de la impresión; y si los hubiera quemado todos, hubiera hecho mejor»[56]. La representación de comedias siguió siendo materia de debate aún a mediados del siglo XVIII. Una directiva del padre Francisco Retz, prepósito de la provincia de Quito, del 26 de mayo de 1750, permitía la representación de comedias por los estudiantes del seminario de la ciudad de Quito, siempre y cuando no se mostrase «cosa alguna o menos decente, ni por su asunto, ni por otro modo, y no admitiendo en ella mujer alguna». Encargaba a los superiores «la vigilancia para evitar todo desorden»[57].

No he podido hallar más información acerca de las comedias representadas en el siglo XVIII. *El coloquio de la Concepción* es una de las pocas muestras de la actividad teatral en aquel siglo. De acuerdo con su moderno editor, Rubén Vargas Ugarte, habría sido representado en el colegio de Santiago de Chile[58]. En todo caso, parecería que la actividad dramática fue menor en comparación con los siglos anteriores. Futuras investigaciones permitirán conocer con mayor detalle lo sucedido entonces.

En las escuelas jesuitas del virreinato peruano, el teatro se convirtió en un importante vínculo entre la orden y la sociedad. El teatro fue, como se ha visto, un medio para cumplimentar a los poderosos, dar realce a las fiestas religiosas, hacer propaganda en favor de la Compañía de Jesús, infundir en los estudiantes valores cristianos y morales. En suma, el teatro escolar floreció durante los siglos XVI y XVII, como

---

[55] Vargas Ugarte, 1974, p. 38.
[56] Vargas Ugarte, 1974, p. 39.
[57] Jouanen, 1941-1943, vol. 2, pp. 274-275.
[58] Vargas Ugarte, 1948.

lo habrían afirmado los propios jesuitas, a mayor gloria de Dios y de
los hombres.

Bibliografía

Alonso, J., *La tragedia de San Hermenegildo y otras obras del teatro escolar de colegio,* Valencia, Universidad de Sevilla y Universitad de Valencia, 1995, 2 vols.

Barrasa, J., *Historia eclesiástica de la Provincia del Perú de la Compañía de Jesús,* Mss. A620, Biblioteca Nacional del Perú, Lima.

Cavero, H., *Letras annuas de la provincia del Perú de la Compañía de Jesús desde el año de 1667 hasta de 1674 inclusive,* The Vatican Film Library, Missouri, Saint Louis University, 1675.

Concejo Provincial de Lima, *Libros de cabildos de Lima. Libro decimoctavo, años 1616-1620,* Lima, Torres Aguirre, 1955.

— *Libros de cabildos de Lima. Libro decimonoveno, años 1621-1624,* Lima, Torres, Aguirre, 1958.

Egaña, A. de, *Monumenta Peruana,* Roma, Monumenta Historica Soc. Iesu, 1954-1981, 7 vols.

Eguiguren, L. A., *Las huellas de la Compañía de Jesús en el Perú,* Lima, Librería e Imprenta Gil, 1956.

Gonzalbo, P., «La influencia de la Compañía de Jesús en la sociedad novo-hispana del siglo xvi», *Historia mexicana,* 323, 1982, pp. 262-281.

Griffin, N., «El teatro de los jesuitas: algunas sugerencias para su investigación», *Filología Moderna,* 54, junio 1975, pp. 407-413.

Hernández Reyes, D., «Comedia de San Francisco de Borja; hagiografía y educación de príncipes», en *La producción simbólica en la América colonial,* ed. P. Buxó, México D.F., UNAM, 2001, pp. 311-331.

Jouanen, J., *Historia de la Compañía de Jesús de la antigua provincia de Quito 1570-1773,* Quito, Editorial Ecuatoriana, 1941-1942, 2 vols.

«Letras Annuas de la Provincia del Perú de la Compañía de Jesús, 1620-1724», *Revista de Archivos y Bibliotecas Nacionales,* 5, 1900, pp. 33-140.

Lohmann, G., *El arte dramático en Lima durante el virreinato,* Madrid, Escuela de Estudios Hispano Americanos, 1945.

Luciani, F., «The *Comedia San Francisco de Borja* (1640): The Mexican Jesuits and the Education of the Prince», *Colonial Latin American Review,* 2:1-2, 1993, pp. 121-141.

Martin, L., *La conquista intelectual del Perú,* Barcelona, Editorial Casiopea, 2001.

McCabe, W., *An Introduction to the Jesuit Theater,* St. Louis, The Institute of Jesuit Sources, 1983.

MUGABURU, J. y F. de MUGABURU, *Diario de Lima (1640-1694)*. *Crónica de la época colonial*, Lima, Sanmarti, 1918, 2 vols.

FOMPEROSA Y QUINTANA, A. de, *Días sagrados y geniales celebrados en la canonización de San Francisco de Borja, por el Colegio Imperial de la Compañía de Jesús de Madrid y la Academia de los más célebres ingenios de España*, Madrid, Francisco Nieto, 1672.

RELA, W., *El teatro jesuítico en Brasil, Paraguay, Argentina*, Montevideo, Universidad Católica del Uruguay, 1990.

SIMÓN DÍAZ, J., *Historia del Colegio Imperial de Madrid*, Madrid, Instituto de Estudios Madrileños, 1952-1959, 2 vols.

VARGAS UGARTE, R., *Manuscritos peruanos en las bibliotecas de América*, Buenos Aires, Talleres Gráficos A. Baiocco y Cía, 1945.

— «Un coloquio representado en Santiago en el siglo XVIII», *Revista Chilena de Historia y Geografía»*, 111, 1948, pp. 18-55.

— *Historia de la Compañía de Jesús en el Perú*, Burgos, Aldecoa, 1963-1965, 4 vols.

— *De nuestro antiguo teatro. Colección de piezas dramáticas de los siglos XVI, XVII y XVIII*, Lima, Milla Batres, [1943] 1974.

NOTAS SOBRE DOS COMEDIAS DE LA VIDA DE SAN FRANCISCO DE BORJA

María Palomar Verea
Universidad del Claustro de Sor Juana

Este ensayo intenta establecer cuál es el tratamiento por parte de dos dramaturgos (uno, supuestamente, el grandísimo Pedro Calderón de la Barca, y otro el mucho menos conocido jesuita novohispano Matías de Bocanegra) del mismo momento de la misma historia, que es el de la «conversión» de quien llegaría a ser San Francisco de Borja. Como tenemos la gran ventaja de saber sin lugar a dudas cuál fue la fuente en que se basaron ambas comedias, entra en juego una tercera obra: la biografía hagiográfica del santo por el padre Pedro de Ribadeneira. Las dos comedias se escriben en el siglo XVII; la hagiografía, a fines del XVI. Esto nos lleva a ciertas reflexiones y puntualizaciones acerca del género y de su evolución precisamente en el marco temporal de esos dos siglos y dentro de la Compañía de Jesús, a la que pertenecieron dos de los autores y por la que el tercero fue educado.

Lamento tener que dejar en el tintero muchísimos temas enormemente sugerentes. Ciertamente, el cotejo entre ambas obras —que se intenta muy brevemente en el punto II— podría dar pie a toda una tesis.

Partimos, pues, de tres «artefactos» construidos por tres escritores, y no —esto es importante señalarlo— de *La vida de Francisco de Borja* como tal. Debe quedarnos muy claro que ninguno de los autores buscaba establecer una «verdad» histórica, sino responder a las exi-

gencias del género: comedia hagiográfica o biografía hagiográfica.
La «verdad» que se persigue, en los tres casos, está más allá de cualquier realidad sensible, se vertebra alrededor de valores trascendentes
y rebasa los signos aprehensibles, que de cualquier manera están todos
conscientemente encaminados a apuntar hacia ese más allá: *ad maio-
rem Dei gloriam*.

Vale la pena señalar de paso que existen muchas otras comedias
jesuitas sobre San Francisco de Borja, pues sin duda en todos los colegios y misiones de la Compañía se celebraron en forma parecida la
beatificación y la canonización del santo, los aniversarios de su nacimiento o muerte, etc. El profesor Václav Cerny, descubridor del
manuscrito que atribuye a Calderón, menciona dos, escritas por los
padres Fomperosa y Calleja.

La comedia de Pedro de Fomperosa y Quintana, titulada *San Francisco de Borja, duque de Gandía*, fue representada en el Colegio Imperial
de Madrid en 1671, con motivo de la canonización[1]. Fue impresa por
primera vez en 1676, junto con otras once obras dramáticas de diversos autores, en la *Parte cuarenta y dos de Comedias nuevas nunca impresas,
escogidas de los mejores Ingenios de España*[2].

En cuanto a la comedia del padre Diego Calleja, *El fénix de España*,
lo que para nosotros resulta más interesante es que este prolifiquísimo
dramaturgo fue gran amigo de sor Juana Inés de la Cruz, con quien
mantuvo estrecha amistad epistolar y, al escribir la «Aprobación» para
el tomo III de las obras de la monja (publicado póstumamente en
1700), fue también su primer biógrafo[3]. Ojalá en un futuro próximo

---

[1] Menéndez Peláez, 2004, pp. 721-802. El autor añade que «se considera refundición de la de Calderón, hoy perdida (*sic*)» y que además «se discute esta atribución;
en algunas publicaciones se da por autor a Melchor Fernández de León».

[2] Menéndez Peláez, 2004, pp. 721-802. *...Dedicada a don Fernando de Soto y Vaca,
Caballero, y Procurador General de la Orden de Alcántara, Señor de la Villa de Escariche, etc.
Año (Esc. del M.) 1676. Con Privilegio, en Madrid, por Roque Rico de Miranda. A costa de
Juan Martín Merinero, Mercader de libros; 4.º* «Dedicatoria de Merinero. –Aprobación
de don Francisco de Avellaneda, 10 de junio, 1676. –Licencia del Ordinario. –Aprobación del maestro fray Domingo Gutiérrez, 20 de junio, Id. –Suma del privilegio
real concedido para esta publicación a don Pedro Francisco Lanini Sagredo, por diez
años, sin fecha. –Erratas. –Tasa. –Tabla de las comedias».

[3] Alatorre, 1986. Por su parte, el profesor de Cambridge Edward M. Wilson
indica que «Hay escenas parecidas (a las de *El José de las mujeres*, de Calderón) en una
comedia sobre la vida de San Francisco de Borja, escrita por el jesuita Diego Calleja,

se localice en los archivos españoles esta correspondencia del padre Calleja.

I. La tradición hagiográfica y la hagiografía en los siglos XVI y XVII

Vale la pena hacer un somero recorrido por la tradición hagiográfica de la literatura española, pues es un género que prácticamente ha caído en desuso y que ni siquiera conocen ya los historiadores y los críticos.

Como escribió el gran etnógrafo Julio Caro Baroja, la religiosidad tiene tres manifestaciones o elementos fundamentales que son el dogma, el ritual y la narración. En el pueblo en general, estas tres partes se desarrollan en forma muy desigual y muy distinta. El dogma, más allá de los contenidos de la catequesis elemental, es un aspecto sobre el cual discurren los teólogos y muy pocos más. Los ritos formales, en los que la gente participa en mayor o menor medida, están perfectamente documentados. Pero las diversas narraciones —en el sentido más amplio—, que eran las que más llegaban a todo el pueblo, forman ahora un universo casi desconocido para quienes se ocupan de temas literarios. Tras indicar que poco se exploran, por ejemplo, los sermonarios, confesionarios y obras de ese género, Caro Baroja añade:

> Otro elemento que tampoco puede considerarse fuerte hoy en la vida popular es la lectura de libros de santos o de biografías de personas que aspiraban a la santidad. Esta bibliografía es también enorme y nos da unos arquetipos, unos modelos de fe religiosa que las gentes populares han tenido, es decir, que estas biografías de monjas milagreras, de ascetas, de monjes que tenían fama en un grupo limitado de una comunidad, como podía ser en Valencia, en Cataluña, en Castilla, es algo que también en nuestro siglo se ha barrido y no es más que una memoria —si es que la hay— en el pasado, muy difícil de reconstruir y seguir.
>
> Todavía tenemos toda esa literatura popular, popularísima, que eran las comedias de santos, las comedias con grandes tramoyas, en las que los santos aparecían realizando los milagros ante el público, con trucos escenográficos que hasta el siglo XIX eran populares —no había fiesta de

representada en 1671 e impresa en la *Parte 43* de 1678». Wilson, http://cvc.cervantes. es/obref/aih/pdf/02/aih_02_1_010.pdf pueblo un poco importante que no las tuviera— y que hoy son también algo del pasado, algo de lo que no tenemos ni idea remota de la importancia que ha tenido. [...] Nos encontramos, pues, con un empobrecimiento total, desde comienzo de siglo hasta hoy. La limitación de los conocimientos de las partes dogmática y narrativa sería necesario suplirla por grandes investigaciones de tipo bibliográfico y haciendo análisis de los conceptos que al pueblo le han podido llegar por esta vía oral: sermón, recitación, teatro, etc.[4].

Por otra parte, está ahora perfectamente documentado el absoluto predominio numérico sobre cualquier otro género de los libros de índole religiosa, y concretamente hagiográfica, producidos en los siglos XVI y XVII, así como su masiva presencia tanto en los embarques de obras impresas enviados a la Nueva España como entre las publicadas por las imprentas novohispanas[5].

En el siglo XVI, cuando nació la Compañía de Jesús y vivió San Francisco de Borja, fue precisamente cuando se comenzó a plantear dentro de la Iglesia, sobre todo a raíz de la reforma protestante y del Concilio de Trento, una revisión de la tradición hagiográfica con el fin de despojarla dentro de lo posible de sus rasgos medievales, como el excesivo énfasis en los milagros, los elementos supersticiosos de la piedad popular y cualquier otra posible desviación del dogma y la sana doctrina. No es casual que ello haya dado pie un poco después, en el seno de la propia Compañía, a la gran empresa de Jean Bolland (1596-1665), que continúa hasta nuestros días, de fijar la frontera entre leyenda e historiografía (frontera que no existía en la Edad Media) para establecer una hagiografía sobre bases históricas y científicas.

Así, las obras de los jesuitas se inscriben dentro de estas nuevas tendencias:

> las directrices de Trento ayudarán a aclarar un panorama confuso y reducirán la posesión de libros únicamente a los marcados por la pureza de la ortodoxia. De este modo, si en la primera mitad del siglo las Vidas de Cristo y, en menor medida, las Vidas de la Virgen dominaban el panorama, bajo Felipe II las obras más difundidas serán las vidas de santos. Es

---

[4] Caro Baroja, 1984.
[5] Ver por ejemplo Rueda Ramírez, 2002; Rivas Mata, 2002; González González y Gutiérrez Rodríguez, 2002.

un proceso lógico, puesto que las vidas de santos cumplen con el objetivo de la Iglesia de educar a los hombres a través de un arquetipo que será impulsado por el Concilio. Estas vidas de santos, por consiguiente, cumplen a la perfección con el didactismo tridentino, el cual no sólo se canalizó por la plástica o el púlpito, sino que será la hagiografía la que desarrollará este programa hasta sus últimos extremos. Así, no puede extrañar que la obra de Pedro de Ribadeneira *Flos Sanctorum* haya sido el libro más difundido en Barcelona a fines del siglo xvi y durante la centuria siguiente o que, como indica Julián Gállego, se convirtiera en la publicación más consultada por los pintores que habían de representar la figura o la vida de un santo[6].

Por otra parte, hay que tener en cuenta que en la Compañía existía cierta reticencia hacia los excesos místicos y la taumaturgia desbocada, pues San Ignacio y sus sucesores han tenido por principio dar énfasis a los valores y las virtudes de la persona y su amor al prójimo por encima de manifestaciones sobrenaturales un tanto infantiles. Simultáneamente crecía entre los jesuitas un espíritu racionalista y científico propio de la modernidad:

> at least within the history of science, Jesuit letters can be found in the correspondence of every major figure from Tycho Brahe in the sixteenth century to Kepler, Galileo, Descartes, Newton, and Leibniz in the seventeenth, and to similarly distinguished figures in the eighteenth[7].

Hay que recordar la afirmación de Alonso de Villegas que, en los preliminares a su *Flos sanctorum* (1578), declara que en los santorales de su tiempo se leen muchas cosas «tan faltas de la autoridad y gravedad que pide semejante lectura que antes provocan a irrisión que a devoción». Esto nos revela una toma de conciencia, particularmente después de Trento, de lo ridículos que podían resultar ya a los hombres cultos de la época algunos relatos hagiográficos.

La Nueva España —al igual que la Vieja— vive, pues, en el siglo xvii entre esas dos tendencias, la tradicional y la que apunta a la modernidad. Así, vemos que al mismo tiempo que personajes como don Carlos de Sigüenza persiguen un conocimiento racional de las ciencias y la historia y una religiosidad no reñida con la inteligencia, proliferan también manifestaciones supuestamente sobrenaturales,

---

[6] Irigoyen López y García Hourcade, 2001.
[7] O'Malley, S. J., 2000.

como el famoso caso (que comienza en 1648) del pretendido milagro los «panecitos de Santa Teresa»[8], que hizo época en la Ciudad de México y fue incluso avalado oficialmente por las más altas autoridades eclesiásticas (en 1677 el arzobispo fray Payo de Ribera declara que efectivamente es un milagro), para luego, tras muchas denuncias de fraude, desaparecer bajo un tupido velo de silencio.

La Compañía de Jesús adopta hacia fines del siglo XVI lo que podríamos llamar su propia «política hagiográfica». Dentro de un universo tan coherentemente concebido como es el de la época, el de la cultura que se ha dado en llamar barroca, y en el seno de una institución tan fuertemente estructurada hasta en los últimos detalles, la hagiografía —y en particular la de los santos «de casa»— lógicamente tenía que ser una construcción perfectamente diseñada en su elaboración y en sus efectos. Por lo tanto, hay que repetir que lo que se busca es presentar un ejemplo edificante y no documentar una historia tal como pasó. Esto queda perfectamente claro si pensamos que el breve *Relato autobiográfico dictado por San Ignacio de Loyola a Luiz Gonçalves da Câmara* fue sacado de la circulación y prácticamente no volvió a ver la luz sino hasta el siglo XX. De esa manera, una narración autobiográfica es hecha a un lado y sustituida para el consumo general por un discurso hagiográfico que, a criterio de los superiores de la Compañía, sirve mejor los propósitos de edificación y ejemplaridad.

LAS COMEDIAS SOBRE SAN FRANCISCO DE BORJA DE MATÍAS DE BOCANEGRA (1612-1668) Y (SUPUESTAMENTE) PEDRO CALDERÓN DE LA BARCA (1600-1681)

El problema de la datación existe sólo para la comedia atribuida a Calderón, pues está perfectamente documentado que la de Bocanegra[9] se escribió y estrenó con motivo de la recepción en México del virrey Marqués de Villena en 1640.

---

[8] Ver Núñez de Miranda, A., S. J., «Parecer», en I. de Sariñana y Cuenca, *Sermon, que a la declaración Del Milagro de los Panecitos de Santa Teresa de Jesvs, predicó en la Iglesia de Carmelitas delscalzos de Mexico, en 2 de Enero de 1678 [...]. Parecer del P. Núñez de Miranda. Con licencia en México por la Viuda de Bernardo Calderón*; también los diarios de Gregorio Martín de Guijo y Antonio de Robles mencionan el prodigio.

[9] La edición consultada es la de Frost.

En cambio, el heroico profesor Václav Cerny, descubridor del manuscrito de la comedia que supone de Calderón no sólo en el fondo de Bohemia, sino en plena Guerra Fría (uno se pregunta qué milagro de civilización permitió que la Academia Checoeslovaca la publicara en una época en que el pobre país estaba todavía como en tiempos de Stalin), trata de convencer al lector, en su extraordinario estudio inicial[10], de que *El gran duque de Gandía* se escribió y presentó para celebrar la canonización de San Francisco de Borja, en 1671. (Hacia 1639, Calderón ya había escrito un auto con el mismo título, pero con el cual prácticamente no hay similitud alguna, pues es una obra totalmente alegórica en la cual San Francisco de Borja, el Hombre peregrino, vence a la Vanidad, al Demonio y los placeres terrenales). De la existencia de una comedia se sabía por testimonio directo del propio Calderón y menciones de otros testigos, pero nunca fue impresa y hasta ahora sólo se cuenta con el manuscrito checo.

Muchos y significativos son los rasgos que tienen en común ambas comedias. Algunos sin duda se deben, además de a su indudable «línea jesuítica», al espíritu del tiempo y las convenciones del género; pero otros parecerían indicar una influencia directa, y lo más interesante es que no sabemos a ciencia cierta cuál de ellas pudo haber influido sobre la otra.

Hay que señalar que la canonización sólo fue una de las muchas fechas de celebración que pudieron haber dado pie a la escritura de la comedia, pues de igual manera Calderón —si es que fue él— hubiese podido escribirla para marcar cualquier otra solemnidad: el centenario del nacimiento, los cincuenta años de la muerte, etc. Además, el epíteto de *santo* se aplicaba en aquella época sin problema alguno a quienes habían sido beatificados pero aún no canonizados, con lo cual no tenemos por ese lado ningún indicio.

Un primer paralelismo es el hecho de que nos hallamos ante dos comedias cortesanas, donde al argumento principal —el camino a la santidad de Francisco— se entrelazan intrigas de índole amorosa, escenas de cacería, lances de capa y espada, etc., que a veces incluso pueden parecer extrañamente «mundanos» para el género hagiográfico. Es probablemente en este sentido que se habla a veces de teatro «profesional» jesuita, pues producciones como éstas iban dirigidas a

---

[10] Cerny, «Introduction», en Calderón de la Barca, *El gran duque de Gandía,* pp. 9-34.

un público bastante refinado y, por tanto, no se podía descuidar su factura, que tenía necesariamente que incluir el elemento esencial de entretenimiento y diversión (la información sobre las instalaciones y los montajes teatrales en los colegios jesuitas de diversas asistencias de la época nos permiten suponer puestas en escena realmente espectaculares).

Bocanegra incluso se mostraría más atrevido que Calderón en cuanto a las aviesas intenciones de Flora y Belisa, que primero tratan de seducir a un señor casado y, más tarde, a un clérigo camino a la santidad...

El humor está también presente: el personaje del gracioso, el criado Sansón (llamado así en ambos casos), es notablemente irreverente (tanto hacia las autoridades temporales, interpelando al emperador sin empacho, como sobre temas espirituales, quejándose de tanta virtud de su amo), y constituye quizás el eslabón más sólido de la muy posible relación entre ambas obras.

Señalo por último otro elemento común: los múltiples guiños «extrateatrales» o «metateatrales» que se dan en las dos comedias. Los personajes/actores se dicen tales: se saben sobre un escenario, como Sansón cuando afirma que, en las comedias, los criados pueden hablar con los emperadores. Y está también la nota simpática del Pseudocalderón al incluir como personaje al propio padre Ribadeneira, como joven estudiante, al lado de San Ignacio. Sin duda un gran homenaje al auténtico creador de la narración que se pone en escena...

La conversión de Francisco de Borja según un hagiógrafo y dos dramaturgos

En mayo de 1539, el mismo año que fue nombrado por el emperador Carlos V virrey de Cataluña, Francisco de Borja recibió la misión de conducir a la sepultura real de Granada los restos mortales de la emperatriz Isabel. Tras varios días de camino en compañía de su mujer y un gran séquito, Borja llega a Granada a hacer la entrega del cadáver. Las dos escenas en que el padre Ribadeneira[11] relata la conversión están contenidas en el capítulo VII: «La muerte de la Emperatriz doña Isabel, y la mudanza que causó en el Marqués don Francisco». Ambas escenas (una pública y documentada; la segunda sin duda inventada

---

[11] Ribadeneira, *Vida del P. Francisco de Borja*.

por el hagiógrafo) ocupan apenas dos páginas (de las 160 del libro).
Los párrafos cruciales son los siguientes:

Llegaron a Granada, y al tiempo de hacer la entrega del cuerpo de la
Emperatriz, destaparon la caja de plomo en que iba, y descubrieron su
rostro: el cual estaba tan feo, y desfigurado, que ponía horror a los que
le miraban: y no había ninguno de los que antes la habían conocido, que
pudiese afirmar que aquella era la figura y cara de la Emperatriz. Antes el
Marqués de Lombay habiendo de consignar y entregar el cuerpo, y hacer
el juramento en forma delante de testigos, y escribano, que aquel era el
cuerpo de la Emperatriz, por verle tan trocado y afeado, no se atrevió a
jurarlo. Lo que juró fue, que según la diligencia y cuidado que se había
puesto en traer y guardar el cuerpo de la Emperatriz, tenía por cierto que
era aquel y no otro. (Cap. VII, p. 315)
    [...] Diole Dios con esta vista un vuelco tan extraño a su corazón,
que le trocó como de muerte en vida, y hizo el mayor y más maravillosa
mudanza que la misma muerte había hecho en el cuerpo de la Emperatriz. Porque le penetró una soberana y divina luz, y de tal manera le
envistió (sic) y esclareció, que en aquel brevísimo espacio de tiempo, con
grande claridad le representó, y dio a conocer la vanidad de todo lo que
precian, y con tanta ansia procuran los hombres del mundo... (p. 315)
    [...] Y así en volviendo de la Capilla Real a su posada, se encerró en
un aposento apartado, y echada la llave tras sí, se derribó en el suelo, y
derramando copiosas lágrimas, con unos profundos sospiros que le salían
del corazón herido y afligido, comenzó a hablar consigo mismo y a decir:
(p. 315)
    [...] Dadme Señor mío, dadme Dios mío vuestra luz, dadme vuestro
espíritu, dadme vuestra mano, y sacadme deste atolladero, y destas aguas
en que estoy anegado: que si vos me la dais, *yo os ofrezco de no servir más a
señor que se me pueda morir.* (p. 316)

Para cualquier autor teatral, estas dos escenas de alto contenido
dramático representan naturalmente un clímax en la acción sobre el
escenario. Los dos son perfectamente fieles al espíritu de la narración
hagiográfica.

Ambos adoptan como *leitmotiv* del discurso central de Francisco la
frase de Ribadeneira: «no servir más a señor que se me pueda morir».
Sin embargo, mientras que el joven Bocanegra mantiene incluso con
excesiva literalidad la primera de las dos escenas de la conversión en la
hagiografía (con todo y arzobispo, secretario, séquito, cajón... y cala-
vera) y es ahí donde Francisco, ante todos, dice «No más servir señor

que se me muera»[12], un autor más experimentado —como lo sería
Calderón— se ahorra el excesivo melodrama y deja en un tiempo y un
espacio indeterminados —o quizá fuera del tiempo y el espacio— la
segunda escena: la de Borja reflexionando a solas, que termina precisamente con la frase «No más mi esperanza / sirva a mortal dueño»[13].
Sin duda hay aquí una maestría muy superior en cuanto a «economía
escénica», lo que no es de extrañar dado que se está atribuyendo a
nuestro mayor dramaturgo... Pero ello no invalida en nada la propuesta del jesuita novohispano, quien imprime a sus décimas elegiacas
un *pathos* que no desmerece en nada junto al parlamento equivalente
del Borja pretendidamente calderoniano.

Vale la pena señalar que en el auto de *El gran duque de Gandía* (*ca.*
1639) mencionado arriba, Calderón recoge en la sección equivalente
a la discutida en este punto[14] todos los argumentos de Borja para no
querer jurar que la emperatriz es quien ahora se ha convertido en
horroroso cadáver, algo a lo que sólo se hace mención de paso en el
monólogo de la comedia, al haber obviado la escena ante el arzobispo
de Granada.

Ambos autores, siguiendo fielmente a Ribadeneira, sin duda atribuyen a este pasaje de la vida de Borja una importancia central, pues
de ahí en adelante la suerte está literalmente echada y no puede haber
más destino que la vida religiosa y la santidad. Pero lo curioso es que
ambos colocan este punto de inflexión en la vida del protagonista casi
en el mismo sitio de la obra: Bocanegra como apertura del segundo
acto; el otro, como culminación del primero[15].

Un elemento más que hermana ambas comedias es su mínimo
recurso a elementos sobrenaturales: no hay apariciones, ni milagros;
apenas ciertos presentimientos (de la muerte de la emperatriz, de la
muerte de doña Leonor). La auténtica intervención de la gracia divina
es precisamente la de mover la conciencia humana y tocar el corazón
para que el pecador se convierta en un hombre nuevo.

En el caso de la comedia atribuida a Calderón, sólo hay una «Voz»
(que puede ser la de la propia conciencia) diciendo a Borja que no hay
que pedir a Dios lo que uno quiere (la vida de su mujer), sino plegarse
a los designios de la Providencia. En el caso de Bocanegra, la apari-

---

[12] Bocanegra, 1992, pp. 53-54.
[13] Atribuido a Calderón de la Barca, *El gran duque de Gandía*, pp. 76-79.
[14] Ver al final de los anexos a este texto.
[15] Ver la tabla comparativa anexa.

ción en escena de una mitra pontificia y de un Corifeo tienen más que ver con las alegorías y los emblemas que con un trance místico, y lo mismo puede decirse del Ángel y la personificación de la Compañía, símbolos que explicitan el mensaje y marcan el final de la obra.

Sin duda estas comedias reflejan un giro moderno de la hagiografía y una inflexión clara donde, por más que los elementos de tramoya permitiesen ya efectos impresionantes, no se busca el pasmo gratuito ni la taumaturgia cercana a lo mágico. Lo simbólico —perteneciente a un universo racional al alcance del laico ilustrado— se impone sobre lo «milagrero». Estamos ante construcciones coherentes de una mentalidad nueva correspondientes a una modernidad, la nuestra, que quizá —sólo quizá— no haya sido la mundialmente triunfante en los siglos subsecuentes.

Como explica Michel de Certeau, hablando sobre los *Ejercicios* de San Ignacio[16]:

> El «Fundamento» tiene el sentido de operar una ruptura inicial sobre la que se asienta todo el desarrollo ulterior: es regreso al deseo y espacio abierto a la enunciación. En los *Ejercicios espirituales* este movimiento se expresa en función del clima cosmológico e ideológico de la época. El movimiento que vuelve a llevar a Dios como «al fin para el cual somos creados» es el medio de retrogradar de la particularidad de los conocimientos o de las actividades religiosas a su inasible principio y término. Es descrito en los términos del universo altamente estructurado que es en gran parte el de la época y, en todo caso, es aún el de Ignacio. Una problemática «filosófica» del «fin» y los «medios» busca, como en Erasmo[17], relativizar y rectificar los «medios» respecto del «fin»: es una táctica moral destinada a favorecer la «indiferencia» con vistas a una revisión de los medios que se toman para llegar al «fin».

BIBLIOGRAFÍA

ALATORRE, A., «Sor Juana y los hombres», en *Estudios. Filosofía-Historia-Letras,* México D.F., ITAM, 7, 1986, pp. 7-27.

BOCANEGRA, M. de, *Comedia de San Francisco de Borja,* en Frost, E. C., *Teatro mexicano. Historia y dramaturgia. V. Teatro profesional jesuita del siglo XVII,* México D.F., Conaculta, 1992, pp. 39-78.

---

[16] Certeau, 1973.

[17] En particular, el paralelismo entre el «Fundamento» y el *Enchiridion* de Erasmo resulta evidente. Ha sido señalado con frecuencia.

CALDERÓN DE LA BARCA, P., *El gran duque de Gandía*, ed. V. Cerny, Praga, Académie Tchécoslovaque des Sciences, 1963.

CARO BAROJA, J., «La religión. Un tema de etnografía española», Granada, Universidad de Granada, *Gazeta de Antropología*, 3, 1984, http://www.ugr.es/~pwlac/G03_01Julio_Caro_Baroja.html.

CERTEAU, M. de, «L'espace du désir ou le 'Fondement' des *Ejercicios Espirituales*», *Christus*, 20, 77, 1973, pp. 118-128.

GONZÁLEZ GONZÁLEZ, E. y V. GUTIÉRREZ RODRÍGUEZ, «Libros en venta en el México de Sor Juana y de Sigüenza», en *Del autor al lector*, coord. C. Castañeda, México D.F., Porrúa-Ciesas-Conacyt, 2002, pp. 103-132.

IRIGOYEN LÓPEZ, A. y J. J. GARCÍA HOURCADE, «Notas para un análisis de la problemática religiosa en la España de Felipe II», en *Entre el cielo y la tierra, entre la familia y la institución*, Murcia, Universidad Católica de Murcia-UCAM, 2001, http://www.hottopos.com/mirand12/antjos.htm.

MENÉNDEZ PELÁEZ, J., «El teatro hagiográfico en el Siglo de Oro español: aproximación a una encuesta bibliográfica», *Memoria Ecclesiae*, 24, 2004, pp. 721-802.

O'MALLEY, J., S. J., «From the 1599 *Ratio Studiorum* to the Present: A Humanist Tradition?», en *The Jesuit Ratio Studiorum: 400th Anniversary Perspectives*, ed. V. J. Duminuco, S. J., New York, Fordham University Press, 2000, pp. 56-74.

RIBADENEYRA, P. de, *Vida del P. Francisco de Borja, que fue duque de Gandía, y después religioso, y tercero General de la Compañía de Jesús*, Madrid, Pedro Madrigal, 1594.

RIVAS MATA, E., «Impresores y mercaderes de libros en la ciudad de México, siglo XVII», en *Del autor al lector*, coord. C. Castañeda, México, Porrúa-Ciesas-Conacyt, 2002, pp. 71-102.

RUEDA RAMÍREZ, P. J., «El comercio de libros en la Carrera de Indias (1601-1650)», en *Del autor al lector*, coord. C. Castañeda, México D.F., Porrúa-Ciesas-Conacyt, 2002, pp. 45-69.

WILSON, E. M., «Nuevos documentos sobre las controversias teatrales: 1650-1681», http://cvc.cervantes.es/obref/aih/pdf/02/aih_02_1_010.pdf.

Desarrollo de las comedias

Lugar, personajes	ATRIBUIDA A CALDERÓN	Lugar, personajes	BOCANEGRA
	Jornada primera		*Acto primero*
Alcázar de Toledo. Borja, Emperador, Sansón	Llegan Borja y Sansón desde Madrid. Murió Lope. Se firmó un tratado de paz. Habrá cortes en Toledo.	Escena de caza, cerca de Toledo. Borja, Sansón, luego Emperador	La vida como comedia. Discusión sobre si es más fácil gobernar a los animales o a los hombres.
Roma. Dos estudiantes, luego S. Ignacio y el P. Fabro	Sobre la misión de la Compañía (estudiantes). Ignacio manda a Fabro a Barcelona a ver a Borja.	Alcázar de Toledo. Emperatriz, D.ª Leonor	Premoniciones de la muerte de la Emperatriz.
Alcázar de Toledo. D. Carlos, Sansón, D. Juan, D.ª Magdalena, Inés; luego Borja	Comienza la intriga amorosa.	Mismo lugar. Llegan Emperador y Borja donde están Emperatriz y D.ª Leonor	El Emperador hace a Borja marqués, caballerizo mayor de la reina y virrey de Cataluña.
Mismo lugar. Emperatriz, D.ª Leonor, D.ª Magdalena, Inés, luego Sansón	Premoniciones de la muerte de la Emperatriz.	Mismo lugar. Belisa, Flora, Virtud	Las dos damas se proponen conquistar a Borja, la Virtud las contradice.

Mismo lugar. Sansón, Inés	Escena cómica	Mismo lugar Borja, Sansón	Reflexiones serias (B) y jocosas (S) sobre la fragilidad de la vida.
Mismo lugar. Despacho del Emperador. Emperador, Borja	La noche del gran sarao. El Emperador nombra a Borja virrey de Cataluña. Discuten largamente sobre astronomía.	Mismo lugar. Borja, Sansón, llegan Belisa y Flora	Las damas vuelven a declarar su propósito. Borja queda advertido.
Alcázar de Toledo. Todos los personajes	Adivinanzas para ganar el favor de las damas. Desmayo de la Emperatriz. Sigue escena de tema amoroso. Sansón da la noticia de la muerte de la Emperatriz.	Mismo lugar. Emperador solo, luego llega D.ª Leonor, después Borja	El Emperador teme por la vida de la Emperatriz. Llega D.ª Leonor, quien sin hablar le confirma la muerte. Llega Borja, que hace el relato completo. El Emperador envía a ambos a llevar el cadáver a Granada.
No se sabe lugar ni tiempo. Borja solo.	Reflexiona sobre la muerte de la Emperatriz y la vanidad de las cosas del mundo. FIN DE LA JORNADA PRIMERA	Mismo lugar. Sansón, Belisa y Flora	Sansón entrega a cada una el billete escrito por la otra a Borja declarando su amor. FIN DEL ACTO PRIMERO

			Acto segundo
		Granada. Arzobispo, secretario y otros; llega Borja con comitiva	Escena de la llegada del cuerpo de la Emperatriz. Borja ve la calavera.
		No se define lugar ni tiempo. Borja solo	Décimas sobre lo pasajero de la vida.

BOCANEGRA: PARLAMENTO CENTRAL

BORJA	Abrid aquesa caja.
	(Descúbrenla, y parece una calavera.)
	El espanto y pavor mi lengua ataja.
	Válgame Dios, ¿qué veo?
	¿Cómo puedo jurar lo que no creo?
SECRETARIO	Haga vuestra excelencia la protesta.
BORJA	¿Cómo? ¿La Emperatriz es ésta? ¿Es ésta?
	No hay tal; yo me he engañado;
	mas ¿qué cuenta he de dar de mi cuidado?
SECRETARIO	Parece que habla con razones mudas.
ARZOBISPO	Que está, parece, entre temor y dudas.
BORJA	Señores, aunque pruebo
	a hacer el juramento, no me atrevo,
	que en esta caja puse yo una estrella,
	y no hallo de su lumbre una centella.
	A esta tumba traduje todo el polo,
	y no hallo de su luz un rayo solo.
	La Emperatriz hermosa entonces era,
	y ahora una desnuda calavera.
	No es aquél, no es aquél su rostro hermoso,
	no es su semblante aquél majestuoso.
	Por tanto entre las dudas que aquí siento,

será solo el tenor del juramento
que juro, que según fue mi cuidado,
en haber este cuerpo trasladado
de Toledo a Granada moralmente,
juzgo que ningún caso ni accidente
pudo hacer que el que yo os entrego ahora
no sea de Isabel nuestra señora;
que decir que es el mismo, y afirmallo
juzgo imposible cuanto más jurallo,
porque le quede al mundo de esta suerte
testimonio en mudanzas de la muerte.

SECRETARIO   ¡Por cierto caso extraño!

ARZOBISPO   ¡Qué materia hay aquí de un desengaño!
Secretario, dad fe de lo jurado
con el tenor que Borja lo ha dictado.

SECRETARIO   Doy fe de dicho y hecho,
con instrumento y forma de derecho.

BORJA   ¡Que aquí paró tan verde primavera!
No más servir señor que se me muera.
Herido estoy, mi Dios, y arrepentido
de lo mal que he vivido.
¡Oh, quién naciera ahora,
para no malograr sola una hora!
¡Oh, quién siempre trajera
presente el rostro de la muerte fiera!
¡Oh, si rompiera tanto loco enrido
ya que no vuestro amor, siquiera el miedo
que aquí para la pompa lisonjera!
No más servir señor que se me muera.

SECRETARIO   Ya el instrumento cierro.

ARZOBISPO   Pues mañana será misa y entierro,
y el cuerpo quedará depositado
en la real capilla, a mi cuidado.

(Cierran la cortina, vanse todos y queda BORJA *solo.)*

BORJA   Imperios, ¿en qué estribáis?
Tronos, ¿sobre qué os tenéis?
Majestad, ¿de qué pendéis?
Grandezas, ¿a qué aspiráis?
¿De que sirve que creáis
la pompa que el mundo admira,
si tan fácilmente expira

el trono y la majestad?
Sola la muerte es verdad,
que lo demás es mentira.
Hermosura, ¿qué te has hecho?
Beldad, ¿dónde te escondiste?
Salud, ¿cómo te has deshecho?
Lozanía, ¿qué provecho
conserva tu lucimiento,
si eres flor expuesta a un viento,
si rosa eres bella y roja,
que a un embate se deshoja,
y se marchita a un aliento?
¿Qué locura es, qué locura
la de mis necios engaños,
si los más floridos años
dan en una sepultura?
Girasol, ¿cuánto te dura
beberte del sol el rayo,
si llega un mortal desmayo
cuando se ausenta su coche,
y acaba sola una noche
los lucimientos de un mayo?
¿Qué importa que de tus galas,
oh pajarillo, presumas?
¿Qué importa, nave de plumas,
que peinen luces tus alas,
si hay en los cañones balas
con que romperte las velas,
y al tiro que no recelas,
sesgando el aire sereno,
te interrumpe sólo un trueno
la presunción con que vuelas?
Arroyuelo, ¿a dónde vas?
¿Dónde corres, arroyuelo?
Mira no te encuentre un hielo
que a tu pesar pararás;
o al menos, si corres más
hasta el mar, anegaraste,
y si a sus ondas llegaste,
tú mismo tu muerte fuiste,
pues más temprano moriste
cuanto más te apresuraste.

Pues si a girasol aspiro
¿cómo no temo una helada?
Si soy ave remontada,
¿cómo no recelo un tiro?
Si dulce arroyo me miro,
¿quién me podrá ser apoyo
para no hundirme en el hoyo,
que es como el mar de la muerte,
acabando de una suerte
hombre, flor, ave y arroyo? *(Vase.)*

ATRIBUIDO A CALDERÓN DE LA BARCA: PARLAMENTO CENTRAL

(Vanse, y sale el marqués solo, asustado.)
¡Murió Isabel! ¿Es posible
que la que ahora era Himeneo,
bello embarazo del mundo,
sobre ya en la voz a un eco?
Isabel, fe coronada
de altos encarecimientos
en quien sin margen las gracias
con ojos creyó el respeto,
¿murió? ¡Ay de mí! Murió todo.
De tantas veces que el sueño
vela hermosos imposibles
¿no durmiera este tormento?
Esta vez tristes discursos
la razón llore hacia dentro,
que no han de perder los ojos
tan heroicos sentimientos,
y en tanto que el voto
va a buscar el templo,
de la tabla asido
dame el escarmiento:
al puerto, al puerto,
que está el mar picado
y es frágil el leño.
¡Que de un natural tributo
quien llegó a nacer del cielo
tan costeada de milagros
no pudo ser privilegio!

¡Que no valgan de los hados
ya los arrepentimientos,
aunque la muerte se enmiende
si no vuelve atrás el tiempo!
¡Que la que rosa imperial
juraron los elementos
todo un imperio tribute
ya a las traiciones de un cierzo!
¿Pues qué es esto? ¿No hay cadahalsos?
¿No hay verdugos? ¿No hay aceros
donde del mayor insulto
empiece el primer ejemplo?
¡Oh, mal persuadido
de sombras imperio
sin ver un indulto
que te niegue el fuero
al reino, al reino
adonde es vasallo
de este mundo el dueño!
¿Mas era Isabel? Lo dudo.
¿Cómo pudo en un momento
mudarse? que tuvo el alma
mucho rebelde al cuerpo.
¡Ay, Isabel! miente la vista
temeraria en tal objeto,
si a la memoria no toman
los ojos el juramento.
¿Qué se hicieron sus abriles?
¿Dónde alumbran sus luceros
que de un clavel, de una aurora
no la han dejado un recuerdo?
Bellísimo desengaño,
en vano leerte intento,
si de esos borrones gloria
mucha traslada ya el cielo.
Ahora conozco,
espíritu bello,
que todo lo hermoso
prestabas al cuerpo.
¡Ay, púrpura! ¡ay, cetro!
Su esplendor más alto
si muere, es feo.

Ahora, discurso mío,
no apagues la luz, que es ciego
el examen de estas sombras,
si las toco, y no las veo.
¿Qué es esto que el mundo llama
nobleza, hermosura, ingenio,
poder, aplauso, esperanza,
fortuna, merecimientos?
¿Son más que imágenes vanas
de los altares del viento
donde idolatra el engaño,
humos coge y pierde inciensos?
¡De estas augustas cenizas
qué esperaban mis deseos!
Pues ya yo soy más, si ellas
no apelan a lo que fueron.
Pues despierte en ellas
el alma del sueño,
no se muera todo.
Viva por lo menos
la razón diciendo:
No más mi esperanza
sirva a mortal dueño.

DEL AUTO DE SAN FRANCISCO DE BORJA, DE CALDERÓN DE LA BARCA

TIERRA	¿Qué me quieres?
HOMBRE	Que sepultes
	y en tus entrañas ocultes
	esta hermosura.
TIERRA	¿Quién es?
HOMBRE	De ella lo sabrás después.
TIERRA	Tu voz en callarlo yerra.
HOMBRE	Pues aquesta tumba encierra
	una emperatriz; murió,
	fue sombra, fue nada, y yo
	vengo a entregarla a la tierra.
TIERRA	Yo no puedo recibir
	caja cerrada sin ver
	quién es, y aquí he de saber
	cómo murió sin morir.

HOMBRE	Pues déjame, Tierra, abrir
	este lastimoso estrago;
	verás que en tus manos hago
	depósito de belleza,
	y con la Naturaleza
	lo que me diste te pago.

(Abre la caja y está un esqueleto.)
¡Válgame el Cielo!

TIERRA	¿Qué ves?
HOMBRE	Veo mis postrimerías.
TIERRA	¿No es esto lo que traías?
HOMBRE	No, que esto otra cosa es
	de lo que fue.
TIERRA	Dime, pues:
	¿Robáronte en el camino
	el tesoro peregrino
	que así el verle te da asombros?
HOMBRE	No, porque siempre en los hombros
	cerrada esa caja vino.
	Toma, Tierra aquesta helada
	figura, ese horror funesto,
	ese rostro descompuesto,
	esa hermosura borrada,
	esa belleza eclipsada,
	ese cadáver que yo
	te entrego. Ufano se vio
	mas perdió Naturaleza
	con la gracia la belleza.
TIERRA	¡Jura que es ella!
HOMBRE	Eso no.
	Ni lo afirmo ni lo juro,
	porque otra viene a ser
	hoy de aquella que era ayer,
	¡triste lance, caso duro!;
	solamente te aseguro
	que en mis hombros la he traído,
	que en esa caja ha venido,
	pero que es aquesta no,
	que es otra de la que yo
	he respetado y servido.
	Ese cadáver helado

que traigo a la tierra yo,
árbol tan verde se vio
que fue copete del prado;
ese escriptorio robado
de riqueza estuvo lleno,
ladrón del trabajo ajeno
que sin ley y sin disculpa
es veneno de la culpa,
¿y hay quien beba este veneno?
¿Ves esa frente arrugada?
A espanto provoca y mueve.
Pues linda de grana y nieve
fue a colores matizada.
¿Ves esa mejilla helada,
rosa ya sin ornamento?
Pues fue lisonja del viento
y borrola un soplo airado
del aliento del pecado
¿y hay quien respire a este aliento?
¿Ves esas manos, que apenas
tienen forma ni armadura?
Pues de perfecta hermosura
un tiempo se vieron llenas,
de cinco hojas azucenas
fueron cinco lirios luego,
porque voraz, libre y ciego
semejantes triunfos tray
el fuego del vicio, ¿y hay
quien se caliente a este fuego?
Esa pelada cabeza
esfera de rayos fue;
aquesos cuencos en que
ves tan profunda tristeza
fueron ojos; la belleza
de uno y otro que ahora asombra
fue luz, pero ya se nombra
sombra el esplendor marchito
de la sombra del delito.
¿Y hay quien descanse a esta sombra?
Esa boca helada y fría
fue un círculo de carmín,
caja de azahar y jazmín

en quien el aura venía,
néctar esa bizarría
que hoy a la tierra se inclina,
fue una columna divina
fue un suntuoso edificio,
caduca ruina del vicio,
¿y hay quien se exponga a esta ruina?
En fin, en fin: fue hermosura
esta espantosa fealdad,
este estrago fue deidad,
esta sombra lumbre pura,
esta desdicha ventura,
este olvido eterna fama,
esta arista verde rama,
esta tristeza alegría,
᾽ este silencio armonía
y aquesta pavesa llama.
Mas ¿para qué subtilizas
tanto el discurso, si llego
a conocer que fue fuego
lo que agora aun no hay cenizas?
No más, que me atemorizas,
sombra vil, figura vana,
fantasma y sombra liviana.
Mortales, ¡llegad a ver
que quien no es hoy lo que ayer,
no será lo que hoy mañana!

TIERRA   ¿Este tesoro infinito
me depositas y das?

HOMBRE   Yo, Tierra, no digo más
de que aquí te deposito
el cadáver que se ve.

TIERRA   Dame segura respuesta.

HOMBRE   La emperatriz truje.

TIERRA   ¿Es esta?

HOMBRE   Esa truje, más no sé.
Esa tumba cierra y sella.
Lo que es te he concedido.
No te digo lo que ha sido,
que ya no sé conocella.

TIERRA   Al pie de este tronco, pues,
le daremos sepultura.

HOMBRE

(Pónela al pie de un árbol.)
Así diga en el arena:
«Aquí se guarda y oculta
muerta la Naturaleza
a las manos de su culpa
hasta que vuelva a la vida».

LA CAZA SACRO-POLÍTICA:
DE *EL BOSQUE DIVINO* DE GONZÁLEZ DE ESLAVA
A CALDERÓN

Margaret Greer
Duke University

Mi ruta hacia la investigación de la metáfora cinegética sobre la cual construye Fernán González de Eslava su *Coloquio espiritual 16* procedió a la inversa de la cronología que sugiere el título de este ensayo. Empezó con Calderón, y con la preparación de una edición de su obra palaciega, *Basta callar*. El drama empieza con una larga descripción ecfrástica de una cacería en la cual una princesa tiene que escoger entre la caza de un jabalí y la halconería. Para explicar la presencia y la importancia simbólica de tal escena, seguí la pista en varias comedias calderonianas. Aprendí que mientras solemos considerarla como una actividad en que el ser humano se confronta con el mundo animal, la caza había sido a la vez un terreno en el cual los hombres medían sus fuerzas entre sí y con las estructuras de poder que les permitían o les vedaban el privilegio de ejercer su vocación de cazadores. En una sociedad jerárquica, en la cual ese privilegio pertenecía sobre todo al rey y a los nobles, una escena de caza servía a la vez para establecer una atmósfera aristocrática y para definir la posición del cazador en la jerarquía sociopolítica. Los dos tipos de caza entre las cuales tenía que escoger la princesa —la caza mayor y la halconería— eran costosas, por el mantenimiento de los monteros o halconeros, además de los perros y halcones. Se consideraba la caza como la diversión idónea para los nobles, por ser un ejercicio que los preparaba para la guerra, ya que los privilegios de la nobleza se justificaban a base de su servicio militar en la defensa del país. En el siglo XVII, con la semiprofesionalización del ejército y la conversión de los nobles en cortesanos en torno al rey, su dedicación al servicio militar estaba desapareciendo, pero no así su afición a la caza.

Analicé luego el uso calderoniano de la caza como metáfora en el auto sacramental, en *El divino cazador* y *El valle de la Zarzuela*, autos que González Pedroso y Valbuena Prat clasifican como «autos de circunstancias»[1]. Valbuena Prat sugirió que *El valle de la Zarzuela* había sido sugerido por «alguna famosa cacería del tiempo de Felipe IV»[2]. Este auto tiene un valor político sólo en el sentido más amplio de la palabra, en cuanto permite, como la alegoría de otros muchos autos de Calderón, una sacralización de los espacios, las estructuras físicas y las instituciones políticas del régimen. Felipe IV era muy aficionado a la caza, como lo habían sido sus antecesores reales. Velázquez lo retrató de cazador[3], como también a su hermano, el cardenal infante Fernando, y su hijo Baltasar Carlos[4]. También nos dejó un cuadro de Felipe y su corte en una partida de caza de jabalí en el lienzo *La tela real* pintado para la Galería Real de la Torre de la Parada[5], un cuadro que nos da una idea de los amplios recursos dedicados a tal ejercicio. La Casa de la Zarzuela, como la Torre de la Parada, fue un sitio de descanso en una de las múltiples reservas reales de caza.

El divino cazador cumplió una función política más específica en la coyuntura histórica de 1642, en los años de crisis a finales del régimen de Olivares, durante la guerra contra los franceses y los rebeldes catalanes. En 1642 circuló una demanda de que Felipe IV asumiera un papel de mando en las tropas en la frontera, en contra del deseo de Olivares de que se quedara en la corte[6]. En el auto, Cristo baja a la tierra disfrazado de cazador, para hacer guerra contra la Culpa, una serpiente que ha infectado los cuatro elementos de modo que toda la creación vive en rebelión contra el Género Humano. Cristo consigue

---

[1] González Pedroso, 1865, p. 345.
[2] Calderón de la Barca, *El valle de la Zarzuela*, ed. Valbuena Prat, p. 699.
[3] http://cvc.cervantes.es/actcult/museoprado/citas_claroscuro/imagenes2/velazquez/200/velazquez-felipe_iv_cazador-05092000-200.jpg.
[4] http://cvc.cervantes.es/actcult/museoprado/citas_claroscuro/velazquez/velazquez.htm.
[5] http://www.artehistoria.com/genios/jpg/VEL03454.jpg.
[6] Ver Greer, 1997.

permiso de Dios padre para hacer «de grosero sayal [...] un vestido»[7] e ir «en persona a defender la tierra, / que la vista del Príncipe saliendo / sólo a mirar, acabará la guerra»[8].

Más de medio siglo antes de este auto cinegético de Calderón y al otro lado del Atlántico en la Nueva España, González de Eslava anticipó tal empleo alegórico de la caza en el *Coloquio Dieciséis, El bosque divino, donde Dios tiene sus aves y animales*, el más complejo de la colección de sus *Coloquios espirituales y sacramentales*, publicada póstumamente en México en 1610. En *El bosque divino*, el conflicto entre las fuerzas del bien y del mal es representado como una lucha entre las fuerzas de dos cazadores, el Cazador Divino, Dios, y el maligno cazador, Lucifer, cuya «caza» es el género humano. Entreteje imágenes cinegéticas y doctrinales con una eficacia que seguramente hubiera apreciado Calderón, de haber conocido la obra[9].

¿Qué habrá inspirado la elección y construcción de esta alegoría? Ésta es la pregunta que quiero contestar en este ensayo. Las obras del *Códice de autos viejos*, que como dicen Pérez Priego y Aracil Varón[10], pueden tomarse como representativas de los modelos peninsulares que tenían los misioneros franciscanos al crear el teatro evangelizador en la Nueva España, no van más allá de alegorías muy sencillas del Pastor con sus ovejas[11]. Tampoco hay historias bíblicas sugestivas, aparte del Pastor de ovejas y Daniel con el león, si no es la profecía del Reinado justo del Mesías en *Isaías*, 11, 6-9:

> Morará el lobo con el cordero, y el leopardo con el cabrito se acostará, el becerro y el león y la bestia doméstica andarán juntos, y un niño los pastoreará. La vaca y la osa pacerán, sus crías se echarán juntas; y el león como el buey comerá paja. Y el niño de pecho jugará sobre la cueva del áspid, y el recién destetado extenderá su mano sobre la caverna de la víbora. No harán mal ni dañarán en todo mi santo monte; porque la

[7] Calderón, *El divino cazador*, v. 676.
[8] Calderón, *El divino cazador*, vv. 682-683.
[9] No parece probable que haya llegado a sus manos, sin embargo, si juzgamos por el número escaso de copias que han sobrevivido: dos en la Universidad de Texas, y otra en Francia.
[10] Aracil Varón, 1999, pp. 140-144.
[11] González de Eslava emplea este motivo en el *Coloquio Tercero*, en donde el Lobo engendrado por Lucifer en las partes de Alemania amenaza el hato del Pastor. González de Eslava, *Coloquios espirituales y sacramentales*, ed. Rojas Garcidueñas, vol. 1, p. 80.

tierra será llena del conocimiento de Jehová, como las aguas cubren el mar.

Esta visión utópica tiene cierta relevancia para *El bosque divino*, como veremos, pero no se llega a ella por medio de la caza, sino justo por el camino contrario.

Otro modelo parcial podrían haber sido los espectáculos cortesanos medievales, como este que cita Aracil Varón, de un entremés representado en Zaragoza en 1399, celebrando la coronación de Martín I[12]:

> Salieron muchas trompetas, y atabales con juegos de menestrales; y detrás dellos una muy grande roca, o peña hecha al natural; y en lo alto della había una figura de una leona parda muy grande, que tenía una grande abertura, como de herida en la espalda izquierda. Desta roca salida al patio saltaron muchos conejos, y liebres, perdices, tórtolas, y otras aves de diversas maneras, que comenzaron a volar por el patio: y también salieron algunos jabalíes, que regocijaron mucho la fiesta. A esto los hombres de armas [...] acudieron a la roca, y rodeándola por todas partes mostraban querer subir por ella a matar la leona. Pero de la misma roca salieron luego muchos vestidos como salvajes, que impidiendo la subida, se combatieron con ellos[13].

Exactamente cómo el haber jabalíes feroces sueltos por la escena habría regocijado la fiesta no me queda claro, a menos que fueran hombres disfrazados de jabalíes. Pero la cuestión más relevante es si González de Eslava habría conocido tales espectáculos. Aun en tal caso, no modelaban el uso religioso-didáctico de una caza teatralizada.

Usos medievales de escenas de caza en contextos religiosos sí los hubo, en edificios religiosos en donde el decorado al nivel más bajo puede incluir escenas de la vida humana de la época: el combate entre caballeros armados, o en unas pocas ocasiones, escenas de caza. Uno de los más fascinantes ejemplos son los frescos de la ermita de San Baudelio de Berlanga en Soria, que incluyen el elefante con castillo que emplea González de Eslava como figura de Cristo y la Iglesia militante al final de su obra[14].

---

[12] Aracil Varón, 1999, p. 179.
[13] Varey, 1992, p. 69.
[14] Ver http://www.uam.es/personal_pdi/ciencias/depaz/mesa/baudelio.htm; González de Eslava, *Coloquio Dieciséis*, ed. Rojas Garcidueñas, vol. 2, p. 282.

Pero ¿qué tiene que ver tal elefante con la vida humana en la
Nueva España que conoció González de Eslava al llegar allí de España
a mediados del siglo XVI? El ejercicio de la caza era tan importante en
la Nueva España de la época como en la España que dejó. Aun antes de
la llegada de los españoles, había habido grandes reservas en donde la
caza habría sido un privilegio real. Cuenta Bernal Díaz que en Teno-
chtitlán, después de construir dos bergantines, los españoles llevaron a
Moctezuma a cazar en la laguna, «a un peñol que estaba acotado, que
no osaban entrar en él a montear por muy principales que fuesen, so
pena de muerte»[15]. Relata también la destreza de los cazadores de vola-
tería de Moctezuma, que lograron en poco tiempo traerle a Francisco
de Saucedo un gavilán que había admirado[16].

La caza era un pasatiempo predilecto tanto de la nobleza criolla
como de los peninsulares[17]. Cortés recibió dos cotos de caza junto
con el título de marqués; uno de ellos se llama todavía el Peñol del
Marqués. Weckmann relata que «Años después, no interrumpió una
partida de caza en'sus tierras de Miatlán, cerca de Cuernavaca, que
duró una semana, ni siquiera cuando fue citado a México para some
terse a un interrogatorio en relación con la Visita a que la Corona lo
tenía sometido»[18]. Dávila Padilla escribió que «hacia fines del siglo XVI
[…] los españoles eran tan aficionados a la caza que apenas si oían misa
por las mañanas para irse al campo a disfrutar de ese deporte»[19]. Una
cacería particularmente relevante al *bosque divino*, como veremos, fue
la que hacia 1542 se llevó a cabo en honor al virrey Antonio de Mendoza por haber supuestamente pacificado la región de Nueva Galicia
al final de la Guerra del Mixtón:

> Una colosal batida de caza en una vasta región entre Jilotepec y San
> Juan del Río, zona que aún lleva el nombre de El Cazadero. Más de
> quince mil indios rodearon la llanura; ojeando a los animales fueron
> estrechando el círculo para dar a los cazadores la posibilidad de escoger la
> pieza que más fuera de su agrado[20].

---

[15] Díaz del Castillo, *Historia verdadera*, p. 286.
[16] Díaz del Castillo, *Historia verdadera*, pp. 286-287.
[17] Ver Weckmann, 1984, pp. 153, 166-170.
[18] Weckmann, p. 167.
[19] Weckmann, p. 167.
[20] Weckmann, p. 167.

80 MARGARET GREER

Las piezas tomadas incluyeron más de 600 venados, además de liebres, lobos y coyotes.

Hubo también como precedente varias cacerías teatrales en bosques artificiales construidos para ellas. Bernal Díaz describe en gran detalle los festejos de 1538 para celebrar la paz entre Carlos V y Francisco I de Francia, y entre Cortés y el virrey Mendoza. Se construyó «un bosque en la plaza mayor de México, con tanta diversidad de árboles, tan natural como si allí hubieran nacido». Encerrados en corrales hasta soltarlos para la caza había «muchos venados, y conejos, y liebres, y zorros, y adives, y muchos géneros de alimañas chicas [...] y dos leoncillos y cuatro tigres pequeños». En otras arboledas muy espesas «escuadrones de salvajes» armados corrieron tras los animales y hubo peleas sobre la caza entre sí, y luego entre salvajes y negros[21]. Motolinía describe otros bosques artificiales, cada uno con su montaña y peñón, construidos para las fiestas del Corpus el mismo año de 1538 en Tlaxcala, con una gran variedad de aves, serpientes y animales —halcones, cuervos, lechuzas, venados, liebres, conejos y adives, y en cada montaña cazadores:

> Y porque no faltase nada para contrahacer a todo lo natural, estaban en las montañas unos cazadores muy encubiertos, con sus arcos y flechas, que comúnmente los que uSan este oficio son de otra lengua, y como habitan hacia los montes son grandes cazadores. [...] Estaban haciendo mil ademanes antes que tirasen, con que hacían picar a los descuidados[22].

Bernal Díaz observó que «los indios naturales mexicanos son tan ingeniosos de hacer estas cosas, que en el universo, según han dicho muchas personas que han andado por el mundo, no han visto otros como ellos»[23]. Según las descripciones de Durán y Sahagún, tal destreza en decorados con vegetación y disfraces zoomórficos era una herencia de ciertos ritos prehispánicos, sobre todo los de las fiestas de Quetzalcoatl y Xochiquetzal[24].

El uso de cacerías teatrales en celebraciones sacras, entonces, tenía raíces prehispánicas que fueron aprovechadas y adaptadas para sus propios festejos por los conquistadores y misioneros desde principios de

---

[21] Díaz del Castillo, *Historia verdadera*, p. 822.
[22] Motolinía, *Historia de los indios*, pp. 194-195.
[23] Díaz del Castillo, *Historia verdadera*, p. 822.
[24] Ver Aracil Varón, 1999, pp. 169-171.

la colonia. Y el empleo que hace González de Eslava de la caza en *El bosque divino* tenía una particular relevancia para el contexto de su escritura. Parece haber sido compuesto en 1578, juzgando por la evidencia interna de tres referencias a eventos anteriores cercanos a esa fecha. 1) Un personaje de la obra, Murmuración, se queja de tener que ser transportada en una silla llevada por dos indios, por haberse quitado los coches de acuerdo con una prohibición ordenada por una real cédula de 24 de noviembre de 1577[25]. 2) Ella y Halagüeña hablan del hambre que les da ver «los panecillos, que dan cuatro por un real» y del «año avieso» que causó la carestía de pan[26]. Según Arróniz Báez, tiene que ser una referencia a la hambruna que hubo como conse-cuencia de la mortandad indígena en la epidemia de cocoliztle que empezó en 1576 antes de empezar la cosecha y se extendió por todo el país en 1577, causando una crisis agrícola y un alza en los precios[27]. 3) El valor de la última referencia para fijar la fecha del *coloquio* es más discutible. Guiñador, paje del Príncipe Mundano, llega ahogándose y jura al Príncipe que la causa fue una mosca que tragó. El Príncipe, nada convencido, le dice: «Jura bellaco [...] que así eso es verdad como lo que dicen cada día, que está la flota en el puerto»[28]. Arróniz Báez propone que lo de la flota en el puerto es una referencia al retraso de la llegada de la flota a Veracruz en 1578, cuando no llegó hasta fines de octubre[29]. Pero discrepa Mariscal Hay, notando la ironía de lo que dice el Príncipe, refiriéndose a los rumores frecuentemente infun-dados de la llegada de la flota. Su análisis del tono de la referencia es acertado, porque Guiñador luego confiesa que no era una mosca, sino que estaba comiendo unos dátiles[30]. No obstante, las otras dos referen-cias parecen ofrecer indicios suficientes para establecer una fecha de 1578 como la más probable.

En cuanto a la ocasión para la cual González de Eslava habría escrito el *Coloquio Dieciséis*, la sugerencia de Mariscal Hay de que haya sido

[25] González de Eslava, *Coloquio Dieciséis*, ed. Rojas Garcidueñas, vol. 2, pp. 219-220, 291 n. 7.

[26] González de Eslava, *Coloquio Dieciséis*, ed. Rojas Garcidueñas, vol. 2, p. 221.

[27] González de Eslava, *Coloquios*, ed. Arróniz Báez, p. 106; García-Abásola, 1983, pp. 67-86.

[28] González de Eslava, *Coloquio Dieciséis*, ed. Rojas Garcidueñas, vol. 2, p. 230.

[29] González de Eslava, *Coloquios*, ed. Arróniz Báez, p. 111.

[30] González de Eslava, *Coloquios*, ed. Arróniz Báez, p. 111; Mariscal Hay, 2000, pp. 544-545.

para la fiesta de Corpus Christi también me parece más convincente
que la hipótesis de Arróniz Báez de haber sido la entrada de González
de Eslava en el concurso organizado por los jesuitas para celebrar el
recibimiento de unas reliquias de santos enviados a Nueva España por
el papa Gregorio XIII. Para Arróniz, aquella ocasión explicaría la descripción del martirio de varios santos cuyas imágenes aparecen pinta-
das en banderas en la última escena del drama. Pero como nota Mariscal, sólo tres de estos santos mártires concuerdan con los santos cuyas
reliquias habían sido recibidas. Como explicaré más adelante, creo que
otros sucesos de aquellos años en la Nueva España nos pueden explicar
la conclusión del *Coloquio* con un elogio de los mártires que habían
muerto por la fe. Como evidencia a favor de una representación en la
fiesta de Corpus Christi, cita Mariscal el pasaje del *coloquio* en el cual
el Príncipe Mundano le pregunta a Cojín, el montero enviado desde
el Infierno para ayudarles en la caza de almas, si es «el Diablo Cojuelo
tan nombrado en el mundo», a lo cual responde Cojín: «El mismo, que
cada año salgo en esta fiesta por el más señalado de todas las legiones
infernales»[31]. Su respuesta parece indicar la celebración anual de Corpus Christi, arguye Mariscal. A lo cual podemos añadir que Motolinía
dice en su descripción de la procesión del Santísimo Sacramento el
día de Corpus Christi en Tlaxcala en 1538, «Había muchas banderas
de santos»[32], lo cual indica que el uso de tales banderas era parte de la
celebración en la Nueva España.

Al contrario del caso de Felipe IV y el auto *El divino cazador*, la
presencia de un virrey cazador en México en 1578 no nos explica la
alegoría cinegética de *El bosque divino*. El virrey anterior, el primer
Velasco, sí había cazado en el bosque de Chapultepec[33], pero aunque
Martín Enríquez de Almanza, virrey de 1568 a 1580, tenía una casa
de placer en ese lugar, no he encontrado referencia a tal diversión de
parte de este administrador dedicado, hábil, severo, parco en gastar
dinero y en dar datos personales[34].

Es el contexto de una guerra, el otro factor detrás de la composición de *El divino cazador*, lo que comparte el coloquio de González de
Eslava con el auto calderoniano. La guerra relacionada con *El bosque
divino* es la guerra del norte, o la «guerra de los chichimecas» contra

---

[31] González de Eslava, *Coloquios*, ed. Rojas Garcidueñas, vol. 2, p. 233.
[32] Motolinía, *Historia de los indios*, p. 192.
[33] Weckmann, 1984, p. 167.
[34] Ver García-Abasolo, 1983, pp. 16-25.

diversas naciones de indios nómadas de Nueva Galicia, una guerra que se ha llamado «la segunda conquista de México». Costó mucho más sangre y dinero que la de Cortés contra los aztecas y duró medio siglo[35]. La ocasionó el descubrimiento en 1546 de ricas venas de plata en las montañas de Zacatecas, lo que provocó un movimiento de mineros, comerciantes, ganaderos y agricultores españoles a la región, la construcción de carreteras hacia las minas y un rápido aumento del conflicto con los indios naturales de la zona del norte. Se solía agrupar varias naciones indígenas —pames, guamares, zacatecos y guachichiles— bajo la etiqueta de «chichimecas». La palabra es un epíteto prehispánico que quiere decir aproximadamente «perro sucio, ignaro»[36] que fue aplicado a los indios nómadas por los grupos más sedentarios de la zona conquistada por Cortés[37]. Aun la penetración limitada de unos pocos exploradores en búsqueda de plata, así como de misioneros y ganaderos, ya había creado conflictos con ellos, provocando la «Guerra del Mixtón» de 1541-1542 en tiempos del virrey Mendoza, cuya supuesta pacificación de la región fue celebrada con una gran cacería en *El Cazadero*, como hemos visto. Aracil Varón dice que el uso de las «danzas de chichimecas» parece originarse con la historia de una aparición de Santiago en un combate con los indios en la guerra del Mixtón[38]. La región nunca fue pacificada del todo, sin embargo, y la violencia recrudeció desde 1550 en adelante con ataques de los «chichimecas» contra los españoles que penetraban su territorio. Seguía siempre en aumento con ataques más atrevidos contra las caravanas y luego los pueblos donde residían españoles e indios pacificados, llegando en 1674 a ataques a sólo cuatro leguas de Guadalajara[39]. Con el fracaso reiterado de entradas militares y de intentos de lograr una paz negociada con los «chichimecas», el virrey Gastón de Peralta, marqués de Falces, en 1567 declaró contra ellos una «guerra a fuego y a sangre»[40].

Al entrar el virrey Martín Enríquez de Almanza en 1568, se vio prácticamente obligado por las circunstancias anteriores a continuar esta política de «guerra a fuego y a sangre» por la duración de su

---

[35] Powell, 1952, p. 32.
[36] González de Eslava, *Coloquios*, ed. Arróniz, p. 71.
[37] Powell, 1952, pp. 3-9, 32-33; García-Abásolo, 1983, pp. 341-343.
[38] Aracil Varón, 1999, pp. 252-253, 301-302
[39] Powell, 1952, p. 113.
[40] Powell, 1952, pp. 73, 95-98.

gobierno, que coincidió con la época de máxima hostilidad de parte de los «chichimecas». Para defender las carreteras de los ataques de las minas, implementó una política que el primer virrey de la Nueva España, Antonio de Mendoza (1535-1550), había planeado después de la guerra Mixtón pero nunca había llevado a cabo: el establecimiento de una línea de presidios de defensa. Los primeros que estableció a lo largo de la carretera entre México y Zacatecas fueron los de Ojuelos y Portezuelo, probablemente en 1570, y una serie de ellos fueron fundados en años subsiguientes durante o poco después de su gobierno.

En algún año de la década de 1570, González de Eslava elaboró en torno a estos presidios y la guerra contra los «chichimecas» la alegoría de su *Coloquio Quinto*, cuyo título completo es: *Coloquio quinto de los siete fuertes que el virrey don Martín Enríquez mandó hacer con guarnición de soldados, en el camino que va de la ciudad de México a las minas de Zacatecas, para evitar los daños que los chichimecos hacían a los mercaderes y caminantes que por aquel camino pasaban*[41]. Dedica las primeras estrofas de la loa a la alabanza de Enríquez y su política de defensa. Se explica la alegoría en una especie de subtítulo: «Simbolizó el autor en este Coloquio al Santísimo Sacramento de la Eucaristía, aplicando los siete fuertes a los siete Sacramentos, para que los hombres que caminan de este mundo a las minas del cielo se acojan a ellos, donde estarán seguros de los enemigos del alma»[42]. En el cuadro simbólico, pinta el pecado original que ataca al hombre dentro del vientre maternal como «chichimeco embravecido»[43], y el Estado de Gracia, capitán del primer fuerte, el bautismo, le explica a Ser Humano que hay una cuadrilla que nadie puede resistir sin el favor divino:

> El Demonio, Carne y Mundo
> son chichimecos malditos
> que nos espantan con gritos,
> que nos llevan al profundo

---

[41] Powell intenta determinar cuáles de los presidios serían los siete a los cuales alude el coloquio, pero no me parece necesario establecer la identidad de ellos; es posible que González de Eslava haya hecho conformar el número de los presidios existentes o proyectados con el número de los sacramentos, ya que éste es necesariamente fijo. Powell, 1952, p. 266, n. 1.

[42] González de Eslava, *Coloquios*, ed. Rojas Garcidueñas, vol. 1, p. 149.

[43] González de Eslava, *Coloquios*, ed. Rojas Garcidueñas, vol. 1, p. 151.

con gravísimos delitos.
Viendo los robos y muertes
de aquestos salteadores,
hizo el Señor de Señores
a su costa, siete fuertes
do se acojan pecadores[44].

Después de pasar Ser Humano por el segundo fuerte, la Confirmación, la acotación indica que «Salen la Carne, el Mundo y el Demonio,
con arcos y flechas, como chichimecos»[45]. En este coloquio relativamente sencillo y directo, González de Eslava se vale ingeniosamente
de diversas características de los así llamados «chichimecos» y sus tácticas de guerra para representar el peligro de las fragilidades humanas
y la ferocidad del enemigo demoníaco. Espantaban a los españoles no
sólo los gritos con que atacaban, sino también su desnudez, la forma
de pintarse los cuerpos, y la rapidez y certeza con que tiraban los
manojos de flechas con los cuales atacaban[46]. Así, la Carne dice que
es «como basilisco fiero / que da muerte con su vista»[47] y Demonio se
jacta: «flechamos perdidos / de lo cual dan testimonio / tantos muertos y heridos»[48]. El veneno (la yerba) que hace fatal la herida de sus
flechas es «la humana fragilidad» de los seres humanos que se arriesgan
en «carros de arrogancia» cargados de «riqueza y mal deseo» por la
tierra[49]. Después de atacar, los indios eludían a los soldados porque
huían a montes y quebradas a los cuales no podían llegar los españoles
a caballo; de aquí, el Demonio se alardea de que «a montes de presunción / voy subiendo cada día» y Mundo de que «Yo me tengo de encubrir / en una honda quebrada / de riqueza mal ganada»[50]. Mientras Ser
Humano en la flor de su juventud se divierte en el valle del Mundano
Placer, salen Mundo, Carne y Demonio gritando «¡Muera, muera,
muera, muera! / ¡Muera, pues está rendido!», flechan al Ser Humano
y «salen haciendo grita»[51] mientras que Ser Humano da voces pidiendo
socorro divino. No vuelven a aparecer los «chichimecos» en este colo-

---

[44] González de Eslava, *Coloquios*, ed. Rojas Garcidueñas, vol. 1, pp. 153-154.
[45] González de Eslava, *Coloquios*, ed. Rojas Garcidueñas, vol. 1, p. 157.
[46] Powell, 1952, pp. 35, 45-47.
[47] González de Eslava, *Coloquios*, ed. Rojas Garcidueñas, vol. 1, p. 158.
[48] González de Eslava, *Coloquios*, ed. Rojas Garcidueñas, vol. 1, p. 157.
[49] González de Eslava, *Coloquios*, ed. Rojas Garcidueñas, vol. 1, p. 157.
[50] González de Eslava, *Coloquios*, ed. Rojas Garcidueñas, vol. 1, p. 158.
[51] González de Eslava, *Coloquios*, ed. Rojas Garcidueñas, vol. 1, p. 164.

quio, ni los muestra vencidos, porque en la alegoría del drama la salvación del riesgo depende de la devoción del individuo que se acoge a tiempo a los «fuertes» —los sacramentos— de Penitencia, Sacerdocio, Matrimonio, el Santísimo Sacramento del Altar (la comunión) y la Extremaunción.

Arróniz propone que mientras el *Coloquio Quinto* podría haber sido escrito en cualquier año entre 1570 y 1580, la fecha más probable sería 1570-1571, antes de que el disgusto del virrey por un entremés representado con su *Coloquio Tercero* llevara al encarcelamiento de nuestro autor por unos días en 1574[52]. Esto me parece probable, aunque en la loa, a continuación de las cuatro estrofas de alabanza, dice: «Hizo el autor, por serviros / (que esta es siempre su intención), una representación / de la cual quiero deciros / la traza con la invención». Esta aseveración de su intención constante de servir al virrey podría haber servido como defensa propia después de la encarcelación por el entremés del *Coloquio Tercero*[53]. González de Eslava, quien juró no haber escrito el entremés que se burlaba del impuesto de las alcabalas que Enríquez acababa de instituir bajo órdenes de la corona y de un barbudo de barba larga como la de Enríquez, no recibió más castigo por la farsa que los días de encarcelamiento.

La salvación por medio de los sacramentos que el *Coloquio Quinto* alegoriza podría suplir un remedio individual tal vez, pero el problema inmediato de la guerra terrena no se resolvió con el establecimiento de los presidios, y González de Eslava lo pone al centro del *Coloquio Dieciséis* en 1578. *El bosque divino* es un drama mucho más complejo que el *Coloquio Quinto;* de hecho, es su obra más compleja, combinando varios tipos de verso con escenas cómicas en prosa que constituyen entremeses en efecto si no en título, un elenco de personajes muy grande (24 que participan en el diálogo, además de dos indios portadores de una silla, y los pecados capitales y los vicios que no hablan), y una estructura escénica potencialmente muy elaborada de múltiples escenarios, como los de los misterios medievales o los espectáculos de corte de la Francia renacentista.

En el contexto de esta larga guerra, alegorizar el conflicto entre las fuerzas del bien y del mal como una lucha en contra de cazadores

---

[52] González de Eslava, *Coloquios*, ed. Arróniz Báez, p. 70.

[53] Para los detalles del caso, ver González de Eslava, *Coloquios*, ed. Arróniz Báez, p. 64 y Poole, 1987, pp. 41-43, quien dice que el comediante mulato que lo representó recibió un castigo más severo.

malignos fue una elección tan oportuna como la de los siete fuertes, porque los chichimecas eran grandes cazadores que habrían parecido a sus oponentes tan feroces, insidiosos e indomables como el mismo diablo. La caza proporcionaba una parte importante de su dieta. Comían todo tipo de carne:

> gusanos, ratones, ranas, conejos, pájaros, pescado, venados; así como mulas, caballos, carne de res y otro ganado conforme los españoles entraban en la región [...]. La afición chichimeca por la carne de los grandes animales introducidos por los españoles, sobre todo las vacas, fue un factor importante tanto en la guerra como en la paz. El deseo creciente de los chichimecas por la carne vacuna mantuvo aprovisionadas a sus bandas de guerreros, procedentes aun de tribus considerablemente distantes de las carreteras y los asentamientos españoles[54].

La amenaza que representaban los «chichimecas» habría contribuido a la eficacia dramática y didáctica de este coloquio, a los ojos tanto de los españoles como de los indios pacíficos aliados con ellos[55]. Por la práctica de esclavizar a los chichimecas capturados, muchos de los cuales fueron luego vendidos en la Ciudad de México[56], podían representar tanto al peligro externo como al enemigo interno, las potencias humanas rebeldes. Abren el drama las fuerzas del bien: «Salen cantando las tres Potencias del Alma [Entendimiento, Memoria y Voluntad], armadas como guardas del Bosque», invitando a los mortales a venir al cercado de su Ley donde Dios encierra a su caza para defenderla del fiero cazador que viene con mil redes y cautelas, perros y lazos y los monteros enviados del infierno que los tienen rodeados por todas partes[57]. Voluntad pregunta: «¿No estamos con la Fe todos armados?»,

---

[54] Powell, 1952, p. 41: «worms, snakes, rats, frogs, rabbits, birds, fish, deer; then they took to eating mules, horses, cattle, and other livestock as the Spaniards entered the land. [...] Chichimeca fondness for the meat of the larger animals brought in by the Spaniards, especially beef, was an important factor in both war and peace. The increasing desire for beef kept chichimeca raiding parties supplied with warriors, even from tribes at considerable distance from Spanish highways and settlements».

[55] Desde el comienzo de la guerra, los españoles continuaron su política de alianzas con ciertas naciones indígenas contra otras que le había servido a Cortés con los tlaxcaltecas. Al principio, se sirvieron así de los otomíes, y al final, hasta los mismos tlaxcaltecas, que fueron enviados a colonizar el territorio del norte a cambio de varios privilegios. Ver Powell, 1952, pp. 70-71, 188, 193-197.

[56] Powell, 1952, pp. 109-111.

[57] González de Eslava, *Coloquios*, ed. Rojas Garcidueñas, vol. 2, pp. 191-192.

y el Entendimiento contesta con una pregunta retórica: «¿Aqueso qué aprovecha, si el castillo / entregan al contrario los soldados?». La pregunta, al igual que la obra entera, tiene un doble referente, a la vez espiritual-doctrinal y político-contextual; siendo evidente el mensaje espiritual, centraré el análisis que sigue en el segundo referente. No obstante, para apreciar la eficacia del coloquio, el lector debe tener siempre presente el doble enfoque.

El reclutamiento de soldados para una guerra defensiva y luego ofensiva contra los chichimecas presentaba un serio problema, no sólo por el peligro de enfrentarse a esos enemigos formidables, sino también por falta de una política financiera que les compensara adecuadamente, salvo permitir que los soldados tomaran como esclavos a los indios —hombres, mujeres y niños— que capturaban como compensación por su servicio. Una de las tácticas de los soldados, tanto contra los chichimecas como contra los indios aliados con los españoles en la campaña, era tocar trompetas cuando se acercaban a un pueblo, permitiendo que los guerreros escaparan, dejando a las mujeres y los niños, que prendían para vender como esclavos[58]. Además, la «entrega del castillo» alude a las críticas de que los soldados no llevaban la campaña contra los chichimecas con suficiente vigor.

El Ángel de la Guarda llega para confortar y alentar al Entendimiento, hablando en verso partido:

> Al miedo darle rienda —no me espanta,
> mas esta no sea tanta —que la sienta
> quien la victoria intenta, —porque anima
> en ver que desanima —su contrario.
> Animo es necesario —valeroso,
> junto con buen reposo —buen concierto,
> que esto deshace, cierto, —los temores
> que cauSan cazadores —infernales.
> Ser amigos leales —os conviene,
> porque el contrario tiene —confianza
> que ha de causar mudanza —con discordia.
> Mirá que la concordia —conservada
> será fuerza doblada, —y os aviso

---

[58] Powell, 1952, pp. 100, 106-111, 136-137.

que el reino que es diviso —y rebelado,
será presto asolado[59].

El consejo del Ángel, además de cautelar en contra de las divisiones del alma, recuerda dos problemas de la guerra. En primer lugar, la falta de respuesta española a los primeros ataques dio confianza a los chichimecas, y el botín que produjeron estimuló la confederación de otras tribus del norte, deseosas de eliminar a los invasores europeos de sus tierras[60]. El segundo problema, el de la división entre los españoles, tenía múltiples aspectos. Uno era el conflicto entre la audiencia de la Nueva Galicia y la de México, y entre las audiencias y el virrey sobre la jurisdicción, el nombramiento de oficiales y la responsabilidad financiera por la gestión de la guerra[61]. Además, hubo graves diferencias sobre la legitimidad de esclavizar a los cautivos de ella, una práctica que violaba las Leyes Nuevas y la voluntad de los reyes, mientras que otros —incluso el arzobispo Moya de Contreras— la consideraban legítima y necesaria[62]. La tercera división, y al final la más importante, fue la mejor manera de lograr la pacificación del norte, ya fuera por las acciones militares o por la combinación de una paz negociada y la conversión de los indios a la fe cristiana[63]. El Ángel enfatiza la conversión, diciendo que en el seto de su Ley, el Supremo Rey

Cristo prueba
que a la caza el cazador
en su carne y sangre ceba.
Hase puesto por reclamo,
y con divina dulzura
canta y llama a la criatura,
encubierto con el ramo
de la hermosa blancura[64].

Salen huyendo de Cuidadoso y Celo dos espías «del cazador Lucifer», Asechanza y Espión, y Cuidadoso dice «aquí en algunas quebra-

[59] González de Eslava, *Coloquios*, ed. Rojas Garcidueñas, vol. 2, pp. 195-196.
[60] Powell, 1952, pp. 33, 45, 72-76.
[61] Powell, 1952, pp. 95-99.
[62] Powell, 1952, pp. 106-111, 251, n. 4.
[63] Powell, 1952, pp. 93-94, 187-203.
[64] González de Eslava, *Coloquios*, ed. Rojas Garcidueñas, vol. 2, pp. 197-198.

das / quedarían escondidas»[65]. Asechanza y Espión luego explican al Príncipe Mundano que descubrieron el seto de la Iglesia Militante desde la cumbre y se acercaron con la cautela de gatos cazadores de lo ajeno[66]. Parte de la fuerza de los chichimecas era su sistema de vigilancia, saber dónde estaban los españoles y sus aliados en cada momento, y aparecer de repente de cualquier lado para robar y matar y luego retirarse a algún escondite natural[67]. El Ángel también cautela que junto con sus armas —«redes, carne, lazos de contento, mundo, arañuelos de viento»— el Demonio es capaz de penetrar paredes con el «halcón del pensamiento»[68]. Aquí, como en todo el coloquio, González de Eslava explota hábilmente un vocabulario cinegético extensivo.

Es diestro asimismo en el empleo de la comicidad, centrada en los personajes malignos. Hablan en prosa[69], motejándose uno al otro e intercambiando invectivas mientras planean su ataque. Los elementos lúdicos fueron una parte de los rituales teatralizados prehispánicos y podían garantizar una buena recepción por parte del público indígena además de los españoles acostumbrados como González de Eslava a los pasos de Lope de Rueda, y de todos por medio de referencias contemporáneas. Algunas de estas referencias escapan a los lectores actuales[70], pero muy comprensible todavía es el diálogo de la Princesa Halagüeña con el bobo Guiñador, a quien han despachado al Infierno como mensajero a pedir que Plutón les envíe un cazador de su corte. Guiñador dice que conoce un atajo por el volcán (Popocatépetl), y que en todo aquel reino y corte infernal están ocupados en preparar cuartos y aposentos para la caza que se despachará

---

[65] González de Eslava, *Coloquios*, ed. Rojas Garcidueñas, vol. 2, p. 199.

[66] González de Eslava, *Coloquios*, ed. Rojas Garcidueñas,, vol. 2, pp. 204-206.

[67] Powell, 1952, pp. 45-46.

[68] González de Eslava, *Coloquios*, ed. Rojas Garcidueñas, vol. 2, p. 202.

[69] Con la excepción de Remoquete, paje de Murmuración, y aun él hacia el final pierde su don poético con el miedo.

[70] Merece examinarse otro intercambio entre Guiñador y Remoquete sobre una empanada, su origen en Sevilla y Córdoba y las aguas abundantes del Guadalquivir al pasar por allí. Le debo a la intuición de Ignacio López la sospecha de que esto tenía que ver con un plato predilecto de los numerosos conversos que poblaban esas ciudades. Rojas Garcidueñas notó la implicación de que el padre de Murmuración fuese quemado por judío. Ver González de Eslava, *Coloquios*, ed. Rojas Garcidueñas, vol. 2, pp. 218, 243-247, 290, n. 6.

allá[71]. Burlarse de un enemigo temido es también una táctica astuta para disminuir la amenaza que representa, como lo es mostrarlos en el acto de huir; vemos huir en la primera aparición a Espión y Asechanza y en las últimas, al Príncipe Mundano, la Princesa Halagüeña, el montero infernal Cojín y las demás figuras malévolas.

Alternan las escenas de los malvados con pasajes didácticos en que dialogan las virtudes, explicando el valor de las figuras jeroglíficas que adornan las siete puertas del cercado de la Ley, los siete sacramentos. La primera «puerta» es el Bautismo, por donde puede entrar la «caza extraña» si se baña en «el fuerte de Fe»[72]. Aquí introduce el autor dos canciones, un elemento de las celebraciones cristianas que había demostrado su poder de atraer a ellas a la población indígena[73]. Éstas invitan a los pájaros a venir a beber de la fuente del Señor, a «guarte de los cazadores / que andan a cazar la gente»[74]. En las escenas 4-5 de la segunda jornada, aparece Guiñador que viene del infierno y trae a don Cojín con él. Planean un ataque a primera hora de la mañana, una táctica española rápidamente adoptada por los indios chichimecas. La Princesa Halagüeña lleva la escopeta de los deleites amorosos, que seduce a cualquier corazón. Y se queja del atrevimiento del pastor Cuidadoso al querer «llevar nuestra caza, poseída de tantos años, al cercado de su señor»[75]. Guiñador dice que Plutón ha enviado un cazador de su corte, uno de sus más estimados monteros. Llega con Cojín, que viene explicando su tardanza porque «he estado enfermo de comer un malcocinado de las tripas de un indio chichimeco, que se me pegaron en el estómago, y he estado para morirme»[76]. Se atribuía la práctica del canibalismo a los chichimecas y parece que se practicaba, al menos de forma ritual, entre los guachichiles. Por lo tanto, en El bosque divino este «Diablo Cojuelo» es dos veces antropófago.

Según Powell, el conocimiento de los diversos métodos de torturar y matar al enemigo por parte de los chichimecas suscitaba tanto miedo

---

[71] González de Eslava, Coloquios, ed. Rojas Garcidueñas, vol. 2, pp. 229-231, 291, n. 17.

[72] González de Eslava, Coloquios, ed. Rojas Garcidueñas, vol. 2, p. 198.

[73] Ver Aracil Varón, 1999.

[74] González de Eslava, Coloquios, ed. Rojas Garcidueñas, vol. 2, pp. 208-210.

[75] González de Eslava, Coloquios, ed. Rojas Garcidueñas, vol. 2, p. 217.

[76] González de Eslava, Coloquios, ed. Rojas Garcidueñas, vol. 2, pp. 232-234; Powell, 1952, pp. 45, 52.

que un buen número de españoles e «indios de paz» abandonaron la vida en la frontera. Uno de ellos era abrirle el pecho a la víctima y sacar el corazón mientras seguía latiendo, una práctica parecida a los sacrificios rituales de los aztecas[77]. González de Eslava, siguiendo una tradición española[78], y tal vez también como defensa o antídoto al miedo de tal espectro, recurre reiteradamente a imágenes de la halconería simbólica de aves de presa cristianas que se ceban en el corazón de los fieles. En el *Coloquio Tercero* para la consagración de Moya de Contreras, Nueva España sale con un corazón en la mano y a la pregunta de Gusto: «¿Es aquesta tu ración, / o ración de algún alano, / o cebas algún halcon?», contesta: «Al sacre va dirigido, / sacre que hoy se ha consagrado, / en él ha de ser cebado / con amor, y amor le pido, / que es presa de enamorado»[79]. En *El bosque divino*, Caridad recomienda contra el miedo a los malvados y la plaga de la discordia: «Cual fuego que subiendo va a su esfera / procure el corazón que está afligido / volar al sacro sacre que lo espera, / con gusto de comerlo y ser comido»[80]. La acotación para el Sacramento del Altar especifica que aparece la Templanza allí «porque han de venir a él templados como halcones a comer la Carne y Sangre de Cristo»[81]. La Templanza luego ofrece estas lindas quintillas:

---

[77] Powell, 1952, pp. 50-51.

[78] Ver Ynduráin, 1990, pp. 86-95. Explica que la imagen del corazón comido es un tópico muy del gusto de los espirituales y cita el *Tratado del amor de Dios*, lib. I, c. II de Domingo de Soto (1494-1560): «El fruto de esta contemplación ha de ser cebar aquí el hombre un deseo y enamorarse de tan inmensa bondad y perfección, despreciar todo lo que hay fuera dél con el hambre y codicia de alcanzarle para gozar dél. Hacerse como un generoso sacre cuando le quitan el capirote que hincados los ojos en la garza sacude las alas y se encona y embravece y hinche de furor para seguir la presa y pegar con ella. Así, digo, debe el cristiano, puestos los ojos de la fe en tan inmensa lumbre de gloria, sacudir las alas de su deseo y de su esperanza y henchirse de amor y de un santísimo coraje y desunirse de cuantos lazos y pihuelas en este mundo puede haber y pedir a su divina majestad con instantísimo oración, ánimo y fuerzas para tomar ímpetu y vuelo para ir a gozar de tanto bien. Porque no es Dios garza que huye, sino que incomprensiblemente es mayor su deseo que le alcancemos para comunicarnos su divinidad y su gloria que el que nosotros tenemos de alcanzarle y gozar de él». Ynduráin, 1990, p. 94.

[79] González de Eslava, *Coloquios*, ed. Rojas Garcidueñas, vol. 1, pp. 104, 110.

[80] González de Eslava, *Coloquios*, ed. Rojas Garcidueñas, vol. 2, p. 226.

[81] González de Eslava, *Coloquios*, ed. Rojas Garcidueñas, vol. 2. p. 247.

Era Díos neblí que andaba
entre las nieblas oscuras
de visiones y figuras,
y remontado se estaba
por cima de esas alturas.
En fuego, zarzas, boscajes
se escondía de las gentes,
y ahora, si paras mientes,
está detrás los celajes
de los blancos accidentes.
Por señuelos ni servicios
el neblí no se movía
a dejar su altanería,
y a carne de sacrificios
pocas veces se abatía.
Mas cuando el tiempo llegó
de templar a su braveza
desde el trono de su alteza
a la carne se abatió
de nuestra naturaleza.
Las entrañas virginales
puso Dios por arañuelo,
adonde el sacre del cielo
con las pihuelas morales
quedó cazado en el suelo[82].

Su empleo de imágenes de perros cazadores, al contrario, es repelente para el lector de hoy que conoce la *Brevísima* de Bartolomé de Las Casas y las estampas de Theodore de Bry del uso español de perros contra los indios americanos. Según Weckmann, «los crudelísimos "aperramientos" de indios [...] fueron en la Nueva España más frecuentes de lo que se piensa (entre los culpables de haberlos practicado se encuentra el mismo virrey Mendoza)»[83]. En el *Coloquio Tercero*, la Fe manda soltar dos perros, el de la Razón y el del Conocimiento de sí mismo, contra Adulación y Vanagloria, que mueren gritando que las despedazan y comen vivas[84]. En *El bosque divino*, tales perros feroces son manejados por las figuras malignas. Al revisar sus fuerzas para

---

[82] González de Eslava, *Coloquios*, ed. Rojas Garcidueñas, vol. 2, p. 253.
[83] Weckmann, 1984, p. 169.
[84] González de Eslava, *Coloquios*, ed. Rojas Garcidueñas, vol. 1, pp. 119-120.

el combate, la Princesa Carnal dice que trae «dos galgos en extremo ligeros, que son las Ansias enamoradas», don Cojín dos galgos que se llaman Furioso y Arrogante, y el Príncipe Mundano otros dos de nombres Cambuste y Mohatrero[85]. Voluntad le cuenta a Templanza que en el seto de la Ley «a las aves y ganados / les han dado mil bocados / [...] / los perros de los pecados»[86].

Mientras las huestes de Lucifer preparan su ataque, Buen Celo sale a buscar como arma el arco divino de la Justicia, de tal hechura y con flecha tan fuerte y dura que siempre da en el blanco, contra el demonio. Es probable que la larga disquisición sobre este arco sea en parte inspirada por la fama de la destreza chichimeca con el arco y sus flechas muy penetrantes, tanto en la caza como en la guerra. Philip Powell cita a unos observadores: «"En una ocasión vi tirar a lo alto una naranja, y le tiraron tantas flechas, que habiéndola tenido en el aire mucho tiempo, cayó al cabo hecha minutísimos pedazos". "Que a opinión de hombres prácticos de naciones extranjeras [los zacatecos] son los mayores flecheros del mundo". "Matan liebres, que, aun corriendo, las enclavan con los arcos, y venados, y aves, y otras chucherías que andan por el campo que hasta los ratones no perdonan. También algunos alcanzan pescado. Y los pescan con la flecha". Los niños chichimecas eran enseñados a utilizar el arco desde que podían andar y practicaban tirando contra insectos y pequeños animales»[87].

Los cazadores infernales comienzan la caza, cantando un romance que advierte que con tantos monteros, la muerte está asegurada si no cierran la puerta a todos los vicios, y la acotación dice:

> Aquí sale gran multitud de caza, aves y animales, ciervos y corderos, becerros, conejos, liebres, palomas, tortolillas y otros géneros de aves y animales alborotados y huyendo de los perros, lazos y redes, que les han echados los cazadores infernales. Los halcones y gavilanes que soltaron hicieron gran presa en las avecillas del Señor: matan gran número, por-

---

[85] González de Eslava, *Coloquios*, ed. Rojas Garcidueñas, vol. 2. p. 270.

[86] González de Eslava, *Coloquios*, ed. Rojas Garcidueñas, vol. 2, p. 249.

[87] Powell, 1952, pp. 45-46. La traducción viene de una página web (http://www.ojuelos.com.mx/Ojuelos/historia4.htm) que dice haber tomado «lo más grueso» de varios capítulos de la traducción del libro de Powell, con su permiso. La traducción fue publicada con el título *La guerra chichimeca*, trad. J. J. Utilla, México D.F., FCE, 1977, que no he podido ver. En las notas de la versión en inglés, las citas son atribuidas a G. de Las Casas, J. Arlegui, y J. B. Pomar.

que los guardas se descuidaron, y la caza no miró por sí. Con la presa van ufanos los monteros malditos y todos sus valedores[88].

No sabemos si González de Eslava planeaba montar un bosque con una fauna tan espectacular en vivo, en imitación, o combinando ambas cosas como en la descripción de Motolinía. Aunque salen los cazadores maléficos felicitándose por la presa hecha, luego llega el Ángel con las Virtudes, las Potencia del alma y los buenos pastores, todos armados para darles batería y quitarles la presa.

En la puerta final, el Sacramento de la Extremaunción, se explica que el elefante es Cristo que «al cazador con su muerte / le dejó muerto y rendido» y que el castillo y fortaleza que lleva este fuerte elefante es la Iglesia militante. Fortaleza añade que los doce apóstoles fueron cazadores sin par, los santos evangelistas volaron con altanería[89], el Pontífice Romano es el lebrel a quien Dios ayuda, y los sagrados Doctores son perros de muestra. Salen con banderas que identifican a los apóstoles y los mártires que alcanzaron la gloria, muriendo por la fe.

Este desfile final se aparta del motivo de la caza, pero no de una íntima relación con el contexto histórico. A la zaga de la reciente epidemia del cocoliztle, el hambre que le siguió, y una guerra contra los chichimecas que no lograba establecer la paz, no habría sido sólo el pastor Cuidadoso quien comentaría:

Si el Cordero piadoso
permite tales matanzas,
parece por semejanzas
que ahora es más riguroso
que siendo Dios de venganzas[90].

Ni el pastor Celo el único en preguntar:

¿Así premias a los buenos?
¿En los hijos tal estrago?
¿Esto es bien? ¿Esto es halago?

---

[88] González de Eslava, *Coloquios*, ed. Rojas Garcidueñas, vol. 2, p. 249.

[89] «Altanería» en los siglos XVI y XVII, no tenía el significado actual de arrogancia. Más bien, el hecho de volar tan alto, hacia los cielos, era importante al uso simbólico espiritual del vocabulario de la cetrería.

[90] González de Eslava, *Coloquios*, ed. Rojas Garcidueñas, vol. 2, p. 284.

Antes dirán los ajenos
que les ha dado mal pago[91].

La respuesta que era de esperar de la Fortaleza —de que Cristo no
les pide a los fieles hacer más de lo que Él hizo por ellos— no deja del
todo satisfecho a Cuidadoso, que comenta: «¿Sabe lo que yo quisiera?
/ Que Dios su caza gozara / sin que la muerte sintiera»[92].
La Fe puede prometerle a los fieles otra vida en el cielo después de
la muerte, pero la guerra no lograba traer la paz en la tierra. En las
décadas siguientes, otros virreyes llegaron a la conclusión de que los
soldados, en vez de asegurar la protección, agravaban la situación con
sus abusos, y optaron por una paz negociada, comprada con donacio-
nes de ropa y comida a los indios y facilitada por su conversión.

Durante la época en que escribía sus coloquios González de Eslava,
y por la presión constante de este combate en el norte que vemos
reflejada en *El bosque divino*, las «danzas de chichimecas» llegaron a
remplazar a los festejos de moros y cristianos en otras celebraciones,
porque reflejaban mejor la realidad mexicana que el combate en el
lejano Mediterráneo. Los misioneros —al menos los franciscanos—
apoyaron tales escenificaciones para reafirmar la adhesión de la comunidad a la religión y al dominio español[93]. Aracil Varón da como buen
ejemplo la descripción atribuida a fray Antonio de Ciudad Real de
una representación en Patumba, Michoacán, en 1586, la década del
cambio de política hacia los chichimecas:

> Comenzaron todos a correr a una parte y a otra por entre aquellos
> pinos, dando voces y diciendo y repitiendo muchas veces «Santiago, San-
> tiago», y al cabo de un rato salieron de entre las matas de improviso diez
> o doce indios de a pie, vestidos como chichimecas, con sus arcos y flechas
> y comenzaron a hacer monerías y ademanes [...]. Los indios se fueron a
> la plaza que estaba pegada con el patio de la iglesia y los chichimecas se
> subieron a un peñol y castillo de madera muy alto que tenían hecho, en
> el cual bailaban mientras los de a caballo andaban corriendo alrededor,
> pero viendo que anochecía se apearon los de a caballo, y bajaron los del

---

[91] González de Eslava, *Coloquios*, ed. Rojas Garcidueñas, vol. 2, p. 285.
[92] González de Eslava, *Coloquios*, ed. Rojas Garcidueñas, vol. 2, p. 287.
[93] Aracil Varón, 1999, p. 496.

castillo, y todos juntos hicieron un baile y bailaron a su modo un rato al son de un *teponastle*, hasta que la noche los hizo ir a sus casas[94].

El bosque divino de González de Eslava no acaba en la concordia de un baile sino en recuerdos de la inevitabilidad de la muerte que, para el rebaño fiel, es sólo cruzar un río hacia la gloria. A pesar del vocabulario cinegético-bélico, insiste una y otra vez en que la única defensa segura es la de la fe cristiana y el amor que perdona a los pecadores; cuando Buen Celo va a buscar el arco divino y encuentra abierta la casa de la Justicia, ella le dice: «Habéis de notar / que el juez no ha de cerrar / a nadie jamás la entrada / del que viene a negociar»[95]. Así anticipa la decisión a la que llegarían los poderes políticos en las próximas décadas.

BIBLIOGRAFÍA

ARACIL VARÓN, M., *El teatro evangelizador. Sociedad, cultura e ideología en la Nueva España del siglo XVI*, Roma, Bulzoni, 1999.

CALDERÓN DE LA BARCA, P., *Basta callar*, ed. M. Greer, Ottawa, Dovehouse, 2000.

— *El divino cazador*, ed. M. Sánchez Mariana, Madrid, Ministerio de Cultura, 1981.

— *El valle de la Zarzuela*, ed. Á. Valbuena Prat, *Obras completas*, vol. 3, Madrid, Aguilar, 1952, pp. 699-721.

CIUDAD REAL, A. de, *Tratado curioso y docto de las grandezas de la Nueva España. Relación breve y verdadera de algunas cosas de las muchas que sucedieron al Padre fray Alonso Ponce en las provincias de la Nueva España siendo comisario general de aquellas partes*, ed. J. Quintana y V. M. Castillo Ferreras, México D.F., Instituto de Investigaciones Históricas UNAM, 1993, 2 vols.

GARCÍA-ABÁSOLO, A., *Martín Enríquez y la reforma de 1568 en Nueva España*, Sevilla, Diputación Provincial de Sevilla, 1983.

GONZÁLEZ DE ESLAVA, F., *Coloquios espirituales y sacramentales*, ed. J. Rojas Garcidueñas, México D.F., Porrúa, 1958.

— *Coloquios espirituales y sacramentales*, ed. O. Arróniz Báez, con la colaboración de S. López Mena, México D.F., UNAM, 1998.

GONZÁLEZ PEDROSO, E., *Autos sacramentales, desde su origen hasta fines del siglo XVII*, Madrid, Rivadeneyra, 1865 (BAE, 58).

---

[94] Ciudad Real, *Tratado curioso y docto...*, ed. J. Quintana y V.M. Castillo Ferreros, vol. 2, cap. 73, pp. 82-83; citado en Aracil Varón, 1999, pp. 253-254.

[95] González de Eslava, *Coloquios*, ed. Rojas Garcidueñas, vol. 2, p. 158.

GREER, M., «Cazadores divinos, demoníacos y reales en los autos de Calderón de la Barca», en *Divinas y humanas letras*. *Doctrina y poesía en los autos sacramentales de Calderón*. *Actas del Congreso Internacional, Pamplona, 1997,* ed. I. Arellano *et al.*, Kassel, Edition Reichenberger, 1997, pp. 217-242.

MARISCAL HAY, B., «*El Bosque divino* de Fernán González de Eslava», *Anuario de Letras*, 38, 2000, pp. 537-552.

MOTOLINÍA, T., *Historia de los indios de la Nueva España*, ed. G. Baudot, Madrid, Castalia, 1985.

POOLE, S., *Pedro Moya de Contreras: Catholic Reform and Royal Power in New Spain, 1571-1591*, Berkeley, U. of California Press, 1987.

POWELL, P., *Soldiers, Indians and Silver: The Northward Advance of New Spain, 1550-1600*, Berkeley, U. of California Press, 1952.

VAREY, J. E., «Del *entramas* al *entremés*», en *Teatro y espectáculo en la Edad Media: Actas, Festival d'Elx 1990*, ed. L. Quitante Sánchez, Alicante, Instituto de cultura Juan Gil Albert, Diputación de Alicante/Elx, 1992, pp. 65-79.

WECKMANN, L., *La herencia medieval de México*, México D.F., El Colegio de México, 1984.

YNDURÁIN, D., *Aproximación a San Juan de la Cruz: Las letras del verso*, Madrid, Cátedra, 1990.

LOPE Y CALDERÓN EN NÁHUATL: TEATRO INDIANIZADO

Claudia Parodi
University of California Los Angeles

El teatro europeo trasladado al Nuevo Mundo se modifica a raíz del contacto de los españoles con los pueblos vernáculos americanos dando origen a textos dramáticos híbridos o indianizados, cuya síntesis se encuentra, como mostraré en este trabajo, en la obra del bachiller don Bartolomé de Alva Ixtlixóchitl. Éste, en efecto, tradujo hacia 1641 los únicos traslados de Lope, Calderón y Mira de Amescua al náhuatl que se conocen del período colonial hasta la fecha. Don Bartolomé de Alva Ixtlixóchitl, hermano del ilustre cronista Fernando de Alva Ixtlixóchitl, era descendiente de don Hernando Cortés Ixtlixóchitl, rey de Texcoco. Nació hacia 1597 y estudió en la Universidad de México, luego se ordenó religioso en 1624. Ejerció desde 1631 hasta su muerte como clérigo secular en dos pueblos del Estado de México, Chapa de Mota y Zumpahuacán. Este gran conocedor del latín y del náhuatl estuvo en estrecha colaboración con los destacados nahuatlatos jesuitas de Tepotzotlán, Jacome Basilio y Horacio Carochi, a quienes les dedicó dos de sus traducciones. Carochi, autor de una de las gramáticas más completas del náhuatl clásico, probablemente fue alumno de Alva Ixtlixóchitl de esta lengua, aunque sigue muy de cerca la gramática de su maestro, el noble mestizo Antonio del Rincón. En su gramática, Carochi incluye fragmentos de la traducción que hizo Alva Ixtlixóchitl de Mira de Amescua para ejemplificar puntos importantes del náhuatl[1]. Asimismo, Bartolomé de Alva Ixtlixóchitl, por orden del virrey conde de Salvatierra, escribió su «Parecer» sobre la gramática de Carochi[2], recomendando su publicación.

Antes de emprender el análisis de los textos de Alva Ixtlixóchitl, quisiera presentar brevemente tres aspectos clave del teatro novohispano que permiten explicar la obra de este autor, dado que ésta los compendia, como mostraré más adelante. Me refiero al teatro de evangelización escrito en náhuatl, el teatro criollo escrito en castellano y el teatro peninsular español.

EL TEATRO DE EVANGELIZACIÓN

El teatro misionero de evangelización, aunque tiene sus raíces en el teatro religioso de la Edad Media, surge en América como una de las múltiples innovaciones culturales debidas al contacto de españoles e indígenas. La mayor parte de los autores de las obras de evangelización eran los propios misioneros, quienes las escribían en colaboración con los indígenas. No obstante que predominen las obras de evangelización escritas en distintas lenguas indoamericanas, cabe señalar que también se hizo teatro de evangelización en castellano. Ángel M.ª Garibay apunta que una misma pieza se representaba en náhuatl y en español[3]. Cita a Cabrera Quintero (1746), quien a principios del siglo XVIII indica que *La destrucción de Jerusalem* se representó el mismo día en ambas lenguas. En la Nueva España destaca el teatro misionero náhuatl, el cual convivió en los pueblos mexicanos con los bailes y las farsas de origen prehispánico. La relevancia del náhuatl se debe a dos factores. Primero, ésta era la lengua de los aztecas, quienes la habían expandido en Mesoamérica a raíz de su dominio político antes de la venida de los españoles. En segundo lugar, estos últimos, a partir de su llegada a Tierra Firme, adoptaron el náhuatl como lengua general para comunicarse con distintos grupos de indígenas durante la colonia. Por ello, los propios españoles ayudaron a la divulgación de esta lengua indígena entre los aborígenes, los criollos y los europeos hablantes de otras lenguas. Una de

---

[1] Burkhart, Sell y Wright, 2003, p. 166; Sell, Wright y Burkhart, 2003, pp. 286-287.
[2] Carochi, *Arte de la lengua mexicana*, pp. 6-7.
[3] Garibay, 1992, p. 654.

las formas de difusión del náhuatl usada por los españoles fue precisamente el teatro de evangelización, pues éste se representó incluso ante públicos que no hablaban el náhuatl como lengua nativa[4]. El teatro misionero náhuatl dramatizaba historias religiosas de la tradición judeocristiana a fin de evangelizar a los indígenas. Mezclaba, junto con el mensaje cristiano y la técnica occidental de representación, elementos retóricos del náhuatl, como las metáforas y los paralelismos característicos de este idioma, y componentes abiertamente prehispánicos, entre los cuales cabe mencionar el escenario en forma de bosque, el uso del copal o incienso, las ofrendas, las vestimentas nahuas y los bailes prehispánicos[5]. Acompañaban a estos elementos teatrales otros aspectos más sutiles que, por su carácter ambiguo, permitían ligar la tradición religiosa prehispánica con la tradición judeocristiana, como, por ejemplo, el tema del sacrificio humano en la obra *El sacrificio de Isaac*. En este texto, representado en Tlaxcala en 1539 por primera vez[6], se establece una continuidad que liga, como ha mostrado Viviana Díaz Balsera[7], la religión cristiana recientemente incorporada al mundo náhuatl con el pasado religioso prehispánico, en el cual el sacrificio humano era práctica religiosa común. De esta manera, se crea sutilmente una de las múltiples formas sincréticas que liga el pasado religioso prehispánico con el cristiano de la Edad Media y del Renacimiento y se continúa en el presente en el México profundo moderno[8], como sucede con el culto de la virgen Guadalupe-Tonantzin. Más adelante mostraré que este tipo de teatro aflora en las traducciones de Alva Ixtlixóchitl.

EL TEATRO CRIOLLO

El teatro criollo americano escrito en español, a pesar de seguir los moldes europeos, suele indianizarse al incorporar frecuentemente elementos prehispánicos a sus textos o a sus escenarios formando, de esta manera, un teatro híbrido, ya sea en sus temas o en sus componentes escénicos. La indianización de lo europeo no sólo

---

[4] Horcasitas, 2004, vol. 1, p. 50.
[5] Horcasitas, 2004, vol. 1, p. 190.
[6] Horcasitas, 2004, vol. 1, p. 209.
[7] Díaz Balsera, 2004, p. 95.
[8] Bonfil Batalla, 1989.

fue característica del teatro, sino que existió en todo contexto desde los inicios del contacto, como he sostenido en otros trabajos[9]. No obstante que en el teatro criollo se entremezclen elementos indígenas y europeos, los primeros son menos frecuentes en éste que en el teatro misionero, pues los autores criollos varían en lo que atañe a la incorporación de elementos vernáculos americanos. Sirva de ejemplo la ilustre sor Juana Inés de la Cruz, quien en algunas de sus obras incluyó elementos prehispánicos, aunque en otras los ignoró. En su loa para el *Auto del Divino Narciso*, por ejemplo, incorporó, junto con un tocotín, la figura central de Huitzilopochtli, el dios de las semillas. El tocotín era un baile dramatizado cuyo texto cantado podía ser en náhuatl, en español o mezclando ambas lenguas. Los tocotines eran frecuentes en distintos eventos de la Nueva España, sobre todo en las obras teatrales. Francisco Bramón, quien incluyó un tocotín en su obra *Los Sirgueros de la Virgen* de 1620, apunta que este baile o mitote prehispánico, también nombrado *netotiliztle*, se acompañaba de varios instrumentos, especialmente de dos tambores de madera. Uno de ellos, el teponaztle, era hueco y se tocaba con dos palillos. El otro tambor, en cambio, estaba cubierto de un cuero de venado y se tocaba con las manos. Los danzantes, además, llevaban trajes prehispánicos sumamente llamativos ricamente aderezados de plumas, oro y piedras vistosas[10].

El teatro criollo de la Nueva España se caracterizó porque sus autores escribían sobre todo loas, sainetes, fines de fiesta y demás piezas cortas que se incorporaban al principio, al final y entre los actos de las comedias. En ellos aparecían personajes mitológicos que simbolizaban cualidades o defectos, junto con indios y caballeros españoles[11]. Pocos criollos, como sor Juana Inés de la Cruz o Cayetano Cabrera y Quintero, fueron autores de comedias o dramatizaciones largas.

Una rama importante del teatro criollo de la cual surgen varias obras híbridas es el teatro humanista jesuita. Los jesuitas, poco después de su llegada a la Nueva España en 1572, hacían escribir y representar a sus seminaristas obras teatrales en latín, en castellano o mezclando ambas lenguas[12]. La finalidad que perseguían era educar el gusto literario de sus alumnos, ejercitarlos en retórica y hacer que practicaran

---

[9] Parodi, 2006.
[10] Osorio Romero, 1995, p. 27.
[11] Parodi, 1974, p. 118.
[12] Parodi, 1974.

el dominio de estas dos lenguas. En general las obras de teatro humanístico contenían personajes alegóricos y simbólicos y daban mucha
importancia al mensaje moralizador. Frecuentemente incluían tocotines en estas obras, como sucede en la *Comedia de San Francisco Borja* de
Matías de Bocanegra y en las dos comedias de la *Vida de Nuestro Padre
San Ignacio*, cuyo tocotín en español fue publicado hace unos años
por Ignacio Osorio Romero[13]. Cabe pensar que los jesuitas también
escribieron algunas obras en lenguas indígenas, dado que la evangelización de los pueblos indoamericanos y el conocimiento de sus lenguas formaban parte de sus intereses, como es bien sabido. La obra
de Alva Ixtlixóchitl se liga al teatro humanista de manera indirecta,
como mostraré más adelante.

TEATRO PENINSULAR ESPAÑOL

En la Nueva España, junto con el teatro de evangelización y el
teatro criollo, se mantiene la tradición europea de representar las obras
de los dramaturgos españoles en distintos escenarios. Se sabe, gracias a
Irving A. Leonard y Everet Hesse[14], que Lope, Calderón, Tirso, Mira
de Amescua, Vélez de Guevara y otros autores peninsulares se conocían en la Nueva España. En efecto, los textos de comedias y autos no
sólo se enviaban en grandes cantidades a dicho virreinato apenas aparecían en la metrópoli, sino que se editaban en la colonia. Estas obras
se representaban ante la corte novohispana en teatros especialmente
edificados en el palacio del virrey, en los conventos o en el coliseo,
el cual se construyó en la Ciudad de México a fines del siglo XVII.
Por lo regular, asistían todas las clases sociales al coliseo y las autoridades contaban con asientos obsequiados. Los lunes y los jueves se
daban funciones gratis especiales para el pueblo, llamadas *guanajas* por
el nombre de los barrios en que vivían los sectores populares. Existían
compañías de actores profesionales que frecuentemente eran españoles
y estaban bajo la dirección de un «autor» o empresario[15]. Las obras
que representaban eran por lo regular de autores españoles. El éxito
de Lope era apabullante, a tal punto que se le atribuían comedias de
otros autores. El propio Alva Ixtlixóchitl le adjudicó *El animal profeta*

---

¹³ Osorio Romero, 1995.
¹⁴ Leonard, 1943; Hesse, 1955.
¹⁵ Parodi, 1974.

y dichoso patricida, don Julián, probablemente en virtud de que esta obra se publicó en España por primera vez en 1631 como si fuera de Lope, cuando en realidad era de Mira de Amescua. La música y las piezas cortas formaban parte de las escenificaciones dramáticas. La influencia indígena era menor aún en estos eventos, aunque no había fiesta en la Nueva España a la que los nativos dejaran de acudir con sus villancicos y su música instrumental. Los trajes de las obras que se representaban en la Nueva España eran suntuosos y mezclaban elementos prehispánicos y europeos[16]. Aunque no contamos con información concreta sobre la representación de autos sacramentales en la Nueva España, hay indicios indirectos que permiten pensar que tales obras se escenificaban en este virreinato en carros, al igual que en la península. Por un lado sor Juana compuso algunos de ellos, como *El Divino Narciso* y, por el otro, Bartolomé de Alva Ixtlixóchitl los tradujo al náhuatl, como se verá en este trabajo.

Quisiera concluir este apartado poniendo énfasis en que la influencia del elemento prehispánico estaba siempre presente, en mayor o menor medida, en el teatro que se producía y se representaba en la Nueva España. Cabe, por ello, afirmar con Serge Gruzinski[17] que la influencia indígena en el imaginario colonial no se reducía a un estereotipo del exotismo barroco —como sugirió Octavio Paz[18]—, sino que era resultado de una vivencia diaria más profunda a raíz de la presencia de las tradiciones indígenas y del conocimiento del propio idioma náhuatl por parte de la población mestiza, criolla y peninsular de la Nueva España. Se trata de una parte constitutiva del ser hispanoamericano, que se conjuga con el ser barroco como un modo de ser existencial durante la colonia española.

Teatro español en náhuatl: las traducciones de Alva Ixtlixóchitl

Hacia 1641 don Bartolomé de Alva Ixtlixóchitl terminó de trasladar del español al náhuatl cuatro obras dramáticas que adaptó a la cultura indígena de su tiempo:

---

[16] Parodi, 1974, p. 120.
[17] Gruzinski, 2005.
[18] Paz, 1982, p. 85.

(1). *El gran teatro del mundo*, auto sacramental de Pedro Calderón de la Barca, dedicado al jesuita Jacome Basilio.

(2). *La viejita y el nieto*, entremés anónimo de tema no religioso para el auto de Calderón.

(3). *El animal profeta y dichoso patricida, don Julián*, comedia de santos de Mira de Amescua, sobre la vida de San Julián.

(4). *La madre de la mejor*, comedia religiosa de Lope de Vega, sobre la concepción de la Virgen María, dedicada al padre Horacio Carochi.

Estos textos se encuentran en la Biblioteca Bancroft de la Universidad de California bajo la clasificación MM 462. Hasta la fecha sólo William Hunter, en 1960, ha editado y traducido la versión náhuatl de *El gran teatro del mundo* de Alva Ixtlixóchitl. Pero en breve aparecerá una nueva traducción al español y al inglés de esta obra y de todas las demás adaptaciones del teatro áureo de Alva Ixtlixóchitl[19]. A continuación me centro en el análisis de *El gran teatro del mundo* poniendo especial énfasis en la adaptación del mundo europeo calderoniano al mundo americano de Alva Ixtlixóchitl para luego pasar al género de este texto.

Adaptación del mundo europeo al mundo americano de Alva Ixtlixóchitl

El texto calderoniano, pensado para un público europeo imbuido de un espíritu contrarreformista, en una situación de decadencia económica y política, se traslada al mundo americano, cuyos habitantes representan tradiciones culturales distintas de las europeas, se encuentran en un medio natural muy diferente y su cristianización es endeble. Ello explica que Alva Ixtlixóchitl haya recreado y adaptado varios aspectos del auto de Calderón a la cultura náhuatl. Considérense los versos iniciales de *El gran teatro del mundo* de Calderón:

AUTOR   Hermosa compostura
de esa varia inferior arquitectura
que entre sombras y lejos
a esta celeste usurpas los reflejos

---

[19] Burkhart, Sell y Wright, 2003; Sell y Burkhart, 2004.

cuando con flores bellas
el número compite a sus estrellas[20].

Éstos se transforman en las siguientes líneas en prosa en la versión
de Alva Ixtlixóchitl:

TOTE   Yn yectlacencahual tlamatiliztica otipitzaloc oti-
                mamalli huic yntitlaçotlalticpatli yn nican yn huei
                ilhuicatlanextica titeyoltlapana yn *cacahuaxochitl* yn
                tlapalteoizquixochitl...
                «SEÑOR: *Con suma sabiduría fuiste creado e ins-*
                talado, estimado Mundo. Aquí con la gran luz del
                cielo le regalas la vida al hombre. Estás embelle-
                cido de flores de cacao y flores muy finas...»[21]

También se encuentran ejemplos de paralelismos extendidos en la
adaptación de Alva Ixtlixóchitl, quien agrega seis líneas a un fragmento de Calderón, repitiendo las ideas, como lo pide la retórica
náhuatl. En éste, el «Rico» y el «Pobre» dialogan sobre su muerte, la
cual libera al «Pobre», pero entristece al «Rico» por estar apegado a sus
bienes terrenales[22]:

Calderón	Alva Ixtlixóchitl
Pobre: ¡Qué alegría!	Ycnotlacatl: Huey yn no macehual.
	[Pobre: Grande es mi dicha]
Rico: ¡Qué tristeza!	Tlatquihua: Huey yn nonetolinilliz.
	[Rico: Grande es mi dolor]
Pobre: ¡Qué consuelo!	Ycnotlacatl: Huel nipapaqui.
	[Pobre: Mucho me alegro]
Rico: ¡Qué aflicción!	Tlatquihua: Huel nitlaopcoya.
	[Rico: Mucho me aflige]
Pobre: ¡Qué dicha!	Ycnotlacatl: Huel nahuia.
	[Pobre: Muy contento estoy]
Rico: ¡Qué sentimiento!	Tlatquihua: Huel ninotequipachoa.
	[Rico: Mucho lo siento]
Pobre: ¡Qué ventura!	Ycnotlacatl: Huel ninoyolalia.

---

[20] Calderón, *El gran teatro*, vv. 1-6.
[21] Alva Ixtlixóchitl, *El gran teatro*, p. 154.
[22] Alva Ixtlixóchitl, *El gran teatro*, p. 171.

| Rico: ¡Qué rigor!
(Calderón, *El gran teatro*, vv. 1229-1232)
(Vanse los dos.)

Pobre:

Rico:

Pobre:

Rico:

Pobre:

Rico: | *[Rico: Mucho lo siento]*
Ycnotlacatl: Huel ninoyolalia.
[Pobre: Estoy muy agradecido]
Tlatquihua: Huel nipatzmiqui.
[Rico: Estoy muy miserable]

Adiciones de Alva Ixtlixóchitl
Ycnotlacatl: Huel papaqui yn noyolo.
[Pobre: Se regocija mi corazón]
Tlatquihua: Huel ninoxiuhtlatia.
[Rico: Mucho me fatiga]
Ycnotlacatl: Huel nimacehuale.
[Pobre: Muy afortunado estoy]
Tlatquihua: Atle nomacehual.
[Rico: Nada de dicha tengo]
Ycnotlacatl: Yocoxca yn niauh.
[Pobre: Mansamente yo voy]
Tlatquihua: Nitlaçentlamitiuh.
[Rico: Me despido] |

El paralelismo, al igual que la versificación rítmica, es frecuente en la poesía náhuatl, pues la terminación asonante o consonante no es de importancia en los poemas de esta lengua, según indica Ángel M.ª Garibay[23]. A pesar de las adaptaciones de la traducción de Alva Ixtlixóchitl al mundo americano, este autor sigue con precisión la estructura de la obra calderoniana, según la han presentado Leo Pollmann, Robert Spring-Mill y Domingo Ynduráin[24]. Con ello, Alva Ixtlixóchitl demuestra una gran habilidad al adaptar este auto sacramental a una nueva realidad y mantener, a la vez, el texto original, haciendo alarde de agudeza e ingenio, como cabe esperar de un autor del Barroco.

Al principio de este trabajo señalé que las traslaciones y adaptaciones de Alva Ixtlixóchitl, desde el punto de vista de su género, son síntesis del teatro evangelizador, del criollo humanista y del peninsular por la manera en que este autor dramatiza las obras que traduce y por el público al cual las dirige: indígenas y mestizos o criollos,

---

[23] Garibay, 1992, p. 65.
[24] Pollmann, 1979; Spring-Mill, 1985; Ynduráin, 1981.

hablantes de náhuatl. No se observa en esta obra referencia alguna
a las castas ni alusiones específicas a ningún grupo étnico particular
de la Nueva España. A continuación, presento evidencia que apoya
mi propuesta sobre la hibridación del auto calderoniano en manos de
Alva Ixtlixóchitl.

«El gran teatro del mundo» y el teatro misionero

La adaptación de Alva Ixtlixóchitl pertenece en gran medida al
teatro misionero no sólo porque Alva utiliza el náhuatl para difun-
dir un mensaje cristiano, sino porque este autor compendia el texto
calderoniano en algunas partes y lo aumenta en otras, usa la prosa
más que el verso y atenúa la parte filosófica y existencial característica
del auto de Calderón. Aunque acentúe la parte didáctico-religiosa y
moral del texto para lograr el impacto religioso deseado en su público
indígena, mantiene siempre la estructura del auto calderoniano. Pero
en la versión náhuatl se reduce al máximo el aspecto teatral o ficticio,
imaginario de la vida humana. En primer lugar, el personaje «Autor»,
central en el auto calderoniano, se convierte en el «Señor» o «Creador»
de la obra náhuatl. Este cambio hace que la idea calderoniana de lo ficticio o teatral de la vida humana se limite, pues Alva Ixtlixóchitl convierte la vida humana en una realidad que depende de los designios
de su Creador. En efecto, en la obra náhuatl los personajes *no actúan* el
papel que el protagonista «Autor» les asigna, como sucede siempre en
el auto de Calderón, sino que *viven* o *son* quienes les indica la figura
del «Señor» la mayor parte de las veces. Así, en la obra de Calderón el
«Rey» le dice al «Autor» cuando recibe su papel:

REY   Sopla aqueste polvo, pues,
                    para que *representemos*[25].

En el texto de Alva Ixtlixóchitl este trozo, en cambio, se elimina y
aparece el personaje «Mundo» pidiéndole al «Señor» que le diga cómo
comportarse:

TLATICPACTLI   Caye nican mixpantzinmco otiquiçaco yn
                    titoteyocoxcatzin, *tlaltitlan mocxitlantzinco*

[25] Calderón, *El gran teatro*, vv. 297-298.

yolizmatiliztica titechmotlacaquixtiliz, ynic tima-
huicolozque yn axcan ynic tonnemizque.

«MUNDO: *Acá ante ti* hemos *venido, nuestro Crea-*
dor. Echados *a* tus pies sobre el suelo oiremos
con toda prudencia cómo nos hemos de com-
portar para que ahora podamos vivir»[26].

Asimismo, al final del auto calderoniano, el personaje «Rico», poco
antes de morir, equipara el teatro al mundo cuando le pregunta al
«Pobre»:

RICO   ¿Cómo, no sientes dejar
                    el teatro?[27]

En cambio, en la versión de Alva Ixtlixóchitl en la misma escena
el «Rico» le pregunta al «Pobre» si no le pesa dejar el mundo cuando
dice:

TLATQUIHUA   Quenin amo titlaocoya ynic ticcahua *yn tlalticpanctli.*

                   «RICO: ¿Cómo es que no estás infe-
                   liz de salir *del mundo?*»[28].

Probablemente, Alva Ixtlixóchitl se limita presentar el teatro como
reflejo del mundo debido a que le resultaría difícil transmitir el mensaje calderoniano del «teatro en el teatro» a los miembros de una sociedad cuyas manifestaciones dramáticas contenían pocos elementos de
ficción. Hasta donde se ha podido reconstruir, se sabe que en la época
prehispánica los aztecas habían tenido danzas, poemas dramatizados,
farsas jocosas breves y ceremonias religiosas de gran fuerza escénica,
pero pocos elementos dramáticos de ficción[29]. Posteriormente, después de la conquista, se escribió sobre todo teatro de evangelización
en náhuatl o pequeños entremeses jocosos para el público indígena,
pues se le daba prioridad a la intención religiosa sobre cualquier otra
finalidad. Ello explica que Alva Ixtlixóchitl haya modificado los pasajes de Calderón que contienen partes filosófico-existenciales en que

---

[26] Alva Ixtlixóchitl, *El gran teatro*, pp. 155-156.
[27] Calderón, *El gran teatro*, vv. 1223-1224.
[28] Alva Ixtlixóchitl, *El gran teatro*, p. 170.
[29] Garibay, 1992, pp. 331-384.

se cuestiona la vida humana por textos didácticos en que se premia la sumisión a Dios. Por ejemplo, en la obra de Calderón el personaje «Autor», tras aludir al libre albedrío, pone énfasis en la libertad de elección cuando indica de sus personajes que «les di albedrío superior... y así dejo a todos hoy *hacer libres sus papeles*»[30] y luego se salvará quien haya actuado su papel correctamente. En cambio, en la adaptación de Alva Ixtlixóchitl se plantea tangencialmente la cuestión de la libertad, pues el deber ser resuelve el conflicto. Así, el personaje «Señor» les dice a sus súbditos:

> TEMAQUIXTICATZIN   Auh canel onca yn amoyolo ynic
> an mimatinemizque auh ynic anmotoli-
> nizque... *xicchihuacan yn amotequiuh.*
>
> «SEÑOR: *Pero tenéis el* entendimiento *o para vivir como debéis o para ser infelices...* Haced vuestras tareas»[31].

Se salvará quien haya sido más obediente y sumiso. Alva Ixtlixóchitl no modifica los personajes calderonianos alegóricos, arquetipos de ideas o de cualidades abstractas como la «Hermosura» y la «Discreción» o personificaciones como el «Mundo». Pero reemplaza a la «Ley de Gracia» por el «Orden» y cambia al «Autor» por el «Señor», como arriba indiqué. Con el último cambio permuta la conexión «Autor»/«Personaje», propia del mundo ficticio, por la relación «Señor»/«Criatura», propia de la religión. Además Alva Ixtlixóchitl utilizó un vocabulario peculiar, poco común en náhuatl en su adaptación del texto calderoniano, debido a que el náhuatl carecía de la terminología necesaria para aludir a los referentes característicos del auto sacramental español[32]. Por incluir personajes alegóricos, la adaptación de Alva Ixtlixóchitl puede colocarse junto con el drama misionero *El juicio final* de 1678[33] dentro de un tipo de teatro de evangelización tardío, más abstracto y más elaborado, que muy probablemente llegó a ponerse en escena[34]. Este género dramático en una etapa anterior contenía personajes históricos o bíblicos, pero no alegóricos. Este mismo hecho liga el texto de Alva Ixtlixóchitl

---

[30] Calderón, *El gran teatro*, vv. 931-937.
[31] Alva Ixtlixóchitl, *El gran teatro*, p. 167.
[32] Wright, Burkhart y Sell, 2003, p. 931.
[33] Horcasitas, 2004, pp. 695-735.
[34] Mac Kinnon, 1980, p. 210.

con el auto sacramental y con el teatro humanista, como mostraré a continuación.

«El gran teatro del mundo» y el teatro humanista

La adaptación de Alva Ixtlixóchitl se relaciona también con el teatro humanista, pero de manera indirecta. En efecto, *El gran teatro del mundo*, además de haber sido concebido para espectadores indígenas, también parece haber sido diseñado para un público compuesto de misioneros criollos o europeos, probablemente jesuitas, a fin de que practicaran sus habilidades lingüísticas durante el aprendizaje del náhuatl, el cual era uno de sus intereses. El texto de Alva Ixtlixóchitl contiene personajes alegóricos y simbólicos, como era frecuente en el teatro humanista y en los autos sacramentales. Su carácter y su esencia dramática y simbólica son fieles reflejos del auto calderoniano, aunque resuelve la problemática filosófico-existencial planteada en *El gran teatro del mundo* en términos morales, como mostré arriba. Probablemente esta situación intermedia se deba a que la obra está ajustada tanto para un público indígena como para un público de misioneros criollos y europeos. Pareciera como si Alva Ixtlixóchitl hubiera utilizado la misma estrategia de traslación del teatro humanista en el cual se traducían los griegos al latín y los latinos al español, cuando decidió traducir a los autores españoles al náhuatl. Por todo esto, las traducciones de Alva Ixtlixóchitl son innovadoras, ya que éstas son las únicas conocidas hasta la fecha en que se traduce el teatro peninsular a una lengua indígena americana.

Evidencia indirecta adicional de que Alva Ixtlixóchitl se dirigió a un público humanista es que sus obras se hayan encontrado en archivos procedentes de conventos jesuitas[35] y que se las haya dedicado a dos jesuitas, profesores de náhuatl, Jacome Basilio y Horacio Carochi. Tanto Basilio como Carochi fueron grandes conocedores del náhuatl. Ambos residieron en el convento de Tepotzotlán donde se enseñaba esta lengua, otras lenguas indígenas y latín a futuros misioneros criollos e indígenas. Es probable que allí mismo Alva Ixtlixóchitl enseñara su lengua nativa[36], pues Tepotzotlán se encuentra localizado en

---

[35] Hunter, 1960; Burkhart, Sell y Wright, 2003.
[36] Burkhart, Sell y Wright, 2003, p. 166.

la misma zona geográfica del Estado de México en que vivía Alva Ixtlixóchitl.

«El gran teatro del mundo»: ¿cuándo lo escribió Calderón?

La traducción y adaptación de *El gran teatro del mundo* al náhuatl resulta de gran valor para la historia de la literatura española y la hispanoamericana. No sólo descubre una faceta poco conocida del teatro colonial americano, sino que muestra, una vez más, la importancia que tenían los escritores peninsulares en América. En lo que atañe al auto sacramental como género, cabe señalar que Alva Ixtlixóchitl mantiene la riqueza escénica, la música y los personajes alegóricos, característicos de los autos sacramentales[37]. Su adaptación permite, asimismo, explorar más a fondo la trayectoria de la labor creativa de Calderón de la Barca. En efecto, esta obra plantea dos problemas sumamente interesantes. El primero es la ausencia del personaje «Labrador» en la versión náhuatl y el segundo, es la fecha de redacción del texto original calderoniano. En lo que atañe al primer punto, gracias al texto náhuatl, cabe suponer con bastante seguridad que la obra usada por Alva Ixtlixóchitl fue copia de una versión anterior a la que se publicó por primera vez en España en 1655. En efecto, la edición de 1655 contiene el texto que se ha fijado en la actualidad. En ella ya aparece el «Labrador», personaje realista que, según Noël Salomón, resulta un tanto forzado entre el conjunto de entes alegóricos que componen esta obra. Dicho crítico, citado por Ynduráin, señala que es «la figura más compleja y equívoca de todo el auto, [pues en él]... se quiebran las líneas teóricas teatrales»[38]. Tal personaje, ya fuera añadido por Calderón después de la primera redacción de la obra, o bien eliminado por Alva Ixctlixóchitl o por algún empresario al adaptar el texto para su representación, plantea un importante problema social, junto con el argumento teológico-eucarístico central del auto. Este personaje hace consciente al público de la obra calderoniana de la crisis económica y social de la España del siglo XVII[39]. La posible reelaboración de este auto por parte de Calderón no debe sorprender. Por un lado, la crisis agrícola de España, debida a múltiples tributos

---

[37] Arellano, 2001, pp. 104-107.
[38] Ynduráin, 1981, p. 107.
[39] Johnson, 1997.

debió de afectarle a Calderón. Sobre la depresión agraria del siglo XVII Gonzalo Anes señala que «el abandono de pueblos enteros [...] sólo se explica por las condiciones difíciles para subsistir debido al peso de cargas y tributos»[40]. Por otro lado, es bien sabido que Calderón con frecuencia retomaba y refundía sus propias obras en otras nuevas[41]. Por ejemplo, hay evidencia de que Calderón reescribió su auto sacramental *El divino Orfeo* en 1663, varios años después de la primera versión de juventud, anterior a 1634. En la segunda composición eliminó personajes, creó otros nuevos y corrigió algunos parlamentos[42]. Cuanto más se estudian y se publican los textos de Calderón, más frecuente resulta encontrar reelaboraciones y correcciones de las obras dramáticas calderonianas, muchas de ellas ológrafas. Ello explica que Carmen Pinillos indique de Calderón que

> Esta reutilización de materiales es una constante en la escritura de los autos y afecta a todos los niveles de la escritura: no sólo reescribe obras completas, también utiliza en varios autos los mismos episodios, inserta sonetos levemente modificados en más de una obra, o repite hasta la saciedad sintagmas lexicalizados[43].

Hasta ahora no se había sugerido la posibilidad de que *El gran teatro del mundo* fuera reelaboración de una versión anterior, aunque Valbuena Prat señala que se trata de un «auto viejo» que Calderón redactó en las primeras décadas del siglo XVII, como se verá adelante.

Por supuesto que otra posibilidad es pensar que Alva Ixtlixóchitl hubiera decidido eliminar al personaje «Labrador» en su adaptación y traducción del texto calderoniano. Ello, sin embargo, parece poco factible pues, por un lado, la Nueva España también estaba pasando por crisis agrícolas en ese momento. Aludir a la situación de los maceguales habría sido históricamente adecuado. Por otro lado, si Alva Ixtlixóchitl hubiera querido evitar el exponer un conflicto, simplemente hubiera podido modificar el texto, como hizo con los otros personajes de la obra. Una tercera posibilidad es que sólo la copia usada por Alva hubiera excluido al «Labrador» debido a la adaptación de la obra para una puesta en escena particular en la

---

[40] Anes, 1970, p. 123.
[41] Valbuena Prat, 1967, p. LVI.
[42] Pinillos, 2001, p. 312.
[43] Pinillos, 2001, p. 314.

península o en la Nueva España. Sin embargo, no hay noticias de una representación temprana de este auto, como se verá a continuación. Por todo esto, resulta factible pensar que Calderón escribió dos versiones de *El gran teatro del mundo* y que Alva Ixtlixóchitl tradujo al náhuatl la primera.

La fecha en que *El gran teatro del mundo* pasó a América resulta ser otro aspecto intrigante y revelador de esta obra. En efecto, es muy probable que Alva Ixtlixóchitl haya terminado de traducir al náhuatl *El gran teatro del mundo* hacia 1641. Aunque el manuscrito de la obra no tenga escrita en sí mismo la fecha, ésta se encuentra en la traducción que hizo Alva Ixtlixóchitl de la comedia de Mira de Amescua, *El animal profeta y dichoso parricida*. En este texto escribe la fecha el mismo Alva Ixtlixóchitl al final de la comedia. Esta obra, el auto de Calderón, el entremés y la comedia de Lope de Vega se hallan encuadernados juntos. El papel y la tinta de todos los textos son prácticamente idénticos a lo largo del legajo que contiene los cuatro documentos. Ello parece indicar que todas estas obras dramáticas se escribieron durante el mismo lapso. Al respecto, William A. Hunter[44] señala que «it is doubtful whether they could have been written long after the date 1641 heretofore associated with them». De ser así, ello significa que el texto de este auto sacramental debió de haber llegado a la Nueva España hacia 1638, para que Alva Ixtlixóchitl lo pudiera terminar de traducir hacia 1641[45]. El auto de Calderón se presentó también en 1641 por *primera vez* en Valencia según Ynduráin[46], quien adelanta ocho años la fecha de la primera escenificación de esta obra propuesta por Valbuena Prat[47]. Ello significa que *El gran teatro del mundo* se tradujo al náhuatl muy probablemente *el mismo año* en que se estrenó en la península. Pero, como ya indiqué, la obra se publicó en España por primera vez en su versión modificada en 1655, *catorce años después* de dicha traducción. El misterio de su antigüedad se aclara gracias a Ángel Valbuena Prat, quien sin estar enterado de la versión náhuatl, piensa que Calderón escribió este auto antes de la representación de 1649, pues en el libreto del auto se nombra este texto como «auto viejo»[48]. Además, este crítico aclara que el tema de «la vida como comedia»,

---

[44] Hunter, 1960, p. 113.
[45] Hunter, 1960, p. 112, n. 13.
[46] Ynduráin, 1981, p. 121.
[47] Valbuena Prat, 1967, p. L.
[48] Valbuena Prat, 1967.

ya tratado por Séneca y continuado por los estoicos, especialmente Epicteto, se prolonga en este auto calderoniano, al igual que en la obra de Quevedo *Epicteto y Focíledes en español con consonantes*, publicada en Madrid en 1635. Valbuena encuentra una estrecha conexión entre ambas obras. El enigma por resolver se reduce, por consiguiente, al orden cronológico entre *El gran teatro del mundo* de Calderón y el *Epicteto* de Quevedo. Valbuena sostiene que en la obra de Quevedo se encuentra presente la misma perspectiva y riqueza visual de Calderón. Por ello, concluye que «entre *Epicteto* y Quevedo se interponía el auto maravillosamente impresionante de Calderón»[49]. Propone 1633 como el año en que escribió la primera versión de este auto. La fecha de la traducción de Alva Ixtlixóchitl es evidencia que parece apoyar la posibilidad de una versión temprana del auto calderoniano en la cual resulta probable que no apareciera el controvertido personaje del «Labrador».

No deja de ser significativo que *El gran teatro del mundo* se haya podido traducir al náhuatl en la Nueva España el mismo año que se puso en escena en la metrópoli por primera vez, varios años antes de haberse publicado en la península. Ello es, sin lugar a dudas, una prueba más del estrecho contacto de la vida cultural española y la americana. Es, asimismo, evidencia del gran éxito que los dramaturgos peninsulares tuvieron en la Nueva España y quizás en toda la América española. Esta obra no es, sin embargo, un traslado directo del texto peninsular, sino un texto híbrido, indianizado, que se liga tanto al teatro religioso evangelizador como al teatro humanista, los cuales le sirvieron de modelo a Alva Ixtlixóchitl en su versión náhuatl del auto calderoniano. El auto de Calderón, originalmente diseñado para un público europeo, se indianiza en manos de Alva Ixtlixóchitl, quien, sin desvirtuar la esencia del auto sacramental, en su traducción lo adapta a los modelos dramáticos híbridos del teatro de evangelización y del teatro humanista indianizado, característicos de la nueva cultura euroamericana.

BIBLIOGRAFÍA

ARELLANO, I., *Calderón y su escuela dramática*, Madrid, Laberinto, 2001.
ALVA IXTLIXÓCHITL, B., «Parecer del Bachiller don Bartolomé de Alva,

---

[49] Valbuena Prat, 1967, p. LI.

Beneficiado de Çumpahuacan», en *Arte de la Lengua Mexicana de Horacio Carochi*, México D.F., Juan Ruiz, 1645, pp. 5-7.

— «Text of *El gran teatro del mundo* in the Nahuatl adaptation of Bartolomé de Alva», en *The Calderonian Auto Sacramental El gran teatro del mundo*, ed. W. A. Hunter, New Orleans, Tulane University, 1960, pp. 153-178.

ANES, G., *Las crisis agrarias en la España moderna*, Madrid, Taurus, 1970.

BONFIL BATALLA, G., *México profundo. Una civilización negada*, México D.F., Grijalbo, 1982.

BURKHART, L. M., B. D. SELL y E. R. WRIGHT, «Lope de Vega in Lengua Mexicana (Nahuatl): don Bartolomé de Alva Ixtlixóchitl's translation of *La madre de la mejor* (1640)», *Bulletin of the Comediantes*, 55, 2003, pp. 163-190.

CALDERÓN DE LA BARCA, P., «*El gran teatro del mundo*», en *Autos sacramentales*, ed. Á. Valbuena Prat, Madrid, Espasa-Calpe, 1967, vol. 1, pp. 67-124.

— *El gran teatro del mundo*, ed. D. Ynduráin, Madrid, Alhambra, 1981.

CAROCHI, H., *Arte de la Lengua Mexicana*, México D.F., Juan Ruiz, 1645.

DÍAZ BALSERA, V., «Instructing in the Nahuas in Judeo-Christian Obedience», en *Nahuatl Theater. Death and Life in Colonial Nahua Mexico*, ed. B. D. Sell y L. M. Burkhart, Norman, University of Oklahoma, 2004, pp. 85-111.

GARIBAY K., Á. M.ª, *Historia de la literatura náhuatl*, México D.F., Porrúa, 1992.

GRUZINSKI, S., «Un tocotín mestizo de español y mexicano», *Nuevo Mundo Mundos Nuevos*, http://nuevomundo.revues.org/ducument620.html, 2005.

HERNÁNDEZ DE LEÓN PORTILLA, A., *Tepuztlahcuilolli, Impresos en náhuatl*, México D.F., UNAM, 1988, 2 vols.

HESSE, E., «Calderon popularity in the Spanish Indies», *Hispanic Review*, 23, 1955, pp. 12-27.

HORCASITAS, F., *Teatro náhuatl*, México, UNAM, 2004, 2 vols.

HUNTER, W. A., «Introduction» a *The Calderonian Auto Sacramental «El gran teatro del mundo»*, New Orleans, Tulane University, 1960, pp. 111-151.

JOHNSON, C. B., «Social roles and ideology, dramatic roles and the theatrical convention in *El gran teatro del mundo*», *Bulletin of the Comediantes*, 49, 1997, pp. 247-272.

LEONARD, I. A., «A shipment of "Comedias" to the Indies», *Hispanic Review*, 2, 1943, pp. 39-50.

MAC KINNON, N., «Calderón de la Barca in Nahuatl», en *Religion in Latin American Life and Literatura*, ed. L. C. Brown y W. F. Cooper, Waco, Marhnam Press Fund, pp. 204-211.

OSORIO ROMERO, I., «Un tocotín del siglo XVII», *Boletín Filosofía y Letras*, 6, 1995, pp. 26-36.

PARODI, C., «La literatura novohispana del siglo XVIII a través de la crítica», *Humanidades*, 1, 1974, pp. 95-124.

— «The indianization of Spaniards in New Spain», *Mexican Indigenous Languages at the Dawn of the Twenty-First Century*, Berlin-New York, Mouton de Gruyter, 2006, pp. 29-52.

PINILLOS, C., «Escritura y reescritura en los autos sacramentales de Calderón de la Barca», en *Calderón, innovación y legado*, ed. I. Arellano y G. Vega García-Luengos, New York, Peter Lang, 2001, pp. 309-323.

POLLMANN, L., «Análisis comparativo de *El gran teatro del mundo* y *No hay más fortuna que Dios*», en *Hacia Calderón*, ed. H. Flasche, Berlin, Walter de Gruyter, 1970, pp. 85-92.

PRING-MILL, R., «La estructura de "El gran teatro del mundo"», en *Hacia Calderón*, ed H. Flasche, Stuttgart, Franz Steiner Verlag, 1985, pp. 110-145.

SELL, B. D., E. R. WRIGHT, y L. M. BURKHART, «"Traduçida en lengua mexicana y dirigida al Pe. Oraçio Carochi": Jesuit-inspired Nahuatl scholarship in seventeenth century Mexico», *Estudios de Cultura Náhuatl*, 34, 2003, pp. 277-290.

SELL, B. D. y L. M. BURKHART, *Nahuatl Theater. Death and Life in Colonial Nahua Mexico*, Norman, University of Oklahoma, 2004.

VALBUENA PRAT, Á., «Prólogo», *Autos sacramentales*, ed. Á. Valbuena Prat, Madrid, Espasa-Calpe, 1967, vol. 1, pp. IX-LIX.

WRIGHT, E. R., L. M. BURKHART y B. D. SELL, «Inspiración italiana y contexto Americano: *El gran teatro del mundo* traducido por don Bartolomé de Alva Ixtlixóchitl», *Criticón*, 87-89, 2003, pp. 925-934.

YNDURÁIN, D., «Estudio preliminar», en Calderón de la Barca, P., *El gran teatro del mundo*, Madrid, Editorial Alhambra, 1981, pp. 3-124.

PREDICACIÓN Y TEATRO EN LA AMÉRICA COLONIAL (A PROPÓSITO DE *USCA PAUCAR*)

Beatriz Aracil Varón
Universidad de Alicante

> Virgen Santa, Madre de Dios, yo te venero. Guárdame este día, esta noche, mi alma, este cuerpo mío y mi carne. Líbrame de los demonios [...]. Líbrame de todos los pecados grandes y pequeños. Líbrame de todos los pleitos, de falsas acusaciones y de los hombres que codician dinero...
>
> (Guamán Poma de Ayala, *Nueva crónica y buen gobierno*)

Frente a la relativa abundancia de fuentes documentales sobre el origen y desarrollo del teatro misionero en la Nueva España, el virreinato del Perú ofrece un exiguo panorama del que debió de haber sido un teatro propiamente evangelizador, esto es, concebido para el ámbito concreto de la población indígena, a la que se buscaría transmitir la doctrina y la moral cristianas.

Además del conocido pasaje de los *Comentarios reales* del Inca Garcilaso de la Vega sobre las comedias que, «por aficionar a los indios a los misterios de nuestra redención», eran compuestas por «curiosos religiosos, de diversas religiones, principalmente de la Compañía de Jesús»[1], y de alguna otra referencia de los cronistas a representaciones

---

[1] Inca Garcilaso de la Vega, *Comentarios reales*, lib. 2, cap. 28, pp. 95-96.

dramáticas que sirvieron a la conversión de los naturales[2], sólo conservamos unas pocas piezas teatrales religiosas en lengua quechua que pueden ser consideradas pertenecientes al período colonial[3].

Probablemente debido a esta relativa carencia de documentos, la idea, tantas veces reiterada por la crítica hasta nuestros días, de que, en el ámbito peruano, «en la época virreinal, una de las principales vertientes [teatrales] fue originada por la actividad misionera»[4] apenas ha encontrado su correspondencia en una línea de análisis de este teatro que permita su inserción en el contexto específico que lo vincula al proyecto misionero de la Iglesia peruana, a sus peculiares características y a una evolución necesariamente distinta a la de otras zonas de América[5].

Sólo como una pequeña contribución a esta línea de análisis, lo que propongo en el presente trabajo es un primer acercamiento a una obra dramática perteneciente al período colonial y de clara intención

---

[2] En especial las que recogen la puesta en escena de una obra sobre la que llamó ya la atención Guillermo Lohmann Villena en su todavía fundamental trabajo sobre *El arte dramático en Lima durante el virreinato*: aquella *historia alegórica del Anticristo y el Juicio Final* con la que el colegio de San Pablo agasajó en 1599 al virrey Velasco, a cuyo efectismo contribuyó sin duda la utilización de esqueletos y cuerpos enteros de indígenas sacados de sus sepulturas, pero que, no lo olvidemos, estaba concebida como una pieza escolar dirigida al conjunto de la sociedad limeña, y no exclusivamente a la población indígena (ver Lohmann Villena, 1945, pp. 73-74; Estenssoro Fuchs, 2003, pp. 357-358).

[3] En concreto, se conocen hasta la fecha dos autos sacramentales de Juan Espinosa Medrano (*El hijo pródigo* y *Rapto de Proserpina y sueño de Endimión*) y dos comedias basadas en una misma supuesta leyenda popular colonial: *El pobre más rico*, cuyo manuscrito aparece firmado por Gabriel Centeno de Osma, y una pieza de controvertida autoría y datación titulada *Usca Paucar*, que será el objeto de estudio del presente trabajo. Debo señalar, sin embargo, que he tenido noticia del reciente descubrimiento, por parte del investigador César Itier, de una nueva pieza colonial en lengua quechua, todavía inédita, que desarrollaría asimismo un tema mariano, en esta ocasión vinculado a la Virgen del Rosario. Dicho descubrimiento sin duda abrirá las posibilidades de análisis de este todavía escaso corpus dramático evangelizador del virreinato del Perú.

[4] Lerner en *Antología general del teatro peruano*, 2000, vol. 1, p. VII. La afirmación de Lerner viene a reiterar las de destacados especialistas de décadas anteriores, como Pedro Henríquez Ureña (Henríquez Ureña, 1960, p. 707) o José Juan Arrom (Arrom, 1956, pp. 48-49).

[5] Aunque ya es posible encontrar trabajos interesantes que vinculan concretamente la pieza *Usca Paucar* con el contexto evangelizador peruano como los de Espezel y Blanco Martín, 1982 y, sobre todo, Chang-Rodríguez, 1992.

moralizante, *Usca Paucar*, que, aunque de difícil datación, parece ubicarse en un período relativamente tardío de la evangelización: el que, al menos desde principios del siglo XVII, se enfrenta a la problemática del indio ladino, es decir, convertido ya a la nueva religión. A través de la confrontación entre dicho texto y el resto de piezas religiosas en lengua quechua conservadas (pertenecientes en un principio a este mismo período), pero también algunas otras del teatro español y novohispano con las que podríamos encontrar ciertas concomitancias, espero poner de manifiesto la forma en que el anónimo autor de esta pieza plasma un mensaje religioso y social acorde con esa etapa algo avanzada del proceso evangelizador peruano.

USCA PAUCAR EN EL CONTEXTO DEL TEATRO COLONIAL EN LENGUA QUECHUA

En la primera edición crítica de nuestra pieza que incluye su traducción al castellano (la de 1950), Teodoro Meneses advertía ya que «el *Usca Paucar* es la obra quechua que más sufre por la postergación o la inadvertencia de los críticos e historiadores nacionales»[6]. Creo que esta relativa marginación del texto respecto a otras piezas dramáticas en lengua quechua del período colonial ha permanecido hasta nuestros días debido, sobre todo, al que paradójicamente Meneses consideraba el principal motivo de interés de la obra: la casi obligada confrontación de ésta «con sus congéneres virreinales» a la que lleva, por un lado, su estrecha relación argumental con otra pieza en quechua, *El pobre más rico*, cuya factura, muy cercana a la de la comedia española del Siglo de Oro, ha atraído de forma más clara a la crítica, y, por otro, su localización en los manuscritos conservados junto a obras de una supuesta mayor calidad literaria (recordemos que el «Códice Sahuaraura» de la Biblioteca Nacional del Perú la incluye junto al *Ollantay* y el localizado posteriormente por Luis Valcárcel incorpora asimismo los dos autos sacramentales en quechua de Espinosa Medrano: *El hijo pródigo* y *Rapto de Proserpina y sueño de Endimión*[7]).

---

[6] Meneses, 1950, p. 1. En adelante, todas las citas de *Usca Paucar* se harán de forma abreviada a partir de esta primera edición de Teodoro Meneses.

[7] Sobre los códices conservados de *Usca Paucar*, ninguno de ellos anterior al siglo XIX, ver Meneses, 1949-1950, pp. 3-8 y Valcárcel, 1942, pp. 79-80.

El estudio comparativo del *Usca Paucar*, en especial con *El pobre más rico*, necesario sin duda para una más abierta comprensión de la obra, lejos de contribuir a dicha comprensión ha llevado incluso a una mayor indiferencia hacia la misma; ejemplo significativo de ello ha sido su reciente exclusión de la *Antología general del teatro peruano*, sobre la cual parece justificar Ricardo Silva-Santisteban en su introducción:

> ... respecto a las dos últimas, se desprende que la menos inspirada y, aparentemente, la más reciente, el *Usca Paucar*, procede de *El pobre más rico*. Hasta podríamos decir que la primera es una opaca refundición derivativa de *El pobre más rico*[8].

Ahora bien, si las palabras de Silva-Santisteban ratifican el escaso interés despertado por la obra entre la crítica, también apuntan otro problema al que debe enfrentarse su estudio: la controvertida datación de la misma. Sin entrar a abordar esta cuestión en profundidad, cabe advertir que, basándose sobre todo en las características de su protagonista, «un indio ya evangelizado y devoto de la Virgen del Rosario», Meneses situó en un principio la redacción de la obra en el siglo XVIII[9], pero estudios más recientes (alguno del propio Meneses) coincidirían en adelantar dicha datación en torno a mediados del XVII[10], época a la que pertenecerían además los autores de las otras piezas religiosas en quechua conservadas, Juan de Espinosa Medrano y Gabriel Centeno de Osma (cuya rúbrica aparece en el manuscrito de *El pobre más rico*),

---

[8] Silva-Santisteban en *Antología general del teatro peruano*, 2000, vol. 1, p. XXXII.

[9] Meneses, 1950, p. 10. Cabe señalar, en cualquier caso, que las propias alusiones de Meneses, en aquella primera edición, a las posibles influencias de la figura del caballero español del Siglo de Oro (Meneses, 1950, pp. 10-13), a la anterioridad respecto a la composición del *Ollantay* (pp. 14-15) e incluso a las voces arcaicas del texto (ver, por ejemplo, p. 164, n. 75, p. 167, n. 129 o p. 168, n. 161) inducían ya a cuestionar dicha datación.

[10] Así, por ejemplo, César Itier la incluye en el grupo de piezas religiosas que podrían haber sido escritas entre mediados del XVII y mediados del XVIII (ver Itier, 1999, p. 213), Espezel y Blanco Martín propusieron la posibilidad de que hubiera sido compuesta «entre fines del siglo XVI y primera mitad del XVIII» (Espezel y Blanco Martín, 1982, p. 180) y el propio Meneses, en su antología de 1983, propone que la obra pudo ser escrita en torno a 1645 por un clérigo cuzqueño, Vasco de Contreras Valverde (Meneses, 1983, pp. 173-175).

a los que también se les ha llegado a atribuir la paternidad de nuestra pieza[11].

Aunque lo más probable es que su autor no sea ninguno de los dos citados (y tal vez convenga profundizar en los últimos argumentos de Meneses sobre la posible autoría del clérigo Vasco de Contreras Valverde), lo cierto es que el *Usca Paucar* mantiene una vinculación evidente con las obras en quechua de Espinosa Medrano y con *El pobre más rico*, no sólo por su función moralizadora cristiana sino porque su planteamiento para tal función es esencialmente el mismo: mostrar al público cómo el hombre, arrastrado hacia el pecado por el Demonio (Lucifer, Nina Quiru, Yunca Nina...), puede arrepentirse y acudir a Dios Padre o a sus mediadores (la Virgen, la Iglesia) para salvar su alma en la vida eterna. Ahora bien, mientras Espinosa Medrano busca en las Sagradas Escrituras (*El hijo pródigo*) o en la mitología clásica (*Rapto de Proserpina y sueño de Endimión*) el núcleo argumental para sus autos sacramentales en quechua, *Usca Paucar* y *El pobre más rico*, concebidas como comedias religiosas (y tal vez versiones de una pieza anterior), parten, al igual que la mayoría de los textos dramáticos conservados en el ámbito novohispano, de la adaptación al contexto indígena de una temática propiamente medieval, en este caso la referente al pacto con el Demonio.

DE LA LEYENDA DE TEÓFILO AL MILAGRO DE COPACABANA

Usca Paucar, inca cristiano que ha perdido su fortuna, es tentado por Yunca Nina (el Demonio), quien le ofrece infinitas riquezas a cambio de una fidelidad más allá de la muerte. Tras sellar con sangre su pacto, Usca Paucar logra además, gracias a su protector, el amor de Jori Ttica, pero más tarde, consciente de su pecado, arrepentido y animado por su criado Quespillo, acude a la Virgen María, que invalida el documento salvándolo así del Demonio. Éste es en síntesis el argumento de una obra que, para Meneses, «desarrolla en sus tres jornadas el tema de una leyenda mariana muy popularizada en la época y que fuera también frecuentemente tocado por los mejores dramaturgos españoles»[12].

---

[11] Ver Cosío, 1942, p. 28; Meneses, 1950, pp. 13-14 y Espezel y Blanco Martín, 1982, pp. 189-190.
[12] Meneses, 1950, p. 8.

A este respecto, sin embargo, cabe matizar que, si bien es cierto que diversas obras teatrales del Siglo de Oro (concretamente de la primera mitad del siglo XVII) se vinculan temáticamente con nuestra pieza, también lo es, por un lado, que la intercesión de la Virgen por un personaje pecador pero devoto es el tema no de una sino de múltiples leyendas marianas y, por otro, que no es privilegio exclusivo de María la disolución del pacto satánico en las historias que presentan este tema: recordemos, a modo de ejemplo de esta diversidad de posibilidades argumentales, dos obras de Lope de Vega sobre la intervención de la Virgen como son *La buena guarda* o *La encomienda bien guardada*, que recrea la leyenda medieval de la Sacristana o Margarita la Tornera, y *La devoción del Rosario*, cuya acción se desarrolla en el contexto de la lucha contra el turco y donde Lucifer (aunque sin un pacto firmado) disputa con la Virgen el alma de un arrepentido dominico que morirá como mártir[13]; la pieza de Mira de Amescua *El esclavo del Demonio*, en la que el ángel custodio del protagonista arranca de las manos del Demonio el documento que le compromete para que éste reanude su vida de santidad; o una obra que muestra algunos elementos probablemente inspirados en la de Mira de Amescua (entre ellos, el pacto satánico): la célebre comedia hagiográfica de Calderón *El mágico prodigioso*[14], que recoge a su vez la leyenda medieval de santa Justina y San Cipriano, quien, recordemos, logra deshacer su pacto con el Demonio a través del martirio. Cabe incluso citar, a propósito de estas vinculaciones temáticas entre textos de fuentes diversas, el célebre pacto satánico de Fausto, cuya leyenda fue trasladada al teatro por Christopher Marlowe también a comienzos del XVII, y que ha sido considerado por algunos estudiosos la fuente de *Usca Paucar* y *El pobre más rico*[15], a pesar de que esta «trágica historia» acabe con la perdición infernal del protagonista.

---

[13] Esta obra, probablemente basada en la *Suma de Confesión de San Antonino*, muestra algunas significativas analogías con *Usca Paucar* (como la presentación de Lucifer, su enfrentamiento con la Virgen o el papel de la cruz y del rosario contra el demonio) en las que sería interesante profundizar para contextualizar nuestra obra.

[14] Sobre la incorporación del pacto diabólico a la leyenda de Justina y Cipriano por parte de Calderón, su funcionalidad dramática y la influencia que recibe de la pieza de Mira de Amescua, en especial en la versión de 1637, ver la introducción de Wardropper a Calderón, *El mágico prodigioso*, pp. 12-19.

[15] Ver Espezel y Blanco Martín, 1982, pp. 180-182.

La existencia de tan diversos argumentos dramáticos que guardan cierta relación con nuestra obra no debe confundirnos sobre la que debió de ser la verdadera fuente (muy probablemente indirecta) del *Usca Paucar*: la leyenda medieval de Teófilo, recreada entre otros por Jacobo de la Vorágine en *La leyenda dorada*[16] y por Gonzalo de Berceo en *Milagros de Nuestra Señora*[17]. Sin pretender establecer la filiación de un texto teatral que, como ocurre en la tradición medieval europea, pudo ser fruto de diversas reelaboraciones anónimas, creo que la ubicación de la leyenda de Teófilo en el origen (por remoto que éste sea) de nuestra pieza ayuda a comprender lo esencial del mensaje moralizador de *Usca Paucar*.

En efecto, en la leyenda de Teófilo se muestra por primera vez el pacto sellado con sangre que un cristiano hace con Lucifer (en este caso por recobrar su cargo eclesiástico), finalmente recuperado y destruido por la propia Virgen María. Como ocurre en nuestra pieza, Teófilo, buen cristiano y devoto de la Virgen, cae en la tentación del Demonio en un momento de debilidad; para sellar su pacto debe «renegar de Cristo, de su Madre y de su condición de cristiano» y hacer «voto de obediencia a Satanás»; pero, arrepentido, recurre «a la Virgen gloriosa rogándole con profunda y sincera devoción» y queda gracias a ella libre de ese voto de obediencia al enemigo de Dios[18].

Como ha explicado Juan Antonio Ruiz a propósito de la presencia de esta leyenda en Gonzalo de Berceo, el pacto satánico es probablemente el recurso más utilizado en los relatos medievales para mostrar el poder tentador del Demonio; en un contexto de «religiosidad apacible, optimista y liberadora», explica Ruiz, el arrepentimiento y la devoción de Teófilo por la Virgen hacen que sea salvado por «la gran intercesora, aliada del género humano y enemiga poderosa del diablo»[19]. Pero no debemos olvidar además que

---

[16] Vorágine, *La leyenda dorada*, vol. 2, pp. 573-574 (la leyenda se incluye como parte de los milagros narrados en el capítulo sobre «La natividad de la Bienaventurada Virgen María»).

[17] «De cómo Teófilo fizo carta con el diablo de su ánima et después fue convertido e salvo», en Berceo, *Milagros de Nuestra Señora*, pp. 195-219.

[18] Vorágine, *La leyenda dorada*, vol. 2, p. 574; sobre los orígenes de la leyenda ver Astey, 1995.

[19] Ruiz Domínguez, 1999, p. 141.

El propio nombre de Teófilo, el amigo de Dios, ya es significativo. Este milagro no puede asignarse a un hombre concreto, sino a la situación humana, tentada desde el principio [...]. Es, a fin de cuentas, la debilidad humana que cede a la tentación, al diablo que continuamente acecha y, por eso, todos deben contar con la Gloriosa[20].

En un contexto en el que el indígena, nuevo cristiano, se ve también continuamente acechado por la tentación de un Demonio que desea su vuelta a la idolatría, la historia de Teófilo se ofrece como un espacio de optimista esperanza. A diferencia de Fausto, y de manera semejante en cambio al simbólico personaje medieval, *Usca Paucar* es salvado del infierno (de los demonios que lo jalan «tratando de llevarle») gracias a su devoción a la «Princesa», a la «Madre», quien ordena a Yunca Nina que le devuelva el documento que compromete el alma del inca. Esta solución feliz ante el problema de la tentación, propiamente medieval, logra además contribuir a una devoción a la Virgen, favorecida por las órdenes religiosas, que contaba ya con un abundante apoyo de narraciones milagrosas, en especial a partir de la singular talla de la Virgen de Copacabana (1583), cuyas intervenciones en favor de sus devotos indios (y también españoles) quedaban ampliamente constatadas ya a comienzos del siglo XVII por el agustino Alonso Ramos Gavilán en su *Historia del célebre santuario de Nuestra Señora de Copacabana*[21], y que significativamente aparece en el título asignado (probablemente por un copista posterior) a la obra: *Usca Paucar. Auto sacramental*[22]. *El patrocinio de Nuestra Señora María Santísima en Copacabana*.

---

[20] Ruiz Domínguez, 1999, p. 141.

[21] Sobre esta devoción milagrosa que convertía a la Virgen en uno de los principales instrumentos para la sustitución del culto prehispánico por el cristiano, escribía Ramos Gavilán que se debía dar «gracias a Dios y a la esclarecida reina de los Ángeles, la Virgen de Copacabana, que en este asiento donde ella es Patrona, no hay rastro de idolos ni de apachetas, ni de cosa que huela a idolatría, porque como los Naturales de aqueste lugar y de casi toda su comarca han visto tantas maravillas y milagros que la Virgen ha obrado a favor suyo, olvidados de sus locas ceremonias y ritos supersticiosos acuden a ella, que como verdadera Madre y Señora jamás se cansa de favorecerlos» (Ramos Gavilán, 1976, pp. 69-70).

[22] Sobre el término «auto sacramental» incorporado al título, advirtamos que, como ha señalado César Itier, en la época en que escribe el copista, «la definición clásica del auto sacramental y de la comedia había sido olvidada» (Itier, 1999, p. 223).

Del sermón al teatro: las técnicas de la predicación

Para intentar comprender el papel de nuestra pieza en el ámbito evangelizador peruano es necesario situarse, como ya he adelantado, en un período relativamente tardío del mismo que quedó marcado por la celebración del III Concilio Limense[23]. En efecto, si la primera etapa de la presencia española en Perú (al menos hasta la celebración del II Concilio Limense y la posterior llegada del virrey Toledo) puede definirse, como explicaba recientemente Juan Carlos Estenssoro, como «un período de vacilaciones, de búsquedas múltiples e incluso contradictorias»[24] en parte debido a los continuos cambios programáticos en la actividad misional y en parte a la inestable situación política, la celebración del III Concilio Limense (1582-1583), en cuyas sesiones se adaptan los decretos de Trento al contexto americano, inicia una sistemática política evangelizadora en el virreinato que anulará a su vez (al menos parcialmente) los objetivos y métodos propuestos en sínodos anteriores y que sentará las bases de la futura actividad misionera.

Destacada por todos los especialistas, la importancia del III Concilio radica, según explica Francesco Leonardo Lisi, en su atención a los temas «fundamentales en lo que concierne a la evangelización de los indios y a la organización de la Iglesia en vistas a su función en la sociedad civil que quería implantar»[25]. En este sentido, uno de los elementos esenciales de la actividad misionera impulsados por el concilio fue, como ha explicado Estenssoro, el empleo del sermón como instrumento de persuasión: la misma elaboración del *Tercero Catecismo y exposición de doctrina cristiana por sermones, dispuesto por el Concilio* (Lima, 1585), demuestra «la importancia progresiva que adquiere el sermón hasta erigirse en el arma persuasiva por excelencia»[26], y esta influencia del sermón en las diversas formas de enseñanza cristiana debió de dejarse sentir también, como no podía ser de otro modo, en un teatro que, por su propia esencia, guardaba estrecha relación con la oratoria[27].

---

[23] Las disposiciones de este concilio se citarán según la edición de Lisi, 1990, pp. 103-227.

[24] Estenssoro, 2003, p. 136.

[25] Lisi, 1990, p. 54.

[26] Estenssoro, 2003, p. 261 (ver pp. 255-273).

[27] De hecho, no es casual que un autor tan significativo en el ámbito teatral como Juan Espinosa Medrano fuera también un gran predicador (para un estudio de

En un trabajo amplio sobre el teatro evangelizador novohispano, apunté ya cómo, debido, fundamentalmente, a la renovación de las técnicas de instrucción religiosa emprendidas por las órdenes mendicantes, asistimos durante la Edad Media al desarrollo de los vínculos entre la representación dramática y el sermón: la mezcolanza de elementos iniciada por San Francisco en su intento de captación del auditorio tiene su reflejo en una serie de experiencias híbridas (como el «sermón semidramático») que se van a trasladar a la Nueva España del XVI[28], donde encontramos tanto la representación de «ejemplos» o *neixcuitilli*[29] como el empleo de recursos propios de la oratoria en piezas dramáticas que podrían considerarse verdaderos «sermones dramatizados»[30].

Si el *exemplum* medieval puede ser definido, según Welter, como «un récit ou une historiette, une fable ou une parabole, une moralité ou une description pouvant servir de preuve à l'appui d'un exposé doctrinal, religieux ou moral»[31], la leyenda de Teófilo puede considerarse uno de los *exempla* más difundidos para aumentar la devoción a la Madre de Dios: su ubicación no sólo en Berceo o La Vorágine sino también en recopilaciones como *El libro de los ejemplos por A.B.C.* de Sánchez Vercial demuestra hasta qué punto el pacto satánico invalidado por la Virgen sirvió a los propósitos moralizadores medievales.

los sermones de Espinosa Medrano publicados póstumamente —*La Novena Maravilla*, 1695— ver Saranyana, 1999, vol. 1, pp. 514-521; hay que advertir, sin embargo, que estos sermones no son de carácter moralizador, como sus piezas en lengua quechua, sino panerético).

[28] Ver Aracil Varón, 1999, pp. 149-151.

[29] Ver las noticias sobre la composición de ejemplos para ser representados en combinación con el sermón por parte de Gamboa, Torquemada, Bautista y Jiménez en Aracil, 1999, pp. 213-216; en aquel trabajo yo proponía además el estudio de tres manuscritos conservados, *La educación de los hijos*, *Las ánimas y los albaceas* y *El mercader*, como *neixcuitillis* o ejemplos de temática moral (ver Aracil Varón, 1999, pp. 227-230 y 254-257). Significativamente, el término *neixcuitilli*, que aparece en el título de piezas como *El Juicio Final*, es definido por Rémi Siméon en su *Diccionario de la lengua náhuatl o mexicana* como «Modelo, ejemplo tomado como base de un discurso o de un sermón» (Siméon, 1988, p. 318).

[30] Ver Aracil Varón, 1999, pp. 396-403.

[31] Welter, 1927, p. 1. A pesar de considerar el *exemplum* sólo desde el punto de vista narrativo, el trabajo de Welter es esencial para el estudio del mismo, ya que traza la evolución de su empleo tanto en el sermón como en la literatura didáctica hasta el siglo XV.

La traslación de este *exemplum* al ámbito evangelizador peruano (probablemente anterior a las versiones teatrales de *Usca Paucar* y *El pobre más rico*) ratifica entonces esa subordinación de los diversos métodos misioneros a los principios de la predicación impulsada por el III Concilio. Pero además, en el texto dramático de *Usca Paucar* encontramos, de manera más marcada que en la otra pieza quechua que desarrolla el mismo tema, una serie de recursos que caracterizaron la predicación española en América y que pueden ser ubicados asimismo en otros textos teatrales de la época, fundamentalmente en el ámbito náhuatl.

Las dos versiones peruanas de la historia de Teófilo ofrecen una clara confrontación entre un demonio de rasgos medievales[32] que se presenta a sí mismo como Lucifer, esto es, como el ángel caído derrotado por San Miguel que busca la condena del hombre en el infierno (frecuente en el teatro religioso español y también en el teatro misionero en lengua indígena[33]), y la Virgen, su principal antagonista, intercesora de la Humanidad, quien demuestra su poder a través del milagro. Ahora bien, en *Usca Paucar* encontramos al mismo tiempo de forma muy explícita un argumento frecuente desde las primeras etapas de la evangelización americana que es recogido por el III Catecismo (y aparece también en alguna obra del teatro misionero novohispano): la identificación de Lucifer con los falsos dioses indígenas[34], que en nuestra pieza se da desde su misma aparición en escena:

[32] Esta caracterización medieval se da desde el mismo aspecto físico: recordemos que Quespillo describe la apariencia zoomórfica de unos demonios con «rabos enormes» y cuernos «como estacas» (pp. 127 y 131). Sobre los rasgos y funciones del Demonio en el teatro y la literatura medievales ver *Le Diable au Moyen Age*, 1979.

[33] Una caracterización de este tipo en el teatro evangelizador peruano la encontramos en *Rapto de Proserpina y sueño de Endimión*, en *Antología general del teatro peruano*, 2000, vol. 1, pp. 69-77 (texto completo en pp. 63-128); ver para el ámbito novohispano Aracil Varón, 1999, pp. 346-348. Sobre la pervivencia de este tópico en el teatro español del XVII, baste citar como ejemplo la descripción que hace Lucifer de sí mismo en Lope de Vega, *La devoción del Rosario*, pp. 740-741.

[34] El argumento aparece al menos desde el *Coloquio de los doce primeros franciscanos con los sabios aztecas*, donde se narra cómo Lucifer quiso poner su trono junto al de Dios y cómo San Miguel se enfrentó a él provocando así la terrible batalla. Vencidos por los ángeles buenos, los malos

… se transformaron entonces en demonios […].
Ellos por todas partes, en el mundo,

> *Sale Yunca Nina con cota verde, manto negro sembrado de estrellas, cuatro manes o criados vestidos de indios, dos a cada lado distantes. Al hablar Yunca Nina se postran* (p. 45).

Hay además en la obra una insistencia en determinados símbolos de la lucha contra el Demonio difundidos por los misioneros desde fecha temprana como la invocación del Nombre de Jesús[35] y, sobre todo, el uso del rosario. Esta devoción al Santo Rosario, introducida en toda América por los dominicos (quienes fundaron cofradías con dicha advocación, favorecieron su rezo y vincularon su veneración a hechos milagrosos)[36], fue compartida por el resto de órdenes religiosas, en especial los jesuitas, que divulgaron también la costumbre de

> en la tierra, han hecho burla de la gente,
> la han engañado fingiéndose dioses.
> Muchos creyeron en ellos,
> los tuvieron por dioses suyos,
> y también así con vosotros lo hicieron
> (*Coloquios y Doctrina cristiana*, pp. 173-175).

En el Tercero Catecismo limense, este mismo tema se narra del siguiente modo: «a los [ángeles] rebeldes y malos, luego [Dios] los arrojó del cielo [...]. Éstos son los que llamamos diablos y demonios y supay, que como son malos y enemigos de Dios, aborrecen a los hombres [...] y les persuaden que no adoren a Dios, ni crean en Jesucristo mas que adoren las guacas, donde ellos están» (Durán, 1984, vol. 2, p. 645; texto completo en pp. 613-741). Sobre la presencia de este argumento en el teatro novohispano, recordemos, por ejemplo, que en *La invención de la Santa Cruz por Santa Elena* los hechiceros invocan al Demonio con el nombre de Mictlanteuctli (Horcasitas, 1974, p. 533; texto completo en pp. 521-551).

[35] Ver pp. 137, 151-153; recordemos que, en el ámbito novohispano y desde las primeras décadas de la evangelización, los indios, como explicaba Motolinía, tenían «en grandísima reverencia el santo nombre de Jesús contra las tentaciones del demonio; que han sido muy muchas veces las que los demonios han puesto las manos en ellos queriéndolos matar, y nombrando el nombre de Jesús son dejados» (Motolinía, *Historia de los indios de la Nueva España*, p. 268) y que nos consta la traslación a la escena de este tema por la danza del Nombre de Jesús contra los demonios que el franciscano Alonso Ponce presenció en San Juan de Tikax (Yucatán), el 17 de septiembre de 1588, sobre la cual explica Ponce que salió una danza «de muchachos en figura de negrillos, representando a los demonios, los cuales, a unas coplas que les cantaban a canto de órgano, en oyendo en ellas el nombre de Jesús, caían todos en tierra y temblaban haciendo mil visajes y meneos en señal de temor y espanto» (Ciudad Real, *Tratado curioso y docto de las grandezas de la Nueva España*, vol. 2, p. 363).

[36] Sobre la difusión de este culto por parte de la orden de Santo Domingo, sobre todo en México, ver Medina, 1992, pp. 104-105.

llevar el rosario colgado al cuello[37]. Basta observar los grabados de la *Nueva crónica y buen gobierno* de Guamán Poma de Ayala para comprender hasta qué punto, a comienzos del siglo XVII, el rosario (como objeto físico) se había convertido también en Perú en emblema del cristiano[38]. Ello explica que, en nuestra obra, *Usca Paucar* sea definido por el propio Yunca Nina como un buen cristiano porque: «A María la adora mucho [...]; / él siempre busca el rosario» (p. 57), y que su pacto demoníaco quede simbolizado no sólo con la firma de sangre[39] sino también con el rechazo del rosario:

[YUNCA NINA]	arroja el rosario, arrójalo,
	que eso no es sustento para ti
	ni tampoco lo es para mí.
USCA PAUCAR	Haré lo que me has dicho;
	cumpliré tus palabras.
YUNCA NINA	¡Quítate pues el rosario!
USCA PAUCAR	¡Aquí está!
YUNCA NINA	¡Arrójalo! (p. 73)[40].

Este papel del rosario como «amuleto» contra el Demonio asociado al de la Virgen como protectora de los hombres, que debió de ser igualmente un lugar común de la predicación española, aparece a su

[37] Así, por ejemplo, por lo que respecta al ámbito mexicano, Weckmann recuerda la existencia de numerosos relatos de finales del XVI y principios del XVII recogidos por cronistas dominicos sobre indios que «por traer un rosario al cuello, fueron salvados de la muerte o de otras calamidades, o pudieron alejar al Demonio» (Weckmann, 1994, p. 289).

[38] Entre estos grabados podríamos citar los de Guamán Poma, *Nueva crónica y buen gobierno*, pp. 881, 883 y 1011. Devoto de Santa María de Peña Francia y de la del Rosario (así como de la de Copacabana), Guamán Poma recuerda el papel de la Virgen como mediadora entre Dios y los hombres y recomienda el rezo del Rosario (ver pp. 884-888 y 1026-1028; ver sobre estas devociones la nota de los editores, p. 1335 n. 405).

[39] Nótese que, como explica Ruiz respecto a la leyenda de Teófilo en Berceo, «la sangre vertida por el pecador en el pacto diabólico es la antítesis de la sangre que derramó Cristo en la Cruz [...] [que] libera y da vida al género humano» (Ruiz Domínguez, 1999, p. 141), lo que explica a su vez la incorporación de este elemento como recurso de funcionalidad dramática en obras como *El mágico prodigioso*.

[40] Muy interesante a este respecto es la comparación que realiza Raquel Chang-Rodríguez de «escenas devocionales del *Usca Paucar* con posturas piadosas evidentes en los dibujos del cronista Felipe Guamán Poma» (Chang-Rodríguez, 1992, p. 369) en las que el rosario tiene un papel fundamental.

vez en el teatro de los siglos XVI y XVII. En este sentido, su presencia
reiterada en la pieza peruana la relaciona con obras dramáticas peninsulares como *La devoción del Rosario*, en la que llega a mostrarse la caída
del protagonista con una similar repulsa al rosario colgado del cuello[41],
pero también con alguna obra en náhuatl como *La educación de los
hijos*, donde, al igual que en nuestra pieza y en la de Lope de Vega, se
insiste en la importancia del rezo a la Virgen a través del rosario y en
el auxilio de María a los pecadores gracias a la «corona de flores que
traen al cuello»[42]; e incluso tal vez con ciertas piezas teatrales escritas
por misioneros dominicos en otras lenguas de México que debieron
de tener como asunto central el «Santísimo Rosario», de las que sólo
tenemos noticia a través de las crónicas[43].

[41] Recuérdense las palabras de Antonio al final de la Jornada II:

> [ANTONIO]   Quiero quitarme el rosario,
> que ya el cuello me atormenta.
> Pesa un quintal cada cuenta
> y ya no me es necesario.
> Aquí lo quiero poner.
> ¡Rosario, quedaos a Dios!
> (*Quítasele.*)
> Que voy a abrazar sin vos
> aquella hermosa mujer.

Y la consiguiente exclamación de Lucifer:

> LUCIFER   (¡Victoria! ¡Vencí! No hay más
> ¡Infierno, fiestas! ¡Vencí!)
> (Lope de Vega, *La devoción del Rosario*, p. 764.)

[42] Ver *La educación de los hijos*, en Horcasitas, 2004, pp. 91 y 99 (texto completo
en pp. 57-110).

[43] En su *Palestra historial*, fray Francisco de Burgoa ofreció una amplia noticia
sobre las representaciones teatrales en lengua mixteca que el dominico Martín
Jiménez organizaba entre la población indígena de Oaxaca. Según Burgoa, «componía el padre fray Martín a modo de comedias algunas representaciones de misterios, o milagros del Santísimo rosario con los ejemplos más eficaces que sabía [...]
y a los mismos indios los daba a representar en las iglesias en su lengua» (Burgoa,
Palestra historial, cap. 56, p. 417). Burgoa informó asimismo sobre las representaciones organizadas en el pueblo de Teutitlán (también en Oaxaca) por el fraile criollo
Vicente de Villanueva: «gran ministro zapoteco, tenía gracia y facilidad en reducir
a metro poético en la lengua de los indios, los misterios de nuestra Santa Fe, y
enseñábales a que hiciesen representaciones de ellos en verso, y como ellos eran
los personajes, y los que los predicaban en los teatros, fue grande el fruto que con

Cabría destacar asimismo en *Usca Paucar* un último recurso propiamente retórico (muy utilizado a su vez por el teatro evangelizador novohispano): la invocación final al público, que refuerza la intención moralizadora de la obra y que, en esta ocasión (como ocurre, por ejemplo, en el manuscrito mexicano del *Juicio Final*), implica a su vez al auditorio en la representación a través de la plegaria compartida:

ÁNGEL	Seguidle pues ahora
	a esta Princesa, a esta Madre
	ya les ha salvado a todos...
	De hoy en adelante
	la adoraremos muy humildes,
	y yendo a su encuentro llorosos
	cantemos todos en voz alta
	que ella nos tendrá misericordia.
TODOS (*cantan*)	Santa María Madre de Dios (p. 161)[44].

La utilización argumental del *exemplum*, la contraposición de los personajes representantes del Bien y del Mal, la insistencia en determinados símbolos del cristianismo o la invocación directa al público son, como hemos visto, técnicas retóricas de la predicación que funcionan en la estructura dramática del *Usca Paucar*. Es necesario advertir, en cualquier caso, que el uso de dichas técnicas no permitiría definir esta obra como un «sermón dramatizado» al igual que lo

este cebo de las consonancias del verso hizo entre los indios, dioles los misterios del Santísimo Rosario, puestos en cuartetas, que cantaban los de este pueblo, con grande aprovechamiento de sus almas» (Burgoa, *Geográfica descripción*, vol. 2, cap. 53, p. 126). Beristáin incluyó a este último autor en su *Biblioteca Hispanoamericana Septentrional* atribuyéndole, entre otras obras, «Los Misterios del Rosario en verso dramático zapoteco» (Beristáin de Souza, 1980, vol. 3, p. 316). La introducción de esta devoción en América por parte de la Orden de Predicadores, las noticias sobre estas representaciones organizadas por los dominicos en México e incluso la relación que se establece entre la devoción al Rosario y esta misma orden religiosa en otros textos teatrales como el citado de Lope, permitiría sugerir la hipótesis de que el autor de *Usca Paucar* pudiera pertenecer o al menos estar vinculado a los dominicos del Cuzco. Por otro lado, es probable que la pieza sobre la Virgen del Rosario descubierta por César Itier dé luz sobre la posible actividad teatral de dicha orden religiosa en el virreinato del Perú.

[44] Ver *Juicio Final* en Horcasitas, 1974, p. 593 (texto completo en pp. 569-593). Sobre la utilización de este recurso en otras piezas del teatro novohispano ver Aracil Varón, 1999, pp. 402-403.

haríamos respecto a buena parte de los textos teatrales de la evangelización novohispana: el tono amable y optimista que la pieza asume de la leyenda medieval la distancia de forma evidente de la esencia misma de la predicación cristiana que, como explica Félix Herrero, no es otra que «proclamar la gloria del paraíso y exponer las penas horribles del infierno, para que los oyentes se den cuenta y sepan por qué vía deben avanzar»[45].

Si el objetivo fundamental del sermón es, ya desde la retórica medieval, conducir a la buena conducta y disuadir del mal comportamiento[46], la contraposición entre el premio a los justos y el castigo a los pecadores (con especial incidencia en este último) va a ser un rasgo esencial de la predicación que se manifestará también, evidentemente, en el ámbito peruano. De hecho, la presencia de este recurso es constante en el III Catecismo limense, que finaliza además con un sermón dedicado a los «novísimos» [muerte, juicio, gloria e infierno] y otro (de manera casi redundante) al «Juicio final». En el texto de *Usca Paucar*, en cambio, frente a la salvación del protagonista (y de su esposa) no encontramos ningún personaje que sea finalmente castigado por sus pecados, de manera que el mensaje central de la obra se reduce a una confianza esperanzadora en la redención humana (y más concretamente en la del indígena cristiano). Es indudable, sin embargo, que este mensaje esperanzador, que, significativamente, nuestro manuscrito comparte con el resto de las piezas religiosas coloniales en lengua quechua conservadas, entra a formar parte también del proyecto evangelizador de la Iglesia peruana, en especial por el modo en que se convierte en una respuesta válida (desde una perspectiva doctrinal, pero también social), al tema central de la obra: la oposición riqueza *vs.* pobreza.

LA OBRA Y SU CONTEXTO: HACIA UNA PROPUESTA RELIGIOSA E IDEOLÓGICA

Señalaba Meneses que el valor de *Usca Paucar* «radica en que el tema universal europeo ha sido engastado en el ambiente peruano o

---

[45] Herrero Salgado, 2001, p. 517.
[46] Ver Murphy, 1986, pp. 275-361.

quechua»[47]. En realidad, dicho engaste[48], que consistiría fundamentalmente en que el pacto diabólico que al final desbarata la Virgen sea realizado por un noble indio y que el motivo del mismo sea la obtención de riquezas, debió de ser anterior a nuestra obra, ya que tanto ésta como *El pobre más rico* parecen tomar su argumento de un discurso teatral o narrativo (¿oral?) previo[49]. Ahora bien, es posible encontrar cierta singularidad en el tratamiento argumental de *Usca Paucar* que podría servir a su vez para explicar la elección de dicho asunto por parte del anónimo autor de la obra.

De acuerdo con un mismo patrón de actuación marcado por su fuente común, tanto *Usca Paucar* como el protagonista de *El pobre más rico*, Yauri Titu, expreSan amargamente desde su aparición en escena la queja por el cambio de su fortuna y su deseo de morir e insisten más tarde en el desprecio que provoca la pobreza, pero, una vez obtenidos los bienes materiales que les proporciona el pacto diabólico, descubren la vanidad de la riqueza y piden a la Virgen que interceda por ellos. Esta defensa de la pobreza como rasgo esencial del cristianismo aparece en textos del siglo XVII como la *Nueva crónica y buen gobierno*

[47] Meneses, 1950, p. 8.

[48] Que se manifiesta también desde un punto de vista formal, a través de la incorporación de formas literarias propiamente indígenas, como el *yaraví*, al parlamento de los personajes (ver, a modo de ejemplo, pp. 83, 89 y 127-129); sobre la consideración de esta forma poética como propiamente colonial ver Porras Barrenechea, 1999, pp. 21-34; Yaranga Valderrama, 1994, pp. 14 y 37.

[49] Entre los casos de intervención milagrosa de la Virgen descritos por Ramos Gavilán en la segunda parte de su libro no aparece ninguna historia semejante a la de *Usca Paucar*. El hecho de que en *El pobre más rico* el personaje tenga otro nombre, Yauri Titu, confirmaría también la idea de adaptación de una leyenda anterior. Ahora bien, es posible que para dicha adaptación se utilizaran nombres de personajes reales, ya que en concreto el de *Usca Paucar* parece remitirnos a alguna familia de la nobleza incaica; en este sentido, hay algunas referencias a curacas con este nombre que renegaron de su cristianismo para participar en el movimiento anticristiano de los pueblos de Hatun Rukana y Laramati en 1569 (ver Guillén, 1994), y Wachtel cita, como ejemplo del alto nivel de aculturación que se desarrolló entre los curacas en el XVI, a un don Juan Usca Paucar que residía en Matas, cerca de Yucay, en 1589. A diferencia de nuestro personaje, don Juan Usca poseía «no sólo algunos centenares de pesos y tierras, sino también útiles para herrar a las caballerías», lo que para Watchel demuestra que «la pérdida de antiguos privilegios (consumo de coca, poligamia) se ve compensada por la imitación del modo de vida español, que representa una nueva fuente de prestigio» (Wachtel, 1976, p. 238); en cualquier caso, resulta curioso que el dato haya sido extraído de una causa criminal («Criminal contra don Sancho Usca y don Juan su hermano, indios del pueblo de Maras»).

de Guamán Poma, quien recuerda que «Dios se hizo hombre y Dios uerdadero y pobre [...]. Y ací ordenó traer la pobresa para que los pobres se allegasen y le hablasen. Y ací lo dejó mandado a sus apóstoles y sanctos que fuesen pobres»[50]. En este mismo sentido, y dado que la acumulación de bienes materiales sólo podía ser entendida, desde una perspectiva evangélica, como un motivo de condenación, la contraposición riqueza *vs.* pobreza se mostraba ya en el III Catecismo a través de un tema neotestamentario, la parábola del rico avariento (*Lucas*, 16, 19-31)[51], que servía como *exemplum* precisamente al sermón «De los novísimos», cuyo subtítulo explicaba que en él se trataría de

> ... cómo de esta vida nada se lleva a la otra, sino buenas y malas obras [...], del infierno que hay para los malos, de sus terribles tormentos y eternidad. Exhórtase a hacer penitencia en el ejemplo de Lázaro y el rico avariento[52].

En lugar de vincularse al tema básico de la predicación, el del Juicio, la defensa de la pobreza en la supuesta leyenda indígena que dio origen al *Usca Paucar* quedaba ligada, gracias a la adaptación de la historia de Teófilo, a ese otro aspecto importante del proyecto evangelizador ya señalado: la devoción a la Virgen. De hecho, este aspecto (destacado en *Usca Paucar* a través del subtítulo añadido tardíamente a la pieza, que la vincula al patrocinio de la Virgen de Copacabana) debió de interesar sobre todo al autor de *El pobre más rico* quien, a pesar del título, convirtió la obra no tanto en una pieza sobre la virtud de la pobreza como en una representación dramática al servicio de la devoción mariana, y específicamente de la Virgen de Belén, una de las más importantes del Cuzco[53], lo que justifica

---

[50] Guamán Poma, *Nueva crónica y buen gobierno*, p. 988.

[51] En Durán, 1984, vol. 2, p. 735.

[52] En Durán, 1984, vol. 2, p. 731. El ejemplo de Lázaro tuvo éxito, al parecer, en el contexto peruano, de manera que incluso fue tema de algunas pinturas murales tardías (concretamente las del pueblo de Huaro, a cargo de Tadeo Escalante; ver Estenssoro, 2003, p. 259). Pero además, nos consta por la *Relación* del comisario Alonso Ponce que, por los mismos años del *Tercero Catecismo*, la parábola fue representada en la Nueva España en el convento franciscano de Techalutla, en el actual Jalisco (ver Ciudad Real, *Tratado curioso y docto de las grandezas de la Nueva España*, vol. 2, p. 152 [4 de marzo de 1587]).

[53] La parroquia de Belén, una de las más antiguas del Cuzco (1550), estuvo dedicada al recogimiento de mujeres mestizas. Devastada en el terremoto de 1650, fue

las continuas interpolaciones sobre la Madre de Dios a lo largo de la obra y la ausencia, en cambio, de una verdadera reflexión sobre el problema de la pobreza en el contexto colonial indígena, que sí se da en el texto de *Usca Paucar*, donde encontramos al menos tres elementos significativos al respecto que esbozaré simplemente en esta última parte de mi reflexión.

El primero de ellos es la ya citada queja inicial del protagonista por su situación bajo el dominio español. En realidad, los testimonios literarios sobre el lamento del inca parecen ser muy tempranos: Jorge Seibold ha llamado la atención sobre unos *Coloquios de la Verdad* escritos entre 1550 y 1560 (ya en España) por el clérigo Pedro de Quiroga, cuyo segundo coloquio «se inicia con una patética oración en quechua, en la que Tito [indio natural del Cuzco] expresa su angustia y su voluntad de quitarse la vida ante la vista de tantos sufrimientos padecidos bajo los españoles»:

> ¿Adónde estás, Señor y Rey mío? […].
> ¿Y para estǫ desamparaste y dexaste a tus pobres? […];
> ¿puedo yo vivir con tantos y tan grandes trabajos?
> ¿Quiero yo la vida?
> Llévame, Sol mío y Señor,
> Llévame, Dios mío y hacedor mío[54].

Ahora bien, mientras el autor de *El pobre más rico* aprovecha la vertiente literaria de esta queja para ofrecer a su público un largo monólogo inicial de Yauri Titu con claros tintes calderonianos, en *Usca Paucar* el lamento se convierte en una reivindicación de toda la nobleza incaica y una denuncia de la situación del Cuzco en la medida en que, como ha explicado Raquel Chang-Rodríguez, «al contar su historia el protagonista contrasta el pasado incaico y el presente colonial»[55]:

> Yo soy Usca Paucar,
> —a quien reverenciaban todos—
> un vivo ejemplo para los poderosos,
> un gran hombre de sangre real,
> de esclarecida y gloriosa estirpe.
> Yo he sido

reconstruida a fines del siglo XVII bajo la dirección del obispo Mollinedo.
    [54] Seibold, 1993, p. 60. Ver *Usca Paucar*, p. 25.
    [55] Chang-Rodríguez, 1992, p. 278.

príncipe poderoso, hombre respetado;
y, ahora, convertido en pobre,
[soy] ceniza llevada por el viento [...].
Veo a mi grandioso Cusco
en poder de otros [...].
De tales hechos yo concluyo
que el hombre no es más que ceniza (pp. 28-29)[56].

Un segundo aspecto es el referido a la religiosidad del protagonista: si Yauri Titu (al igual que el Cipriano de *El mágico prodigioso*) se
nos presenta como un pagano que pacta con el Demonio por ignorancia y, sobre todo, que anhela el conocimiento de la verdadera fe
(«¿Quién eres? —pregunta al Ángel— ¿Quién es tu Princesa?»[57]),
Usca Paucar es claramente un indio ladino[58], y en este sentido no creo
que debamos verlo, al modo que ha planteado algún crítico, como

[56] El parlamento de Usca Paucar ha servido a Raquel Chang-Rodríguez para
insistir en su caracterización como rebelde, que se vincularía además a una ubicación
cronológica de los hechos representados en un período temprano de la colonia: para
Chang-Rodríguez, la referencia «al fuego que destruye el Sunturhuasi [...], fortaleza
militar en la plaza principal del Cuzco [...], nos permite situar a los personajes y
hechos de la pieza en los primeros años del coloniaje, en una época posterior a 1536,
año de la aparición de la Virgen en la antigua capital del Incario, y año del sitio de la
ciudad imperial por Manco Inca II y su ejército», de la que el personaje habría sido
testigo (Chang-Rodríguez, 1992, p. 379). Ahora bien, la caracterización posterior
del personaje como buen cristiano devoto de la Virgen y como «el nieto del Inca
cusqueño» (p. 93) lo sitúa en un período bastante posterior de la Colonia (el que
situábamos a mediados del XVII). Esta contradicción fue de algún modo apuntada
ya por Meneses en su edición de 1950 cuando llamaba la atención sobre la confusa
personalidad de un protagonista cuya «condición cristiana no se hace explícita desde
el principio sino ya casi al finalizar el primer acto, en tanto que desde el inicio de la
acción dramática el héroe aparece con una acusada personalidad de indio pagano»
(Meneses, 1950, p. 10). Tal vez convendría, por tanto, considerar que el lamento
inicial de Usca Paucar es un tópico propio de las primeras décadas de la colonia que
cumple una funcionalidad clave en la pieza pero que, al mismo tiempo, distorsiona
la coherencia interna del personaje, definido necesariamente como indio ladino contemporáneo a su público.

[57] Centeno de Osma, *El pobre más rico*, p. 152.

[58] Insistamos de nuevo en que, a pesar de las ambiguas intervenciones iniciales,
no sólo la caracterización que hace de él Yunca Nina (quien, recordemos, afirma: «A
María la adora mucho; / él la misa escucha aún, / él siempre busca el rosario», p. 57)
sino también las expresiones del propio protagonista previas al pacto diabólico («¡Ay
mi felicidad! ¡Virgen María! / ¡Ay princesa! ¡Ay Madre mía! / ¡Quiéreme amantí-
sima paloma!», p. 67) evidencian la religiosidad de éste.

un recién convertido que no sabe estar a la altura de su deberes como creyente[59], sino (recordémoslo una vez más) como un buen cristiano muy devoto de la Virgen (igual que Teófilo) cuya caída en la tentación demoníaca se justifica precisamente por la desesperación a la que le llevan la pérdida del poder y de una riqueza que pasa a manos de los españoles.

Relacionado con ello, una tercera peculiaridad en el tratamiento que se hace en la obra del problema riqueza *vs.* pobreza sería la crítica explícita a dos modos de enriquecimiento poco ético muy comunes en el virreinato: la venta de coca y el abuso de la población indígena por parte de párrocos y doctrineros. En efecto, en boca de Quespillo, el autor recuerda que la coca es un lucrativo negocio:

> En este pueblo hay una vieja
> vendedora de coca, barrigona,
> legañosa, regordeta, pollerona,
> donde ella [me] iré hoy día.
> Son ingentes sus riquezas (p. 31).

El peligro (fundamentalmente idolátrico) que podía acarrear el consumo de coca, denunciado ya por el II Concilio Limense, había sido también comentado en el III Concilio[60] que, sin embargo, trasladaba al rey la consideración de un problema cuyas implicaciones económicas eran bien conocidas: recordaba el Inca Garcilaso que

> ... la mayor parte de la renta del Obispo y de los canónigos y de los demás ministros de la Iglesia Catedral del Cuzco es de los diezmos de las hojas de la cuca; y muchos españoles han enriquecido y enriquecen con el trato y contrato de esta yerba[61].

Por otro lado, la crítica del mismo Quespillo a ese párroco que «es muy caritativo, / "el que reparte a todos", se llama; / mucho tiempo hace que su dinero acuña, / que si no tiene dejará de ser

---

[59] Ver Espezel y Blanco Martín, 1982, p. 196.

[60] Ver *La evangelización del Perú, siglos XVI y XVI*, 1990, p. 294.

[61] El Inca Garcilaso estaba, en cualquier caso, a favor de dicho comercio, ya que añade: «empero algunos, ignorando todas estas cosas, han dicho y escrito mucho contra este arbolillo, movidos solamente de que en tiempos antiguos los gentiles, y ahora algunos hechiceros y adivinos, ofrecen y ofrecieron la cuca a los ídolos» (Inca Garcilaso de la Vega, *Comentarios reales*, lib. 8, cap. 15, p. 354).

compasivo» (p. 35) sitúa la acción de los personajes en un espacio de corrupción eclesiástica denunciado de forma reiterada por Guamán Poma en su crónica que, a su vez, había sido ya objeto de reflexión por parte del III Concilio, cuyas disposiciones reflejan una notable preocupación al respecto («No hay que recibir nada de los indios por los servicios religiosos»[62], «Los párrocos no deben apropiarse de los bienes de los indios muertos»[63], «Pena para los párrocos de indios que negocien»[64], etc.).

En definitiva, tanto los rasgos esenciales de nuestro protagonista como el contexto en el que se desarrolla la obra nos sitúan en una línea a un tiempo de denuncia de la problemática social de los descendientes del Tahuantinsuyu y de respuesta a dicha situación desde una perspectiva cristiana que se inicia ya en textos como los *Coloquios de la Verdad* compuestos por Pedro de Quiroga a mediados del siglo XVI y que tiene su más significativo (y extremo) ejemplo a comienzos del XVII en la *Nueva crónica y buen gobierno*. Es necesario recordar, en cualquier caso, que en *Usca Paucar* dicha respuesta se realiza desde un teatro vinculado a la predicación que se aleja, por tanto, de las reformadoras ideas de Guamán Poma, para asumir, en cambio, ese mensaje que Chang-Rodríguez sintetiza en dos ideas: «salvación religiosa y sumisión colonial»[65]. Ambos argumentos (el religioso y el político) fueron fundamentales para ubicar el espacio del noble indígena en la sociedad virreinal de mediados del XVII y, aunque pueda resultar paradójico, le dieron la llave para la posterior recuperación (siquiera fragmentaria) del prestigio social y el poder económico perdidos. Al fin y al cabo, se trataba tan sólo de olvidar que su «grandioso Cuzco» estaba «en poder de otros» para seguir a esa gloriosa Madre que «ya les había salvado a todos».

Bibliografía

Antología general del teatro peruano, v. 1, Teatro quechua, selección, prólogo y bibliografía de R. Silva-Santisteban, Lima, Banco Continental/Pontificia Universidad Católica del Perú, 2000.

---

[62] *Actio secunda*, cap. 38 (Lisi, 1990, p. 153).
[63] *Actio secunda*, cap. 39 (Lisi, 1990, p. 153).
[64] *Actio tertia*, cap. 5 (Lisi, 1990, p. 167).
[65] Chang-Rodríguez, 1992, p. 380.

ARACIL VARÓN, B., *El teatro evangelizador. Sociedad, cultura e ideología en la Nueva España del siglo XVI*, Roma, Bulzoni, 1999.

ARROM, J. J., *El teatro de Hispanoamérica en la época colonial*, La Habana, Anuario Bibliográfico Cubano, 1956.

ASTEY, L., «La leyenda de Teófilo», *Estudios (Filosofía-Historia-Letras)*, 1995, http://biblioteca.itam.mx/estudios/estudio/letras41/texto1/sec_1.html (recogido asimismo en *Memorias de la Academia Mexicana, vol. 21, 1988-1996*, México D.F., 1998, pp. 224-238).

BENAVENTE MOTOLINÍA, T. de (O.F.M.), *Historia de los Indios de la Nueva España*, ed. G. Baudot, Madrid, Castalia, 1985.

BERCEO, G. de, *Milagros de Nuestra Señora*, ed. M. Gerli, Madrid, Cátedra, 1988.

BERISTÁIN DE SOUZA, J. M., *Biblioteca Hispanoamericana Septentrional*, México D.F., UNAM, 1980, 3 vols.

BURGOA, F. de (O. P.), *Geográfica descripción de la parte septentrional del Polo Ártico de la América y, Nueva Iglesia de las Indias Occidentales, y sitio astronómico de esta Provincia de Predicadores de Antequera valle de Oaxaca*, México D.F., Porrúa, 1989, 2 vols.

— *Palestra historial de virtudes y ejemplares apostólicos fundada del celo de insignes héroes de la Sagrada Orden de Predicadores en este Nuevo Mundo de la América en las Indias Occidentales*, México D.F., Porrúa, 1989.

CALDERÓN DE LA BARCA, P., *El mágico prodigioso*, ed. B. W. Wardropper, Madrid, Cátedra, 2000.

CENTENO DE OSMA, G., *El pobre más rico. Comedia quechua del siglo XVI*, Lima, Lumen, 1938.

CIUDAD REAL, A. de (O.F.M.), *Tratado curioso y docto de las grandezas de la Nueva España...*, ed. J. Quintana y V. Castillo, México D.F., Instituto de Investigaciones Históricas UNAM, 1993, 2 vols.

Coloquios y Doctrina cristiana con que los doce frailes de San Francisco..., ed. M. León-Portilla, México D.F., UNAM, 1986.

COSÍO, J. G., «Un drama quechua-*Usca Paucar*», *Revista del Instituto de Arte Americano* (Cuzco), 2, 1942, pp. 27-31.

CHANG-RODRÍGUEZ, R., «Salvación y sumisión en el *Usca Paucar*, un drama quechua colonial», *Revista de Estudios Hispánicos*, 19, 1992, pp. 357-382.

DURÁN, J. G., *Monumenta Catechetica Hispanoamericana*, Buenos Aires, Facultad de Teología de la UCA, 1984, 2 vols.

ESPEZEL, A. y F. BLANCO MARTÍN, «Dos dramas quechuas sobre el patrocinio que la Ssma. Virgen dispensa a los pecadores: *El pobre más rico* y *Usca Paucar*», *Teología* (Revista de la Facultad de Teología de la Pontificia Universidad Católica Argentina de Buenos Aires), 19:40, 1982, pp. 178-203.

ESTENSSORO FUCHS, J. C., *Del paganismo a la santidad: la incorporación de los indios del Perú al catolicismo, 1532-1750*, Lima, Instituto Francés de Estudios Andinos/Pontificia Universidad Católica del Perú, 2003.

GUAMÁN POMA DE AYALA, F., *Nueva crónica y buen gobierno*, ed. J. V. Murra y R. Adorno, Madrid, Historia 16, 1987, 3 vols.

GUILLÉN, E., *La guerra de reconquista inka: historia épica de como los incas lucharon en defensa de la soberanía del Perú o Tawantinsuyo entre 1536 y 1572*, Lima, R. A. Ediciones, [1994].

HENRÍQUEZ UREÑA, P., «El teatro de la América española en la época colonial», en *Obra Crítica*, México D.F., FCE, 1960, pp. 698-718.

HERRERO SALGADO, F., *La oratoria sagrada en los siglos XVI y XVII*, Madrid, Fundación Universitaria Española, 2001, 3 vols.

HORCASITAS, F., *El teatro náhuatl: épocas novohispana y moderna*, México D.F., UNAM, 1974.

— *Teatro náhuatl II*, coord. por M. Sten y G. Viveros, México, UNAM, 2004.

ITIER, C., «Los problemas de datación, autoría y filiación de *El robo de Proserpina y sueño de Endimión*, auto sacramental colonial en quechua», en *Edición y anotación de textos coloniales hispanoamericanos*, ed. I. Arellano y J. A. Rodríguez Garrido, Madrid-Frankfurt, Iberoamericana-Vervuert, 1999, pp. 213-231.

La evangelización del Perú, siglos XVI y XVII: Actas del primer congreso peruano de historia eclesiástica, Arequipa, Arzobispado de Arequipa, 1990.

Le Diable au Moyen Age: doctrine, problèmes moraux, représentations, Aix-en-Provence, Publications du CUERMA, 1979.

LISI, F. L., *El Tercer Concilio Limense y la aculturación de los indígenas sudamericanos*, Salamanca, Universidad de Salamanca, 1990.

LOHMANN VILLENA, G., *El arte dramático en Lima durante el virreinato*, Madrid, Escuela de Estudios Hispanoamericanos de la Universidad de Sevilla, 1945.

LOPE DE VEGA Y CARPIO, F., «*La devoción del Rosario*», en *Piezas Maestras del Teatro Teológico Español*, selección, introducción y notas N. González Ruiz, Madrid, Biblioteca de Autores Cristianos, 1996, vol. 2 (*Comedias*), pp. 687-745.

MEDINA, M. A., *Los dominicos en América: presencia y actuación de los dominicos en la América colonial española de los siglos XVI-XIX*, Madrid, Mapfre, 1992.

MENESES, T. L., «El *Usca Paucar*, drama religioso quechua del siglo XVIII», *Documenta*, 2:1, 1949-1950, pp. 1-178.

— (ed.), *Teatro quechua colonial. Antología*, Lima, Ediciones Edubanco, 1983.

MURPHY, J. J., *La retórica en la Edad Media*, México D.F., FCE, 1986.

PORRAS BARRENECHEA, R., *Obras completas. I. Indagaciones peruanas. El legado quechua*, Lima, Universidad Nacional Mayor de San Marcos, 1999.

RAMOS GAVILÁN, A. (O.S.A.), *Historia del célebre santuario de Nuestra Señora de Copacabana*, La Paz, Cámara Nacional de Comercio, 1976.

RUIZ DOMÍNGUEZ, J. A., *El mundo espiritual de Gonzalo de Berceo*, Logroño, Gobierno de La Rioja/Instituto de Estudios Riojanos, 1999.

SARANYANA, J. I. (ed.), *Teología en América Latina. Vol. 1. Desde los orígenes a la Guerra de Sucesión (1493-1715)*, Madrid-Frankfurt, Iberoamericana-Vervuert, 1999.

SEIBOLD, J. R., «La Sagrada Escritura en la primera evangelización del Virreinato del Perú», *Stromata* (San Miguel), 49, 1993, pp. 55-108.

SIMÉON, R., *Diccionario de la lengua náhuatl o mexicana*, México D.F., Siglo XXI, 1988.

Teatro indoamericano colonial, ed. J. Cid Pérez y D. Martí de Cid, Madrid, Aguilar, 1973.

TINEO, P., *Los Concilios Limenses en la evangelización latinoamericana*, Pamplona, Universidad de Navarra, 1990.

VALCÁRCEL, L. E., «Noticia sobre un nuevo texto quechua del *Usca Paucar*», en *Actas y trabajos científicos del XXVII Congreso Internacional de Americanistas*, Lima, 1942 [reimpreso en Nendeln (Liechtenstein), Kraus Reprint, 1976], vol. 2, pp. 79-80.

VEGA, Inca G. de la, *Comentarios reales*, México D.F., Porrúa, 1998.

VORÁGINE, J. de la, *La leyenda dorada*, Madrid, Alianza Editorial, 2001, 2 vols.

WACHTEL, N., *Los vencidos. Los indios del Perú frente a la conquista española (1530-1570)*, Madrid, Alianza, 1976.

WECKMANN, L., *La herencia medieval de México*, México D.F., El Colegio de México-FCE, 1994.

WELTER, J. Th., *L'exemplum dans la littérature religieuse et didactique du Moyen Age*, Paris-Toulouse, Occitania-Guitard, 1927.

YARANGA VALDERRAMA, A., *El tesoro de la poesía quechua. Hawarikuy simipa illan*, Madrid, Ediciones de la Torre, 1994.

LA PROMESA DE UNA «FARSANTA»: TEATRO Y MATRIMONIO EN LIMA (SIGLO XVII)

Pilar Latasa
Universidad de Navarra

LA REPUTACIÓN SOCIAL DE LOS FARSANTES

El papel de las comediantas o farsantas en el teatro áureo ha sido tratado generalmente a partir de fuentes moralistas de condena y referencias de carácter anecdótico que a veces han contribuido a trivializar y sacar de contexto la situación de las mujeres que ejercían esta profesión[1].

La licitud de las representaciones teatrales suscitó una amplia polémica durante todo el siglo XVII entre quienes querían erradicarlas por considerar que eran un espectáculo inmoral y quienes las defendían alegando razones económicas y sociales[2]. Frente a la postura generalmente crítica de los moralistas, Iglesia y Estado adoptaron una posición más abierta y pragmática que conllevó la adopción de una serie de medidas reguladoras de la actividad teatral. Las causas de esta actitud favorable deben buscarse en el éxito social del teatro. De hecho, era parte esencial de las fiestas civiles y religiosas —sobre todo de la del Corpus— y producía importantes ingresos económicos que redunda-

---

[1] Rodríguez Cuadros, 1998b, pp. 573-575.
[2] Sanz Ayán y García García, 2000, p. 75; McKendrick, 1994, pp. 215-217; Arellano, 1995, pp. 140-146.

ban en tareas benéficas y asistenciales[3]. Aun así el debate se mantuvo largo tiempo y de hecho supuso la suspensión de los espectáculos en varias ocasiones[4].

Esta polémica, que tuvo especial virulencia en el siglo XVII, afectó de manera directa a los componentes de las compañías. En la España de Felipe IV los comediantes fueron constantemente sometidos a público enjuiciamiento. Se podría afirmar que, salvo raras excepciones, los actores —a pesar de contar con la estima y admiración popular— eran considerados personas de escasa moralidad. Su popularidad era perfectamente compatible con la concepción generalizada de que la suya era una vida de vicios y anormalidades. Aparecían como «gente pícara, aventurera, vagabunda»; era la suya una profesión en general menospreciada que no encajaba con las normas sociales[5].

En este contexto se debe entender la situación de la mujer en el teatro del Siglo de Oro[6]. Frente a la política seguida en otros países, desde finales del siglo XVI la participación de mujeres fue no sólo un hecho habitual en la escena hispana, sino también una de las causas del gran éxito del arte dramático[7]. El primer paso se dio en 1587, como reacción a un decreto del Consejo de Castilla en el que se prohibía de forma general que las mujeres ejercieran esta profesión. Ante la protesta de varias actrices, se les autorizó a actuar con dos condiciones: que estuvieran casadas y llevaran consigo a sus cónyuges —algo que también se exigía a los hombres— y que utilizaran siempre ropas femeninas. Los *reglamentos* de teatros de 1608 y 1615 concretaron y ampliaron estas condiciones incidiendo también en la regulación de los bailes[8]. De nuevo, en 1641 el Consejo de Castilla tomó una serie

---

[3] Oehrlein, 1998, pp. 246, 258-259.

[4] Felipe II los cerró en 1598, con motivo de la muerte de la infanta Catalina, duquesa de Saboya; al año siguiente el nuevo monarca, Felipe III, los volvió a abrir. Algo parecido ocurrió en el reinado de Felipe IV, tras la muerte de la reina Isabel de Borbón y del príncipe Baltasar Carlos en 1645 y 1646; se volvieron a abrir en 1651. Arellano, 1995, pp. 142-143; Poppenberg, 1998, pp. 283-285.

[5] Arellano, 1995, p. 143; Oehrlein, 1998, pp. 246, 258-259. Esta dualidad aparece perfectamente reflejada en el estudio de Coratelo y Mori. Díez Borque, 1978, pp. 80-90.

[6] Han abordado el tema: Rodríguez Cuadros, 1998a, p. 38; Sanz Ayán y García García, 2000, pp. 78-79, 85-86; Oehrlein, 1993, pp. 221-231.

[7] Díez Borque, 1978, p. 207; Oehrlein, 1998, pp. 247, 252-253.

[8] En el *Reglamento de teatro* de 1608, además de exigir a las autoridades competentes que se comprobara si había actrices solteras en las compañías, en el n.° 4 se rei-

de medidas reguladoras, algunas de las cuales afectaron directamente a las mujeres: reiteró la prohibición de que en las compañías hubiera mujeres solteras, precisó cómo debían ser los bailes e insistió en que las mujeres no utilizaran el traje masculino[9].

Estas disposiciones tuvieron, sin embargo, escasa incidencia en el funcionamiento de las compañías teatrales. Por ejemplo, es de sobra conocido el hecho de que las referidas al matrimonio de los actores dieron lugar tanto a casamientos fingidos o forzados por las circunstancias profesionales, bigamias y amancebamientos, como a la formación de auténticas sagas familiares de actores[10]. Por otro lado, la reiteración de estas legislaciones durante la primera mitad del siglo XVII es elocuente con respecto a su incumplimiento: las fuentes corroboran que hubo actrices solteras en las compañías, que los bailes fueron parte esencial de las representaciones y que la utilización del traje masculino fue un recurso frecuente. Si cabe, estas normas se incumplían incluso más en América, donde el funcionamiento de las pequeñas compañías locales escapaba del control de las autoridades.

Este trabajo trata de profundizar en la reputación moral que las profesionales de las artes escénicas tuvieron en la sociedad indiana. Con ese fin se ha utilizado un documento relativo a la vida privada de la comediante María de Torres Tamayo. En concreto, se trata de la causa que esta farsanta promovió contra Diego Muñoz del Castillo por incumplimiento de la palabra de matrimonio. Este pleito ilustra algunos aspectos de la percepción social de las actrices en la ciudad de Lima a mediados del siglo XVII.

---

teraba la prohibición: «… y no salga ninguna mujer a bailar ni representar en hábito de hombre…», núm. 4, Varey y Shergold, 1971, pp. 47-52. En el *Reglamento de teatro* de 1615 se decía también que los autores de comedias debían llevar en sus compañías «gente de buena vida y costumbres» y que autores y actores debían llevar consigo a sus mujeres si estaban casados. En cuanto a las actrices, se reiteraba la prohibición de representar en ropa de hombre y bailar: «que no represente cosas, bailes ni cantares ni meneos lascivos ni deshonestos o de mal ejemplo sino que sean conforme a las danzas y bailes antiguos…» (Varey y Shergold, 1971, pp. 55-58).

[9] No habría canciones ni bailes que faltaran a la modestia; las mujeres no bailarían solas y cuando lo hicieran acompañadas «siempre con decencia». Ver McKendrick, 1994, pp. 220-221; Varey y Shergold, 1971, pp. 91-93.

[10] Oehrlein, 1993, pp. 216-218.

LA PROTAGONISTA

María de Torres Tamayo no fue una actriz famosa. Había nacido
en Lima y era hija legítima de Juan de Torres Tamayo y de Juana
Gómez de Alvarado. Sólo aparece formando parte de una compañía
teatral estable durante las temporadas 1646-1647 y 1647-1648[11], en las
que fue miembro de la de Los Conformes[12], una de las «compañías de
título», autorizadas por el virrey, que trabajaban en la capital[13].

En ese momento la compañía estaba dirigida por Francisco Hurtado y Orejón[14], natural de Madrid y afincado en Lima, donde había
contraído en 1627 matrimonio con la actriz Isabel María de Cuevas[15],
que actuaba también en la compañía. A esta pareja de actores se añadían
otros tres matrimonios de comediantes formados por Fernando de Silva
y Villada[16], conocido como «el buen representante», y Manuela de Cuevas; Francisco Gómez de España[17], español, casado en Lima en 1640 con
la actriz María de Acuña; y el sevillano Antonio de Castillejo[18], casado
con la actriz mexicana María Valverde[19]. Formaban también parte de la
compañía otros actores cuyas mujeres no aparecen entre sus componen-

---

[11] Lohmann Villena, 1945, p. 232.
[12] Esta compañía aparece en 1625 tras la desaparición de dos grandes figuras del
teatro virreinal: Ávila y Del Río. Frente a las anteriores individualidades descollan-
tes se estableció como una agrupación de comediantes más igualitaria —procedentes
de compañías anteriores— y perduró bastante tiempo bajo ese título. El nombre
lo copiaron de una existente en Madrid, que había aparecido en 1623. Lohmann
Villena, 1945, pp. 195-196, 228-229.
[13] Oehrlein, 1998, p. 247. En América funcionaban las compañías oficiales y las
de «volantes» o «de la legua» que formaban una especie de segundo nivel de la profesión teatral. Tenían prohibido representar a varias leguas a la redonda de las capitales
virreinales, de modo que recorrieron sin cesar el continente llevando el teatro a las
regiones donde no existían locales fijos. En las cortes el panorama era diferente, aunque también viajaban para cumplir compromisos, las compañías trabajaban de forma
más o menos estable en las capitales. Ver Ramos Smith, 1998, pp. 86-88.
[14] Lohmann Villena, 1945, p. 614.
[15] Hija del actor sevillano Francisco de Cuevas y de Ana María de Montalbán,
natural de Potosí, que se casaron en Lima en 1600. Había nacido en Lima en 1612.
Ver Lohmann Villena, 1945, p. 612.
[16] Lohmann Villena, 1945, p. 619.
[17] Lohmann Villena, 1945, pp. 613-614.
[18] Lohmann Villena, 1945, p. 611.
[19] Lohmann Villena, 1945, p. 620.

tes, era el caso del mexicano Jusepe de Aspilla[20], del músico portugués Sebastián Coello de Agrán y Abreu[21] —natural de Oporto— y de Juan de Torres Tamayo y su hija María de Torres Tamayo, de catorce años de edad. Junto a los anteriormente mencionados aparecen también en el elenco de *Los Conformes*, Ana María Navarrete, Bernardo de Fuentes y Cristóbal Pacheco. De apuntadores y escritores de rótulos Pedro Durán y Alonso de Torres Márquez[22]. En la temporada de 1647 se incorporaron Pablo Crespillo de Ovalle —apodado «Pablito»[23]—, Durán para los rótulos y el cómico Francisco Duarte junto con su hija María del Águila[24], que tenía entonces diecinueve años. María de Torres aparece por lo tanto formando parte de esta importante compañía al lado de su padre, el actor Juan de Torres Tamayo, casado entonces con María de Arriaza. Por este matrimonio era sobrino político de la famosa María del Castillo, actriz conocida en Lima como *La Empedradora* (1568-1652)[25], una mujer que por su longevidad, largo dominio de los escenarios y monopolio de las actividades escénicas en Lima, Lohmann comparaba con su contemporánea española, Jusepa Vaca[26]. El mote procedía del oficio de su segundo marido, Juan de Ávila —oficial empedrador de la ciudad de Lima—, con quien llegó a controlar los locales teatrales de la urbe[27]; además fue autora de comedias, es decir directora de compañías[28].

---

[20] Casado en Lima con la trujillana Ana de Aguilar. Ver Lohmann Villena, 1945, p. 611.

[21] Casado en Lima con Catalina Sánchez. Ver Lohmann Villena, 1945, p. 612.

[22] Lohmann Villena, 1945, p. 620.

[23] Nacido en Panamá en 1595. En 1615 contrajo matrimonio en Potosí con la actriz Juana de Escobar, apodada «Juanota» por su buena planta, frente a la figura endeble de su marido. Ver Lohmann Villena, 1945, pp. 210, 223, 225 y 612-613.

[24] Lohmann Villena, 1945, p. 610.

[25] Nacida en Jerez de la Frontera en 1568. Se casó en Cádiz con Pedro Camacho que murió pronto. Pasó a Indias con su segundo marido, primero a México y en 1601 se embarcaron para el Perú. Ver Lohmann Villena, 1945, pp. 88-90.

[26] Ver sobre esta actriz el trabajo de Reyes Peña, 1998.

[27] Administró con Juan de Ávila el corral de San Andrés desde agosto de 1604. Probablemente animó a su marido a construir un nuevo local de «El Coliseo», obra del importante alarife extremeño Francisco Becerra, que fue inaugurado en Pascua de Resurrección de 1605. En 1624 aparece de nuevo el matrimonio formando parte de una sociedad por cuatro años para regentar una casa de juegos cercana al corral de San Agustín. Ver Lohmann Villena, 1945, pp. 87-88, 98-103, 198-199. Sobre el arquitecto Francisco Becerra ver Marco Dorta, 1943, pp. 7-15.

[28] El autor de comedias era una especie de empresario y director, eslabón entre creación y consumo; en América frecuentemente lo fueron actores de cierta respe-

Juan de Ávila murió en 1625. Tres años después, a la edad de sesenta años, María del Castillo contrajo nuevo matrimonio con Juan de Arriaza —español, natural de Córdoba, de veintiseis años—, quien llevaba ya algún tiempo trabajando en Lima vinculado a distintas compañías y dedicado a sacar copias de comedias y escribir carteles[29]. Este tercer matrimonio fue muy inestable. Arriaza no sólo dilapidó rápidamente la dote que aportó la actriz, sino que le fue públicamente infiel[30]. En 1634 María del Castillo interpuso demanda de divorcio ante la justicia eclesiástica de la diócesis. Finalmente los cónyuges llegaron a un acuerdo amistoso en 1637[31].

Todo ello no impidió que *La Empedradora* mantuviera una buena relación con su sobrino político, Juan de Torres Tamayo. Así lo demuestra el hecho de que cuando en marzo de 1650 organizó una nueva compañía, contrató a Juan de Torres Tamayo para que fuera director del conjunto[32]. A los pocos meses recurrió de nuevo a él para que le representara como mandatario en la venta fraudulenta del corral

tabilidad y con capital para asumir esa función. Ver Oehrlein, 1998, pp. 248-252; Sanz Ayán y García García, 2000, pp. 43-47; Arellano, 1995, p. 99; Ramos Smith, 1998, pp. 87-88.

[29] La trayectoria profesional de Juan de Arriaza puede ser en parte reconstruida gracias a los datos que aporta Lohmann. En 1622 aparece ya en Lima formando parte de la compañía de Antonio Morales, contratado para «copiar comedias, escribir carteles y hacer las apariencias para el escenario». En 1623 en la compañía dirigida por Ávila, también para copiar comedias y hacer los carteles. En 1638 y 1639 lo encontramos contratado para apuntar las piezas dramáticas en la compañía de *Los Conformes*, en la que sigue realizando esta labor en 1642. En 1643 forma parte de la compañía de Francisco Hurtado y no de la *Compañía Nueva* formada por su mujer. Ver Lohmann Villena, 1945, pp. 167, 172, 195, 202, 218-219, 223-224.

[30] Arriaza fue un personaje conflictivo en todos los sentidos. Llegó incluso a permanecer un año en la cárcel inquisitorial acusado de proposición blasfema. Salió después de un auto de fe secreto que tuvo lugar en la capilla de la Inquisición en 1631. Ver Lohmann Villena, 1945, p. 207.

[31] Arriaza tuvo que renunciar a administrar los bienes de su mujer y ella se comprometió a mantenerlo. Ver Lohmann Villena, 1945, pp. 217-218.

[32] Formaron la compañía esa temporada actores conocidos con los que Torres había trabajado anteriormente: las parejas Castillejo-Valverde, Silva-Cuevas, Gómez de España-Acuña. Además estaban Francisco Duarte y su hija María del Águila, Bernardo de Fuentes, Jusepe de Aspilla, Sebastián Coello y Cristóbal Pacheco. Junto a ellos Alonso de Torres Márquez, Sebastián Escudero, Jusepe de La Paz Monje e Inés de Jáuregui, *La Acicalada*. Ver Lohmann Villena, 1945, p. 234.

de San Agustín[33], que finalmente se solucionó con un acuerdo entre las partes. Aunque desconocemos los términos de ese trato, no deja de ser significativo que cuando en mayo de 1652 el Hospital entró en posesión de esta propiedad, según le correspondía, encomendara su arrendamiento precisamente a Juan de Torres Tamayo[34]. De hecho, cuando el 8 de marzo de 1651 María del Castillo constituyó una nueva compañía no contó con su sobrino político, quien estaba ya entonces dedicado por completo a su oficio de arrendador del corral de San Andrés[35]. *La Empedradora* murió en Lima el 30 de enero de 1652[36]. Años más tarde, en 1664, Juan de Torres llegó incluso a ser administrador de *El Coliseo*[37].

María de Torres Tamayo era por lo tanto hija de un actor que prosperó considerablemente gracias a su parentesco político con *La Empedradora*. Nuestra protagonista había crecido «entre bambalinas» y pertenecía a una familia estrechamente vinculada con la actividad teatral del virreinato.

LA PROMESA

El documento que nos aporta más información sobre la actriz es el expediente del pleito promovido por ella contra Diego Muñoz del Castillo, por incumplimiento de promesa matrimonial. Este tipo de pleitos, que se seguían ante la justicia eclesiástica, respondían a la

---

[33] En 1624 Juan de Ávila y su mujer María del Castillo habían donado el establecimiento del corral de San Agustín a la hermandad de San Andrés para después de su muerte.

[34] La venta se hizo por una suma de 27.500 patacones el 25 de noviembre de 1649, ante Juan Bautista de Herrera. Ver Lohmann Villena, 1945, pp. 253-254.

[35] Lohmann Villena, 1945, pp. 234-235, 237, 239.

[36] Lohmann Villena, 1945, p. 235, da referencia del entierro y habla del inventario pero no de dónde lo sacó.

[37] En 1663 el autor de comedias nombrado por el gobierno, Juan Ruiz de Lara, desistió por motivos de salud. Como era necesario que una persona administrase la compañía, el juez privativo para causas de comediantes, el oidor Francisco Sarmiento de Mendoza, nombró el 2 de marzo autor de comedias de la compañía que se constituyó ese año al administrador de *El Coliseo*, Juan de Torres. Ese mismo día se alistaron los miembros de la compañía. Juan de Torres renunció al título de autor alegando sus muchas ocupaciones como administrador de *El Coliseo*. Ver Lohmann Villena, 1945, pp. 255-257.

vigencia práctica de la promesa matrimonial según los usos anteriores
al Concilio de Trento.

Ya desde la Alta Edad Media, la Iglesia tuvo un enorme interés
por fijar el ritual del matrimonio con el fin de recalcar su sacramen-
talidad y evitar determinados abusos derivados de una laxa regulación[38]. El paso definitivo se dio en Trento, en el decreto Tametsi,
de 11 de noviembre de 1563, donde se estableció de forma clara lo
que se venía manteniendo desde hacía tiempo: que el matrimonio
era un sacramento, que debía contar con el libre consentimiento
de las partes, «siendo en extremo detestable tiranizar la libertad del
matrimonio», que debía celebrarse «a la faz de la Iglesia» (*in facie
ecclesiae*), en presencia del párroco o de un sacerdote, ante testigos,
y siempre después de tres amonestaciones públicas durante la misa
mayor[39]. Estas disposiciones tridentinas fueron rápidamente recogi-
das en América por los concilios del siglo XVI y, en concreto, por los
concilios y sínodos limenses[40].

La promesa matrimonial quedó así configurada como una etapa
previa al matrimonio. Sin embargo, las abundantes demandas por
incumplimiento de esta promesa presentadas antes los tribunales eclesiásticos en España y América demuestran, como se ha mencionado,
la ya referida vigencia de esta práctica pretridentina. Las demandas
tenían como objetivo lograr que las autoridades eclesiásticas asumie-
ran la tarea de garantizar que la promesa (*verba de futuro*) hecha por
alguno de los potenciales contrayentes fuera cumplida, especialmente
si había habido unión carnal. Aunque la cohabitación era el último
paso y debía ser posterior a la ceremonia de esponsales, que incluía
el público consentimiento mutuo (*verba de praesenti*), es un hecho que
muchas de estas causas fueron promovidas porque los futuros cónyuges habían tenido ya contacto carnal, lo cual hacía más grave el

---

[38] Zarri, 2005, pp. 129-131.

[39] Disposiciones del Papa Alejandro III (1159-1181) o del Concilio de Letrán
(1215) fueron fijando los criterios: la promesa de matrimonio ya hacía un matrimonio, más aún si había existido contacto sexual; pero para completar su plena validez
se hacían necesarias tres amonestaciones públicas, dos testigos y su solemnización *in
facie ecclesiae*, es decir ante un sacerdote. Ver el trabajo de Usunáriz Garayoa, 2004,
pp. 294-295.

[40] La recepción en Indias de la reforma tridentina ha sido estudiada por Dougnac
Rodríguez, 2003, pp. 64-66; Levaggi, 1970, pp. 18-24; Rípodas Ardanaz, 1977,
pp. 240-242. Para los concilios y sínodos limenses que hacen referencia al tema ver
Latasa Vassallo, 2005, pp. 237-256.

incumplimiento de la promesa. En estos casos, la justicia eclesiástica normalmente reconocía aquel matrimonio como válido y obligaba a la parte demandada a vivir con su legítimo cónyuge.

Pese a todo ello no conviene olvidar que, al igual que ocurrió con otro tipo de procesos civiles y eclesiásticos, estas causas fueron también vías para obtener fines diversos. Es, por ejemplo, frecuente encontrar entre los demandantes mujeres que aseguraban haberse entregado a un hombre porque les había hecho promesa de matrimonio; sin embargo, tras la investigación eclesiástica se descubría que en realidad habían vivido amancebadas públicamente y al ser abandonadas buscaban recuperar la honra perdida. Otras trataron con estas demandas de impedir que el hombre del que estaban enamoradas se casara con otra mujer. De hecho, para los siglos XVI y XVII fueron muchas veces mujeres quienes promovieron, con mayor o menor razón, este tipo de pleitos[41].

La demanda

El pleito al que se refiere este trabajo comienza de forma poco habitual con una petición presentada en el Palacio Arzobispal de Lima, el 28 de septiembre de 1646, por Diego Muñoz del Castillo, natural de esa ciudad e hijo legítimo del capitán Alonso Muñoz del Castillo y de Antonia de Olivares. El interesado solicitaba ser dispensado de hacer las amonestaciones para casarse con María de Torres, alegando que la futura contrayente era «persona pobre y menor» y que su padre, Alonso Muñoz del Castillo, le desterraría a la ciudad del Cuzco si tenía noticia de su intención de contraer ese matrimonio. La dispensa del requisito de amonestaciones era, en efecto, una práctica común en situaciones en las que los efectos negativos de las mismas podían impedir la libre realización del matrimonio. La Iglesia no ponía excesivos obstáculos en estos casos, entendiendo que la voluntad de los contrayentes debía ser protegida de cualquier presión externa.

---

[41] Hemos llegado a esta conclusión tras revisar los pleitos matrimoniales por promesa incumplida en los siglos XVI y XVII que se conservan en el Archivo Arzobispal de Lima. El pleito que se aborda en este trabajo es el de *María de Torres Tamayo contra Diego Muñoz del Castillo por incumplimiento de promesa de matrimonio*. Lima 1646-1648. AAL, Esponsales, Leg. 3. Trabajo realizado dentro del proyecto: *Confesionalización en el mundo hispánico (siglos XVI-XVII): la formación de los matrimonios a través de los archivos eclesiásticos y civiles*, MYCT, BHA2003-06021.

La solicitud de Diego Muñoz del Castillo no tenía nada de extraño: quería casarse con una mujer pobre y pedía dispensa de las amonestaciones para evitar que su padre lo impidiera. Tampoco tuvo nada de peculiar la actitud del provisor y vicario general del arzobispado de Lima, doctor Martín de Velasco Molina, quien a la vista de la petición, ordenó recibir el consentimiento de ambos contrayentes. Como se ha visto, el mutuo consentimiento, que garantizaba la libertad de los contrayentes, fue uno de los aspectos cruciales de la reforma del matrimonio emprendida en Trento[42]. El II Concilio Limense, por ejemplo, había insistido en la obligación que tenían los curas de verificar —antes de hacer las amonestaciones— la libre voluntad de los contrayentes[43]. Evidentemente, este requisito era, si cabe, más importante si se trataba de una dispensa de amonestaciones.

Así, ese mismo día, ante notario eclesiástico y bajo juramento, María de Torres Tamayo confirmaba tener catorce años de edad y manifestaba: «que se quiere casar con el susodicho por estar así tratado», declaraba que lo hacía libremente y confirmaba que no había dado palabra de casamiento a otro hombre[44].

Sin embargo, al día siguiente, antes de que el notario eclesiástico procediera a tomar su consentimiento, Diego Muñoz del Castillo se presentó de nuevo en las casas arzobispales llevando en mano una petición por la que hacía constar: «que yo me pretendía casar según orden de nuestra Santa Madre Iglesia con doña María de Torres, hija de Juan de Torres, por cuanto es mi parecer otro, y mi voluntad es no casarme con la susodicha, por tanto: a V. Md. pido y suplico se sirva de mandar no pasen adelante las amonestaciones porque tengo dicho es mi voluntad no casarme». Es decir, con tan sólo veinticuatro horas de diferencia, presentaba una solicitud completamente contraria a la del día anterior: había decidido que no quería contraer ese matrimonio y, como es lógico, pedía que se frenara la dispensa de amonestaciones solicitada el día anterior. No deja de resultar sorprendente que Diego Muñoz del Castillo pasara de querer casarse con María

---

[42] La efectividad de esta libertad de los cónyuges en la época moderna ha suscitado una fuerte polémica historiográfica. Nos remitimos a los trabajos de Morant Deusa, 1991, pp. 576-585, que recoge y actualiza Usunáriz Garayoa, 2004, pp. 293-294 y 2005, pp. 167-185.

[43] *Concilio Limense II*, 1567-1568, pte. 1, cap. 18.

[44] *Consentimiento de María de Torres Tamayo*. Los Reyes, 28 septiembre de 1646, fol. 2. AAL, Esponsales, Leg. 3.

de Torres, hasta el punto de pedir dispensa de las amonestaciones para evitar cualquier presión paterna, a afirmar bajo juramento y por escrito que no deseaba contraer ese matrimonio y que su cambio de parecer no respondía a causa externa alguna: «no me desisto por el temor de mi padre ni deudo ninguno, sino libre y con mi espontánea voluntad»[45].

De las sucesivas y contradictorias peticiones del interesado se deduce fácilmente que, en efecto, no contaba con la aprobación paterna para ese matrimonio y —aunque lo negara reiteradamente— desistió por ese motivo. Así lo corroboró también la propia María de Torres en diversas solicitudes que se sucedieron a partir de ese día para que don Diego declarase ante el juez eclesiástico libre de presiones familiares. Por ejemplo en una del 3 de octubre de 1646 la actriz explicaba:

> Digo que el dicho Diego Muñoz del Castillo ha mucho tiempo que me tiene dada palabra de casamiento y yo también se la tengo dada, mediante lo cual me hubo doncella; y es cierto que el susodicho puesto en su libertad y donde libremente pueda deliberar su consentimiento dirá lo contrario de lo que refiere la dicha su petición[46].

El provisor ordenó entonces a Diego Muñoz del Castillo acudir a dar su consentimiento a las casas arzobispales. Pero el interesado, a través del abogado Fernando de Sotomayor, alegó que un pleito tan «sin fundamento como este» no se debía admitir y argumentó «la desigualdad tan grande que hay entre el dicho su parte y la susodicha». Es decir, la misma premisa que había llevado a Diego Muñoz del Castillo a solicitar la dispensa de las amonestaciones fue entonces aducida por su abogado para justificar el incumplimiento de la promesa dada. El 28 de septiembre don Diego había descrito a su futura esposa como «persona pobre y menor»; tres semanas después su abogado alegaba que el propio don Diego era también menor, «un niño de catorce años» al que no se le debía poner en situación de casarse con una mujer de la que le separaba una desigualdad «insalvable» —aun bajo la hipótesis de que le hubiera dado promesa matrimo-

---

[45] *Petición de no casarse de Diego Muñoz del Castillo.* Los Reyes, 29 de septiembre de 1646, fol. 8. AAL, Esponsales, Leg. 3.

[46] *Petición de María de Torres Tamayo para que se tome a Diego Muñoz del Castillo consentimiento en lugar en que lo dé libremente.* Los Reyes, 3 de octubre de 1646, fol. 9. AAL, Esponsales, Leg. 3.

nial— pues su parte era «persona noble y tan principalmente emparentado en esta república»[47].

El provisor, consciente de la falacia del argumento, hizo caso omiso de la alegación y exigió a Diego Muñoz del Castillo acudir a las casas arzobispales para declarar en su presencia. Así lo hizo finalmente el demandado, quien bajo juramento manifestó que actuaba libremente y que ya no quería casarse con María de Torres. Como era habitual en este tipo de pleitos, a medida que avanza el proceso se iban introduciendo nuevos datos. Por ejemplo, en esta comparecencia ante el juez eclesiástico, Diego Muñoz del Castillo reconocía por primera vez haber dado palabra de matrimonio a María de Torres Tamayo aunque «con condición que no se había de entender ni saber» y además salía al paso de un aspecto esencial de la acusación de María de Torres al afirmar que «no la hubo doncella»[48].

Esta explicación, como es lógico, no satisfizo a la parte contraria, quien a los pocos días pidió al provisor que se tomara nuevo juramento al interesado «en parte segura» donde pudiera expresarse con libertad, sin la violencia que sufría por parte de los de su casa «donde lo tienen encerrado». De hecho, la demandante aseguraba que don Diego había ido al Palacio Arzobispal acompañado de su padre y muchos parientes «que no le perdían de vista y persuadían a que no manifestara la voluntad que siempre ha tenido y tiene»[49]. Ante esta nueva solicitud el abogado Fernando de Sotomayor negó que su parte hubiera sufrido «encerramiento alguno ni apremio» y reiteró que había hecho su declaración libremente[50].

Llegados a este punto, todo parecía indicar que María de Torres Tamayo tenía posibilidades de ganar el pleito: era indudable que había habido promesa de matrimonio —aunque al parecer sin conocimiento carnal—, el argumento de la desigualdad no era canónicamente válido y la presión paterna en el novio resultaba evidente a los ojos del provisor. La demandante continuó durante un mes insistiendo en que

---

[47] *Auto de Diego Muñoz del Castillo.* Los Reyes, 16 de octubre de 1646, fol. 11. AAL, Esponsales, Leg. 3.

[48] *Declaración jurada de Diego Muñoz del Castillo ante el provisor de la diócesis.* Los Reyes, 19 de octubre de 1646, fol. 13. AAL, Esponsales, Leg. 3.

[49] *Petición de María de Torres Tamayo.* Los Reyes, 23 de octubre de 1646, fol. 15. AAL, Esponsales, Leg. 3.

[50] *Respuesta de Diego Muñoz del Castillo.* Los Reyes, 26 de octubre de 1646, fol. 16. AAL, Esponsales, Leg. 3.

Diego Muñoz compareciera de nuevo ante el juez eclesiástico para declarar libre de presiones.

Sin embargo, en ese tiempo, la defensa del demandado preparaba el golpe definitivo para asegurar su victoria y si lo hizo así fue —como se verá— porque sabía que el caso estaba perdido: el matrimonio se había consumado y eso ponía en una situación muy comprometida a su parte.

LA «FARSANTA»

El 28 de noviembre —es decir, dos meses después del comienzo— el pleito entró en una nueva etapa. Juan Lorenzo de Cela, nuevo abogado de Diego Muñoz del Castillo, presentó ante el provisor un memorial definitivo en el que pedía la completa absolución de su parte. Con ese fin aportaba una nueva y sorprendente información de la que, al parecer, el juez eclesiástico hasta el momento no había tenido conocimiento.

Llegaba la hora de la verdad y la primera verdad que iba a salir a relucir era la condición de farsanta de María de Torres Tamayo. Farsanta en el doble sentido de la palabra, porque el abogado comenzaba haciendo referencia a sus mentiras: había afirmado que, bajo promesa de matrimonio, había entregado su virginidad a don Diego. Sin embargo, el letrado aportó datos sobre supuestas relaciones anteriores de la actriz con otros hombres a cambio de ropa y dinero que venían a demostrar que cuando don Diego había «tratado» a la demandante en el Puerto de Pisco —nuevo dato que aparecía— «de ninguna manera era doncella». La acusación no pudo ser más contundente: la demandante había dado un testimonio falso en este punto esencial pues era públicamente conocida en la ciudad de Pisco por su vida deshonesta[51].

Por otro lado, el abogado hacía por primera vez referencia a la profesión de farsanta de María de Torres que —según argumentaba— explicaba en gran medida su desorden moral: «... se hace más verosímil respecto del trato y ejercicio que la susodicha tiene y ha tenido,

---

[51] Primero con un vecino del puerto «y después dél y antes del dicho don Francisco de Francia, otros en esta ciudad antes que saliese de ella para ir a Arequipa con cierta persona con quien trató también de casarse, el cual entró religioso capacho [orden de San Juan de Dios] en Arequipa».

que es el de representar en teatro público en traje de mujer y en el de hombre con toda desenvoltura». Por todo ello el abogado concluía de forma tajante recurriendo, con mucha más fuerza que en alegatos anteriores, al argumento de «desigualdad»: su parte no estaba obligada a cumplir la promesa dada por el grave perjuicio que resultaría a un «caballero de tan notorias obligaciones y tan conocido caudal» de casarse con una «mujer de tan inferior trato y fortuna»[52].

Es indudable la habilidad del letrado para introducir, en un momento clave del pleito, una seria duda sobre la honorabilidad de la mujer que exigía el cumplimiento de la promesa matrimonial. Pero lo que aquí más interesa destacar es la directa vinculación que establecía entre la condición de actriz de María de Torres Tamayo y su vida desarreglada.

En adelante la actriz tuvo muchas dificultades para defender su causa. Por supuesto, María de Torres Tamayo negó como «ajeno a toda verdad» el haber convivido ilícitamente con otras personas y aseguró que «siempre ha vivido bajo el dominio de sus padres, muy honesta y virtuosamente sin dar lugar a la menor murmuración». Su abogado, José Núñez de Prado, también reiteró que su parte era «persona honrada española y sus padres y todos sus parientes son de muy honradas obligaciones»[53].

Sin embargo, a la comedianta le resultó imposible ocultar su oscuro pasado, anterior a la entrada en *Los Conformes*. Por los datos que aparecen en el expediente resulta claro que durante ese tiempo formó parte de una compañía de «segunda fila» de las que recorrían la ruta sur del virreinato, comenzando precisamente en Pisco y siguiendo luego por ciudades como Ica y Arequipa[54].

La parte de Diego Muñoz del Castillo basó su defensa en la desigualdad o diferencia social de los contrayentes, que no sólo era de carácter económico sino que llevaba implícito un desprecio por la cuestionable vida de una comedianta. La parte de María de Torres continuó, sin éxito, haciendo hincapié en la falta de libertad con la que actuaba el demandado.

---

[52] *Petición de la parte de Diego Muñoz del Castillo*. Los Reyes, 28 de noviembre de 1646, fols. 23-24. AAL, Esponsales, Leg. 3.

[53] *Auto de la parte de María de Torres*. Los Reyes, 5 de diciembre de 1646, fols. 25-26. AAL, Esponsales, Leg. 3.

[54] Rodríguez Cuadros, 1998a, pp. 40-41.

El provisor del arzobispado decidió entonces solicitar que los interesados probaran sus cargos mediante testigos. Entre las cinco preguntas que debían contestar los de don Diego, cabe destacar dos cuya formulación resulta muy significativa[55]. En una de ellas se les preguntaba si tenían constancia de que la demandante hubiera ejercido durante seis años como «pública farsanta» en esa ciudad de Pisco y otros lugares «representado públicamente en traje de mujer y de hombre con toda desenvoltura». En la quinta, «si saben que el dicho don Diego Muñoz es hombre noble caballero hijodalgo notorio». Las preguntas, en definitiva, formulaban directamente la acusación de mujer pública que se había introducido en la causa e incidían en la desigualdad de las partes.

Las informaciones de los testigos corroboraron que María de Torres había ejercido como farsanta desde hacía seis años en Lima, Arequipa e Ica y Pisco representando públicamente con «gran desenvoltura» y confirmaron su relación con otros hombres. De nuevo, la mala vida anterior de María de Torres se relacionó directamente con su profesión y permitió al abogado de Diego Muñoz del Castillo reforzar su argumento y alegar que del cumplimiento de la promesa en esas condiciones «resultarían lastimosos efectos» por la «tan grande y monstruosa desigualdad» que existía entre ambos.

De las informaciones se desprendió además un nuevo dato que el abogado no dudó en utilizar a su favor: María de Torres había mentido también en cuanto a su edad, pues en realidad tenía veinte años «poco más o menos». ¿Cómo se atrevía una mujer de esa edad y «tan infamada por tantos títulos» a declarar que la había forzado «un niño que al tiempo a que esto se refiere tendría trece o catorce años»? El letrado llegaba incluso a afirmar que aunque hubiera habido acto carnal su parte no tenía ninguna obligación con la demandante porque «sobradamente se lo tiene pagado en dineros y otras cosas de valor como lo declaran los testigos por la dicha doña

---

[55] «Por las preguntas siguientes se examinen los testigos que fueren presentados por parte de María de Torres en la causa que sigue contra Diego Muñoz del Castillo sobre que le cumpla la palabra que dio de matrimonio en cuya fe le quitó su virginidad», fols. 32 y ss. AAL, Esponsales, Leg. 3. «Los testigos que presentare la parte de don Diego Muñoz del Castillo en la causa que contra él sigue doña María de Torres sobre el cumplimiento de los esponsales y lo demás deducido se examinen por las preguntas siguientes», fols. 53 y ss. AAL, Esponsales, Leg. 3.

María presentados»[56]. Es decir, de soslayo reconocía que don Diego
sí había tenido ese tipo de relación con la actriz.

Finalmente, el defensor de Diego Muñoz de Torres impugnó a
dos de los testigos de la comediante por ser también farsantes. Esta
recusación aporta de nuevo datos esclarecedores sobre el cuestionamiento social de los actores. Los rechazados fueron «Pablo Crespi»,
es decir, Pablo Crespillo de Ovalle, y Bernardo de Fuentes; ambos
—según se mencionó— formaron parte de Los Conformes junto con
María de Torres Tamayo[57]. La aparición de estos dos actores, además
de ser la única vinculación documental entre el pleito y la pertenencia
de María de Torres Tamayo a esta compañía, es muy relevante por el
cuestionamiento que se hace de actores de reconocido prestigio, como
era el caso. Aparecía, de nuevo, la idea de que la veracidad era una
virtud ajena al actor; así lo expresaba el abogado defensor[58]:

> Y no obsta lo que la parte contraria pretendió probar […] porque sus
> testigos son varios y singulares y deponen de oídas y en particular no me
> dañan los dichos de Pablo Crespi y Bernardo de Fuentes, por ser farsantes
> como ellos declaran.

Llegados a este punto, el 2 de noviembre de 1647 el vicario dictó
finalmente sentencia favorable a Diego Muñoz del Castillo por entender que María de Torres no había probado sus acusaciones; el primero
quedaba libre de cumplir la palabra dada[59]. Sin embargo, el pleito no se
cerró al admitirse después una apelación de María de Torres, fechada
el 6 de diciembre de 1647, en la que alegaba que antes de pronunciar

---

[56] Juan Lorenzo de Cela en nombre de Diego Muñoz del Castillo, fols. 90-91,
AAL, Esponsales, Leg. 3.

[57] Lohmann Villena, 1945, pp. 224-228.

[58] Además impugnó también a Margarita Menacho, por ser cuñada de la demandante y a Mencía de la Cruz —mulata— por ser su criada; Isabel Bautista, mulata
que vive en su casa, y Juana de Soliva, mulata, su amiga, «y finalmente todos los
dichos testigos como consta de sus deposiciones son amigos, familiares o criados o
del mismo oficio que la que los presenta, de que se infiere dirán sus dichos apasio-
nadamente y así los tacho y contradigo con protestación que no les pongo la dichas
tachas de malicia sino por alcanzar justicia y constar de los mismos autos, y los demás
testigos no dicen cosa de sustancia». Juan Lorenzo de Cela en nombre de Diego
Muñoz del Castillo, fols. 90-91, AAL, Esponsales, Leg. 3.

[59] *Sentencia del doctor Martín de Velasco Molina, canónigo y provisor y vicario general de
este arzobispado. Dada y pronunciada en la Catedral de Lima con el parecer del Dr. Diego de
Andrés Rocha, su asesor.* Los Reyes, 2 de noviembre de 1647, fol. 107.

la sentencia, Diego Muñoz del Castillo se había casado en la ciudad de Cañete con la hija de Pedro Pérez Gallego, corregidor del partido, «estando pendiente la causa» y por lo tanto «impedido» para contraer matrimonio[60].

El expediente del pleito está incompleto por lo que no podemos saber cómo finalizó. Es de suponer que don Diego tuvo que compensar económicamente a María de Torres por este matrimonio previo a la sentencia definitiva. En cualquier caso, una vez más este dato parece confirmar la versión de la demandante acerca de la presión familiar a la que estaba sometida el demandado y, por supuesto, la inicial del propio Diego Muñoz del Castillo cuando solicitó la dispensa de amonestaciones para casarse con la actriz.

Por otro lado, esta parte final del pleito es también muy ilustrativa acerca de la actitud de la farsanta, que reiteradamente continuó negando los cargos demostrados contra ella hasta el punto de hablar de «estupro y palabra de casamiento» y de alegar que nunca procedió con engaño:

> Pues como de su misma probanza consta la había visto [don Diego] en el ejercicio de la representación con sus padres y ayudándole a vestir para que saliese al tablado[61].

Por cierto que esta última afirmación se podría haber vuelto en contra de la actriz puesto que entre las medidas reguladoras del teatro tomadas en 1641 por el Consejo de Castilla estaba precisamente la prohibición de las visitas a los vestuarios[62].

María de Torres no vuelve a aparecer en los escenarios limeños, lo cual no deja de ser sorprendente teniendo en cuenta la buena posición que su padre alcanzó en los círculos teatrales de la ciudad. Tal vez su tesón en llevar adelante este pleito fuera debido a un auténtico deseo de salir de un mundo en el que había nacido y cuya marginación social comenzaba a entrever, aunque conllevara un cambio con respecto a su comportamiento anterior. Es muy probable que antes o

---

[60] *Petición de apelación de sentencia por María de Torres.* Los Reyes, 6 de diciembre de 1647, fols. 108-109.

[61] *Petición de Juan de la Rocha en nombre de María de Torres.* Los Reyes, 28 de marzo de 1648, fols. 123-124v.

[62] McKendrick, 1994, pp. 220-221.

después contrajera un matrimonio que le permitiera emprender una vida distinta.

¿ACUSACIONES O ESTEREOTIPOS?

Sin duda este pleito corrobora la visión negativa que muchos tratados morales de la época ofrecían del teatro y, de forma especial, de las mujeres actrices. Es más que evidente que el abogado utilizó con habilidad esta casuística en apoyo de sus alegatos. De hecho, el paralelismo entre las «acusaciones» hechas a María de Torres y las que se vertían en esta tratadística es absoluto.

Una de ellas es la relación entre su condición de farsanta y su falta de veracidad. María de Torres Tamayo perdió el pleito por haber mentido sobre su vida pasada. Su testimonio dejó de ser válido desde ese momento, lo cual resulta lógico. No lo es tanto que fueran recusados dos de sus testigos por el hecho de ser también farsantes. En efecto, era frecuente la consideración de que quien estaba habituado a representar, a engañar, lo hiciera habitualmente. Como ya se ha mencionado, los actores eran vistos como personas carentes de veracidad y llenas de hipocresía[63].

Esta percepción negativa de las actrices resulta también evidente en el pleito cuando la vida deshonesta de la demandante se vincula directamente con su profesión y se da por supuesto que ambas iban normalmente unidas; estereotipo que se hacía más fuerte en actrices de segunda categoría.

Otra acusación reiterada fue que María de Torres había sido «pública farsante» y actuado con «gran desenvoltura». La continua referencia a la «desenvoltura», entendida como sinónimo de un atrevimiento impropio de una mujer, aparecía con frecuencia censurada por la tratadística contraria al teatro. Con respecto a estas acusaciones es, por ejemplo, muy elocuente el texto de fray Manuel de Guerra que se refiere a la «desenvoltura» y mala vida de las actrices:

> En las comedias todas de los públicos teatros [...] representan mujeres que suelen ser de pocos años, de no mal parecer, profanamente vestidas, exquisitamente adornadas con todos los esfuerzos del arte de agradar, haciendo ostentación del aire, del garbo de la gala y de la voz, repre-

---

[63] Poppenberg, 1998, p. 292.

sentando y cantando amorosos halagüeños y afectuosos sentimientos; y
en los bailes y sainetes pasándose a más licenciosos y aun desenvueltos
desahogos. Son mujeres en quien el donaire es oficio, el encogimiento
culpa, el desahogo primor, el agradar logro y la modestia inhabilidad.
La profesión, al paso que las infama, las facilita, porque el mismo
empleo que las saca a la publicidad del teatro a hacer ostentación de todo
lo atractivo, sin demasiada temeridad persuade no será honradísima en el
resistir la que tiene con deshonra el oficio de agradar[64].

Es decir, la «desenvoltura» se vinculaba con la carencia de honor
porque se habían roto públicamente los códigos éticos. Lo mismo
ocurría con el baile. En los alegatos presentados contra María de
Torres se hacía constante referencia a que bailaba en los escenarios.
Ya se mencionó al comienzo del texto que la regulación de los bailes fue un aspecto esencial del teatro áureo. El abogado de Diego
Muñoz del Castillo insistió por este motivo a lo largo del pleito en
este aspecto y no dejó de destacarlo en contra de la actriz, puesto que
los bailes de las representaciones eran con frecuencia considerados
deshonestos[65].

Finalmente, a María de Torres se la acusó reiteradamente de haber
actuado en «traje de mujer y de hombre». De nuevo aparece un tema
recurrente en la tratadística. La mujer varonil o vestida de hombre
constituyó un tema clásico en el teatro aurisecular. Se ha insistido,
tal vez en exceso, en que su gran éxito se debió al atractivo erótico
del disfraz: al utilizar jubón y calzas las mujeres evidenciaban más
la silueta de su cuerpo y mostraban piernas y pies. Es innegable que
este elemento fue esencial en el triunfo de este tipo de personajes
y así lo demuestra, por ejemplo, la ordenanza de 1653, en la que se
reiteraba la incumplida disposición de que las mujeres que hicieran
papeles de hombre sólo se disfrazaran de cintura para arriba[66]. Sin
embargo, es preciso recordar que la mujer vestida de hombre, además
de ser una concesión a la sensualidad del público, tuvo un sentido
más profundo, fue un síntoma claro de barroquismo dramático, recurrentemente buscado por los autores porque ofrecía la ambivalente

---

[64] *Discurso teológico sobre la apología de las comedias que ha sacado a la luz el reveren-
dísimo Padre Maestro Fray Manuel Guerra* (1682), cita que recoge Rodríguez Cuadros,
1998a, p. 45, sacada a su vez de Cotarelo y Mori, 1997, p. 355.
[65] Ver sobre el tema Rodríguez Cuadros, 1998a, p. 48 y 1998b, p. 609.
[66] Rodríguez Cuadros, 1998a, pp. 52-54.

técnica del equívoco al jugar con la identidad de la disfrazada[67]. Por
otro lado, tampoco conviene olvidar que la ambigüedad del traje de
hombre exigía a las actrices altos recursos de interpretación —que el
público sabía valorar— para adaptarse a constantes cambios de registro
en cada personaje. Junto a todo ello, algunos autores insisten en que la
mujer vestida de hombre era el prototipo de la mujer de mundo, alegre
y desenvuelta, de moral acomodaticia, que no respetaba las normas
sociales y, por ese motivo, constituía un peligro para la comunidad[68].
En este sentido son muy significativas las palabras de Lope de Vega en
su *Arte nuevo de hacer comedias* (1609), cuando el famoso dramaturgo,
que introdujo en sus obras una variedad extraordinaria de mujeres que
usaban todo tipo de trajes masculinos, advertía:

> Las damas no desdigan de su nombre,
> y, si mudaren traje, sea de modo
> que pueda perdonarse, porque suele
> el disfraz varonil agradar mucho[69].

La ya mencionada incidencia que la figura de la mujer vestida de
hombre tuvo en el debate sobre la licitud del teatro[70], que de hecho
conllevó el que normalmente sólo actrices secundarias lo usaran con
frecuencia, explica una vez más la inclusión de este argumento en
contra de la actriz María de Torres Tamayo en el pleito estudiado[71].

La documentación analizada permite por lo tanto confirmar el peso
que los prejuicios de la tratadística contraria al teatro tenían en la vida
social indiana. Evidentemente, en el caso estudiado la actriz es mere-
cedora de gran parte de las acusaciones que se le hacen, a tenor de los

[67] Bravo-Villasante, 1955, pp. 61-63, 75, 87, 99-101, 110-111, 113.
[68] Gasior, 2001, pp. 37-45; Pfandl, 1994, pp. 127-128; Poppenberg, 1998, pp. 287-289.
[69] En Lope de Vega, *Arte nuevo de hacer comedias en este tiempo*, 1609, recogido por Arellano, 1995, p, 153.
[70] En el *Reglamento* de 1608 ya se prohibía el disfraz varonil y en el de 1615 se recogía: «Que las mujeres representen en hábito decente de mujeres y no salgan a representar con faldellín solo, sino que por lo menos lleven sobre él la ropa, vaquero o basquiña suelta o enfaldada y no representen en hábito de hombres ni hagan de personajes tales, ni los hombres, aunque sean muchachos, de mujeres». Ver Arellano, 1995, p. 143.
[71] Hubo algunas excepciones en actrices destacadas que se especializaron en papeles masculinos, es el caso de Francisca Baltasara y Jusepa Vaca. Ver Bravo-Villa-sante, 1955, pp. 187-188, 192, 203-207.

datos que se recogen en el expediente. Independientemente de ello, las declaraciones de las partes, la redacción de los alegatos, la formulación de las preguntas a los testigos y las respuestas dadas están impregnadas de esta negativa percepción del teatro y de sus profesionales.

BIBLIOGRAFÍA

ARELLANO, I., *Historia del teatro español del siglo XVII*, Madrid, Cátedra, 1995.

BRAVO-VILLASANTE, C., *La mujer vestida de hombre en el teatro español (siglos XVI-XVII)*, Madrid, Revista de Occidente, 1955.

COTARELO Y MORI, E., *Bibliografía de las controversias sobre la licitud del teatro en España*, Granada, Universidad de Granada, 1997.

DÍEZ BORQUE, J. M., *Sociedad y teatro en la España de Lope de Vega*, Barcelona, Bosch, 1978.

DOUGNAC RODRÍGUEZ, A., *Esquema del derecho de familia indiano*, Santiago de Chile, Ediciones del Instituto de Historia del Derecho Juan de Solórzano Pereyra, 2003.

GASIOR, B. L., *Monsters, transgression, and female corporeality in Spanish Golden Age and colonial Spanish-American theater*, Ann Arbor, UMI, 2001.

LATASA VASSALLO, P., «La celebración del matrimonio en el virreinato peruano: disposiciones en las archidiócesis de Charcas y Lima (1570-1613)», en *El matrimonio en Europa y el mundo hispánico: siglos XVI y XVII*, ed. I. Arellano y J. M. Usunáriz Garayoa, Madrid, Visor, 2005, pp. 237-256.

LEVAGGI, A., «Esponsales: su régimen jurídico en Castilla, Indias y el Río de la Plata hasta la codificación», *Revista del Instituto de Historia del Derecho*, 21, 1970, pp. 11-99.

LOHMANN VILLENA, G., *El arte dramático en Lima durante el Virreinato*, Madrid, Escuela de Estudios Hispano-Americanos, 1945.

MARCO DORTA, E., «Arquitectura colonial. Francisco Becerra», *Archivo Español de Arte*, 55, 1943, pp. 7-15.

MCKENDRICK, M., *El teatro en España (1490-1700)*, Palma de Mallorca, Olañeta, 1994.

MORANT DEUSA, I., «Familia, amor y matrimonio. Un ensayo sobre historiografía», en *Los estudios sobre la mujer: de la investigación a la docencia*, ed. C. Bernis *et al.*, Madrid, Universidad Autónoma de Madrid-Instituto Universitario de Estudios de la Mujer, 1991, pp. 576-585.

OEHRLEIN, J., *El actor en el teatro español del Siglo de Oro*, Madrid, Castalia, 1993.

— «Las compañías de título: columna vertebral del teatro del Siglo de Oro. Su modo de trabajar y su posición social en la época», en *Teatro español del*

Siglo de Oro. Teoría y práctica, ed. C. Strosetzki, Madrid, Iberoamericana, 1998, pp. 246-262.

PFANDL, L., *Cultura y costumbres del pueblo español de los siglos XVI y XVII: introducción al estudio del Siglo de Oro*, Madrid, Visor, 1994.

POPPENBERG, G., «La licitud del teatro. Los argumentos del debate y el argumento del drama a partir de *Lo fingido verdadero* de Lope de Vega», en *Teatro español del Siglo de Oro. Teoría y práctica*, ed. C. Strosetzki, Madrid, Iberoamericana, 1998, pp. 283-304.

RAMOS SMITH, M., «Actores y compañías en América durante la época virreinal», en *América y el teatro español del Siglo de Oro*, ed. C. Reverte Bernal y M. de los Reyes Peña, Cádiz, Patronato del Festival Iberoamericano de Teatro-Servicio de Publicaciones de la Universidad de Cádiz, 1998, pp. 77-99.

REYES PEÑA, M., «En torno a la actriz Jusepa Vaca», en *Las mujeres en la sociedad española del Siglo de Oro: ficción teatral y realidad histórica*, ed. J. A. Martínez Berbel y R. Castilla Pérez, Granada, Universidad de Granada, 1998, pp. 81-114.

RÍPODAS ARDANAZ, D., *El matrimonio en Indias: realidad social y regulación jurídica*, Buenos Aires, Fundación para la Educación, la Ciencia y la Cultura, 1977.

RODRÍGUEZ CUADROS, E., «Autoras y farsantas: la mujer tras la cortina», en *La presencia de la mujer en el teatro barroco español*, ed. M. de los Reyes Peña, Sevilla, Junta de Andalucía, Consejería de Cultura, 1998a, pp. 35-65.

— *La técnica del actor español en el Barroco: hipótesis y documentos*, Madrid, Castalia, 1998b.

SANZ AYÁN, C. y B. J. GARCÍA GARCÍA, *Teatros y comediantes en el Madrid de Felipe II*, Madrid, Editorial Complutense, 2000.

USUNÁRIZ GARAYOA, J. M., «El matrimonio y su reforma en el mundo hispánico durante el Siglo de Oro: la promesa matrimonial», en *Temas del Barroco hispánico*, ed. I. Arellano y E. Godoy, Madrid-Frankfurt am Main, Iberoamericana-Vervuert, 2004, pp. 293-312.

— «El matrimonio como ejercicio de libertad en la España del Siglo de Oro», en *El matrimonio en Europa y el mundo hispánico. Siglos XVI y XVII*, ed. I. Arellano y J. M. Usunáriz, Madrid, Visor, 2005, pp. 167-185.

VAREY, J. E. y N. D. SHERGOLD, *Teatros y comedias en Madrid, 1600-1650: estudio y documentos*, London, Tamesis Books, 1971.

ZARRI, G., «Sporsarsi in Chiesa: Confessioni religiose a confronto», en *El matrimonio en Europa y el mundo hispánico. Siglos XVI y XVII*, ed. I. Arellano y J. M. Usunáriz, Madrid, Visor, 2005, pp. 129-143.

ESPACIOS SIMBÓLICOS EN *LA VERDAD SOSPECHOSA*, DE JUAN RUIZ DE ALARCÓN

Dalmacio Rodríguez Hernández
Universidad Nacional Autónoma de México

Se ha afirmado con justa razón que una de las peculiaridades de las comedias de madurez de Juan Ruiz de Alarcón[1], sin salirse del marco general de la comedia nueva, consiste en la rigurosa lógica con la cual construyó sus argumentos. Siendo para nuestro dramaturgo de capital importancia explicar cómo la conducta humana (los vicios y las virtudes) tiene un origen y una consecuencia, es comprensible que haya puesto especial cuidado en la ideación de la trama, en la cual las acciones de los personajes deben cobrar sentido y encontrar su plena justificación. Por encima del azar, Alarcón explora cuál es la motivación de las acciones y cuáles sus efectos, de ahí que el enredo de sus comedias esté eslabonado bajo el principio de la causalidad más

---

[1] De acuerdo con Juan Oleza y Teresa Ferrer, dentro de las comedias de madurez, pertenecientes a la comedia urbana, se incluyen *La prueba de las promesas, La verdad sospechosa, Las paredes oyen, Don Domingo de don Blas, El examen de maridos* (Oleza y Ferrer, 1986, p. XLIII). Aunque hay divergencia en cuanto a la cronología, coincido con José Amezcua, entre otros, en considerar *La verdad sospechosa* como un texto que «pertenece a una época en la que el dramaturgo alcanzó la madurez de su talento» (Amezcua, 1992, p. 48). Una de las propuestas cronológicas más sólidas hasta ahora sigue siendo la de Antonio Castro Leal. Según este autor, *La verdad sospechosa* pertenece a la segunda etapa de nuestro dramaturgo: comedias de carácter, escritas entre 1613-1618, y a la que pertenecen además *Mudarse por mejorarse, Todo es ventura, Las paredes oyen, Los favores del mundo, La prueba de las promesas* y *Ganar amigos* (Castro, 1943).

que por el de casualidad. Ya sea porque en el curso de la trama se van infiriendo meditadas premisas que llevan a conclusiones inobjetables, ya sea porque recurrentemente aparecen pasajes explicativos puestos en boca de los personajes, lo cierto es que las comedias alarconianas sobresalen por su coherencia y verosimilitud[2].

Sin embargo, cabe la posibilidad de que la verosimilitud y la coherencia de las comedias alarconianas no sólo se logren mediante estos procedimientos. Es factible que contribuyan a este propósito de manera decisiva —como trataré de evidenciar en *La verdad sospechosa*— una gran cantidad de signos metafóricos y escenográficos que construyen espacios simbólicos —representables en la imaginación del receptor o en un lugar físico real— que se vinculan a las nociones axiológicas y sociales propias de los ejes temáticos de las comedias.

II

En el caso de *La verdad sospechosa*[3], el argumento es sencillo y no difiere de la típica comedia de enredo en ámbito urbano[4]; «se articula

[2] Así lo han advertido varios críticos. Para Margit Frenk, por ejemplo, es típicamente alarconiana «esa tendencia de sus personajes a explicar con exceso el porqué y el cómo de sus acciones o la complacencia con que alaban insistentemente su propio valor. Y luego esa manía suya de razonarlo todo, como si estuviera leyendo cátedra… Es patente en Alarcón el predominio del lenguaje discursivo sobre el emotivo» (Frenk, 1982, p. XXVII). También Alfonso Reyes había notado la característica de hacer «disertar a sus personajes —tal sucede en *La verdad sospechosa*— para que se demuestren a sí mismos, por decirlo así, la verosimilitud de la acción en que están comprometidos; y, de tiempo en tiempo, pone en sus labios resúmenes de los episodios que nos permitan apreciar su sentido» (Reyes, 1994, p. 63). Juan Oleza y Teresa Ferrer identifican este procedimiento como unidad intencional, «no sólo porque desde su principio se plantea con toda nitidez, sino porque se impone a partir de los hechos de la intriga con una lógica perfectamente elaborada», y agregan que en las comedias alarconianas existe «la implacable lógica con que el argumento va derivando una inapelable conclusión a partir de unas bien meditadas premisas» (Oleza y Ferrer, 1986, p. LII). Las dos primeras opiniones —la de Frenk y la de Reyes— fueron citadas por Juan Oleza y Teresa Ferrer (1986, p. LII). Recientemente José Montero Reguera (1999, pp. 22-23) también suscribe la opinión de Oleza y Ferrer.
[3] Para este trabajo utilizo la edición de *La verdad sospechosa* que se incluye en las *Obras completas* de Ruiz de Alarcón, preparada por Agustín Millares Carlo (Ruiz de Alarcón, 1996). En lo sucesivo, sólo citaré entre paréntesis el número de versos.
[4] Así ha sido advertido por varios críticos, entre ellos Valbuena Prat, 1956, p. 191; Frenk, 1982, p. XIX; Amezcua, 1992, p. 50; Arellano, 1995; Montero Reguera,

fundamentalmente en torno a un personaje, don García, y un tema, la mentira, cuya concreción en los sucesivos embustes proferidos por el galán sirve de cauce principal para la intervención de otros personajes y el desarrollo de las situaciones que protagonizan»[5]. En el curso de las acciones, desencadenadas casi todas ellas por la habilidad e ingenio con que don García miente deliberadamente, se identifican claramente dos ejes: el de la intriga amorosa (el enamoramiento de una dama cuya identidad don García confunde) y el del conflicto social (la asunción del mayorazgo por parte del protagonista que lo obliga a integrarse a la vida de la corte y a abandonar el ámbito de la vida estudiantil)[6].

Las pretensiones amorosas del protagonista —obtener el amor de Jacinta, cuyo nombre confunde por el de Lucrecia, amiga de aquella— se ven obstaculizadas por casualidades, por equívocos y por engaños de diversos personajes; sin embargo, el mayor impedimento se debe al proceder del propio don García, quien a causa de sus recurrentes mentiras termina por arruinar el matrimonio con Jacinta y es obligado a casarse con Lucrecia. Se trata de una situación paradójica para el galán porque en su percepción considera la mentira como un medio idóneo para lograr sus propósitos.

El conflicto social al que se enfrenta don García se origina por el azar. Como los mismos personajes hacen saber al público, inicialmente tenía trazado otro destino. Al ser «hijo segundo», su padre, don Beltrán, lo indujo al estudio de «letras» en Salamanca, pues consideraba que esta carrera sería «la mejor puerta / para las honras del mundo» (vv. 73-75), ya que sin poder disfrutar de herencia alguna tendría que valerse de su grado académico para ganarse la vida. Pero al morir su hermano Gabriel, quien como primogénito merecía el mayorazgo, don García toma su lugar. Este cambio no sólo implicaba el ser el heredero directo del patrimonio del padre, sino relacionarse socialmente en la corte y observar unos supuestos morales que se consideraban inherentes al estamento de la nobleza.

1999, pp. 31-32. Ignacio Arellano considera *La verdad sospechosa* como una comedia de enredo «con esquema constructivo de capa y espada, pero intención de sátira de vicios como la maledicencia o la mentira» (Arellano, 1995, p. 285; ver pp. 289-291).

[5]   Montero, 1999, p. 28.

[6]   En este punto, sigo lo señalado por Juan Oleza y Teresa Ferrer en relación con las comedias urbanas de Juan Ruiz de Alarcón: «el proyecto amoroso del personaje principal suele llevar involucrado un proyecto social, de forma que lo amoroso no se da casi nunca de manera autónoma» (Oleza y Ferrer, 1986, p. XLV).

Entre estos supuestos se encontraba el no faltar a la verdad, razón por la cual don García, con su propensión a mentir, no favorece sino que agrava su pertenencia al nuevo estatus social que recién le corresponde[7]. Así nos lo hace saber don Beltrán, quien a pesar de estar consciente del deterioro moral de la corte, mantiene la convicción de que la mentira representa un vicio, opuesto a la condición nobiliaria y perjudicial para la vida cortesana. Cuando inquiere al Letrado sobre el vicio al cual «muestra más inclinación» (v. 104) don García, llega a preguntar: «¿Cosa es que a su calidad / será dañosa en Madrid?» (vv. 153-154), y al conocer que este vicio es la mentira exclama: «¡Qué cosa tan fea! / ¡Qué opuesta a mi natural!» (vv. 215-216). Nuevamente el comportamiento de don García será el principal obstáculo para resolver el conflicto social planteado en la obra y será determinante en el proceso de degradación en que cae este personaje y del cual lo salvará parcialmente su padre mediante el matrimonio con Lucrecia[8], quedando de esta manera unidos los dos ejes de la obra mencionados: el amoroso y el social.

III

Si bien la elaborada trama de la comedia permite explicar de forma coherente la intención de Alarcón por indagar moral y socialmente sobre el vicio de la mentira, ¿qué función desempeñan los espacios donde se desarrolla la obra o los que tan sólo están aludidos? A nuestro parecer, reafirman y enriquecen las premisas de los personajes, y en consecuencia el sentido de la obra. Me refiero a la construcción de espacios tanto metafóricos como a los espacios que debían representar en el escenario lugares físicos reconocibles por el espectador. Por una parte, los espacios aludidos: Salamanca y el Nuevo Mundo, y, por otra, los espacios fácilmente identificables en el Madrid de la época (calle de las Platerías, iglesia de la Magdalena, campos de Atocha y San Blas, etc.)[9].

[7] Para un desarrollo más amplio acerca del mayorazgo y la condición de nobleza de los personajes en *La verdad sospechosa,* ver Oleza y Ferrer, 1986; Concha, 1990; Montero, 2004.

[8] Oleza y Ferrer, 1986, p. XLVIII.

[9] El tema de los espacios en las comedias alarconianas sólo recientemente ha llamado la atención. Vega García-Luengos ha realizado un análisis exhaustivo de los espacios madrileños en siete comedias de Alarcón, entre ellas *La verdad sospechosa;* en

No es la ocasión para referir por extenso las diversas implicaciones de la configuración de los espacios en el teatro del Siglo de Oro[10]. Baste sólo recordar que éstos no deben verse como el simple receptáculo de las acciones ni como elemento decorativo prescindible. Es un aspecto fundamental para comprender el significado global de la obra teatral. «No se trata —para decirlo con José Amezcua— sólo de descubrir la ingenuidad de que los actores ocupan un lugar sobre el tablado, sino de observar cuánto un personaje queda vinculado semánticamente a un espacio determinado, de manera que el carácter recibe connotaciones insólitas de la contingencia topológica»[11]. En la obra teatral, el autor selecciona los espacios —y los reelabora artísticamente— con la finalidad de potenciar su simbolismo en concordancia con la intención dramática, de tal suerte que un lugar con ciertos objetos sugiere al espectador significados conocidos, pues lo remiten a sus propios modelos culturales. José Amezcua explica que «dado el carácter del teatro de enfatizar los problemas espaciales, lo que la escena dramática hace es concentrar esos sentidos heredados, ya sea presentándolos por medio de la escenografía, o sugiriéndolos solamente en el discurso de los personajes»[12], es decir, como espacios miméticos para el primer caso y diegéticos para el segundo.

IV

En *La verdad sospechosa,* las acciones se ubican por completo en Madrid; pero en un nivel diegético constantemente se hace referencia a Salamanca. No dudamos de que en el horizonte de expectativas del receptor de la época estuviera presente la imagen del espacio salmantino, no en lo que se refiere a los recintos universitarios o a su fisonomía urbana, sino a la imagen que proyectaba a través de los estudiantes. El mentor de don García ya había hecho un bosquejo al señalar

sus propias palabras «revisa los diferentes espacios desde el punto de vista dramático y escénico, y cómo es el Madrid que en ellas se refleja» (Vega, 2002, p. 547). Javier Rubiera también incluye *La verdad sospechosa* en el corpus de obras analizadas en su libro sobre *La construcción del espacio en la comedia española del Siglo de Oro* (Rubiera, 2005).

[10] Al respecto, puede consultarse Amezcua, 1987; Arellano, 1999; Rubiera, 2005.

[11] Amezcua, 1987, p. 39.

[12] Amezcua, 1987, p. 40.

este espacio como el lugar donde los mozos «gastan humor, / sigue cada cual su gusto: / hacen donaire del vicio, / gala de la travesura, / grandeza de la locura» (vv. 171-174), y a ello atribuía indirectamente el vicio de don García. La breve descripción del Letrado no distaba de la realidad. Willard F. King hace un retrato de la vida estudiantil de Salamanca en la cual queda claro que los universitarios mostraban un vigoroso ímpetu por las diversiones:

> El juego era una pasión general y avasalladora, y las visitas a prostitutas eran frecuentes [...]. Abundan las noticias sobre borracheras, sobre ruidosas excursiones nocturnas por las calles, que aterrorizaban a los vecinos, sobre pleitos entre los estudiantes mismos con motivo de las oposiciones a cátedra o por razones de regionalismo (extremeños contra vizcaínos, castellanos contra portugueses, etc.) y sobre choques violentos con los alguaciles que intervenían en las peleas. Heridas graves, asesinatos, muertes violentas ennegrecen las páginas de las crónicas estudiantiles[13].

La probada conducta desordenada de los estudiantes salmantinos es referida por don García en una de sus tantas mentiras. Cuenta a su padre que se ha tenido que casar con doña Sancha de Herrera, no tanto por amor, sino por haber sido descubierto *in fraganti* en el aposento de la dama (vv. 1524-1710), lo cual constituía a todas luces un acto de deshonra que sólo se reparaba con el matrimonio. En términos espaciales, el hecho deshonroso se evidencia con la entrada —lograda con galantería, tercerones y papeles— de don García a la habitación de la figurada doña Sancha (vv. 1560-1571). La recámara de una dama —espacio por excelencia privado— representaba un ámbito prohibido a cualquier pretendiente, pues en términos simbólicos —en tanto espacio cerrado— aludía a la virginidad celosamente resguardada por el padre. Willard F. King supone que este relato estaría basado en «hechos realmente ocurridos entre los amigos de Alarcón», pues eran frecuentes los amores entre estudiantes y «muchachas de familias salmantinas respetables», de lo cual «resultaba a veces el nacimiento de criaturas ilegítimas»[14].

En otra ocasión, don García trata de engañar a Tristán diciéndole que ha dado muerte a don Juan en un valeroso duelo. Al entrar don Juan por un extremo del escenario, don García intenta encubrir su

---

13 King, 1989, pp. 114-115.
14 King, 1989, p. 115.

mentira con otra. Explica a Tristán que seguramente han curado a don Juan con un ensalmo, remedio nada extraño en Salamanca:

TRISTÁN   Cuchillada
que rompió los mismos sesos
¿en tan breve tiempo sana?
DON GARCÍA   ¿Es mucho? Ensalmo sé yo
con que un hombre en Salamanca,
a quien cortaron en cercén
un brazo con media espalda,
volviéndosele a pegar,
en menos de una semana
quedó tan sano y tan bueno
como primero. (vv. 2788-2797)

En esta mentira, don García trae a mientes otro de los rasgos al que está asociada la ciudad de Salamanca: la magia. En efecto, en la tradición popular y en la literatura esta leyenda era bien conocida. Se decía que bajo la iglesia de San Cebrián existía una cueva (en realidad la sacristía) donde un sacristán (en algunas versiones un bachiller o el diablo mismo) enseñaba magia, astrología y otras artes adivinatorias. Los alumnos eran siete e igual número de años tendrían que dedicarse al estudio de este tipo de artes. Al final de los mismos, se decidía al azar quién de los siete discípulos tendría que pagar al maestro. En caso de no abonar la deuda, debería quedar preso en la cueva[15]. Lo que importa destacar es que para el siglo XVII Salamanca era considerada como «residencia y refugio de practicantes de la magia o, en todo caso, como ciudad iniciática y esotérica»[16]. Incluso este simbolismo se extendió hasta bien entrado el siglo XIX, e incluso en territorios americanos[17]. Esta leyenda dio materia para que Cervantes escribiera el entremés de *La cueva de Salamanca* y Alarcón una comedia homónima. Escritas ambas con anterioridad a *La verdad sospechosa*, el público contaría con el antecedente necesario para comprender la alusión en

---

[15] Marcos, 2004, p. 165.
[16] Rodríguez de la Flor, 1987, p. 16.
[17] En algunos lugares de América, como Argentina, Uruguay y Chile, el «nombre de Salamanca se utilizó para designar cualquier cueva vinculada a circunstancias sobrenaturales o demoníacas» (Marcos, 2004, p. 184); para una revisión sobre la repercusión del simbolismo de Salamanca en América, ver Rodríguez de la Flor, 1987; Marcos, 2004.

este breve parlamento. Además, cabe recordar que tanto en el entremés cervantino como en la comedia de Alarcón, se hace referencia al tema de la magia también en el sentido de ilusión o mentira, es decir, de engaño, lo cual se aviene con la personalidad de don García. Por otra parte, en estas obras se habla asimismo de las «locuras» de los estudiantes.

Por último, mencionaré otra faceta que delata a don García como universitario. Aunque menos perceptible, la elocuencia y el «ingenio» (suele decir antes de empezar a mentir: «Agora os he menester, / sutilezas de mi ingenio», vv. 1522-1523) podrían considerarse como huellas de un pasado inmediato del que todavía no ha logrado desligarse. Ciertamente, este tipo de expresión sería resultado del aprendizaje académico propio de un estudiante de «Letras», pues, como se sabe, quienes se dedicaban a esta profesión se caracterizaban por el buen uso de la retórica, en particular eran diestros en el manejo del discurso argumentativo[18].

La imagen de Salamanca, aludida diegéticamente con sus estereotipos más comunes, provocaría que el espectador atribuyera a don García rasgos distintivos propios de un estudiante universitario. Reafirmar la procedencia del personaje —una procedencia que no remite a un espacio cualquiera sino a uno plenamente codificado—, significa otorgarle una identidad social; don García no sería sólo el hijo de don Beltrán, sino un alumno salmantino; un personaje al que hay que agregar todo lo que —en las expectativas del receptor— representa haber estudiado en la Universidad de Salamanca. Así, trasladados los valores de esta ciudad a don García, se cuenta por lo menos con un sustento que explica su conducta; en ese sentido, su propensión a la mentira responde no sólo a una condición patológica, cuanto a una determinación social. Como se ve, la caracterización de don García, a partir de los espacios en que se ha desarrollado, es más amplia de lo que denotan sus acciones o de lo que refieren de él otros personajes.

La connotación espacial salmantina define el carácter de don García, pero al mismo tiempo lo diferencia en el ámbito madrileño. Eso explica por qué don García resulta un «extraño» en la ciudad capi-

---

[18] Willard F. King menciona que a todos los estudiantes de leyes los unía «una prolongada educación universitaria que seguía un plan rigurosamente prescrito y enseñaba primordialmente el modo silogístico de argumentación, y esta forma no podía sino desarrollar una mentalidad común» (King, 1989, p. 106).

tal y por qué se convierte en un factor perturbador dentro de una sociedad aparentemente en orden[19]. Es muy significativo el hecho de que la comedia inicie justo cuando llegan, procedentes de Salamanca, don García y el Letrado. La primera acotación relativa al vestido de los personajes, «*de camino*», establece la «ajenidad» del protagonista. El camino marca la oposición simbólica dentro/fuera, señalando con ello la irrupción de un «elemento» externo en un mundo cerrado. La indumentaria de los recién llegados es el indicio más patente del estigma que acompañará a don García en toda la obra: anuncia su condición de forastero, hecho que no cambiará ni cuando, tratando de asumir su nuevo rol social, vista al estilo cortesano.

V

Si en Salamanca la vida desordenada se convierte en el estandarte de los jóvenes estudiantes («hacen donaire del vicio») y por lo tanto la mentira está permitida, en Madrid los valores que rigen son el engaño, la apariencia y la confusión. Siendo cabeza del reino, Madrid debería ser el símbolo de la virtud, como suponía el Letrado:

> Mas en la corte mejor
> su enmienda esperar podemos,
> donde tan validas vemos
> las escuelas del honor (vv. 176-179);

pero en los hechos representa todo lo contrario; con ironía se expresa don Beltrán respecto de la opinión del Letrado: «Casi me mueve a reír / ver cuán ignorante está / de la corte...» (vv. 191-193). En varios lugares del texto, se habla de una imagen distorsionada de Madrid,

---

[19] Eugenia Revueltas ya había advertido que el personaje siente una «ajenidad al entorno», la cual «se va planteando en el texto y mostrando cómo todos los otros personajes se conocen entre sí, tienen lazos de amistad o de familia; los pretendientes de Jacinta y Lucrecia también son amigos y están emparentados, de tal manera que todos forman una red de intereses perfectamente bien trabada y en la cual García resulta ser la intrusión de un extraño, esto sucede aun en relación con el padre, ya que por motivos de linaje él no estaba designado para ser el portador de él, sino su hermano mayor, y sólo gracias a un desdichado azar, la muerte de su hermano, él accede a la primogenitud» (Revueltas, 1999, p. 130).

confirmando con ello la velada crítica que Alarcón hace a la sociedad de su tiempo[20].

En esta comedia de enredo, los espacios escénicos hacen referencia a lugares familiares para el espectador. En efecto, en *La verdad sospechosa* todas las acciones ocurren en Madrid. José Fradejas y Germán Vega García-Luengos[21] han identificado puntualmente los espacios madrileños en los que Alarcón sitúa la representación de su obra: calle de las Platerías, paseo de Atocha y campo de San Blas, iglesia de la Magdalena, calle la Victoria y los espacios privados que corresponden a las casas de don Beltrán, Jacinta y Lucrecia. Germán Vega, principalmente, ha hecho notar cómo dichos espacios son parte imprescindible para la organización y desenlace de las escenas que enmarcan. En cuanto a su valor simbólico, ha destacado que *La verdad sospechosa* proyecta una imagen negativa de la corte, por ser el lugar por excelencia del interés, la mentira y la lisonja, pero sobre todo del engaño[22].

Al respecto se podrían citar varios ejemplos, pero bastará con uno para ilustrar este valor simbólico[23]. Don García, a partir de la tercera escena del primer acto, sale «*de galán*», lo cual «es fundamental para dar sentido a toda la escena de las Platerías, ya que la secuencia de las mentiras no sería posible sin este cambio de personalidad física del actor»[24]. Recuérdese que la primera impresión que don García tiene de Madrid es la que le pinta Tristán. El gracioso, desde su perspectiva mundana de la vida, traza un panorama en el cual predomina la simulación y

---

[20] Es importante resaltar que esta crítica social se inscribe dentro de una época de reformación de costumbres emprendida por el conde-duque de Olivares en el primer tercio del siglo XVII. Como señala Montero Reguera, a esta campaña se unieron varios escritores: «ante la ostentosa relajación del reinado de Felipe III, toda una literatura (arbitristas, moralistas, poetas, dramaturgos…) se hace eco de tan terrible situación y ofrece posibles soluciones». Para este autor, «algunas de las comedias alarconianas pueden entenderse en esa línea reformista: *Las paredes oyen, Los pechos privilegiados, Ganar amigos, El dueño de las estrellas, La amistad castigada*…». Respecto de *La verdad sospechosa*, «el ambiente reformista se muestra de manera palpable a través de las menciones a "premáticas" de la época; en las críticas por la abundancia de coches y el lujo a la hora de vestir y a través, también, de las referencias a diversos problemas de índole social» (Montero, 2004, p. 1012).

[21] Fradejas, 1993; Vega, 2002.

[22] Vega, 2004, pp. 568-579.

[23] El lector que desee conocer otros casos, puede consultar los trabajos citados de Fradejas, 1993; Vega, 2002.

[24] Revueltas, 1999, p. 130.

el interés: los hombres se dejan llevar por una moda absurda con tal de ocultar sus defectos físicos; las mujeres —en todas sus jerarquías o estado civil— son livianas y mentirosas, y la única forma para acceder a ellas es mediante el dinero; dice Tristán: «lleva un presupuesto solo, / y es que el dinero es el polo / de todas estas estrellas» (vv. 362-364). Y no ha de pasar mucho tiempo para que don García vea confirmadas las enseñanzas del gracioso, pues el encuentro con Jacinta se da en una platería (signo de riqueza pero también de vanidad), y ella ni se muestra reacia al galanteo de don García ni da señales de desagrado por la presunta riqueza de éste. En este pasaje, Alarcón traba perfectamente las acciones, el relato de Tristán y los signos espaciales (*diegéticos:* las carrozas, y *miméticos:* el vestuario, la calle, la platería, las joyas) para configurar una imagen suntuosa pero frívola y engañosa, tanto de la ciudad como de sus habitantes, y en particular de sus mujeres.

VI

En esta misma escena, don García niega su identidad y se inventa una nueva. No confiesa a Jacinta su verdadero origen sino que se hace pasar por un indiano. Aunque los fines son amorosos, también demuestra el afán del protagonista por apropiarse de los valores que Tristán le ha referido como rectores en la sociedad madrileña; es decir, investirse de la aureola de riqueza como el medio más adecuado para relacionarse en un mundo que aún desconoce:

Don García	Cosa es cierta,
	Tristán, que los forasteros
	tienen más dicha con ellas;
	y más si son de las Indias,
	información de riqueza.
Tristán	Ese fin está entendido. (vv. 814-819)

Como sucede con el espacio salmantino, el nuevo espacio dramático recreado (las Indias) y el personaje prototípico asociado a éste (el indiano) conducen a una imagen bien codificada por el público español[25]. No importa que Alarcón apenas señale algunos rasgos físicos de

---

[25] En efecto, ya Covarrubias definía al indiano como «El que ha ido a Indias, que de ordinario estos vuelven ricos» (citado por Montero, 1999, p. 85, n. 43).

la Indias (el Potosí, por ejemplo[26]); con sólo identificar al personaje con esta región, el espectador recrea el espacio americano con todas sus implicaciones simbólicas, pues «el tema de las Indias —dice José Amezcua— en el Madrid del XVII era motivo de asociaciones mentales con viajes marinos, tesoros fabulosos y tierras exóticas de vida salvaje»[27]. Pero el estereotipo más difundido era el de la gran riqueza, de tal suerte que quien había nacido en tierras americanas o había vivido en ellas, por ese simple hecho, tenía que ser un hombre acaudalado, y de ello la literatura dramática ofrece múltiples ejemplos. Daisy Rípodas en un excelente estudio sobre «El teatro y la imagen peninsular del indiano», demuestra que:

> El indiano prácticamente siempre aparece como rico pues, aun cuando no lo sea, asegura que lo es. Riqueza e indianidad son cara y ceca de una misma moneda. Y esto al punto de que quienes desean ser tenidos por ricos se fingen indianos[28].

Y como sucede que don García quería ser tenido por rico, a la pregunta de Jacinta: «¿Sois indiano?», él responde: «Y tales son / mis riquezas...» (vv. 497-498). Alarcón no deja pasar otros rasgos que caracterizaban a tan singulares personajes; a saber, el ser avaros («Y sois tan guardoso / como la fama os hace», vv. 501-502), pero al mismo tiempo desprendidos con la mujer amada («¿qué te parece / del indiano liberal», vv. 521-522); «enamoradizos»; «famosos por su mucha labia», y, por último, mentirosos o «por lo menos, exagerados»[29]: «¿Luego, si decís verdad, / preciosas ferias espero?» (vv. 505-506). Este último rasgo, aunque apenas percibido por Jacinta, constituye un valioso indicio que anuncia el carácter de don García. Es muy sintomático que la primera mentira del protagonista en Madrid esté vinculada a la suplantación de un personaje que es símbolo de riqueza y de mentira. Otra vez el trasfondo de la escena es el engaño.

En otro pasaje, don García utiliza el mismo procedimiento del caso anterior. Por casualidad, se encuentra a don Juan y a don Félix; apenas enterado de lo que platican, don García nuevamente suplanta

---

[26] Por otra parte, las minas bolivianas del Potosí simbolizaban por antonomasia la riqueza del Nuevo Mundo (Montero, 1999, p. 85, n. 44).

[27] Amezcua, 1992, p. 49.

[28] Rípodas, 1986, p. XV.

[29] Rípodas 1986, pp. XI-XXVII.

una identidad, y se hace pasar por el rico anfitrión que ofreció una lujosa cena en el Soto del Manzanares a una «hermosa dama» (vv. 665-748). Aquí debemos resaltar la gran capacidad de don García para crear espacios imaginarios que por la profusión de detalles, metáforas y otros recursos poéticos son verosímiles y cauSan asombro. La ficción poética creada por Alarcón «al mismo tiempo encanta y seduce a sus interlocutores y al público, por su poder catalizador de imágenes, sensaciones y estado de ánimo de tales»[30].

En un verdadero ejercicio de *écfrasis* («Por Dios, que la habéis pintado / de colores tan perfectas», vv. 749-750), la descripción de la fiesta y su banquete es tan vívida que ni don Juan ni don Sancho en ningún momento sospechan su falsedad. Eugenia Revueltas ha observado que don García recrea el espacio amoroso por excelencia: el *locus amoenus*[31]. Y así es, pero no debemos olvidar que en toda la descripción hay otra línea temática: la de la suntuosidad. La mesa («a lo italiano curiosa, / a lo español opulenta»); los manteles y servilletas («en mil figuras prensados»); cuatro aparadores que ostentan «la plata blanca y dorada, vidrios y barros»; la disposición de cuatro tiendas (para los «cuatro coros diferentes» y las restantes para los más exquisitos platillos); los fuegos artificiales («cohetes, bombas y ruedas»), y las «veinticuatro antorchas» pueden sintetizarse en un solo campo semántico: el de la riqueza y la ostentación.

Este mismo espacio involucra a otros personajes de la comedia: Jacinta y su pretendiente don Juan. Ciertamente, la escena iniciada por Juan y Félix gira en torno a la supuesta salida nocturna de Jacinta y su cita con otro galán. La sospecha de Juan se funda sólo en el avistamiento del coche de su amada. Los elementos que configuran este suceso, sin embargo, son de vital importancia para comprender otra significación del espacio recreado. El coche, en primer lugar, era signo de distinción y estatus social, pero, del mismo modo, en esa época ya figuraba literariamente como «uno de los aspectos más frecuentes en la sátira por la utilización excesiva de estos vehículos»[32], es decir, como una muestra más de vanidad y frivolidad: aspectos que configuran la personalidad de Jacinta. El ámbito nocturno, muy codificado en la comedia, remitía a las relaciones amorosas de todo tipo, pero muy

---

[30] Revueltas, 1999, pp. 118-119.

[31] El Soto del Manzanares «dentro del contexto cultural es el espacio de los devaneos galantes» (Revueltas, 1999, p. 119).

[32] Montero, 1999, p. 79, n. 35.

especialmente a los amores secretos o prohibidos; de ahí la enorme ofensa que siente don Juan: se cree deshonrado por Jacinta, su prometida. El espacio propiamente dicho, las orillas del Manzanares, poseía en la sociedad de la primera mitad del siglo XVII connotaciones bien precisas: «para el ocio estaba el Sotillo a orillas del Manzanares»[33], pero era asimismo lugar apropiado para el galanteo amoroso; valor simbólico que completa el sentido del festejo imaginario: amor/desamor, riqueza, traición, ilusión.

VII

Como hemos visto, la función simbólica del espacio desempeña un papel relevante en la comedia. Por una parte enriquece la caracterización de don García al proporcionar elementos que explican su comportamiento: su propensión a mentir no sólo obedece a un rasgo patológico sino a un condicionamiento social, en particular porque la ciudad de Salamanca lo ha impregnado de sus estereotipos (universidad y magia) más sobresalientes. Por otra parte, las referencias al espacio madrileño refuerzan la crítica a las costumbres cortesanas y urbanas en general en el contexto de una época reformista. Por último, se complementa el sentido global del texto en tanto que la mayor parte de los espacios revisados poseen las connotaciones de la mentira y, sobre todo, del engaño y de la apariencia. Sin duda, la construcción de espacios en *La verdad sospechosa* favorece considerablemente su coherencia y verosimilitud.

BIBLIOGRAFÍA

ARELLANO, I., *Historia del teatro español del siglo XVII*, Madrid, Cátedra, 1995.
— «Valores visuales de la palabra en el espacio escénico del Siglo de Oro», en *Convención y recepción. Estudios sobre el teatro del Siglo de Oro,* Madrid, Gredos, 1999, pp. 197-237.
AMEZCUA, J., «El espacio simbólico: el caso del teatro español del Siglo de Oro», *Acta Poética,* 7, 1987, pp. 37-48.
— «Estudio introductorio», en J. Ruiz de Alarcón, *Antología,* México D. F., Consejo Nacional para la Cultura y las Artes, 1992, pp. 11-51.

---

[33] Vega, 2003, p. 562.

CASTRO LEAL, A., *Juan Ruiz de Alarcón, su vida y su obra*, México D. F., Ediciones Cuadernos Americanos, 1943.

CONCHA, J., «El tema del segundón y *La verdad sospechosa*», en *Texto y sociedad: problemas de historia literaria*, ed. B. Aldaraca *et al.*, Amsterdam-Atlanta, Rodopi, 1990, pp. 143-168.

FRADEJAS, J., «Don Juan Ruiz de Alarcón: un novohispano en Madrid», *Anales de literatura hispanoamericana*, 22, 1993, pp. 25-47.

FRENK, M., «Introducción», en J. Ruiz de Alarcón, *Comedias*, ed. M. Frenk, Caracas, Ayacucho, 1982, pp. IX-XXXIII.

KING, W. F., *Juan Ruiz de Alarcón, letrado y dramaturgo. Su mundo mexicano y español*, México D. F., El Colegio de México, 1989.

MARCOS CELESTINO, M., «El marqués de Villena y *La cueva de Salamanca*. Entre literatura, historia y leyenda», *Estudios humanísticos: Filología*, 26, 2004, pp. 155-185.

MONTERO REGUERA, J., «Introducción biográfica y crítica», en J. Ruiz de Alarcón, *La verdad sospechosa*, ed. J. Montero Reguera, Madrid, Castalia, 1999, pp. 7-49.

— «Nobleza, mentira y reformación de costumbres (sobre el sentido de *La verdad sospechosa*)», en *Siglos dorados: homenaje a Augustin Redondo*, coord. P. Civil, Madrid, Castalia, 2004, pp. 1009-1017.

OLEZA, J. y T. FERRER, «Introducción», en J. Ruiz de Alarcón, *Las paredes oyen. La verdad sospechosa*, Barcelona, Planeta, 1986, pp. IX-LXXX.

REVUELTAS, E., *El discurso de Juan Ruiz de Alarcón: texto y representación*, Zamora, Michoacán, El Colegio de Michoacán, 1999.

REYES, A., «Ruiz de Alarcón», en *Medallones*, México D. F., Espasa-Calpe, 1994 [1951], pp. 27-94.

RÍPODAS ARDANAZ, D., «Influencia del teatro menor español del setecientos sobre la imagen peninsular del indiano», en *El indiano en el teatro menor español del setecientos*, ed. D. Rípodas Ardanaz, Madrid, Ediciones Atlas, 1986, pp. I-LXXVIII.

RODRÍGUEZ DE LA FLOR, F., «Introducción», en F. Botello de Moraes, *Historia de la cueva de Salamanca*, ed. E. Cobo, Madrid, Tecnos, 1987, pp. 9-42.

RUBIERA FERNÁNDEZ, J., *La construcción del espacio en la comedia española del Siglo de Oro*, Madrid, Arco Libros, 2005.

RUIZ DE ALARCÓN, J. de, *Obras completas*, ed. A. Millares Carlo, México D. F., Fondo de Cultura Económica, 1996 [1968], vol. 3.

VALBUENA PRAT, Á., *Historia del teatro español*, Barcelona, Moguer, 1956.

VEGA GARCÍA-LUENGOS, G., «En el Madrid de capa y espada de Ruiz de Alarcón», en *Homenaje a Frédéric Serralta: el espacio y sus representaciones en el teatro español del Siglo de Oro*, ed. F. Cazal *et al.*, Madrid-Pamplona, Universidad de Navarra-Iberoamericana, 2002, pp. 345-381.

EL ESPACIO ESCÉNICO DE *LOS EMPEÑOS DE UNA CASA* Y ALGUNOS ANTECEDENTES CALDERONIANOS

Susana Hernández Araico
California State Polytechnic University, Pomona

Homenaje a Celsa Carmen García Valdés

En *Los empeños de una casa*[1] sor Juana Inés de la Cruz explota las posibilidades espaciales del arte escénico del siglo XVII, presentando una comedia deliciosa de motivos enmascarados e identidades equivocadas. En una obra de tres actos o jornadas, una pareja de hermanos (don Pedro y doña Ana) maniobra para separar a una pareja de amantes (doña Leonor y don Carlos) la noche en que se fugan. Pero las manipulaciones de los hermanos para adquirir control sobre cada uno de los ingenuos amantes al final resulta en contra suya. Todos los personajes caen en una red de circunstancias ridículamente exageradas —una pelea callejera de capa y espada con aparente muerte, un secuestro, un intento de violación, traiciones de criados y un impresionante disfraz mujeril por parte del principal de ellos, el gracioso Castaño—. En medio del suspenso en continuo *crescendo,* un padre notoriamente desobligado intenta lograr matrimonio provechoso y honorable para la hija que ha descuidado del todo.

---

[1] Todas las citas provienen de mi edición, a diferencia de la edición de Saldeda, donde la numeración continua de los versos a través de las tres jornadas coincide con la de García Valdés.

Como prácticamente toda la acción se reconcentra en menos de veinticuatro horas, el suspenso aumenta a través de una noche, el día siguiente y otra noche dramáticos dentro de un laberíntico espacio doméstico semiiluminado. En contraste con *Casa con dos puertas*[2] y *Los empeños de un acaso* de Calderón, donde la acción se extiende a dos casas y hasta tres respectivamente, aparte de la calle o el jardín, en la comedia de sor Juana la acción se reconcentra y se limita prácticamente a una casa. Como Aurelio González ha observado[3], el espacio retorcidamente complicado de la casa determina todos los vínculos dramáticos entre los personajes. Sus descubrimientos y confusiones surgen debido a su ubicación. De hecho, parecen perder su autonomía y hasta su capacidad de reaccionar a medida que se convierten en expresiones dramáticas de este espacio interior. He ahí la impresión de un juego de ajedrez donde, sin embargo, más de dos jugadores se proponen ganar contra varios otros, de no ser porque la casa termina modulando las movidas de todos[4]. De hecho, la manipulación recíproca de los personajes es posible únicamente por el recurso ingenioso de la dramaturga —como si se tratara de una especie de tablero de ajedrez virtual— a varios espacios dentro y alrededor de la casa, visualizados o meramente verbalizados[5].

[2] Sor Juana toma el título para su comedia del v. 1543 de esta comedia calderoniana, montada en la Ciudad de México supuestamente en 1679 (Hesse, 1955, p. 15). Además el título tergiversa el de otra comedia calderoniana *Los empeños de un acaso* (Castañeda).

[3] González, 1994, p. 272.

[4] De ahí el acierto de Michael D. McGaha al titular *Pawns of a House* su traducción al inglés de la comedia que acompaña mi edición. En inglés se da entonces un curioso juego de palabras entre los peones («pawns») del ajedrez y «una casa de empeños» o «pawn house».

[5] González (1994, p. 276) observa esta combinación de espacios: «Estos espacios serán miméticos y diegéticos, mientras la acción sucede en un espacio se hará referencia a otro, con lo cual las acciones en muchos casos serán dramatizadas, pero en otros sólo serán narradas». Larson (1990, p. 191) enfatiza, sin embargo, que aun la narración incluye dramatización en el caso de Leonor. Su narración de la escena callejera de capa y espada de hecho incluye diálogo a medida que esta dama imita las voces de los embozados, reactivándole a doña Ana el incidente que la ha traído a su casa. Además «esta escena nada común funciona a manera de acotación (Larson, 1990, p. 192), pues para doña Ana, que ya sabe casi todo sobre esa escena callejera, según se la ha anticipado su hermano, tiene que fingir sorpresa: «la actriz que hace el papel de doña Ana tendrá que actuar y reaccionar de acuerdo con los requisitos de

La casa entonces, es decir, el espacio dramático que el título mismo de la comedia destaca, se convierte en una entidad casi omnicircundante con que los personajes batallan. Inclusive para acción de fondo esencial, contiene exteriores importantes que aparecen retóricamente dentro de su estructura y contribuyen al interior laberíntico, sobre todo por medio de los elaborados enredos de los personajes en narraciones conflictivas. Tales extensiones narrativas del espacio mimético[6] posibilitan la restricción de prácticamente toda la acción dentro de la casa.

La única excepción a su aspecto omnicircundante se da en las escenas que convenientemente introducen al ineficaz padre de doña Leonor en algún sitio cercano. En mi edición de la comedia, por lo tanto, sustituyo las acotaciones de Salceda en la primera jornada que ubican a don Rodrigo en su casa (I, p. 47, «*En casa de Leonor*») cuando su criado Hernando le informa de la fuga de su hija. Este otro espacio doméstico que Salceda agrega subvierte del todo la insistencia de sor Juana en una casa. Además, don Rodrigo, jugador (II, p. 110, vv. 906-907) y desobligado, que ha descuidado del todo a su hija —dejándola que despliegue su erudición rodeada de galanes— y que no se entera por sí mismo de su desaparición, no es el tipo de padre para presentarlo en casa a los espectadores. Las acotaciones que yo agrego en corchetes —«[*en otro sitio*]»— muy a propósito eliminan la posibilidad de otra casa y simplemente agregan otro espacio fuera de ella, obviamente un espacio público mucho más apropiado para este tipo de padre junto con su criado.

Salvo, pues, las escenas donde aparece el padre de doña Leonor en un sitio cercano, los seis personajes quedan restringidos a la casa de los hermanos, don Pedro y doña Ana: una estructura de dos pisos con una sala central arriba, por lo menos una habitación, pero probablemente una o dos más (las cuales, sin embargo, pueden ubicarse abajo), más una especie de cuarto-almacén también arriba, con salida o balcón que da al jardín, y con una ventana rejada que extrañamente da a una sala central en la planta baja. Ésta se abre hacia un jardín que el público nunca ve. Ésta es la única configuración de la casa que el diálogo y la acción postulan o, al revés, que los posibilita, en con-

---

esta ficción dentro de ficción, jugando un papel dentro de su papel» (Larson, 1990, p. 192).

[6] González, 1994, p. 276.

traposición al análisis que hacen Ruano de la Haza y González de la escenificación de *Los empeños de una casa*. Ése es el espacio que, basado en una producción tipo corral del siglo XVII, mi edición vislumbra por medio de las acotaciones originales y de algunas menores pero muy significativamente agregadas en corchetes, así como por medio de didascalias implícitas en el diálogo originalmente y que mi edición resalta en negrita.

Como dramaturga en la Imperial Ciudad de México a través del siglo XVII, sor Juana continúa una distinguida línea de exitosos dramaturgos (Lope de Vega y sucesores) que escriben comedias para actores profesionales entrenados en las convenciones dramáticas desarrolladas en el escenario convencional de su tiempo que era el corral. De ahí el número tan reducido de acotaciones en la enorme cantidad de comedias que sobreviven, según han observado Larson[7] y Varey[8]. El gran estudioso de la producción teatral en el siglo XVII nos da el siguiente resumen descriptivo del escenario del corral:

> Una plataforma que se proyecta hacia el auditorio que la rodea por los tres costados. Por detrás del escenario corre un balcón, apoyado en pilares, junto con otro balcón encima de ese primero. El espacio debajo del primer balcón se cerraba con cortinas. Por éstas salían los actores al escenario, por las dos llamadas puertas a izquierda y a derecha en el fondo (aunque, a pesar de gran cantidad de acotaciones que indican «puertas», debemos realmente visualizar aperturas en las cortinas en vez de puertas de madera encajadas en un marco). Entre estas dos entradas, las cortinas se podían correr o abrir para revelar un espacio de descubrimiento que se empleaba para exhibir escenas de violencia, ambientes alegóricos, tramoyas elaboradas, o para permitir sacar a la plataforma alguna utilería bultosa. El espacio de descubrimiento podía igualmente servir de cueva o prisión. Los escotillones se ubicaban en la plataforma o en el espacio de descubrimiento. Muchas comedias postulan un acceso de la plataforma

---

[7] Larson, 1990, p. 183. Larson cita a Pascal Mas i Usò (1987, p. 119) sobre «la costumbre calderoniana de poner bajo número de acotaciones pues en esta época ya se habían formado convencionalismos en la representación». Es decir, las convenciones se habían desarrollado a tal grado que muchos detalles en aquéllas se vuelven innecesarios.

[8] Varey (1985, p. 155) también observa que los impresores con frecuencia recortan u omiten por completo acotaciones, sobre todo al acomodar en la prensa versos demasiado largos.

al balcón a la vista del auditorio (problema que aún no se resuelve del todo)[9].

Tal es el espacio que da sentido a gran número de comedias de nuestro teatro clásico y, por lo tanto, al de sor Juana. Sin reconocer este espacio, los directores/lectores de nuestro teatro clásico podemos muchas veces confundir los movimientos de los personajes sobre todo respecto a escenarios de hoy día con distribución espacial muy distinta. La función de un editor responsable es facilitar, con intrusiones mínimas en el manuscrito y/o la edición original, una comprensión del texto según se concibe para escenificarse. Varios factores pueden impedir acceso a esta concepción original, dado el proceso de producción en el siglo XVII[10], comenzando con el poeta o dramaturgo y pasando por las compañías de actores hasta el editor. Pero la comprensión de un texto según se compone para un teatro específico[11] debe a su vez facilitar lecturas o adaptaciones coherentes y desanimar mutilaciones meramente cómodas para una producción en un escenario contemporáneo.

Sor Juana escribió *Los empeños de una casa* sin duda pensando en un escenario tipo corral aunque, como he señalado en otro lugar y he de reclarificar aquí, deconstruye el código dramático de la comedia de más de una manera[12]. Escrita originalmente para la corte virreinal, para escenario desmontable tipo corral dentro de una sala palaciega no identificada en la barroca Ciudad de México[13], la comedia se publica por primera vez (Sevilla, 1692; Barcelona, 1693) como pieza central de un programa teatral integrado de varias otras composiciones dramáticas y líricas —una loa, dos sainetes, tres canciones y un final coral-coreográfico, en este caso llamado sarao[14].

Una comedia de capa y espada de tipo comercial, o sea concebida para corral, con loa, piezas breves, canciones y fin de fiesta, escrita para una celebración palaciega, *Los empeños de una casa* relaciona la musica-

---

[9] Varey, 1985, pp. 149-150.

[10] Varey, 1985, pp. 153-155.

[11] Varey (1985, p. 157) alude a textos «composed with a particular theater in mind».

[12] Ver el estudio de Hernández Araico, 1997.

[13] Hernández Araico, 1996.

[14] Desde 1725 mi edición será la tercera que incluye toda la fiesta. Las otras dos son la de Salceda (México, 1957) y la de García Valdés (España, 1989).

lidad de las piezas acompañantes con el centro mismo de la comedia. A la mitad de la segunda jornada, en una escena coral como de zarzuela (del siglo xvii), toda la tensión dramática se suspende para que cada uno de los seis personajes principales se desahogue de su frustración amorosa por medio del canto —una pausa lírica del todo insólita en la densa y rápida comedia de capa y espada[15].

Con loa alegórica semioperática, canciones, un sainete alegórico y el sarao final, *Los empeños de una casa* tiene todas las apariencias exteriores de las fiestas reales que estaban en boga en la corte habsburga de Madrid y la de Viena. Para celebrar una ocasión especial como un cumpleaños real, un compromiso matrimonial, bodas, o alguna visita de gran importancia política, estas producciones teatrales giraban en torno a una semiópera mitológica-bucólica llamada zarzuela o comedia grande —compuesta respectivamente de dos o tres actos[16]—. Estas producciones, espectaculares por su impresionante realidad virtual, se conciben para impactar a prestigiosos auditorios cortesanos con el poder del monarca de crear y controlar nuevas dimensiones de la experiencia humana. No tiene nada de espectacular, sin embargo, la comedia urbana de tres jornadas de sor Juana, aunque los aspectos corales y alegóricos de la loa, el primer sainete y el final coreográfico pretenden elevar toda la producción al nivel de tales fiestas cortesanas, más allá de lo acostumbrado o convencional para las comedias de capa y espada.

Las zarzuelas y comedias grandes originalmente concebidas para celebraciones oficiales de la corte en la segunda mitad del siglo xvii, incluyen más y más canto de tipo italiano y recitativo junto con coplas tradicionales, además de escenografía impresionante —montajes, pues, totalmente distintos de las comedias de capa y espada—. En palacio, sin embargo, éstas continúan como producciones particulares; sobre todo se repiten las más populares. Hacia fines del siglo xvii, cuando los dramaturgos («poetas») ya no escriben comedias de capa y espada sino zarzuelas, sor Juana escribe *Los empeños de una casa* en México para actores y público bien familiarizados con todas las convenciones dramáticas-escénicas de centenares de comedias que aún se representan en los corrales y escenarios desmontables en sitios reales, palacios,

---

[15] Para la mezcla de comedia de capa y espada con zarzuela en *Los empeños de una casa*, ver Hernández Araico, 1997.

[16] Para la distinción entre zarzuela y comedia grande, ver Stein, 1994.

casas nobles y conventos a través de España o en sus virreinatos, como la Nueva España. Para la ocasión de que sor Juana haya escrito su comedia —una celebración en una casa palaciega o en un convento como el suyo de San Jerónimo— el escenario sigue el diseño de un corral español o del equivalente mexicano en el Hospital de Indios[17]. Larson[18], que correctamente clasifica *Los empeños* como particular, por otro lado postula que este tipo de producción privada cambiaría la escenificación del corral, y sin embargo afirma que «las acotaciones de sor Juana son las típicas que se encuentran en un sinnúmero de comedias del Siglo de Oro». De hecho, el escenario para «particulares», es decir, producciones privadas en palacio, nunca se adapta a la arquitectura del lugar sino que un escenario desmontable sigue el diseño del corral. Tanto Varey[19] como Ruano[20] por eso concluyen que las condiciones de producciones palaciegas privadas —así como las que evidentemente motivan el texto de sor Juana— no difieren mucho de las de los corrales.

Por la *loa* de sor Juana[21], que obviamente introduce las distintas fuerzas que se conjugan dentro de la comedia (Mérito y Diligencia, Acaso y Fortuna), es evidente —como Varey[22] específicamente aclara y Ruano[23] tácitamente reconoce— que el escenario tiene dos entradas separadas o aperturas en las cortinas para que las parejas alegóricas antagónicas salgan al escenario por cada lado del vestuario. En este espacio cubierto por las cortinas en la parte central atrás del escenario, la loa culmina con la revelación de la Dicha cuando las dos cortinas se abren. Así pues, en este preludio alegórico musical que sugiere una producción palaciega, la escenificación sin embargo permanece bastante sencilla con una distribución espacialmente simétrica a medida que las parejas conflictivas salen a cada lado del vestuario donde ocurre una revelación tradicional. No hay por qué pensar entonces que sor Juana postula otro escenario más elaborado con puertas adicionales. Si los corrales de Almagro y del Hospital de Indios posiblemente tenían

---

[17] Ruano de la Haza, 1991, p. 220.
[18] Larson, 1990, p. 185.
[19] Varey, 1985, p. 151.
[20] Ruano de la Haza, 1991, p. 220.
[21] Para más detalles sobre las loas alegóricas y altamente musicales de sor Juana, ver Hernández Araico, 1992 y otro estudio de la misma en inglés (1993).
[22] Varey, 1985, p. 150.
[23] Ruano de la Haza, 1991, p. 204.

más puertas y éste incluía un vestuario más espacioso[24], las características potenciales de estos dos escenarios relativamente carentes de
importancia y prestigio seguramente no inspirarían ni impulsarían a
sor Juana a seguir su diseño que difiere del predominante en los corrales de Madrid[25].

En la primera y tercera jornadas de *Los empeños de una casa,* en
medio de toda la confusión debida a la oscuridad y/o disfraces, todas
las salidas y entradas se dan por el vestuario y las dos aperturas laterales de las cortinas que conducen a la habitación de doña Ana y al
cuarto-almacén donde inicialmente esconde a don Carlos, describién-
dolo como tal[26]. El vestuario no se abre para ninguna revelación pero
aparece al público como entrada-salida central a las escaleras que conducen a la puerta de abajo, así como a las habitaciones de don Pedro
y de Celia, ya sea también en la planta baja o en el primer piso. Abajo
también hay una sala grande que corresponde a la de arriba excepto
que ésa conduce directamente al jardín mientras que la de arriba tiene
acceso a este espacio exterior sólo por medio del cuarto-almacén.
Con este plano de la casa, no hay necesidad alguna de agregar puertas
como lo hace Ruano, señalando las medidas más extrañas del corral
de Almagro y posiblemente las del Hospital de Indios. Su configuración de cinco puertas, sin embargo, podría resultar bastante útil para
una producción de hoy, aunque el escenario de sor Juana con toda
seguridad no las requería. Y su complicado plan para la reja por la
cual don Carlos y Castaño observan a don Pedro requebrando a doña
Leonor en la segunda jornada, supuestamente al mismo nivel en la
planta baja[27] igualmente puede servir para un montaje de hoy. Pero no
se requería tal imaginación para concebir esta acción en un escenario

---

[24] Ruano (1991, p. 203) cita a Arróniz (1977, p. 157) sobre esta observación,
basada en un dibujo que sobrevive del Hospital de Indios, el cual el contratista Juan
Gómez de Trasmonte emprende en 1628 (Arróniz, 1977, p. 146). He visto el libro
de Arróniz pero no he logrado ver yo misma las instrucciones de Trasmonte para la
restauración del coliseo, documento que Arróniz cita como AGN [Archivo General
de la Nación], Hist. 467, fols. 5-7.

[25] Ruano, 1991, pp. 201-203.

[26] «aquí hay una pieza / que nunca mi hermano pisa / por ser en la que se guardan / alhajas que en las visitas / de cumplimiento me sirven, / como son alfombras,
sillas / y otras cosas; y además / de aqueso, tiene salida / a un jardín por si algo
hubiere» (I, vv. 633-641)

[27] Ruano, 1991, pp. 211-215.

de dos niveles donde se representaban con frecuencia escenas a la ventana, aunque éstas daban a la calle.

Si entonces la primera y tercera jornadas claramente indican que doña Ana y don Pedro viven en una casa de dos pisos[28], la conceptualización de este espacio doméstico que hacen Ruano y González se desentiende por completo del juego dramático-visual de la segunda jornada, con acción simultánea separada en dos pisos. En la segunda jornada, en particular, Ruano y González no reconocen por lo tanto que sor Juana construye diálogos para los personajes en dos grupos separados y conflictivos como contrapunto visual que va y viene entre los dos niveles de la casa. Tal escena fácilmente se produce en un corral. Con una ventana rejada que da hacia un interior de la casa en vez de hacia afuera a un espacio público como la calle o semipúblico como el jardín, sor Juana recurre de manera innovadora a los dos niveles del escenario del corral. Al mismo tiempo, irónicamente llama la atención a la perspectiva teatral única que ella y sus compañeras conventuales disfrutarían desde tales rejas que dan hacia el espacio de distintas celebraciones.

La innovación de sor Juana en proporcionar una reja que da a una sala en la planta baja inicialmente desconcierta a los lectores de hoy día. Después de todo, las ventanas se supone que den a un jardín o a la calle. Y de hecho, la habitación donde Celia encierra a don Carlos y a Castaño con llave antes de regresar a la planta baja sí tiene una salida o balcón al jardín (I, vv. 621-622, 640-641). Se espera, pues, una escena de requiebros con acompañamiento musical en el jardín. Pero doña Leonor, los hermanos manipuladores y Celia escuchan la música y cantan en una sala desde donde doña Ana después dice que ella conduce a doña Leonor al jardín (II, v. 1537). Y cuando el gracioso y su amo están por ver a Leonor, a los hermanos y a Celia (que sale al escenario de la planta baja por el vestuario) mientras se escucha la música, Castaño específicamente compara la situación suya y de don Carlos con la de monjas enclaustradas[29]. De hecho, en los conventos,

---

[28] En la primera jornada, doña Ana le pide a Celia que baje a abrirle a don Pedro (v. 960: «A abrir a mi hermano baja»). En la tercera jornada, doña Leonor ve a un hombre que sube las escaleras (vv. 3127-3128: «Más subir a un hombre veo / la escalera...»).

[29]   CASTAÑO   Fuese y cerronos la puerta
                       y dejonos como monjas

las monjas se asoman por medio de rejas a espacios interiores y no hacia la calle o hacia jardines.

Una comedia de capa y espada tradicional, sin embargo, representa miméticamente ventanas que dan a la calle desde donde el galán se puede dirigir a la dama ubicada en esa ventana o balcón en el segundo nivel del escenario. En escenas donde no figura la casa, la calle constituye el espacio típico para que los embozados se enfrenten con espadas o se encuentren con tapadas. Con frecuencia, al comenzar la comedia, la calle marca el punto de la llegada del galán a (o de su aparición en) la corte, es decir, Madrid —o un sitio real, como en *Casa con dos puertas*—. Esta comedia se inicia con Lisardo y su criado Calabazas persiguiendo a una tapada, Marcela, en el jardín de Aranjuez. En *El escondido y la tapada,* aparece César con su criado en la Casa de Campo regresando de Lisboa, justo cuando se vuelca el coche de Lisarda para que este primer galán la rescate en sus brazos. En *Los empeños de un acaso,* dos galanes —el favorecido celoso y el rechazado insistente— aparecen «*con espadas desnudas*», indica la acotación, frente a la casa de Leonor, cuando sale el padre a averiguar sobre esta afrenta. Pero en *Los empeños de una casa,* la exposición espacial atípica inmediatamente empieza a deconstruir el código espacial y el concomitante dramático del género que enlaza inextricablemente acción y lugar como mutuamente dependientes.

En la escena inicial, en vez del galán que llega a o aparece en la corte, sale doña Ana dialogando con su criada Celia en una sala de la casa de su hermano en Toledo. Le cuenta —o mejor dicho explica para el público— por qué han salido desde Madrid, es decir, el centro geográfico del mundo de la comedia, para venir a Toledo (I, vv. 41-45)[30]. Doña Ana procede a describirle a Celia la escena callejera de embozados y tapada que su hermano ha de maniobrar para secuestrar en esa casa a una dama en el momento en que se fuga con su galán. Dicha escena los espectadores nunca la han de ver —ya que la casa monopoliza el espacio escénico— pero sí han de escuchar sobre ella tres versiones más que patentizan para el público esa acción callejera invisible que además rompe con los parámetros espaciales de la comedia. La escena típicamente callejera de embozados y tapadas, narrada

en reja, y solo nos falta
una escucha que nos oiga (II, vv. 1417-1420).

[30] Ver el estudio de Amezcua sobre la poética del principio (1990, p. 160) y el motivo de la llegada a la corte.

cuatro veces, envuelve a la protagonista, doña Leonor, en una hiperinsólita fuga con su amante. Tal acción resulta fuera de lugar en la comedia, donde el galán característicamente entra en la casa de la dama y típicamente no se fuga con ella del espacio doméstico hacia el caos social que el espacio público de la calle representa. Pero sor Juana, de manera hiperbarroca, va a modular tal escándalo recubriéndolo ante el público, pues se da únicamente de forma narrativa, y así queda dentro del espacio socialmente aprobado de la casa. La calle como punto de llegada para una dama y una confusa escena escandalosa de tapada y embozados funciona como espacio diegético retóricamente contenido dentro de la casa, de tal manera que se extienden sus dimensiones para abarcar prácticamente toda la acción y definitivamente las escenas exteriores necesarias como fondo.

La fuga de doña Leonor con don Carlos la atajan unos embozados que se hacen pasar por la justicia según lo ha organizado el obsesivo galán desdeñado don Pedro, quien se ha enterado del plan de los enamorados por medio de una criada traicionera de doña Leonor. Don Pedro piensa secuestrarla dirigiendo a los embozados a que la lleven supuestamente por pura coincidencia («acaso») a su casa. Ahí su hermana, doña Ana, le ofrecerá hospitalidad a doña Leonor mientras los embozados fingen tener que perseguir a su amante quien, según el plan de don Pedro, se escaparía por miedo. Pero, en vez, surge una pelea al tratar de proteger a su dama el valiente de don Carlos que termina hiriendo a uno de los embozados. Sin poder rescatar a doña Leonor y sin saber su paradero, por casualidad («acaso») se refugia en la casa de los hermanos. Por lo tanto, *Los empeños de una casa* sí presenta la escena nocturna típica de comedia de capa y espada con embozados enfrentándose en la calle; pero se da sólo retóricamente dentro de la casa dramática que sor Juana construye. Y en forma hiperbarroca, esta acción de fondo en el espacio diegético se presenta en cuatro versiones complementarias o contradictorias. Primero doña Ana explica el plan inicial de don Pedro (I, vv. 83-105). Luego cuando entran sucesivamente en la casa, doña Leonor (I, vv. 481-538)[31], don Carlos (I, vv. 577-580) y don Pedro (I, vv. 990-1005),

---

[31] El monólogo entero de doña Leonor explicándole a doña Ana sobre su fama de erudita, sus galanes, y su fuga con don Carlos incluye en total casi trescientos versos (vv. 259-346). Monólogos tan largos evidentemente ofrecen la oportunidad para que actores excelentes desplieguen su talento retórico y se luzcan manteniendo la atención del público con gestos, movimientos y expresiones repletas de emoción.

narran su respectiva versión de la fuga atajada, destacando ese espacio exterior de la calle que nunca aparece en escena[32]. Se materializa ante el público, sin embargo, por medio del embozado que entra a la casa a entregar a doña Leonor (I, vv. 181-193).

El jardín constituye otro espacio exterior también contenido retóricamente dentro de la casa, extendiéndose así su espacio mimético. Pero como está conectado a la habitación del primer piso donde doña Ana aloja a don Carlos (I, vv. 621-622, 640-641) —probablemente por medio de un balcón con escalera— resulta una desviación en la estructura laberíntica de la casa. Los lectores se confunden pensando que esa «salida» al jardín será la ventana rejada de la segunda jornada y que por lo tanto ésta da al jardín; pero descubren que da a una sala interior en la planta baja desde donde doña Ana lleva a doña Leonor afuera al jardín (II, v. 1537) que no se ve. Este espacio exterior, sin embargo, no es meramente retórico y dramáticamente ineficaz. Como extensión del espacio mimético, cumple un propósito muy práctico para la acción de cada jornada, a pesar de permanecer siempre sin ser visto. Aunque en la primera jornada, nos enteramos por el aparte de Celia de que ha escondido a don Juan en la habitación de doña Ana, sólo se aclara que ha entrado por el jardín cuando vuelve a entrar de la misma manera en la tercera jornada (III, vv. 2234-2235). En la segunda jornada, en la sala de la planta baja, el jardín ofrece el espacio para que doña Ana y doña Leonor dejen a don Pedro solo para que don Rodrigo y don Juan entren a hablar con él sin que las damas ni estos recién llegados se vean ni se escuchen. Estas entradas y salidas deben llevarse a cabo en la planta baja por medio de las mismas aperturas en las cortinas que los espectadores han asociado en el primer piso de la casa con la escalera a su puerta principal que da a la calle (la apertura del vestuario) y el acceso al jardín por la apertura de la cortina que da a la habitación de don Carlos y de Castaño. El jardín invisible de la segunda jornada entonces permite que los personajes se eviten mutuamente.

En la tercera jornada, cuando la acción de nuevo se desenvuelve en el primer piso como en la primera jornada, el jardín otra vez resulta un

---

[32] No por mera coincidencia, don Pedro concluye su explicación diciendo: «Y hasta dejar sosegada la calle / venir no quise» (I, vv. 1006-1007). La narración más curiosa de la escena callejera es la que, por economía dramática, no se escucha. Hernando acaba de concluirla al salir al escenario con el padre de Leonor, pues el público ya no necesita escuchar otra versión de la misma escena, y menos de segunda mano.

espacio dramáticamente significativo que permanece invisible. Don Juan explica que ha entrado secretamente en la casa con la llave del jardín que Celia le dio (III, vv. 2234-2235), obviamente de la misma manera que en la primera jornada, donde inexplicablemente la criada lo ha introducido en el cuarto de doña Ana (I, vv. 167-172). Como el acceso al jardín especificado en el primer piso es el cuarto-almacén, según dos veces doña Ana le señala a don Carlos (I, vv. 621-622, 640-641), don Juan sale al escenario de esa habitación; y se regresa a ella para esconderse y esperar a don Carlos (III, vv. 2264-2265, 2270). Este galán y Castaño que han estado buscando por toda la casa a doña Leonor (III, vv. 2272-2273) tienen que salir al escenario por la apertura del vestuario, asociada con el acceso general al resto de la casa. Castaño le dice entonces a don Carlos que algunas puertas están cerradas con llave (III, v. 2283) cuando intenta abrir la habitación de doña Ana, donde Celia ha encerrado anteriormente a doña Leonor (III, vv. 2230-2231)[33]. Después el jardín por última vez en la comedia se convierte en espacio accesorio para que los personajes no sólo se eviten sino que también se encuentren en tránsito por el cuarto-almacén.

Celia sale por la apertura del vestuario o acceso general, puesto que había bajado a decirle a su amo que doña Leonor se propone salir de la casa (III, vv. 2232-2234). En la planta baja también, su ama le ha ordenado que traiga a don Carlos al jardín (III, vv. 2370-2374) sin duda para algún tipo de encuentro amoroso que este espacio tradicionalmente propicia. Celia y don Carlos por lo tanto salen del escenario por la apertura del cuarto-almacén donde los espectadores saben que don Juan espera escondido. Pero el suspenso de ese encuentro se prolonga mientras Castaño, ahora solo en el escenario, toma su tiempo poniéndose la ropa de doña Leonor, con la intención de salir de la casa disfrazado.

Una vez que don Pedro sube apareciéndose por la apertura del vestuario, de acceso general, y tontamente equivoca al disfrazado Castaño con doña Leonor, se interrumpen sus requiebros por la entrada violenta de don Carlos y de don Juan peleando con espadas, y de doña Ana detrás de ellos. Solamente el jardín con su conexión al cuarto-

---

[33] Resulta enigmático cómo doña Leonor logra salir cuando reaparece tapada con el manto, una vez que Castaño apaga la luz para apaciguar la pelea entre don Carlos, don Juan y don Pedro (III, vv. 2701-2705). Tendría por lo tanto que salir al escenario por la apertura de acceso general del vestuario, sugiriendo que la habitación de doña Ana tiene otra puerta por la cual ha escapado.

almacén ha posibilitado este encuentro. Cuando Celia intenta llevar
a don Carlos al jardín por esa habitación, don Juan los ha atajado.
Y doña Ana, oyendo su pelea desde el jardín, evidentemente sube de
ese espacio exterior nunca visto al cuarto-almacén por medio de la
entrada indefinida (probablemente una escalera) que el público sabe
muy bien los conecta. Su aparición en el escenario detrás de don Carlos y de don Juan se posibilita únicamente por esta conexión entre el
cuarto-almacén y el jardín. Este espacio exterior, dentro de los límites de la propiedad de la casa, aunque permanezca siempre invisible,
extiende de esta manera el espacio mimético para posibilitar que una
acción importante se lleve a cabo dentro de la casa.

Otros espacios interiores que facilitan la intriga en la jornada tercera se hacen dramáticamente disponibles por medio de varias escenas «al paño» —cuando algunos personajes solamente se asoman por
las partituras laterales de las cortinas. Una escena muy similar ocurre
también hacia el final de Los empeños de un acaso, en una de las tres
casas, cuando las dos damas tapadas compiten por un espacio donde
esconderse —una del padre y la otra del hermano—. En mi edición
de la comedia de sor Juana, acotaciones agregadas en corchetes aclaran
en la tercera jornada cómo doña Leonor aparece y desaparece cuando
su padre la ha dejado afuera, tapada con manto, pensando que es doña
Ana, pues así le ha indicado a don Rodrigo don Carlos, engañado
por las apariencias. El espacio extradramático que la estrategia de «al
paño» agrega al escenario intensifica la rapidez de la intriga final que
conduce a la típica conclusión de bodas al por mayor.

Los empeños de una casa deconstruye la estructura espacial básica de
la comedia de capa y espada, ya que sor Juana prácticamente anula la
calle necesaria para las escenas que otorgan el nombre a ese género,
según se puede ver en las tres comedias calderonianas con que más
se relaciona. Sor Juana también elimina el jardín para los encuentros
amorosos. Estos dos espacios, indispensables para la intriga de la comedia, en el texto de sor Juana se convierten en extensiones verbales de
la casa que, al complicar sus dimensiones laberínticas, posibilitan una
acción sumamente complicada, explotando las posibilidades escénicas
del escenario del corral. El paradigma de la comedia española que Los
empeños de una casa traspasa y a la vez básicamente sigue emerge de una
larga tradición de cien años de comedias de capa y espada. Lope de
Vega concibe esta fórmula de éxito económico para el teatro comercial; sus sucesores forzosamente la siguen con diversas variaciones. Los

espacios teatrales establecidos para tal argumento generalmente incluyen para las damas una casa o dos (tres en *Los empeños de un acaso*), una
calle para el galán y sus compañeros, además de espacios intermedios
como una ventana que da a la calle o a un jardín dentro de los límites
de la casa que posibilita los encuentros de los amantes. Sor Juana, a
diferencia de sus antecesores, inclusive de Calderón, se enfrenta con
este esquema fundamental de la comedia interiorizando prácticamente
toda la acción dentro de la casa de tal manera que, como gran desafío
dramático-teatral, mueve a todos los personajes e intensifica la intriga
en un espacio sumamente reducido.

Si las dimensiones sociales y espaciales de la comedia de capa y
espada le prestan cierto esquema de realidad, tal compresión radical
del espacio por parte de sor Juana destaca la gran artificiosidad del
género. Por otro lado, si ésta generalmente se palpa en la esporádica
ruptura de la ilusión dramática, la comedia de sor Juana ofrece probablemente el ejemplo más extenso y elaborado de tal recurso cuando
Castaño dialoga con el público al disfrazarse de doña Leonor. Pero
quizá el rasgo más obvio que disipa el reflejo de realidad en la comedia
en general sea su diálogo poético convencional, en métrica rimada.
En *Los empeños de una casa,* sor Juana emplea ocho tipos distintos de
versificación que generalmente cumplen con las situaciones dramáticas establecidas y desarrolladas por Lope y sus sucesores (Vélez de
Guevara, Tirso de Molina, Alarcón, Calderón, Salazar y Torres, etc.).
El soneto para soliloquios y el romance para las narraciones largas son
probablemente la métrica más antiguamente experimentada que sor
Juana también emplea. Los lectores deben recordar que cada tipo de
verso con su propio ritmo en castellano da una pauta sonora particular para la acción y transmite una sensación auditiva especial en cada
escena. En las partes corales y coreográficas del festejo (*loa,* canciones, *sainete primero,* la mitad de la segunda jornada, y el *sarao de cuatro
naciones* final[34]) los cambios de métrica también implican variaciones
(*mudanzas*) en el acompañamiento musical y los pasos de la danza. En
el escenario, sólo el entrenamiento más esmerado en esta tradición
clásica —es decir, recitación y actuación eficaz de un texto verbal tan
desafiante— produce la risa y el suspenso que encierra la forma poética de la comedia.

---

[34] Para el sarao y otros aspectos coreográficos del teatro de sor Juana, ver Hernández Araico, 1998, 1999 y 2002.

Los empeños de una casa —ya sea como programa completo con loa, sainetes y fin de fiesta o solamente como comedia de tres jornadas— justifica, pues, la posición de sor Juana como el dramaturgo más logrado a través de toda América, aun mucho después del fin del siglo XVII. Aunque más famosa por su poesía y su prosa, sor Juana establece su carrera literaria enfocando su creatividad en el género del teatro desde la adolescencia hasta los últimos años de su madurez. De hecho, el programa entero de *Los empeños de una casa* (publicado ahora en mi edición en toda su extensión sólo por tercera vez desde 1725) aporta una magnífica visión de los distintos tipos de teatro que sor Juana compone a través de su vida. Manipuladora genial de máscaras y apariencias dentro de su propio contexto histórico, sor Juana tiene un sentido finísimo para las exigencias de la producción escénica. Así se constata en su comedia *Los empeños de una casa,* con distribución dramática que, explotando los recursos escénicos del corral, resulta de suma complicación espacial y, por lo tanto, de gran entretenimiento para los espectadores.

BIBLIOGRAFÍA

AMEZCUA, J., «Hacia el centro: espacio e ideología en la *Comedia nueva*», en *Espectáculo, texto y fiesta. Trabajos del Coloquio sobre Juan Ruiz de Alarcón y el teatro de su tiempo (septiembre, 1989)*, ed. J. Amezcua y S. González, México D. F., Universidad Autónoma Metropolitana-Unidad Iztapalapa, 1990, pp. 159-172.

ARRÓNIZ, Ó., «El teatro en Nueva España», en *Teatros y escenarios del Siglo de Oro,* Madrid, Gredos, 1977, pp. 128-159.

CASTAÑEDA, J. A., «*Los empeños de un acaso* y *Los empeños de una casa*: Calderón y Sor Juana, la diferencia de un fonema», *Revista de Estudios Hispánicos,* 1.1, 1967, pp. 107-116.

GONZÁLEZ, A., «El espacio teatral en *Los empeños de una casa*», en *«Y diversa de mí misma entre vuestras plumas ando». Homenaje Internacional a Sor Juana Inés de la Cruz,* ed. S. Poot Herrera, México D. F., El Colegio de México, 1994, pp. 269-277.

HERNÁNDEZ ARAICO, S., «Coros y coreografía en Sor Juana», en *De palabras, imágenes y símbolos: Homenaje a José Pascual Buxò,* ed. E. Ballón Aguirre y Ó. Rivera Rodas, México D. F., UNAM, 2002, pp. 599-613.

— «La innovadora fiesta barroca de Sor Juana: *Los empeños de una casa*», en *El escritor y la escena,* ed. Y. Campbell, Ciudad Juárez (Chihuahua), Universidad Autónoma de Ciudad Juárez, 1997, pp. 101-113.

— «Mudanzas del sarao: Entre corte y calles, conventos y coliseo —vueltas entre páginas y escenarios», en *La creatividad femenina en el mundo barroco hispánico: María de Zayas–Isabel Rebeca Correa–Sor Juana Inés de la Cruz*, ed. M. Boss, B. Potthast y A. Stoll, Kassel, Edition Reichenberger, 1999, pp. 517-533.

— «Of Banquets, Borders and Baroque Mexico: Sor Juana and the First "New World Opera" (*Philological Association of the Pacific Coast 1992 Presidential Address*)», *Pacific Coast Philology*, 28.2, 1993, pp. 121-128.

— «La poesía de Sor Juana y la teatralidad indígena musical: de conquista y catequesis a coreografía callejera y cortesana», *Calíope*, 4, 1998, pp. 324-336; también en *Esta, de nuestra América pupila. Estudios de poesía colonial*, ed. G. Sabat de Rivers, Houston, Society for Renaissance and Baroque Hispanic Poetry, 1998, pp. 324-336.

— «Problemas de fecha y montaje en *Los empeños de una casa*», en *El escritor y la escena IV*, ed. Y. Campbell, Ciudad Juárez, Chihuahua, Universidad Autónoma de Ciudad Juárez, 1996, pp. 111-123.

— «Sor Juana's *Los empeños de una casa*: A Baroque Fête, a Theatrical Feat», en *Hispanic Essays in Honor of Frank Casa*, ed. A. R. Lauer y H. W. Sullivan, New York, Peter Lang, 1997, pp. 316-342.

— «Venus y Adonis en Calderón y Sor Juana», en *Relaciones literarias entre España y América en los siglos XVI y XVII* (Colección conmemorativa Quinto Centenario del Encuentro de dos Mundos), ed. Y. Campbell, Ciudad Juárez (Chihuahua), Universidad Autónoma de Ciudad Juárez, 1992, vol. 1, pp. 137-151.

HESSE, E. W., «Calderón's Popularity in the Spanish Indies», *Hispanic Review*, 23.1, 1955, pp. 12-27.

JUANA INÉS DE LA CRUZ, sor, *House of Desires*, trad. C. Boyle, London, Oberon Books, 2004.

— *Los empeños de una casa*, ed. C. C. García Valdés, Barcelona, Promociones y Publicaciones Universitarias, 1989.

— *Los empeños de una casa/Pawns of a House*, ed. S. Hernández Araico, trad. M. D. McGaha, Tempe (Arizona), Bilingual Press, 2007.

— *Los empeños de una casa*, ed. A. G. Salceda, en *Obras completas de Sor Juana Inés de la Cruz*, vol. 4, *Comedias, sainetes, y prosa*, México D. F., Fondo de Cultura Económica, [1957] 1976, pp. 3-184 y 525-570.

LARSON, C., «Writing the Performance: Stage Directions and the Staging of Sor Juana's *Los empeños de una casa*», *Bulletin of the Comediantes*, 42.2, 1990, pp. 179-198.

MAS I USÓ, P., *La práctica escénica del Barroco tardío en Valencia: Alejandro Alboreda*, Valencia, Edicions Alfons el Magnànim, 1987.

RUANO DE LA HAZA, J. M., «*Los empeños de una casa*. La puesta en escena de un festejo teatral de Sor Juana Inés de la Cruz en una casa-palacio del Méjico colonial», en *Espacios teatrales del Barroco español: calle, iglesia, palacio, universidad*, en *XIII Jornadas de Teatro Clásico (Almagro 7-9 de julio, 1990)*, ed. J. M. Díez Borque, Kassel, Edition Reichenberger, 1991, pp. 199-220.

STEIN, L. K., *Songs of Mortals, Dialogues of the Gods: Music and Theatre in Seventeenth-Century Spain*, Oxford, Clarendon Press, 1993.

VAREY, J. E., «Staging and Stage Directions», en *Editing the «Comedia»*, ed. F. Casa y M. D. McGaha, Michigan (Ann Arbor), The University of Michigan, 1985, pp. 146-161.

DE PALESTRAS, DISPUTAS Y TRAVESTISMOS: LA REPRESENTACIÓN DE AMÉRICA EN EL TEATRO DE SOR JUANA INÉS DE LA CRUZ

Carmela Zanelli
Pontificia Universidad Católica del Perú

DISPUTAS Y PALESTRAS

Como sabemos, el «festejo de *Los empeños de una casa*»[1], escrito íntegramente por la jerónima, se abre con una contienda en la que participan una serie de personajes abstractos que ilustran las virtudes del cortejo amoroso en la loa introductoria. Así, la Fortuna, el Acaso, la Diligencia y el Mérito son convocadas por la Música, casi siempre ente ordenador, a disputarse el ser la condición indispensable para alcanzar la mayor dicha. La música invita, entonces, a todos los presentes al concurso:

> Para celebrar cuál es
> de las dichas la mayor,

---

[1] Si bien el presente estudio no se limita al análisis del festejo de *Los empeños de una casa*, toma esta obra como guía de la reflexión (punto de partida y llegada) de las distintas estrategias y máscaras usadas por la jerónima para hablarnos tanto del Nuevo Mundo (América) como de sí misma. Todas las obras estudiadas de sor Juana se citan a partir de la monumental edición de las *Obras completas*, emprendida por Alfonso Méndez Plancarte y completada por Alberto G. Salceda (ver bibliografía).

> a la ingeniosa *palestra*[2]
> convoca a todos mi voz[3].

Sor Juana invita casi siempre no sólo a sus personajes sino también a sus lectores a intervenir en ingeniosas disputas. Siempre trae la razón e involucra al ingenio en la exposición de los distintos pareceres, aunque aquí se trate de discutir los mecanismos de la etiqueta amorosa, es decir, un verdadero juego de *finezas,* como propone Jean Franco[4]. La *fineza* es definida por la propia sor Juana en la *Carta Atenagórica* de la siguiente manera:

> ¿Es fineza, acaso, tener amor? No, por cierto, sino las demostraciones del amor: ésas se llaman finezas. Aquellos signos exteriores demostrativos, y acciones que ejercita el amante, siendo su causa motiva el amor, *eso se llama fineza*[5].

Así, tras concluir la primera jornada de la comedia, encontramos una nueva palestra en el sainete primero, titulado «De Palacio». Allí, el alcalde del Terrero[6], «lugar donde se cortejaba a las damas en la corte», invita a los entes de Palacio, el Amor, el Respeto, el Obsequio y la Fineza nada menos que a razonar sobre amor y sus vicisitudes y a participar en una curiosa discusión sobre cómo alcanzar nada menos que «de las damas el desprecio». La función de las piezas menores del festejo ha sido estudiada por Sara Poot, quien encuentra innumera-

---

[2] La palabra *palestra* es clave aquí, pues como advierte Sara Poot: «La Música nombra "palestra" al escenario y, desde ese momento, éste se convierte en un espacio de lucha y controversia. Pero es también un espacio ingenioso donde se va a discutir una cuestión igualmente ingeniosa» (1997, p. 261).

[3] Sor Juana, loa, vv. 1-4, las cursivas son mías. Las citas del Festejo corresponden a sor Juana, *Obras completas,* vol. III. En el texto, se indica la parte citada (loa, sainete 1 y 2, etc.), la escena en romanos y en números arábigos se indican los versos.

[4] Me refiero al interesantísimo trabajo de Franco, «Las finezas de Sor Juana», donde la autora plantea que sor Juana elabora una especie de laboratorio, donde «no simplemente reproduce las galanterías de palacio, sino que propone otro código de conducta» (1997, p. 250).

[5] Sor Juana, *Obras completas,* vol. IV, pp. 423-424, líneas 472-476; las cursivas son mías.

[6] *Terrero*: «El sitio o paraje desde donde cortejaban en palacio a las damas». *Hacer terrero:* «Cortejar, obsequiar o galantear alguna dama desde el sitio o llano delante de su casa», señalan las notas de Alberto Salceda, tomando la referencia del *Diccionario de Autoridades.*

bles correspondencias entre los enredos y empeños de la casa y de todos por alcanzar al amado o amada y las discusiones que se producen en loas y sainetes[7]. Pero también, la loa, los sainetes, así como el sarao se vinculan al espectáculo teatral e ilustran las circunstancias de la representación[8], es decir, la celebración de la familia virreinal, y entre ellos el homenaje personal a María Luisa Gonzaga Manrique de Lara, presente en el público:

> Si por un lado hay una polifonía de voces en la loa, los sainetes y el sarao, también está la voz íntima de la poetisa en las tres Letras. Las piezas menores quedan en prenda de todo el festejo teatral. *Los empeños de una casa* es uno más de los obsequios de Sor Juana, *de sus finezas*[9].

[7] Como explica Sara Poot Herrera, «A la pieza mayor —la comedia dividida en tres jornadas— se le entretejen pequeñas piezas: además de la loa, se presentan dos sainetes; y además de estas piezas menores, hay tres letras y un sarao. [...] En *Los empeños de una casa*, las siete piezas menores —con su música, sus voces, canciones, silbos y danzas— se intercalan en la comedia refiriéndose a la comedia misma, al teatro, a los asistentes y, sobre todo, a la presencia de la condesa de Paredes, a la del marqués de la Laguna y al hijo de ambos, que son a quienes se ofrece especialmente el festejo teatral» (1997, pp. 258-259).

[8] Éstas, las particulares circunstancias de la representación del festejo teatral, son estudiadas cuidadosamente por Susana Hernández Araico, al poner en duda las sugerencias de Alberto G. Salceda (editor del IV volumen de las *Obras completas,* a la muerte de Alfonso Méndez Plancarte) sobre la fecha y motivo del festejo. Si bien estaría documentada la relación entre la comedia y las piezas líricas —la loa y las canciones—, la naturaleza acomodaticia de las piezas menores (loas y entremeses) las hace ser fácilmente adaptables para combinarse con cualquier comedia y relacionarse con alguna celebración específica. Por tanto, Hernández Araico propone que el hecho evidente es que, por un lado, el *Diario de Robles* no menciona ningún montaje teatral el día de entrada del arzobispo en que los virreyes visitan la casa de contador de Tributo, pero por otro «el hecho es que aparece en el *Segundo volumen* en su totalidad: loa, canciones, tres jornadas, dos sainetes y fin de fiesta —sin subtítulo de fiesta ni fecha como estas solían publicarse» (1998, p. 167). Propone, por tanto, una circunstancia distinta: «unos días después de la entrada oficial de Aguiar y Seijas, el 15 de octubre, el arzobispo se encuentra en Palacio para confirmar al primogénito de los virreyes, nacido en julio, y que también se alaba no sólo en la *Loa* sino de las canciones y del *Sarao de cuatro naciones.* De manera que esta ocasión sería otra posibilidad para el festejo que alaba a los tres miembros de la familia virreinal aludiendo de paso la entrada del arzobispo unos días antes» (1998, p. 170).

[9] Poot Herrera, 1997, p. 267, las cursivas son mías. Así, «Sor Juana da en prenda de sus empeños las piezas menores, como prendas también de agradecimiento y amistad», en palabras de Sara Poot. Yo he estudiado la estrecha relación de amistad y

En otras piezas teatrales de sor Juana, como las loas de dos de sus tres autos sacramentales, nos sumimos en arduos debates teológicos en el proceso de la recuperación histórica del mundo americano representado en las loas de *El divino Narciso* y *El cetro de José*[10]. Allí, América, personaje de la loa de *El divino Narciso* e Idolatría, personaje de la segunda loa, levantan la voz y defienden el mundo americano de lo que consideran una imposición violenta de Europa, tanto la agresión bélica de la conquista como la prédica ideológica que supuso la evangelización. América se resiste a someterse ideológicamente a la religión católica y se dispone a resistir incluso a las «intelectivas armas»:

> Si el pedir que yo no muera,
> y el mostrarte compasiva,
> es porque esperas de mí
> que me vencerás, altiva,
> como antes con corporales,
> después con intelectivas
> armas, estás engañada;
> pues aunque lloro cautiva
> *mi libertad, ¡mi albedrío*
> *con libertad más crecida*
> *adorará mis Deidades!*[11]

La misma problemática es abordada en la loa de *El cetro de José,* ciertamente de manera más sucinta y abstracta, ya que los personajes que intervienen son la Fe, la Ley de Gracia, la Ley Natural, la Naturaleza y la Idolatría[12]. Esta última, como ya señalé, representa al mundo indígena y defiende la continuación de los sacrificios humanos así como

---

vasallaje entre la jerónima y su mentora, la condesa de Paredes, en relación a algunos poemas de homenaje, dedicados a la virreina. Ver Zanelli, 2006.

[10] Cito ambos autos sacramentales —*El divino Narciso* y *El cetro de José*— y sus loas respectivas según la edición de las *Obras completas* de Alfonso Méndez Plancarte (vol. III, *Autos y loas).* A diferencia del festejo de *Los empeños,* en ambos casos trabajo sólo las loas. En las citas indico la parte (escena) en números romanos y los versos en arábigos.

[11] Sor Juana, *Obras completas,* vol. III, III, vv. 226-236, las cursivas son mías.

[12] He estudiado la recuperación de una dimensión teológica e histórica de la cultura indígena americana en el marco de las dos loas en dos trabajos anteriores, el primero dedicado exclusivamente al análisis de la loa de *El divino Narciso* (Zanelli, 1994) y un segundo trabajo donde abordo una visión que compara las distintas estrategias utilizadas por la jerónima en contrapunto con la loa de *El cetro de José* (Zanelli,

la práctica de la poligamia aun después de producida la conquista. Los cuatro personajes alegóricos celebran al «nuevo Sol de la Fe», que no es otro que Jesucristo. En la primera escena se describe una celebración acompañada de música pero no se trata, como ocurría en *El divino Narciso,* de ritos y costumbres indígenas, sino de una celebración cristiana. Quien irrumpe la animada discusión doctrinal es ahora, al revés de lo que ocurría en dicho auto, el personaje indígena llamado Idolatría: «*(Sale la Idolatría, de India)*», señalan las acotaciones teatrales. Sorprende el nombre del personaje que representa el mundo indígena, hecho que implicaría un juicio absoluto, y por cierto negativo, del carácter de las prácticas religiosas nativas. No obstante, Marie-Cécile Bénassy-Berling apunta que «pese a su nombre, no es en absoluto una furia que invade la escena para escandalizar al espectador»[13].

Es claro que la monja jerónima se aboca en el espacio de las dos loas a la tarea de recuperar una dimensión teológica de la cultura indígena dentro de los paradigmas de la cultura occidental, aunque conseguida a través de diferentes énfasis en cada uno de los textos. Una puntualización se hace necesaria. Sor Juana aprovecha la complejidad conceptual del auto sacramental, la naturaleza alegórica y simbólica de este gran vehículo de propaganda doctrinal con el objetivo de integrar en el espacio de las loas a la cultura indígena americana. Las loas reflejan hasta cierto punto la problemática de los autos —la representación del Misterio de la Eucaristía— al sugerir que la cultura americana podría ser argumento digno para representar el misterio eucarístico, aunque no llega propiamente a hacerlo.

Ahora bien, ¿qué significa, incorporar a la cultura indígena en el espacio introductorio de la loa? El auto sacramental de *El divino Narciso* consiste en la transformación audaz del personaje mitológico de Narciso, quien ocupa la posición de Cristo. En la loa, sor Juana eleva a la cultura indígena mesoamericana al establecer un paralelo con esa otra antigüedad más conocida y aceptada como era la cultura grecolatina e inaugura la breve pieza teatral introductoria con la celebración del Teocualo («Dios es comido») en honor del dios Huitzilopochtli, con la danza del Tocotín, donde indios e indias se encuentran ataviados con mantas y huipiles, mientras bailan, canta el personaje de la Música,

2002). En esta parte del trabajo sigo, en gran medida, los argumentos desarrollados en dichos trabajos.
¹³ Bénassy-Berling, 1983, p. 311.

quien exhorta a todos los presentes a participar en la gran fiesta del
Gran Dios de las Semillas, epíteto que encubre eficaz y convenientemente
al temible y sangriento dios guerrero Huitzilopochtli. Así, la
«liturgia» resaltada en la primera escena de la loa será nada menos que
el ritual pagano en honor del cruento dios nahua. En *El cetro de José,* el
pasaje alegorizado pertenece al Antiguo Testamento, donde se realiza
la transposición de la historia bíblica de José en Egipto para convertirla
en una prefiguración de Cristo, donde se equiparan los sueños de José
con un conocimiento dado por Dios. Ahora bien, ¿qué significa en
este caso incorporar el mundo indígena en la loa precedente? Como
señala Octavio Paz, «no es lo mismo ver un anuncio de la Eucaristía
en los ritos de unos idólatras antropófagos que en un episodio de la
Biblia»[14].

Encuentro numerosas estrategias, usadas por los personajes indígenas
y americanos, para criticar los excesos de la conquista militar,
cuya violencia fue muchas veces justificada por motivos religiosos.
Hay idas y venidas conceptuales, Idolatría cambia la defensa cerrada
de sus creencias y se manifiesta dispuesta a aceptar que sus deidades
son falsas pero insiste en la necesidad de continuar con los sacrificios
humanos, ahora, en honor del «verdadero» Dios. El error estaba en el
objeto de culto y no en la práctica ritual del sacrificio:

> Pues el yerro,
> no en el Sacrificio estaba,
> sino en el objeto, pues
> se ofreció a Deidades falsas;
> y si ahora al verdadero
> dios quieren sacrificarla,
> *pues el error fue el objeto,*
> *mudar el objeto basta*[15].

Ante este singular pedido, la Naturaleza explica que Dios otorgó
vida a los hombres no para ser quitada; la Ley de Gracia, por su parte,
replica que Dios busca no sólo que el pecador viva, sino que éste
alcance la Gracia divina; finalmente, la Ley Natural señala cómo le
repugna que los hombres maten a otros hombres. Ante la avalancha de
objeciones, la Idolatría asume sorprendentemente su propia rusticidad

---

[14]   Paz, 1982, p. 458.
[15]   Sor Juana, *Obras completas,* vol. III, II, vv. 293-300, las cursivas son mías.

cuando afirma lo siguiente: «Yo no entiendo de cuestiones. / *Bárbara soy:* y me faltan, / para replicar, principios»[16]. Esta nueva actitud contrasta, en apariencia, con la altivez desplegada por América y Occidente —la pareja de personajes indígenas de *El divino Narciso*— en la defensa de sus propias creencias y en el ejercicio de su libre albedrío, incluso en situación de prisión y cautiverio. Sin embargo, la Idolatría, al definirse como *bárbara,* parece utilizar una de las tantas «tretas del débil» que sor Juana prodiga en la articulación retórica de su célebre *Respuesta a Sor Filotea* y que parecen repetir, sobre todo, sus personajes femeninos (y los indígenas, en estos casos)[17]. Sor Juana, usando toda una importante tradición exegética, busca terciar en la discusión filosófica y teológica que supuso el «descubrimiento» del Nuevo Mundo, es decir, determinar el estatuto de estos nuevos pueblos con respecto a la Ley de Gracia.

La recuperación de la cultura indígena la realiza sor Juana, en cada uno de los dos textos, mediante la estrategia del contrapunto entre dos personajes femeninos, aquel que representa el mundo indígena (América e Idolatría) y aquel que representa la cultura europea (la religión católica en *El divino Narciso* y, fundamentalmente, la Fe en *El cetro de José*). Es este aspecto que podría llamarse la «impronta femenina». Stephanie Merrim sostiene que sor Juana

> voices a personal script from behind the mask of male theatrical conventions. [...] the hidden blueprint or "womanscript" of Sor Juana's theater responds to the profoundly problematical experiences of a church/woman in seventeenth-century Mexico, [...] I will argue, Sor Juana kept writing the same play —be it *comedia* or *auto sacramental*— which repeatedly enacts the drama of the divided woman, the dark versus the light heroine[18].

Qué mejor ejemplo que la oposición entre la mujer indígena y la mujer española para ilustrar esta dicotomía entre estas dos instancias

---

[16] Sor Juana, *Obras completas,* vol. III, II, vv. 317-319, las cursivas son mías.

[17] Utilizo las ideas esgrimidas por Josefina Ludmer en su interesante artículo —titulado precisamente «Tretas del débil»— sobre las estrategias de resistencia usadas por la monja en su célebre autobiografía intelectual, la *Respuesta a Sor Filotea* (1984, pp. 47-54).

[18] Merrim, 1991, p. 95. Me parece sugerente la propuesta de Stephanie Merrim, quien habla de una suerte de *Womanscript* en el teatro sorjuanino. Tomo algunos elementos de dicha propuesta pero la matizo como se verá más adelante.

femeninas no únicamente en términos étnicos sino culturales. Este personaje femenino oscuro está asociado, según las tesis de Merrim, a las esferas del orgullo, el demonio y el conocimiento:

> In sum, woman as morally weak, easily tempted, often motivated by evil. The association of woman, presumptuousness, Devil, and knowledge, [...] would prove particularly compelling for Sor Juana[19].

Los personajes indígenas no son espectadores pasivos de sus respectivos autos sacramentales; América e Idolatría han optado por conocer y exigen vivamente —tras sus resistencias iniciales— ver las imágenes que ilustrarán el Misterio de la Eucaristía: «¿Y no veré yo a ese Dios / para quedar convencida» —pregunta América. «Pues explícamela» —replica Idolatría[20]. El conocimiento, y sobre todo el conocimiento verdadero, el de la verdad revelada, es claro feudo del mundo europeo, pero los personajes indígenas, y sobre todo los femeninos, son personajes involucrados en un proceso de abierto y franco autoaprendizaje.

Quiero concluir esta parte con una última palestra. En la loa del tercer auto sacramental, *San Hermenegildo, mártir del sacramento,* sor Juana utiliza una vez más el eficaz recurso del «teatro dentro del teatro» para resolver una nueva y ardua disputa doctrinal, que involucra a dos estudiantes, los que discrepan respecto de cuál fue la mayor fineza de Jesucristo para con la humanidad: si morir en la cruz para salvarnos como sostiene San Agustín[21] o si, como defiende Santo Tomás, mejor fue para los hombres que Cristo se quedara en la Eucaristía[22]. La disputa es resuelta de manera ingeniosa por un tercer estudiante, quien ofrece la solución a lo largo de tres escenas mediante la presentación de cuadros vivos donde se mencionan las columnas de Hércules, para representar los límites del mundo conocido por Europa en el estrecho de Gibraltar, y más tarde aparece un Cristóbal Colón exultante (con-

---

[19] Merrim, 1991, p. 96.

[20] Sor Juana, *Obras completas,* vol. III, IV: 377-378; *Obras completas,* vol. III, II: 386.

[21] En la *Carta Atenagórica* se lee que «la opinión primera es de Augustino, que siente que *la mayor fineza de Cristo fue morir*» (Sor Juana, *Obras completas,* vol. IV, p. 414, líneas 86-87).

[22] Nuevamente cito la *Atenagórica,* donde se refiere al «segundo sentir, que es de Santo Tomás. Dice este Angélico Doctor que la mayor fineza de Cristo fue el quedarse con nosotros Sacramentado, cuando se partía a su Padre glorioso» (Sor Juana, *Obras completas,* vol. IV, p. 420, líneas 339-342).

trariamente a lo ocurrido históricamente porque el navegante genovés murió sin saber que había llegado a un nuevo continente). El Colón, descrito por sor Juana, en cambio, celebra y da noticia de la existencia de un mundo nuevo:

> ¡Albricias, Europa, albricias!
> ¡Más mundos hay, más imperios,
> que tus armas avasallen
> y sujeten tus alientos!
> ¡Sal de aquel pasado error,
> que tus antiguos tuvieron,
> de que el término del mundo
> no pasaba del estrecho!
> ....
> ¡que hay más Mundos, que hay *Plus ultra,*
> y que ya venís de verlo![23]

Pero los estudiantes no encuentran aún la conexión con la disputa teológica en la que el tercero se ha ofrecido a terciar: «¿no nos dirás a qué efecto / a Hércules y Colón traes?»[24]. Procede a explicar de qué manera su alusión a América, mediante la aparición de Colón, resuelve la disputa doctrinal sobre cuál es la mayor *fineza:*

> Pues mirad.....................
> No haber más mundo creía
> Hércules en su blasón,
> *mas se echó al agua Colón*
> *y vio que más mundo había.*
> ....
> Se echó al agua, y conocieron
> que quedaba más por hacer[25].

De la misma manera que Cristóbal Colón «se echó al agua», era necesario sobreabundar y descubrir el error, e ir en pos del *plus ultra;* así también Jesucristo, «para coronar la obra, instituyó el Sacramento»[26].

---

[23] Sor Juana, *Obras completas,* vol. III, V, vv. 253-260 y 273-274.
[24] Sor Juana, *Obras completas,* vol. III, VI, vv. 332-333.
[25] Sor Juana, *Obras completas,* vol. III, VII, vv. 366-370 y 375-376, las cursivas son mías.
[26] Sor Juana, *Obras completas,* vol. III, VII, vv. 453-454.

En esta escena, y cuanto sigue —como aclara en las eruditas notas,
Alfonso Méndez Plancarte— «el "estudiante 3" (el "Maestro" y árbitro entre los otros, o sea Sor J. misma [...] toma partido por la opinión
de *S. Tomás,* contra lo que sostendrá más formalmente en la *Crisis*
[o *Carta Atenagórica*]»[27]. La disputa doctrinal sobre *la mejor Fineza,*
entonces, resulta siendo la excusa perfecta para mencionar la importancia y novedad de América[28], cuarta parte del mundo, mundo concebido, hasta hasta hacía poco tiempo, de manera tripartita[29].

MÁSCARAS FEMENINAS Y TRAVESTISMO

He presentado hasta ahora una variedad de discusiones, concursos
y palestras pero me interesa ver hasta qué punto también tal polaridad
y oposición implícita entre los contendientes se resuelve. Así ocurre,
al menos, con los personajes femeninos de la loa de *El divino Narciso*
en el momento de las dedicatorias de la última escena. La Religión
Católica, en su papel de autora, aclara que el auto ha sido escrito por
encargo; luego el personaje indígena de América asume momentáneamente el papel de autora al pedir perdón a los ingenios de España por
«querer con toscas líneas / describir tanto misterio»[30]. Sor Juana, creo
yo, a modo de ventrílocua, se desdobla y duplica como escritora en
estos dos personajes femeninos —el indígena (América) y el europeo
(la Religión Católica): que representan la figura oscura y la luminosa,
el monstruo y el ángel, como sostiene Merrim o quizás perfectamente
a la inversa.

De vuelta a *Los empeños de una casa,* es oportuno señalar que Stephanie Merrim ilustra precisamente la tesis de la mujer dividida, mediante

[27] Méndez Plancarte, «Notas» a su ed. de Sor Juana, *Obras completas,* nota a los
vv. 367-376 de la escena VII, p. 561.

[28] La unidad temática de las loas de sus tres autos sacramentales ha sido observada por Robert Ricard, quien advierte que el conjunto de las tres loas nos permite
hablar de un ejemplo de literatura mexicana, es decir, cuya temática es americana
(Ricard, 1935).

[29] Michael Palencia-Roth advierte que desde tiempos medievales la tradición
cartográfica europea, entre los siglos VI y XV, dividió el mundo en tres partes: Europa,
África y Asia, donde el término de *Quarta Orbis Pars,* otorgado al Nuevo Mundo,
«monologic, centripetal. That is, the fourth part of the World is added to the first
three parts, in the European scheme of things. America is swallowed up, engulfed,
by the European cosmographic and cartographic tradition» (1992, p. 26).

[30] Sor Juana, *Obras completas,* vol. III, V, vv. 484-485.

la oposición entre la figura perfecta y ejemplar del personaje de Leonor, joven hermosa e instruida pero empobrecida (para muchos *álter ego* de sor Juana) y el carácter marcadamente manipulador e intrigante de doña Ana, su antagonista, en la comedia de enredos. Edward Friedman plantea su propia teoría de una supuesta impronta femenina en el teatro de sor Juana, y se pregunta

> how does Sor Juana inscribe, or reinscribe, woman as a sign into the play? The phrase "sign as women" poses the question of a feminization of the *comedia*. Does the play —and do women in the play— bear the mark of the female writer?[31].

Friedman plantea también el antagonismo de los personajes femeninos principales, de manera algo distinta que Merrim, cuando afirma que «It is not beauty which separates the two female protagonists of *Los empeños de una casa*, but honesty»[32], estableciendo una oposición moral entre ambos personajes femeninos.

En la primera jornada, tras la fallida huida de doña Leonor y don Carlos, llega Leonor con engaños a la casa de los hermanos de Arellano, don Pedro, quien la pretende, y doña Ana, hermana de Pedro, quien la recibe y quien se convertirá en su rival por el amor de don Carlos. En la primera jornada, se encuentran, pues, las dos mujeres. En su autodescripción producida en su largo monólogo durante la segunda escena de la primera jornada, la crítica ha advertido certeros paralelismos con circunstancias de la vida de la propia sor Juana. Leonor se dice «noble» y «hermosa», cualidades que toda heroína de un drama de capa y espada debe exhibir, pero sorprenden las siguientes virtudes:

> Inclineme a los estudios
> desde mis primeros años

[31] Friedman, 1991, p. 198. Justamente traigo a colación estas reflexiones de Friedman porque las considero preguntas válidas que trataré de abordar en el transcurso de este ensayo, porque pienso que sí existe esta *inscripción femenina* (o *sign as woman*, como la formula el crítico en inglés) en las obras de sor Juana, pero, a diferencia de lo que el crítico norteamericano plantea, no es doña Leonor sobre quien reposa tal inscripción. Al respecto afirma Friedman que «Sor Juana creates a paradoxical alternative to agresión: a woman [Leonor, ciertamente] undeceived by appearances and disinclined to lie or fight to win a man» (1991, p. 201).

[32] Friedman, 1991, p. 199.

con tan ardientes desvelos,

....

.........[que] en breve tiempo
era el admirable blanco
de todas las atenciones

....

Era de mi patria toda
el objeto venerado
de aquellas adoraciones
que forma el común aplauso[33].

Margo Glantz afirma, sin ambages, lo siguiente:

> Sor Juana maneja de manera literal el retrato hablado. En *Los empe-*
> *ños de una casa* dibuja su autorretrato. [...] El retrato es moral, en otras
> palabras, conforma una etopeya, una larga descripción que pasa por auto-
> biográfica, y lo es porque da cuenta de manera simultánea del personaje
> Leonor y de la propia Sor Juana. [...] *Leonor es Sor Juana,* pero al hablar de
> sí propone una distancia para juzgar con acierto su belleza anímica y su
> sabiduría: [...] Su talento no es «infuso», es decir, divino, sino producto
> de su propia industria y desvelos[34].

La crítica ha establecido conexiones entre la protagonista y la autora
de la comedia, pero, ciertamente, como indica Jean Franco, «Leonor
sale de lo común y corriente por su belleza y erudición pero, como
ha señalado Stephanie Merrim, tiene un papel bastante pasivo en la
comedia»[35]. Leonor, contra lo que sostiene Edward H. Friedman, es
no sólo pasiva, sino demasiado ingenua[36]. Por ello, propongo otros
personajes como posibles disfraces teatrales de la jerónima.

---

[33] Sor Juana, *Obras completas,* vol. IV, I Jornada, II, vv. 307-310, 315-317 y 321-
324.
[34] Glantz, 1995, pp. 59-60, las cursivas son mías. Margo Glantz no es la única en
establecer tal correspondencia entre la identidad de la jerónima con el personaje de
Leonor en la comedia de enredos. A propósito señala Stephanie Merrim: «Critical
attention in this regard has focused almost exclusively on the autobiographical ele-
ments built into Leonor's famed speech from the first act of *Los empeños de una casa,*
in which the character declaims Sor Juana's own life story of intellectual precocity
and prodigious achievements as well as beauty» (1991, p. 94).
[35] Franco, 1997, p. 254.
[36] A propósito, y en contradicción a lo planteado antes por Friedman, Germán
Campos desestima la identificación entre sor Juana y doña Leonor planteada por la

La comedia de *Los empeños de una casa* es una típica comedia de capa y espada[37], cuyo objeto de estudio es el amor, cuyas complicaciones y enredos tienen como propósito mostrar cuán intricado y complejo laberinto es el amor. Dichos enredos parecen hoy inverosímiles, pero en el teatro del siglo XVII son un recurso legítimo para representar los efectos de las falsas apariencias (desengaños) y también el error en la apreciación del objeto amoroso. La comedia de capa y espada se caracteriza —en palabras de Ignacio Arellano— por

> tres tipos de marcas de inserción en la coetaneidad y cercanía al público: geográficas (se sitúan en ciudades españolas, castellanas principalmente: Madrid en primer lugar, pero a veces también Toledo, Valladolid o Sevilla); cronológicas (se sitúan en la coetaneidad); y onomásticas (funciona un código onomástico que coincide con el social vigente; cuanto más alejada de ese código, más lejos se halla de la convención genérica)[38].

La comedia que nos ocupa transcurre en la ciudad de Toledo, aunque también se menciona Madrid, como el lugar de procedencia de los hermanos de Arellano, en cuya casa transcurren todos los enredos, y de donde ha venido don Juan, pretendiente de doña Ana, quien ha sido abandonado por ésta. Ahora bien, se sabe que la comedia de la jerónima fue representada en la capital novohispana; no obstante, era

crítica en base a los defectos explícitos del personaje principal: «no hay un motivo lo suficientemente concreto como para que Leonor proceda de la manera que lo hizo, fugándose de su casa, como ella misma señala, "atropellando / el cariño de mi padre / y de mi honor el recato". Se trata de un proceder bastante impulsivo, que de alguna manera contradice la inteligencia que, según su discurso, constituía una de sus principales características» (2002, p. 16). «Tal vez sea más justo —afirma Campos— señalar que en doña Leonor plantea Sor Juana uno de sus propios conflictos (lo cual no equivale de ninguna manera a decir que Leonor es un *alter ego* de la monja): el de la mujer y el conocimiento» (2002, p. 19). En efecto, como sostiene Friedman, «doña Leonor is an educated woman, and that her brilliance —*en toda la extensión de la palabra*— has been the primary cause of her suffering» (1991, p. 200).

[37] Como explica Ignacio Arellano, «en el teatro áureo parece clara la existencia de un subgénero denominado corrientemente "de capa y espada" [...]. Existe, pues, en el XVII la conciencia de un tipo de comedia especial, de tema amoroso y ambiente coetáneo y urbano, con personajes particulares y basada fundamentalmente en el ingenio» (1992, pp. 165-166).

[38] Arellano, 1992, p. 171.

CARMELA ZANELLI

común representar piezas de autores peninsulares, situadas obviamente en ciudades españolas. Sin embargo, la distancia entre el lugar de la ficción representada en escena y el lugar de la representación viene salvada por las constantes alusiones al mundo mexicano en las piezas menores que rodean la comedia[39]. Los nombres de los protagonistas cumplen con la norma onomástica antes mencionada, don Carlos y doña Leonor, nuestros protagonistas, se enfrentan en esta contienda de enredos y voluntades a los hermanos de Arellano, don Pedro y doña Ana. Stephanie Merrim advierte una oposición clara entre las motivaciones de unos y otros en la comedia:

> Both the parallel triangles of *Los empeños de una casa* and the chiaroscuro oppositions they entail pit the tempered and reasoned love of the «light» male and female protagonists, don Carlos y doña Leonor, against the *loco amor* (mad love) of their shadier counterparts, don Pedro, his sister doña Ana, and, less prominently, Ana's somewhat violent suitor, don Juan[40].

Como se sabe, *Los empeños de una casa* «es, a su vez, una cita y una presencia calderoniana. [...] Sor Juana rescata *Los empeños* para su obra y cambia el "acaso" de Calderón precisamente por "casa". Pero la cosa no queda ahí. En la loa sorjuanina se recupera el "acaso", convertido

---

[39] No sólo en el fin de fiesta, el *sarao de cuatro naciones,* intervienen orgullosos «los mexicanos», quienes junto a españoles, negros e italianos participan en la celebración festiva, y se presentan como la patria orgullosa del pequeño José, el hijo de los virreyes de La Laguna: «José, que su Patria / llegó a producir / en él más tesoros / que es su Potosí» (vv. 194-197). También, sobre el sainete segundo, apunta Sara Poot lo siguiente: «El segundo sainete va dirigido también a los espectadores de la obra, que conocen también todo lo relativo a las veladas, obras de teatro, tertulias a las cuales asistían frecuentemente. Dos personajes de este sainete —Muñiz y Arias— murmuran sobre la comedia, "festejo a Su Excelencia", que se está presentando. Sor Juana pone en boca de estos personajes la posible autoría de la comedia y con gracia se refiere a esta autoría y a la calidad de la obra. El sainete remite a la propia obra y al contexto teatral novohispano en que ésta se presenta» (1997, pp. 265-266). Hacia el final del trabajo, veremos que las referencias más explícitas al mundo novohispano y americano se dan por medio de Castaño, el criado de don Carlos y único indiano de la pieza teatral, al revelarnos su origen y peculiaridades de su entorno cultural y que propongo como la verdadera máscara tras la que se esconde la jerónima.

[40] Merrim, 1991, p. 103.

ahora en personaje»[41]. Pero, mientras que en las obras del dramaturgo español predominan los triángulos dominados por hombres,

> female-dominated triangles (i.e. two women competing for one man) occupy center stage in Sor Juana's versions. More than one critic has observed that the female rivals carry the action in these plays by Sor Juana, determining the movements of the male characters[42].

En el caso que nos ocupa, es evidente la rivalidad entre doña Leonor y doña Ana, su antagonista; pero también resulta muy interesante el proceder de Celia, la criada de doña Ana, quien controla, incluso mejor que su patrona, los distintos espacios de la casa.

Doña Ana es, de hecho, un personaje muy interesante y su comportamiento está lleno de matices, a diferencia de la poca variación en las emociones de la cuasi perfecta protagonista, Leonor. De hecho, las tramoyas enrevesadas de doña Ana son las que dominan la obra. Es ella la que se convierte en maestra de ceremonias y directora del teatro dentro del teatro, montado inicialmente por su hermano con la persecución policial que sufren los amantes en las calles, pero secundado y dominado por Ana dentro de la casa, para mantener separados a Carlos de Leonor. Ella sabe que se equivoca al secundar el plan de su hermano, aunque busca cumplir su propia agenda, que es la de conquistar el favor de don Carlos, a pesar de que don Juan ha venido en su búsqueda desde Madrid: «Tras mí, como sabes, vino / amante y fino don Juan». No sabe aún si este nuevo interés «es gusto o capricho» y se lamenta:

> ¿Pues no he de llorar,
> ¡ay infeliz de mí!, cuando
> *conozco que estoy errando*
> y no me puedo enmendar[43]?

Celia es más interesante aún; el control que la criada de doña Ana ejerce sobre el espacio laberíntico de la casa es, incluso, mayor que el

---

[41] Poot Herrera, 1997, p. 258.
[42] Merrim, 1991, p. 99.
[43] Sor Juana, *Obras completas,* vol. IV, jornada I, escena I, vv. 141-142, 158 y 161-164, las cursivas son mías.

de su ama, pues tiene un mayor conocimiento de cosas que doña Ana desconoce. Como observa Jean Franco,

> aunque Sor Juana parece conservar esta división entre élite y clase baja es de notar que los criados en *Los empeños de una casa* juegan un papel significativo en el desenlace. Son ellos los que apagan y encienden las luces; [...] los criados poseen un sentido de lo real que no poseen los nobles. Como no pueden aspirar a lo cortesano, no toman las demostraciones externas por la verdad[44].

Como ya se ha dicho, Celia guarda secretos a su patrona, al ocultar en la laberíntica casa a don Juan, pretendiente que Ana abandonó en Madrid y que ha venido en su búsqueda. La criada nos confiesa sus motivaciones y sus cambiantes lealtades en uno de tantos reveladores apartes de la segunda jornada cuando ya se hallan, dentro de casa, todos los protagonistas del enredo:

> Pero vaya de tramoya:
> yo llego y la puerta abro;
> que puesto que ya don Juan,
> que era mi mayor cuidado,
> con la llave que le di...
> ....
> y mi Señora ha tragado
> que fue otra de las criadas
> quien le dio entrada en su cuarto,
> gracias a mi hipocresía
> y a unos juramentos falsos[45].

[44] Franco, 1997, p. 252. En este interesante trabajo, Jean Franco analiza los comportamientos de los personajes de la comedia, presentados por sor Juana, los que no reproducen de manera simple las galanterías de palacio, «sino que propone otro código de conducta. Las gastadas convenciones de la comedia de capa y espada le sirven para explorar nuevos criterios de conducta» (p. 250). De acuerdo a este análisis, la comedia «no solamente toma una posición frente a un problema común de la época, sino obra la transformación de la comedia de capa y espada (como también hacía Lope de Vega en *El perro del hortelano*) en comedia de comportamiento (o *manners*)» (p. 251).

[45] Sor Juana, *Obras completas,* vol. IV, II jornada, VI, vv. 525-529 y 534-538. Incluso, evitará contrariar demasiado a doña Leonor, su virtual prisionera, por temor de que se pudiera convertir en su futura patrona de casarse con don Pedro, el hermano de Ana. Celia, ciertamente, no dudaría en traicionar nuevamente a doña Ana, para favorecer sus propios intereses.

Pero, acercándome al final de esta exposición, aparece un cuarto personaje «femenino»[46]: el interesantísimo Castaño, el criado de don Carlos, y único indiano de la pieza teatral, quien funge como donaire en la comedia, cuyo nombre, por demás revelador, podría aludir a su origen étnico. Desde un principio, Castaño se inscribe en el carácter cómico del gracioso[47] y aconseja a su amo que renuncie a la melindrosa de Leonor, a la que cree haber visto en la casa en uno de los tantos enredos cuando, prisioneros, deambulan entre las distintas estancias y se encuentran cara a cara sin creerse tal fortuna. Don Carlos, al no entender el porqué de la presencia de Leonor en dicha casa, empieza a sospechar que lo traiciona. Ante las dudas de su amo, Castaño le insiste que aproveche su estancia en casa de los Arellano para enamorar a doña Ana:

> Yo te daré un buen remedio
> para que quedes vengado.
> Doña Ana es rica, y yo pienso
> que revienta por ser novia;
> enamórala...[48]

A esas alturas, don Carlos se encuentra exasperado por los enredos en el laberinto de esta casa y sus agentes, las puertas que abren y

[46] Quisiera plantear que uno de los primeros en llamar mi atención sobre la importancia de Castaño y su crucial escena de travestismo, no para el desenlace de la pieza, sino como posible máscara de la monja, fue uno de mis estudiantes en el curso introductorio de Literatura Colonial, Germán Campos, en el 2002. En dicho curso, presenté la figura y obra de sor Juana y Germán Campos, en un análisis de la comedia que nos ocupa, empezó desestimando justamente la identificación que la crítica había establecido entre sor Juana y doña Leonor, la protagonista de la comedia, para proponer que es Castaño, el único indiano de la pieza, el que mejor podría enmascarar a sor Juana. Recojo algunas de sus reflexiones en el presente trabajo, que citaré en momentos oportunos (2002).

[47] El gracioso «es una pieza teatral impuesta por la propia poética de la comedia», Castaño, en este caso, cumple muchas tareas en la comedia, según ha explicado Fernando Lázaro Carreter: «la figura del donaire surge en virtud de la precisión de hacer un recibo para el público del corral cuanto acontece en la escena, [...] y, por otro lado, de las necesidades intrínsecas de la comedia, para que la trama fluya según el proyecto del autor [...]. Es en el cruce de esas dos misiones, la de mediar entre el espectador y el espectáculo, y la de servir internamente la intriga, donde la figura del donaire tuvo nacimiento» (1992, pp. 159-160).

[48] Sor Juana, *Obras completas,* vol. IV, II Jornada, XII, vv. 1022-1026.

cierran doña Ana y su secuaz, la astuta criada Celia, que se empeñan en separarlo de su querida Leonor. En efecto, como observa Jean Franco,

> Pedro y Ana, los dueños de la casa, tratan de aprovechar esta situación para lograr sus propios deseos, *convirtiendo la casa en laberinto,* en claroscuro donde, como en el bosque del *Sueño de una noche de verano,* los amantes se pierden, se equivocan y finalmente se encuentran[49].

Don Carlos, incapaz de esperar más la indefinición y peor aún temiendo que don Rodrigo, padre de Leonor, concierte el matrimonio de su hija con don Pedro, al saberla prisionera en su casa, le exige, entonces, a Castaño que salga de la casa (y escape así del laberinto) con el propósito de entregar un papel donde le confiesa a don Rodrigo, el padre de Leonor, que es él y no otro quien sacó a su hija de su casa y es él quien debe casarse con la dama. Castaño, temeroso de la justicia por el lance callejero y de la posible furia del padre de la dama, se lamenta y reflexiona sobre cómo cumplir con el encargo de su amo. Éste es un parlamento precioso, donde el gracioso, en primer lugar, nos revela su procedencia indiana y reflexiona para sí mismo buscando inspiración sobre cómo escapar del empeño en el que está puesto:

> ¡Válgame Dios! ¿Con qué traza
> yo a don Rodrigo le diera

---

[49] Franco, 1997, p. 251, las cursivas son mías. Si bien Jean Franco alude a cómo está construido el espacio central de la comedia, la casa de los hermanos Arellano, en realidad incide en una dimensión más bien simbólica de los comportamientos que ocurren en «esta casa-laberinto que es un espacio-limbo donde no rige ni el orden paterno ni la ética religiosa» (p. 251). La construcción del espacio en la comedia sí ha sido observada por Aurelio González, quien afirma que «es uno de los elementos estructurantes de toda la obra» (1997, p. 270). Es más, la casa, tradicionalmente «lugar del orden y los valores morales», en esta comedia se transformará, «al menos dramáticamente y es probable que sólo como juego teatral, en el lugar en el cual tienen su asiento la ruptura del orden, las pasiones y el engaño como reflejo de lo que ha sucedido en la calle, *espacio donde se trasgrede el orden social:* la fuga de doña Leonor, el intento de engaño de don Pedro para raptar a la dama y el duelo de don Carlos con los familiares de doña Leonor» (1997, p. 272). Para un estudio todavía más detallado y preciso sobre cómo está construido el espacio teatral y la casa en particular en la comedia, remito al estupendo trabajo de Susana Hernández Araico, incluido en este mismo volumen.

aqueste papel, sin que él
ni alguno me conociera?
¡Quién fuera aquí Garatuza[50],
de quien *en las Indias* cuentan
que hacía muchos prodigios!
Que yo, como nací en ellas,
le he sido siempre devoto
como a santo de mi tierra[51].

Castaño se confiesa indiano. A continuación invoca, mediante un apóstrofe, a su creador, sea este hombre («o bien arrastres contera») o mujer (o «bien esgrimas abanico»), el autor de su comedia, que le otorgue una traza calderoniana para escapar del empeño. El gracioso habla consigo mismo, pero también tiene como único testigo al público:

[50] Acertadamente, Germán Campos advierte que las motivaciones de Celia se encuentran muy distantes de las de Castaño, si bien el proceder de ambos criados —como advierte Jean Franco— es determinante para el desenlace de la obra. Campos señala que Castaño «engaña [al vestirse de mujer] por el simple afán de sobrevivir (y a pesar de ello, jamás considera la posibilidad de traicionar a su amo). Castaño toma la decisión de vestir las ropas de Leonor sólo para poder salir a la calle sin correr riesgos, y el engaño a don Pedro —que tanta gracia genera en una Celia— no tiene como propósito obtener algo de él, sino tan siquiera salir bien parado de la situación. Castaño procede de la misma forma que el delincuente al que invoca, Garatuza, travistiendo su identidad y violentándola para poder sobrevivir» (Campos, 2002, p. 37). Garatuza, nos informa Alberto Salceda en las notas, era: «Martín de Villavicencio y Salazar, a quien unos llamaron Martín Lucero, fue el famoso Garatuza, pícaro célebre nacido hacia el 1600 en Puebla de los Ángeles; recorrió muchas poblaciones de la Nueva España fingiéndose sacerdote para hacer fraudes, trampas y raterías; fue condenado por el Santo Oficio de Méjico» (Sor Juana, *Obras completas,* vol. IV, ed. A. Salceda, notas, p. 561). La alusión a Garatuza no es la única referencia precisa a personajes novohispanos, Castaño alude también al Tapado, que es una «alusión al famoso don Antonio de Benavides, alias "el Tapado"» (Sor Juana, *Obras completas,* vol. IV, ed. A. Salceda, p. 563). Se trata del «misterioso y sensacional personaje que apareció en la Nueva España en mayo de 1683, "vendiéndose por Marqués de San Vicente, Mariscal de Campo y Castellano de Acapulco" y visitador del rey de España; fue aprehendido por orden del virrey, y traído a Méjico el 4 de junio de 1683, donde permaneció preso hasta que lo ahorcaron el 12 de junio de 1684. Sor Juana, aprovechando el primer cumpleaños del hijo del virrey, pidió infructuosamente el perdón de Benavides» (Sor Juana, *Obras completas,* vol. IV, ed. A. Salceda, p. xix). Se trata nuevamente de un personaje que utiliza el disfraz para sobrevivir y sacar partido, también inescrupulosamente, a circunstancias adversas de vida.

[51] Sor Juana, *Obras completas,* vol. IV, III Jornada, IV, vv. 289-298, las cursivas son mías.

¡Oh tú, cualquiera que has sido;
oh tú, cualquiera que seas,
bien esgrimas abanico,
o bien arrastres contera,
inspírame alguna traza
que de Calderón parezca
con que salir de este empeño![52]

A Castaño, como criado fiel, no le queda sino cumplir con el encargo. Decide vestirse con las ropas que llevaba para la huida doña Leonor. Se produce una de las escenas más jocosas e hilarantes de la pieza, clave como desencadenante del desenlace y como solución del enredo. Como apunta Franco, «es significativo, sin embargo, que el desenlace feliz se logre en gran parte gracias al criado, Castaño; [...] de hecho, es Castaño quien, disfrazándose de Leonor, burla las pretensiones de Pedro»[53]. En primer lugar, el indiano, tras urdir su disfraz, teme ahora ser asediado por algunos pretendientes:

Leonor me dio unas polleras
y unas joyas que trajese,
cuando quiso ser Elena
de este Paris boquirrubio...
....
La mano en el manto envuelta;
con el un ojo recluso
y con el otro de fuera;
y vamos ya, que encerrada
se malogra mi belleza.
Temor llevo de que alguno
me enamore[54].

Mientras prepara su disfraz, Castaño rompe el espacio ficcional y se dirige al público, interlocutor abierto de sus meditaciones. Castaño se yergue como dramaturgo que concibe sus estrategias (más bien

---

[52] Sor Juana, *Obras completas,* vol. IV, III Jornada, IV, vv. 290-305, las cursivas son mías.

[53] Franco, 1997, pp. 252-253.

[54] Sor Juana, *Obras completas,* vol. IV, III Jornada, IV, vv. 400-406, las cursivas son mías. De hecho sus temores se confirman al aparecer don Pedro, al acecho, pensando que se trata de Leonor.

estratagemas) para salir airoso del empeño. Es este control teatral, el que ejerce al reflexionar, mientras prepara su próximo papel, el que lo acerca a su creadora, sor Juana:

> Pues atención, mis señoras,
> *que es paso de la comedia;*
> *no piensen que son embustes*
> *fraguados acá en mi idea,*
> que yo no quiero engañarlas,
> ni menos a Vuexcelencia[55].

Mas Castaño, disfrazado ya con las ropas de Leonor, no llega nunca a salir de la casa y se topa con don Pedro: «Leonor bella, / ¿vos con manto y a estas horas? / [...] / ¿Adónde vas, Leonor mía?»[56]. Sus temores se concretan, pues el dueño de la casa la confunde y enamora. Enmudece momentáneamente Castaño, quien se dirige en revelado-res apartes al público al momento de decidirse a seguirle el juego al embaucado pretendiente: «Mas pues por Leonor me marca, / yo quiero fingir ser ella»[57]. En Castaño se reúnen varios atributos sorjuaninos, tras dirigirse a su creador (o creadora), comienza cual dramaturgo a determinar los siguientes pasos de su vida para salir del embrollo en el que anda metido, a urdir su tramoya, decide vestir las ropas de Leonor como el mejor disfraz, personaje considerado por la crítica como un *alter ego* de la jerónima, Castaño es además el único indiano de la pieza teatral[58]. Como advierte Germán Campos,

> todos estos elementos coinciden para postular una nueva hipótesis: este velo, real y simbólico, al que se somete el indiano, ¿no es, *mutatis mutandis,* el mismo al que se somete la propia Sor Juana Inés de la Cruz? ¿No es el conflicto de Castaño, dentro de este mundo caótico, pues, una segunda dramatización (la primera es doña Leonor) de los conflictos de

---

[55] Sor Juana, *Obras completas,* vol. IV, III Jornada, IV, vv. 381-386, las cursivas son mías.

[56] Sor Juana, *Obras completas,* vol. IV, III Jornada, V, vv. 406-407 y 415.

[57] Sor Juana, *Obras completas,* vol. IV, III Jornada, V, vv. 416-417.

[58] De hecho, había sido el propio Castaño el primero en subrayar que el encie-rro en que quedaban amo y criado, tras ser encerrados en una estancia tras una reja por Celia, se asemeja al espacio conventual, adelantando así una identificación con la monja-dramaturga: «Fuese y cerronos la puerta / *y dejonos como monjas* / en reja, y sólo nos falta / una escucha que nos oiga» (II Jornada, V, vv. 375-378, las cursivas son mías).

la propia dramaturga? [...] los hábitos de Sor Juana son como los vestidos que se coloca Castaño: *un refugio que posibilita la supervivencia*[59].

Sor Juana realiza el último travestismo, escondiéndose tras el disfraz de Castaño, personaje risueño y trasgresor (en parte como ella); utiliza aquí el humor y el disfraz: él, gracioso indiano, violenta las convenciones de la comedia de capa y espada, y ella, autora criolla, había trasgredido los códigos sociales establecidos por los rígidos convencionalismos de la vida que le tocó ocupar en la sociedad novohispana. Detrás de estas diversas máscaras, femeninas, indígenas, travestidas, la jerónima deja oír una vez más su inteligente voz.

BIBLIOGRAFÍA

ARELLANO, I., «Las convenciones de la comedia de capa y espada», en *Historia y crítica de la literatura española. Siglos de Oro: Barroco. Primer suplemento,* ed. A. Egido, Barcelona, Crítica, 1992, pp. 165-171.

BÉNASSY-BERLING, M. C., *Humanismo y religión de Sor Juana Inés de la Cruz,* México D. F., Universidad Nacional Autónoma de México, 1983.

CAMPOS MUÑOZ, G., «"Quién fuera Garatuza": la representación de los conflictos de Sor Juana Inés de la Cruz en *Los empeños de una casa»,* ensayo no publicado, Lima, Pontificia Universidad Católica del Perú, 2002, pp. 1-45.

FRANCO, J., «Las finezas de Sor Juana», en *Y diversa de mí misma entre vuestras plumas ando. Homenaje internacional a Sor Juana Inés de la Cruz,* ed. S. Poot Herrera, México D. F., El Colegio de México, 1997, pp. 247-256.

FRIEDMAN, E. H., «Sor Juana Inés de la Cruz's *Los empeños de una casa:* Sign as Woman», *Romance Notes,* 31: 3, 1991, pp. 197-208.

GLANTZ, M., *Sor Juana Inés de la Cruz: ¿hagiografía o autobiografía?,* México D. F., Grijalbo-Universidad Nacional Autónoma de México, 1995.

GONZÁLEZ, A., «El espacio teatral en *Los empeños de una casa»,* en *Y diversa de mí misma entre vuestras plumas ando. Homenaje internacional a Sor Juana Inés de la Cruz,* ed. S. Poot Herrera, México D. F., El Colegio de México, 1997, pp. 269-277.

HERNÁNDEZ ARAICO, S., «Problemas de fecha y montaje en *Los empeños de una casa* de Sor Juana Inés de la Cruz», en *Sor Juana Inés de la Cruz y las vicisitudes de la crítica,* ed. J. P. Buxó, México D. F., Universidad Nacional Autónoma de México, 1998, pp. 161-177.

---

[59] Campos, 2002, pp. 37 y 39, las cursivas son mías.

LÁZARO CARRETER, F., «La figura del gracioso», en *Historia y crítica de la literatura española. Siglos de Oro: Barroco. Primer suplemento*, ed. A. Egido, Barcelona, Crítica, 1992, pp. 159-165.

LUDMER, J., «Tretas del débil», en *La sartén por el mango: encuentro de escritoras latinoamericanas*, ed. P. E. González y E. Ortega, San Juan, Ediciones Huracán, 1984, pp. 47-54.

MÉNDEZ PLANCARTE, A., «Estudio liminar» y «Notas», en Sor J. I. de la Cruz, *Obras completas de Sor Juana Inés de la Cruz, vol. III. Autos y loas*, ed. A. Méndez Plancarte, México D. F., Fondo de Cultura Económica, 1976, pp. VII-XCIII y 503-730.

MERRIM, S., «*Mores Geometricae:* The "Womanscript" in the Theater of Sor Juana Inés de la Cruz», en *Feminist Perspectives on Sor Juana Inés de la Cruz*, ed. S. Merrim, Detroit, Wayne State University Press, 1991, pp. 94-123.

PALENCIA-ROTH, M., «*Quarta Orbis Pars:* Monologizing the New World», *Comparative Civilization Review*, 26, 1992, pp. 4-42.

PAZ, O., «El carro y el Santísimo», en *Sor Juana Inés de la Cruz o las trampas de la fe*, México D. F., Fondo de Cultura Económica, 1982, pp. 447-468.

POOT HERRERA, S., «Las prendas menores de *Los empeños de una casa*», en *Y diversa de mí misma entre vuestras plumas ando. Homenaje internacional a Sor Juana Inés de la Cruz*, ed. S. Poot Herrera, México D. F., El Colegio de México, 1997, pp. 257-267.

RICARD, R., «Sur *El divino Narciso* de Sor Juana Inés de la Cruz», *Nouvelles Études Religieuses*, 1935, pp. 215-226.

SALCEDA, A. G., «Introducción» y «Notas», en *Obras completas de Sor Juana Inés de la Cruz, vol. IV, Comedias, sainetes y prosa*, ed. A. Salceda, México D. F., Fondo de Cultura Económica, 1976, pp. VII-XLVIII y 525-672.

SOR JUANA INÉS DE LA CRUZ, «Autos con sus loas propias», «Loa para el auto sacramental de *El divino Narciso*», en *Obras completas de Sor Juana Inés de la Cruz, vol. III. Autos y loas*, ed. A. Méndez Plancarte, 1ª. reimpr., México D. F., Fondo de Cultura Económica, 1976a, pp. 3-21 y 21-97.

— «Carta Atenagórica», en *Obras completas de Sor Juana Inés de la Cruz, vol. IV. Comedias, sainetes y prosa*, ed. A. Salceda, México D. F., Fondo de Cultura Económica, 1976b, pp. 412-439.

— «Festejo de *Los empeños de una casa*», en *Obras completas de Sor Juana Inés de la Cruz, vol. IV. Comedias, sainetes y prosa*, ed. A. Salceda, México D. F., Fondo de Cultura Económica, 1976c, pp. 3-184.

— «Loa para el auto intitulado *El cetro de José*», en *Obras completas de Sor Juana Inés de la Cruz, vol. III. Autos y loas*, ed. A. Méndez Plancarte, México D. F., Fondo de Cultura Económica, 1976d, pp. 184-200.

— «Loa para el auto intitulado *El mártir del sacramento, San Hermenegildo*», en *Obras completas de Sor Juana Inés de la Cruz, vol. III. Autos y loas*, ed. A.

Méndez Plancarte, México D. F., Fondo de Cultura Económica, 1976e, pp. 97-115.

ZANELLI, C., «La loa de *El divino Narciso* de Sor Juana Inés de la Cruz y la doble recuperación de la cultura indígena mexicana», en *La literatura novohispana. Revisión crítica y propuestas metodológicas*, ed. J. P. Buxó y A. Herrera, México D. F., Universidad Nacional Autónoma de México, 1994, pp. 183-200.

— «Cultura indígena e impronta femenina en dos loas de Sor Juana Inés de la Cruz», en *De palabras, imágenes y símbolos. Homenaje a José Pascual Buxó*, ed. E. Ballón Aguirre y O. Rivera Rodas, México D. F., Universidad Nacional Autónoma de México, 2002, pp. 577-597.

— «Sor Juana y las trampas de una nueva fe: a propósito de los poemas a la condesa de Paredes», en *Permanencia y destino de la literatura novohispana. Historia y crítica*, ed. J. P. Buxó, México D. F., Universidad Nacional Autónoma de México, 2006, pp. 309-332.

SUPERPOSICIÓN DEL MODELO TRÁGICO EN EL TEATRO COLONIAL PERUANO

Eduardo Hopkins Rodríguez
Pontificia Universidad Católica del Perú

Los conceptos que componen el universo estructural y temático de la tragedia, de acuerdo con la reformulación del modelo clásico griego llevada a cabo por el teatro latino, mantienen una importante presencia en el teatro del Siglo de Oro y en especial en el teatro colonial peruano. Pese a que la comedia española sigue una tendencia estructural y dramática diferente a la de la tragedia griega y romana[1], no deja de acudir a sus componentes para aplicarlos, por lo general, de forma dispersa y superflua. En diversas ocasiones esta presencia es mucho más compleja y notoria. Al respecto, es frecuente el uso del coro o de funciones corales asumidas por otros elementos de las obras, así como el tema de la fatalidad que ingresa mediante sueños, agüeros, profecías, predicciones o a través de la astrología; a lo cual se agrega desde la vertiente cristiana los esquemas de la predestinación, así como los de la relación figural, que es una técnica de escritura y de lectura ordenada bajo el esquema de la predestinación. Como hemos indicado en determinados casos la intervención de las categorías de la tragedia en la comedia española es más intensa, como en las obras trágicas de Francisco de Rojas Zorrilla. Por su parte, en *El caballero de Olmedo,* de Lope de Vega, nos encontramos con una obra que adopta fragmentariamente el recurso de lo fatal trágico otorgándole un perfil

---

[1] MacCurdy, 1989, p. 180; Froldi, 1989, pp. 462-63.

lírico y coral. Es frecuente que los personajes definan en el diálogo o en monólogos su propia situación bajo aspectos del modelo de la tragedia. Lo mismo ocurre con las participaciones corales y su definición de los hechos.

La tradición cristiana ha sido permeable a la adopción de múltiples formas de la cultura clásica. Tratándose de la tragedia, el concepto cristiano de providencialismo ha sido uno de los factores de mayor afinidad con la estructura trágica en lo concerniente a la materia del destino. Otro factor de afinidad entre cristianismo y tragedia es la asociación de la acción trágica con la incorporación ritual del sufrimiento, el martirio, la muerte y la expiación; componentes que han sido sobredimensionados y que, bajo tal condición, corresponden a una noción de lo trágico distinta a la concepción de los griegos del periodo clásico. La forma clásica es sustituida por la percepción de la tragedia como acción luctuosa y horrenda.

La política artística de la Contrarreforma promueve la aplicación de la *Poética* de Aristóteles con fines retóricos, es decir, persuasivos. En lo que concierne a la *Poética,* en la pintura se puede percibir una directa afinidad «entre la distribución de las partes de la tragedia (prólogo, episodio, éxodo) y la composición de las figuraciones histórico-religiosas barrocas: grandes figuras en primer plano para introducir a la acción, al episodio, mientras el eco del acontecimiento se pierde en la vaga lejanía del fondo transformando el sentido temporal de la tragedia»[2]. Lo correspondiente a la *retórica* se concentra en el factor comunicativo: «Lo que importa es que la comunicación humana sea abierta y total, solicitada solamente por el vivo interés de persuadir de que ciertas cosas son útiles y deben hacerse, otras perjudiciales y no deben hacerse, esto es por el deseo de formar grupos de hombres solidarios en las mismas creencias y opiniones, fuera de los límites preconstituidos de una lógica formal»[3].

La catarsis, separada de su función trágica específica, cumple ahora una función central en este proceso de retorización de las artes mediante el enfoque persuasivo subliminal que se asigna a los efectos de piedad y horror de acuerdo con la perspectiva de la Iglesia. La retorización de la poética en las artes plásticas constituye una reducción de la tragedia a algunos de sus elementos, cuya aplicación inconexa e

[2] Argan, 1964, p. 31.
[3] Argan, 1964, p. 33.

inorgánica pretende crear el efecto de tragedia en conjuntos artísticos carentes de estructura trágica integral.

Usualmente tales obras están orientadas hacia lo patético, lo fúnebre, lo elegíaco: «la profundización en la representación sensible y en la contemplación de lo cruel y espantoso fue para la Contrarreforma en muy especial manera un elemento estimulador de la fantasía religiosa. [...] la iglesia favorece en el Barroco otras formas de manifestarse lo horrible y desagradable para estremecer a los hombres y dirigirlos enérgicamente a ciertos círculos de ideas o determinadas emociones. Bajo su mirada se creó aquel romanticismo de la tumba, la muerte y la corrupción [...]. El efecto popular de lo espeluznante se unía, por lo general, estrechamente con el interés religioso»[4].

En el teatro del Siglo de Oro la construcción de la impresión de que estamos ante una tragedia se basa en el mencionado procedimiento de introducir partículas inconexas de tragedia o en la técnica de la persistente exposición de un léxico efectista que gira alrededor de una retórica de la crueldad y lo horrible. Estos métodos puestos en práctica en el teatro del Siglo de Oro producen obras aparentemente trágicas. Inclusive en tragedias consistentes los dramaturgos insisten en los mismos mecanismos.

La configuración de pseudotragedias obedece a diversos factores que actúan complementariamente. Uno de ellos radica en el prestigio de los modelos clásicos, lo que impone una suerte de sistema de alusiones a la estructura trágica a manera de homenaje culto a la tradición, con lo que se genera un metadiscurso en torno al género trágico dentro del desarrollo de la acción dramática. Un segundo motivo se relaciona con la singular y diversa influencia de Séneca en Europa en los siglos XVI y XVII[5]. Frente a la concepción griega de la tragedia, Séneca construye una forma trágica muy diferente[6]. Tal diferencia radica en la orientación de la tragedia hacia la muerte como carnicería y mutilación. Las obras de Séneca acuden a la sangre, la violencia y el horror, expuestos espectacularmente de manera directa o a través de la visión profética de un personaje o del relato de un testigo. El principio de la catarsis clásica ha sido transformado en

---

[4] Weisbach, 1942, pp. 86-87.

[5] Nicoll, 1964, p. 101; Uscatescu, 1968, pp. 188 y ss.; Lesky, 1970, p. 34; Blüher, 1983, pp. 318-320, 333 y ss.; Curley, 1986, p. 217; Boyle, 1997, pp. 141-143; Steiner, 2001, pp. 22, 42.

[6] Harsh, 1948, p. 403; Curley, 1986, p. 217.

el efecto que produce el sufrimiento humano en el espectador como impulso para una vida interior equilibrada. Florence Dupont anota que el teatro de Séneca principalmente «es un teatro del cuerpo y de la voz», es decir, un teatro en el que la acción trágica se realiza gracias a la intervención física y vocal de los actores[7]. El componente de violencia corporal en las obras de Séneca resulta especialmente atractivo para el arte contrarreformista. Es claro que tal carácter actúa parcialmente en el teatro español posterior al Renacimiento, particularmente concentrado en referencias indirectas a muertes violentas o en presencias reguladas de escenas de crímenes. Un rasgo distintivo en la obra dramática de Séneca con relación a la tragedia griega clásica lo tenemos en el sustento neoestoicista sobre el cual se construye sus personajes, operando como modelos y antimodelos de sus principios.

El neoestoicismo es un factor que no es relevante en la tragedia griega y que incluso se considera como opuesto a su espíritu[8]. La expresión teatral del neoestoicismo, predominante en el discurso coral de las piezas de Séneca, así como su manifestación en sus obras espirituales, es igualmente un atractivo para el universo ético cristiano, particularmente en una vertiente ascética. Por su parte, la índole retórica, sentenciosa y barroca del diálogo senequista ocupa un espacio en la comedia española, de la misma manera que su estructura dramática, la preferencia por determinados ambientes y escenas asociados a lo sobrenatural y la constitución extremadamente pasional de los personajes. A su vez, el valor educativo que Séneca atribuye al teatro como «espejo de pasiones» y como proyección de «exempla»[9], tiene su lugar en la escena española. Blüher destaca, por ejemplo, la presencia del modelo senequista en la Nise laureada de Jerónimo Bermúdez: «empleo del coro, lenguaje retorizado, sentencioso, crueldad de los asesinos, actitud estoica de las víctimas, deslumbradora descripción de los afectos»[10]. En lo relativo al siglo XVII español, se advierte un nuevo

---

[7] Dupont, 1997, p. 178.

[8] Luque, «Introducción» a su edición de Séneca, Tragedias, pp. 21-22.

[9] Curley, 1986, pp.12-13.

[10] Blüher, 1983, p. 323. Para otros casos, como Juan de la Cueva, Lupercio Leonardo de Argensola, Miguel de Cervantes, Cristóbal de Virués, ver Blüher, 1983, pp. 323 y ss. Por su parte, Dietrich Briesemeister (1983) examina la funcionalidad del horror en Francisco de Rojas Zorrilla.

resurgimiento de Séneca, «que deja profundas huellas en el semblante espiritual de esta época»[11].

Un complejo aspecto del pensamiento filosófico y dramático de Séneca consiste en la sistemática concepción del mundo como teatro y del teatro como metateatro, ideas que serán de gran aprecio y aplicación en el drama europeo y que contribuirán a la peculiar constitución metateatral de los personajes y de la acción dramática en el Renacimiento y en el Barroco[12]. Para Thomas F. Curley, la fascinación por el aspecto metateatral es el factor dominante, por encima de los temas estoicistas y didácticos, que debe ser tomado en cuenta en cualquier consideración en torno al teatro de Séneca[13]. Curley distingue dos categorías en la aplicación de componentes metateatrales en Séneca: «una tendencia de los personajes dentro de una obra a jugar a comportarse como si estuvieran autoconscientemente representando un papel, y las escenas o elementos estructurales de una obra que reflexionan, autorreferencialmente, sobre la naturaleza del drama como tal»[14].

En la mayor parte de Europa en los siglos XVI y XVII, lo que se imagina como tragedia es el modelo de Séneca, no el de los griegos[15]. Los teóricos italianos, por ejemplo, se inclinan generalmente por la producción de Séneca como modelo de tragedia[16]. La visión de la tragedia que se adopta en el Siglo de Oro es fundamentalmente senequista, más allá del conocimiento que se tenía de la producción de los trágicos griegos y más allá del hecho de la fuerte aplicación de Séneca en la tragedia humanista o de su varia, irregular, fragmentaria y superficial incorporación concreta en la comedia, en la épica, en la narrativa, en la historiografía, en la prosa doctrinal o en las artes plásticas.

Para una mejor comprensión de los procedimientos en torno a lo trágico es importante tomar en cuenta las complejas discusiones del pensamiento cristiano en torno a predestinación y libre albedrío. Se trata de doctrinas que convocan la problemática trágica de la fatalidad reinterpretándola y ajustándola a las exigencias de la fe cristiana alrededor del tema de los designios divinos inscritos en los astros, cuya

---

[11] Blüher, 1983, p. 333.
[12] Curley, 1986, pp. 13-18; 187 y ss.
[13] Curley, 1986, pp. 214-216.
[14] Curley, 1986, p. 211.
[15] Harsh, 1948, p. 408.
[16] Weinberg, 1961, pp. 103, 922.

influencia en la vida humana depende de la capacidad del hombre para autogobernarse en consonancia con la intervención de la gracia divina. Por otro lado, la fuerte intervención de la materia astrológica en la cultura española popular y erudita del Siglo de Oro encuentra puntos de contacto con las nociones relativas al destino en el teatro trágico griego y latino. No debe extrañarnos que los textos teatrales y filosóficos de Séneca, abundantes en materia astrológica y en pensamientos acerca de la providencia[17], sean en parte responsables de la inclusión de estas creencias en el teatro. Recordemos unos conceptos que forman parte de sus postulados filosóficos y morales, cuya presencia es frecuente en las tragedias de Séneca: «Los destinos nos guían, y todo lo que nos resta de vida aparece determinado por la hora de nuestro nacimiento. Una causa depende de otra causa; un largo encadenamiento de hechos condiciona los sucesos públicos y privados»[18]. Se trata de postulados típicos del determinismo estoico, «según el cual todo el acontecer del universo se halla en un nexo causal continuo, en una serie encadenada, sin solución de continuidad, cuyo transcurso ni el mismo Dios puede cambiar y en cuyo encadenamiento, sin excepción, incluso cada una de las decisiones del hombre, que subjetivamente parecen libres, en último análisis, no es más que un miembro de esa dependencia causal»[19]. La utilización de los conceptos astrológicos asociados al tema de la providencia en los escenarios del Siglo de Oro puede tener una simple condición decorativa o estilística, pero también puede encontrarse vinculada al universo estructural de la tragedia[20]. La adopción del factor astrológico concierne al tema de la fortuna que, como indica Otis H. Green, es un archivo de tópicos imprescindible en la literatura española[21]. Dicha temática aporta a las obras teatrales un cierto estilo formulario y cumple misiones tonales, atmosféricas, líricas, dramáticas. Cabe definir este material por sus funciones metateatrales encaminadas a postular un perfil trágico al texto y a la representación.

---

[17] Blüher, 1983, pp. 213, 219-220.
[18] Séneca, *De la Providencia*, 5, 5-8.
[19] Blüher, 1983, p. 217.
[20] Ángel Valbuena Briones (1961) analiza el tema del hado en Pedro Calderón de la Barca. Antonio Hurtado (1983) examina el material astrológico en el mismo dramaturgo. La función del léxico prolífico asociado al destino, la astrología, la fortuna, el hado, es tratada por Rafael Lapesa (1988).
[21] Green, 1969, vol. 2, pp. 313 y ss.

Debido a que se trata de tragicomedias, cuando el elemento grave debe ser acentuado en la comedia se acude a la fórmula de la fortuna o a la de la terminología de la tragedia. Si se requiere marcar los momentos serios como trágicos, además de acudir a la terminología apropiada, se los vincula con la línea terminológica de lo fatal. Las escenas cómicas también usan el elemento fatalista, aunque en otra clave, contribuyendo a la generalización de la operatividad de estos temas en diversos niveles sociales y situaciones, así como a la creación de lo que, siguiendo a Todorov, llamaríamos verosímil genérico, esto es, la puntualización de la índole genérica de la obra y del universo de posibilidades que le son propias[22].

La incorporación de ingredientes de tragedia participa de una función deíctica, buscando darle existencia a algo que no existe, pretendiendo poner ante nuestra vista una entidad ausente. Así se edifica un fantasma de tragedia. En los casos de obras realmente trágicas, el agente deíctico puede enfatizar la acción, aunque obviamente es redundante. El gusto por la redundancia en estas piezas tiene que ver con la condición particular de la representación, la cual exige insistir en los temas para alcanzar la comprensión de parte del público. La voluntad de remarcar la lectura desde una proyección trágica depende de la convicción o de la duda autorial de que las obras no son tragedias dentro de una demarcación precisa.

Tratándose del teatro colonial peruano, encontramos en él también una participación del universo fragmentado de la estructura de la tragedia, según el modelo senequista de la comedia peninsular. Además de los motivos ya mencionados con respecto al teatro español, la presencia de componentes trágicos en la dramática colonial es parte de la estrategia de promoción de la ideología providencialista de legitimación y consolidación del estado colonial. Esta ideología es igualmente adoptada por los criollos y otros sectores sociales con intenciones de prestigio y de autopromoción. El providencialismo es el objetivo principal que hace del teatro colonial un ambiente propicio para los componentes de tragedia superpuestos a una acción dramática que en su constitución no es trágica en sentido estricto.

Examinaremos los casos de *Amar su propia muerte* de Juan Espinosa Medrano, de *La Rodoguna* de Pedro Peralta Barnuevo y del anónimo *Ollantay*.

---

[22] Todorov, 1970, p. 13.

En la jornada segunda de la comedia *Amar su propia muerte,* de Juan de Espinosa Medrano, Jabín, rey de los cananeos, despierta y se interroga acerca de un sueño aciago:

> ¿Qué horror, qué congoja es esta,
> válgame el cielo, tan fuerte?
> En sueño vi de mi muerte
> la tragedia más funesta.
> Reposaba aquí la siesta
> y hasta ahora me he dormido;
> de Cineo me vi herido (p. 279)

Más adelante en la misma escena hablará de «inclementes hados», «rigor fatal» (p. 279). En la escena V de la misma jornada asistimos a una serie de prodigios que anuncian acontecimientos negativos para los cananeos, enemigos de los judíos, como un «funesto pájaro», un «cometa sangriento», «funestas cajas» (pp. 280, 281, 284), los cuales son identificados como «presagios», «agüeros», «hados». La jornada tercera se inicia con un terremoto, naturalmente calificado como presagio, portento, señal de «trágicos agüeros» (p. 293). La escena VIII trae al rey un «trágico rumor» que «el aire entristece vago» (p. 306). Un desmayo del general Sísara hace exclamar al rey: «¡Oh qué agüero tan infausto!» (p. 306). Antes de la batalla final, Sísara amenaza al ejército hebreo declarando:

> Veinte años ha que esta tragedia ensayo,
> si de morirse todos tienen ganas,
> yo más he muerto por distintos modos
> hoy mato esos diez mil y mueren todos (p. 317).

Observamos una carga metateatral que maneja alusiones a componentes de tragedia, escenario trágico y puesta en escena trágica en torno al eje de lo fatal y de lo fúnebre. La escena XVI con que finaliza la obra está construida como un espectáculo sangriento de estilo senequista. *Amar su propia muerte* no es una tragedia, aunque acude a terminología trágica para crear atmósfera y tensión alrededor de la ejecución de los designios de la providencia.

La serie de términos que se muestra en la obra en torno a la fortuna, el hado, la suerte, el destino, etc., forma parte de una tradición que en el teatro del Siglo de Oro cumple un objetivo poético y dramático dentro de lo que en general se considera como suerte adversa[23]. Excepcionalmente, en estas obras la suerte puede resultar favorable. El tema de la fortuna es fundamental en la comedia española, sea que aparezca a manera de estereotipo léxico o que intervenga con mayor relieve significativo en el plano de la acción dramática y en el campo de la materia doctrinal cristiana. El escritor limeño Pedro Peralta en la *Loa a La Rodoguna* explica con claridad e ironía la importancia instrumental que posee el tema de la fortuna en el teatro español. Considerando que es en éste donde se rinde culto a la fortuna, los personajes se lamentan del abandono en que se halla el teatro, especialmente el de Lima, por parte de quien debería protegerlo:

AUTORA   ¿Es posible, cruel fortuna,
           que has de ostentar hasta hoy
           tus desdenes, donde más
           debe reinar tu favor?

ESPINOSA   ¿Es posible, hado tirano,
           que inexorable a mi voz,
           estés, aun contra tu culto,
           manteniendo tu rigor?

AUTORA   Si teatro y mundo es lo mismo,
           si farsa y fortuna son
           tan unos que ambas son copias,
           y originales las dos,
           ¿cómo te olvidas de ti,
           olvidando nuestro ardor
           y, despreciando tu imagen,
           desprecias tu adoración?

ESPINOSA   Si son destino y teatro
           tan unos que se advirtió,
           que tú imitas sus enredos,
           o que él copia tu invención,
           ¿cómo tu retrato ofendes?
           Si en él reina tu esplendor,
           ¿cómo, arruinándote el trono,
           quieres la dominación?

AUTORA   Tú que siempre tanto aliento
           prestaste al teatro español,
           y al limano hiciste grata

[23] Green, 1969, vol. 2, pp. 313 y ss.

otro Perú de su amor,
¿cómo es ya sin tu fomento
sepulcro de tu atención?
ESPINOSA   Tú que al Parnaso del Rímac
diste tanta elevación
que ya del otro no era
copia sino inspiración,
¿cómo es ya sin tu socorro
triste pira de su ardor? (pp. 229-230)

Cuando se busca involucrar la noción de lo trágico, la serie de términos conectados con el tema de la fortuna es motivo de un ajuste semántico el cual la traslada al circuito de las denotaciones de tragedia. Es lo que sucede con *Amar su propia muerte* de Espinosa Medrano, pieza en la que las alusiones a lo trágico hacen converger fatalidad y muerte, al mismo tiempo que se mantiene la línea estereotipada alrededor del tema de la fortuna.

La Rodoguna de Pedro Peralta desarrolla el tema del vencimiento de la fortuna por obra de las acciones humanas. Es una obra destinada a promover buenos augurios para el gobierno del rey Felipe V con motivo de la celebración de su natalicio. En este sentido, tiene su correlato en *El triunfo de Astrea,* panegírico en homenaje a dicho monarca, escrito en francés por Peralta.

En *La Rodoguna* a partir de la jornada II el léxico de lo funesto converge con el de la tragedia. Aquí tragedia se asocia con lo inexorable de la venganza, la muerte y la catástrofe. A la idea de tragedia se le incorpora las adjetivaciones de lo horroroso, lo pavoroso. Tanto en *La Rodoguna* como en *Afectos vencen finezas,* Peralta emplea, como parte de la serie léxica de lo trágico, el concepto de «parricidio» en el sentido amplio de crimen asociado a traición de familiares o de personas cercanas, usual en la tradición española. En ambas obras se aplica tragedia y trágico con acepción de funesto. El aura de horror se crea con estas adjetivaciones que al no corresponder a la dimensión de los hechos resultan ser sólo hipérboles dedicadas a promover la noción de tragedia. En *La Rodoguna,* por ejemplo, mediante una típica fórmula metateatral, el personaje Antíoco define su situación y la de su hermano hasta el momento como «prólogo a nuestra tragedia». Identifica así su condición bajo parámetros de texto trágico.

Lo curioso de *La Rodoguna* es que sí implica una situación auténticamente trágica en el conflicto central y, pese a ello, insiste en las fórmulas discursivas redundantes denotativas de tragedia. Podríamos decir que es una tragedia con discurso trágico incorporado. Lo que muestra la fuerza de las convenciones y los hábitos formales vigentes en la comedia española. Por otro lado, entre las obras aquí examinadas, *La Rodoguna* es la pieza que más emplea el universo léxico del horror, probablemente debido a tener como modelo la obra homónima de Pierre Corneille, de perfil poderosamente senequista. La siguiente escena de la jornada III, en la que el esposo de Cleopatra se le aparece en un sueño premonitorio, es un ejemplo de léxico trágico reiterado:

Canta NICANOR	Terrible esposa, coronada fiera
	en quien sangrienta la ambición impera,
	reina de parricidios y de horrores
	que animas por espíritus furores.
En sueño CLEOPATRA	¡Ay de mí! ¡qué indecible
	espanto! ¿Qué me quieres, sombra horrible?
NICANOR *canta*	Nicanor soy a quien, encruelecida,
	quitaste imperio y vida.
	Del reino de Plutón irrevocable,
	el destino me envía inexorable
	a que, antes de lograr lo que desea,
	otro infierno te forme de tu idea.
ARIA	¡Ay mísera Reina!
	¡Ay triste! ¡Ay de ti!
	que horrible,
	terrible
	mi acento presago
	te avisa el estrago
	de un trágico fin.
CORO	¡Ay mísera Reina!
	¡Ay triste! ¡Ay de ti!
NICANOR	Que el cielo severo
	a tu ánimo fiero
	previene entre horrores
	las penas mayores
	del negro confín.
CORO	Que el cielo severo
	a tu ánimo fiero

	previene entre horrores
	las penas mayores
	del negro confín.
NICANOR	¡Ay mísera Reina!
	¡Ay triste! ¡Ay de ti!
	que horrible,
	terrible
	mi acento presago
	te avisa el estrago
	de un trágico fin.
CLEOPATRA	Suspende, cruel esposo,
	el presagio que intimas horroroso,
	que expiro y siento en débil parasismo
	en tu vista y tu voz todo el abismo.
CLOTO	Cloto sangrienta, Parca inevitable,
	dará a tu vida el golpe formidable;
	pero para cortar tu aliento insano,
	será más que mi filo, cruel tu mano.
NEGERA	Negera, infierno vivo, Furia ardiente
	te agitará inclemente,
	y te será con fuego más violento
	hacha más encendida tu ardimento.
NICANOR canta	Y, porque de este aviso el vano medio
	quede solo de horror, no de remedio...
	Vagos sueños,
	que beleños
	sois de los tristes mortales,
	batid las alas fatales
	al aire de la ilusión.
	Su cruel vida
	endurecida
	prosiga su atroz empresa,
	y sólo en el pecho impresa
	le quede la confusión.
	Vagos sueños,
	que beleños
	sois de los tristes mortales,
	batid las alas fatales
	al aire de la ilusión.

(Desaparece toda la visión, despierta Cleopatra y sale asombrada de su camarín)

CLEOPATRA   ¡Qué asombro! ¡Qué terror! Sombras presagas,
espantosa visión que al alma amagas,
vocal cometa que, con luz impía,
la esfera infestas de la fantasía;
¿Qué horror, qué muerte al corazón le dejas,
que más la acercas cuando más te alejas?
Mas ¿quién de locos sueños forma aprecio
si es su mejor intérprete el desprecio?
A Antíoco hablar quiero; sustos vanos,
idos; y, sucediendo más tiranos,
vuelvan los artificios, vuelva la ira
que el odio teje y que furor inspira (pp. 314-316).

Como se puede apreciar, la palabra *horror* figura siete veces, sin contar el glosario próximo: *terrible, sangrienta, parricidio, espanto, destino, trágico, cruel, atroz*, etc. En la jornada III el término *tragedia* consta por lo menos nueve veces. Confrontada con la escena respectiva de la obra de Corneille, resalta la presencia del «fantasma» de Nicanor, ausente en la pieza del escritor francés en la que Cleopatra solamente habla metafóricamente del «fantasma del Estado», en referencia a sus deberes políticos como reina. La escena en Peralta posee un perfil más acorde con los pasajes sobrenaturales que presentan un fantasma o espíritu vengativo a la manera de las tragedias de Séneca y que eran recibidos con particular espectativa y satisfacción por el público hispánico.

A diferencia de *La Rodoguna,* Peralta en *Triunfos de amor y poder* y en *Afectos vencen finezas* se limita a la inclusión de la serie de la fortuna, apelando a la cadena léxica de la tragedia sin mayor compromiso.

En *Ollantay*[24] encontramos coros como portadores de la fatalidad. Los agüeros y las premoniciones son frecuentes. Peripecia y anagnórisis, esquemas obligados de la tragedia, surgen de manera múltiple. Ollanta sufre varias peripecias: cuando del triunfo pasa a ser perseguido, cuando en medio del éxito de la rebelión es capturado y luego liberado y ensalzado. La anagnórisis actúa en la entrevista con Pachacútec al descubrir Ollanta cuál es su verdadera posición en la sociedad inca. Igualmente, en el descubrimiento mutuo de Ima Súmac y su madre. Por su parte, Túpac Yupanqui descubre a su hermana y a su cuñado. Al culminar la obra, en Ollanta coinciden peripecia y anag-

<hr>

[24] Meneses, 1983.

EDUARDO HOPKINS RODRÍGUEZ

nórisis, de acuerdo a la experimentada recomendación de Aristóteles en la *Poética*. La reiteración de peripecias y anagnórisis hacen de *Ollantay* un melodrama. La obra lleva una carga metadiscursiva relativa a la tragedia, procurando orientar su lectura como obra trágica, sin poseer las condiciones de una tragedia. El componente providencialista ha sido reducido, pues los intereses ideológicos de la pieza plantean una recomposición del poder colonial y de sus relaciones con el grupo señorial indígena.

Con lo expuesto, esperamos haber llamado la atención hacia las condiciones específicas en que una determinada concepción de la tragedia actúa como discurso superpuesto en un sector del teatro colonial peruano.

ARGAN, G. C., *La Europa de las capitales. 1600-1700*, Barcelona, Skira/ Caroggio, 1964.

BLÜHER, K. A., *Séneca en España. Investigaciones sobre la recepción de Séneca en España desde el siglo XII hasta el siglo XVII*, Madrid, Gredos, 1983.

BOYLE, A. J., *Tragic Seneca. An essay in theatrical tradition*, London/New York, Routledge, 1997.

BRIESEMEISTER, D., «El horror y su función en algunas tragedias de Francisco de Rojas Zorrilla», *Criticón*, 23, 1983, pp. 159-175.

CORNEILLE, P., *Ouvres completes*, Paris, Éditions du Seuil, 1963.

CURLEY, T. F., *The nature of senecan drama*, Roma, Edizioni dell'Ateneo, 1986.

DUPONT, F., «Les tragédies de Sénèque, théâtre du corps et de la voix», en *Séneca, dos mil años después. Actas del Congreso Internacional conmemorativo del bimilenario de su nacimiento*, ed. M. Rodríguez-Pantoja, Córdoba, Universidad de Córdoba, 1997, pp. 177-189.

ESPINOSA MEDRANO, J. de, *Apologético. Amar su propia muerte*, Caracas, Biblioteca Ayacucho, 1982.

FROLDI, R., «Experimentaciones trágicas en el siglo XVI español», en *Actas del IX Congreso de la Asociación Internacional de Hispanistas*, coord. S. Neumeister, Frankfurt am Main, Vervuert, 1989, vol. 1, pp. 457-468.

GREEN, O. H., *España y la tradición occidental*, Madrid, Gredos, 1969, 4 vols.

HARSH, P. W., *A Handbook of classical drama*, Stanford, Stanford University Press, 1948.

HURTADO TORRES, A., «La astrología en el teatro de Calderón de la Barca», en *Calderón. Actas del Congreso Internacional sobre Calderón y el teatro español del Siglo de Oro,* ed. L. García Lorenzo, Madrid, CSIC, 1983, vol. 2, pp. 925-937.

LAPESA, R., «Lenguaje y estilo de Calderón», en *De Ayala a Ayala. Estudios literarios y estilísticos,* Madrid, Istmo, 1988, pp. 169-225.

LESKY, A., *La tragedia griega,* Barcelona, Editorial Labor, 1970.

MacCURDY, R. R., «Lope de Vega y la pretendida inhabilidad española para la tragedia. Resumen crítico», en *Lope de Vega. El teatro. I,* ed. A. Sánchez Romeralo, Madrid, Taurus, 1989, pp. 169-180.

MENESES, T., *Teatro Quechua Colonial. Antología,* Lima, Edubanco, 1983.

NICOLL, A., *Historia del teatro mundial,* Madrid, Aguilar, 1964.

PERALTA BARNUEVO, P. de, *Obras dramáticas,* ed. I. A. Leonard, Santiago, Imprenta Universitaria, 1937.

SÉNECA, *Tragedias,* ed. J. Luque Moreno, Madrid, Gredos, 1987, 2 vols.

— «*De la Providencia*», en *Séneca y Cicerón, Tratados morales,* Barcelona, Océano, 2000.

STEINER, G., *La muerte de la tragedia,* Barcelona, Azul, 2001.

TODOROV, T. *et al., Lo verosímil,* Buenos Aires, Tiempo Contemporáneo, 1970.

USCATESCU, G., *Teatro occidental contemporáneo,* Madrid, Guadarrama, 1968.

VALBUENA BRIONES, Á., «El concepto del hado en el teatro de Calderón», *Bulletin Hispanique,* 63, 1961, pp. 48-54.

WEINBERG, B., *A History of Literary Criticism in the Italian Renaissance,* Chicago, The University of Chicago Press, 1961.

WEISBACH, W., *El Barroco, arte de la Contrarreforma,* Madrid, Espasa-Calpe, 1942.

ÓPERA, TRAGEDIA, COMEDIA: EL TEATRO DE PEDRO DE PERALTA COMO PRÁCTICA DE PODER

José A. Rodríguez Garrido
Pontificia Universidad Católica del Perú

El retrato que ha perennizado la imagen de Pedro de Peralta y Barnuevo (datado en 1791, pero seguramente copia de un cuadro anterior) nos lo muestra de cuerpo entero y dirigiendo una mirada atenta hacia el espectador. En la mano izquierda sostiene los guantes, mientras que la otra reposa sobre un atril junto al cual se halla un astrolabio y, más atrás, tinteros con plumas. A su espalda, semicubierta por un cortinaje, se descubre una estantería de libros en cuyos lomos se alcanzan a leer los títulos de las obras del propio Peralta. Si no en su calidad artística, al menos en los elementos que lo componen, la pintura quiere hacer justicia al reconocimiento del que Peralta gozó en su tiempo y que luego la memoria ha conservado, como escritor y erudito en materias tan diversas como la historia, la medicina, la astronomía, la poesía o aun la ingeniería militar. Irving Leonard, uno de los primeros críticos modernos en revalorar la producción del escritor limeño, lo llamó, en uno de sus trabajos seminales de recuperación de la figura de Peralta, «a great savant of Colonial Peru»[1], un calificativo del que puede decirse que recoge, de modo menos pomposo, los exaltados elogios que Peralta mereció en su época: «fénix de los ingenios», «monstruo de naturaleza», «monstruo de erudición», «fénix

---

[1] Leonard, 1933.

americano» o «Pico della Mirandola peruano»². En su afamado *Teatro crítico universal,* fray Benito Jerónimo Feijoo (con quien Peralta intercambió correspondencia) se refirió a él como «sujeto de quien no se puede hablar sin admiración, porque apenas, ni aun apenas, se hallará en toda Europa hombre alguno de superiores talentos y erudición»³, un texto que seguramente consagró el reconocimiento del prodigioso saber del escritor limeño más allá de los muros de su ciudad.

La fama de hombre erudito parece haber ensombrecido, sin embargo, a Peralta como hombre político. Ya al finalizar el siglo XVIII, Alonso Carrió de la Bandera, encubierto bajo el seudónimo de Concolorcorvo en su *Lazarillo de ciegos caminantes,* veía el ejercicio intelectual de aquél como desligado de su entorno y le reprochaba el despilfarro de su talento en empresas que juzgaba inútiles o erradas: «Si el tiempo y erudición que gastó el gran Peralta en su *Lima fundada* y *España vindicada* lo hubiera aplicado a escribir la historia civil y natural de este reino, no dudo que hubiera adquirido más fama, dando lustre y esplendor a toda la monarquía»⁴. El juicio de Carrió muestra en verdad un cambio en los paradigmas de la relación entre discurso y poder, y es significativo que, desde esta nueva perspectiva, una obra como *Lima fundada,* con la que Peralta pretendía, mediante los recursos que le proporcionaba la tradición de la poesía épica, fundar y legitimar una memoria criolla, fuera vista como insustancial frente al beneficio de una historia civil y natural⁵.

Peralta fue, sin embargo, un hombre con una poderosa conciencia sobre la utilidad del discurso como herramienta para el establecimiento y la permanencia de las estructuras de poder, y concebía su propia erudición en el marco de esta relación. En 1714, en su *Imagen política del gobierno de Diego Ladrón de Guevara,* expresaba así su concepción del sistema de poder: «Es la república un cuerpo político; su cabeza es el gobernador y necesita de órganos que perciban las especies y de espíritus con quienes se formen los discursos»⁶. Los órganos eran los ministros del gobernante; pero los «espíritus» capa-

² Los recoge Jerry Williams, 1994, p. 10.
³ Feijoo, *Españoles americanos,* p. 11.
⁴ Carrió de la Bandera (Concolorcorvo), *Lazarillo de ciegos caminantes,* pp. 117-118.
⁵ Sobre la significación de *Lima fundada* dentro del proyecto criollo de la primera mitad el siglo XVIII, ver los trabajos de Mazzotti (1996 y 2002).
⁶ Peralta, *Imagen política del gobierno de Diego Ladrón de Guevara,* p. 65.

ces de enunciar los discursos políticos no eran sino los miembros de las escuelas, las academias y la Universidad, es decir, el grupo de intelectuales al que él mismo pertenecía. Siete años atrás lo había dicho claramente al recibir al virrey marqués de Castell dos Rius en la Universidad de San Marcos, con la *Lima triunfante*. Allí se había esforzado en dejar sentado ante la nueva autoridad el lugar primordial que correspondía a la Universidad: ésta era la «voz de las repúblicas»[7], es decir, la responsable de la producción del discurso que declaraba la organización y constitución del poder en la sociedad, sin la cual, por lo tanto, éste no podía existir propiamente como institución racionalmente establecida[8]. De este modo, Peralta quería sin duda mostrarse también como partícipe del poder, y resaltar ante la autoridad colonial la función esencial que los intelectuales criollos como él cumplían en el sostenimiento del Imperio como cuerpo político. Eso hace posible que, en sus manos, la elaboración de un texto de carácter panegírico al poder de la Corona o de su representante desembocara en la formulación de un reclamo sobre el lugar subordinado que ocupaba la elite criolla de nobles e intelectuales en el marco del imperio español. De este modo, afirmaba con su discurso la solidez de un orden jerárquico que se estructuraba a partir de la autoridad suprema del monarca; pero, al mismo tiempo, mostraba también la posición subordinada de la elite criolla como un desajuste dentro de ese orden idealmente representado.

Desde la perspectiva que imponen estos textos es necesario revaluar la activa participación de Peralta en la producción de discursos asociados estrechamente a las instancias más altas del poder virreinal. La forma más extrema de esta cercanía corresponde sin duda a la redacción de la memoria del virrey José de Armendáriz, marqués de Castelfuerte, a quien además el escritor dedicó una de sus obras capitales, el poema épico *Lima fundada*[9]. Peralta también tomó la pluma, en situaciones que aparentemente no obedecían de modo tan directo

---

[7] Peralta, *Lima triunfante*, p. [106].

[8] En un trabajo anterior (Rodríguez Garrido, 2000) he estudiado la significación política del discurso de Peralta en la recepción del marqués de Castell dos Rius poniéndolo en relación con el contexto de los cambios estéticos y políticos que implicaba la llegada al Perú del nuevo virrey, el primero en ser designado por la nueva dinastía borbónica.

[9] Ver la nueva edición de la *Relación del Marqués de Castelfuerte* preparada por Alfonso Moreno Cebrián, 2000.

a un encargo oficial, aunque sí al compromiso que imponía el gozar de la protección de la máxima autoridad: para elaborar una panegírica reseña del proceder político del virrey en funciones (la ya citada *Imagen política del gobierno del Excelentísimo Señor don Diego Ladrón de Guevara*), o para igualmente defender al gobernante de las acusaciones que circulaban en libelos, en este caso referidos al actuar de Diego Morcillo Rubio de Auñón, en *El templo de la fama vindicado* y el *Diálogo político: la verdad y la justicia*[10].

En verdad, casi toda la producción de Peralta recala, de un modo u otro, en el vínculo con la autoridad virreinal. Es también el relator oficial de ceremonias o festejos oficiales efectuados en Lima o, desde una posición distinta, el responsable de narrar el recibimiento de varios virreyes en la Universidad de San Marcos o aun de dar el discurso para la ocasión. También su producción que discurre en los géneros literarios tradicionales evidencia esta asociación. Así, toda su producción teatral conocida (tres festejos teatrales compuestos de comedia y piezas breves, y una loa para una comedia de Antonio de Zamora) obedece igualmente a la celebración en el palacio del virrey de un acontecimiento asociado al poder colonial: *Triunfos de amor y poder* (1711) para conmemorar la victoria de Felipe V en la batalla de Villaviciosa; *Afectos vencen finezas* (1720) en celebración del cumpleaños del virrey Diego Morcillo Rubio de Auñón; la loa para la comedia *Amar es saber vencer* de Antonio de Zamora (1725), como parte de las celebraciones en Lima por la coronación de Luis I; y *La Rodoguna* (1727) (adaptación de *Rodogune* de Corneille), en festejo por un cumpleaños de Felipe V[11].

---

[10] Los tres textos mencionados han sido editados en los últimos años por Jerry Williams, 1996.

[11] La fecha que asigno aquí a la composición de *La Rodoguna* difiere de las que fueron atribuidas por Marcelino Menéndez y Pelayo, quien la dató como anterior a 1713 (1911-1913, vol. 2, p. 211) o incluso a 1710 (1940, vol. 3, p. 192), y por José de la Riva-Agüero (1962a), quien la situaba en 1719. He sustentado mi propuesta en una ponencia presentada en el *VII Simposio Internacional de Cultura Novohispana: Reflexión y espectáculo en la América virreinal* (Rodríguez Garrido, 2005; las actas se encuentran en vías de publicación). La obra teatral de Peralta nos ha sido transmitida a través de dos manuscritos, uno conservado actualmente en la Biblioteca Menéndez Pelayo de Santander y el otro en la British Library. Irving Leonard publicó todo el corpus dramático conocido de este autor en 1937 (Peralta, *Obras dramáticas*). Actualmente dirijo la publicación de una nueva edición (a cargo del Grupo de Investigación y Edición

Mi propósito aquí es justamente examinar este aspecto de su producción, sirviéndome para ello en particular del primero de ellos (*Triunfos de amor y poder*), a la luz de la convicción que el propio Peralta ostenta sobre la participación del intelectual en el acto de constituir el poder mediante su discurso. Desde esta perspectiva, es imposible concebir las obras teatrales de este autor simplemente como una pasiva y servil subordinación de la pluma del escritor al sostenimiento de la autoridad. Por el contrario, estas deben ser entendidas como parte de ese propósito explícito del autor de mostrarse como miembro activo de la «voz de las repúblicas». Jerónimo Fernández de Castro consigna en 1725, al relatar las fiestas en Lima por la coronación de Luis I, que concluyeron con la representación en el Palacio virreinal de la comedia *Amar es saber vencer y el arte contra el poder* del dramaturgo español Antonio de Zamora, cómo por la brevedad del tiempo disponible «no pudo permitirse a alguno de los ingenios la aplicación, que solicitaban a escribir comedia nueva, y solo pudieron quedar satisfechas en alguna parte sus diligencias, desahogándose los afectos en formar loa, sainete y fin de fiesta»[12]. Esta ansiedad de los escritores locales por elaborar el texto dramático en festividad tan importante es un testimonio de que la organización del festejo teatral en tales contextos se percibía como un modo de participación en el poder. La activa intervención de Peralta en aquella ocasión, que he mostrado en otra oportunidad (él escribió finalmente la loa, pero seguramente diseñó también el telón jeroglífico que enmarcaba el espectáculo y le imponía una significación), me lleva a pensar que es a él en particular a quien se alude con esa «aplicación» en la solicitud de escribir comedia nueva[13].

A pesar de lo reducido del corpus teatral de Peralta (las tres comedias antes aludidas y la loa para el festejo de 1725), es posible reconocer

de Textos Coloniales Hispanoamericanos-GRIETCOH, con el apoyo de la Dirección de Investigación de la Pontificia Universidad Católica del Perú y del GRISO).

[12] Fernández de Castro, *Elisio peruano,* fol. [98r].

[13] Ver Rodríguez Garrido, 2001, donde estudio la importancia de las representaciones teatrales dentro de este ciclo festivo, y analizo particularmente la significación política del telón jeroglífico diseñado para la puesta en escena de la comedia de Zamora, como culminación de las celebraciones. Ver además el trabajo de Williams, 2000, que ofrece una nueva edición de la loa de Peralta (incluida originalmente en el *Elisio peruano* y recogida también en el tomo de *Obras dramáticas* de Peralta preparado por I. Leonard).

en estas obras la búsqueda de una forma artística que resultara acorde
con el objetivo político al que pretendían servir, así como la elaboración de un contenido apropiado para las circunstancias imperiales
a las que el festejo obedecía, pero asimismo a los ideales políticos del
propio Peralta.

El primero de estos textos y el más complejo desde el punto de
vista formal (quizás también, por eso mismo, el menos favorecido por
la crítica actual) fue la comedia *Triunfos de amor y poder,* representada
por primera vez en el palacio del virrey la noche del 3 de diciembre
de 1711 y luego por otros ocho días consecutivos, en celebración por
la victoria de Felipe V en la batalla de Villaviciosa. El acontecimiento
que motivaba el festejo era de gran relevancia, pues se trataba de un
éxito militar que en buena medida permitió consolidar, después de
varios vaivenes, la preeminencia de la causa borbónica en la dilatada
Guerra de Sucesión que, por una década, enfrentó a las potencias
europeas en torno a la posesión de la Corona de España. De las tres
comedias de Peralta, es también aquella de cuya representación se
posee mayor información, pues el propio escritor narra con cierto
detalle tales circunstancias en su *Imagen política del gobierno del excelentísimo señor D. Diego Ladrón de Guevara.* Peralta se detiene allí a referir
sucintamente la batalla misma en el campo de Villaviciosa, la llegada
de las noticias del triunfo a Lima, el ahínco mostrado por el virrey en
organizar las celebraciones y, con cierto detalle, el despliegue espectacular en la representación de su comedia[14].

En medio de esta nutrida relación, el autor hace un paréntesis crítico para detenerse a considerar los diversos géneros teatrales asociados
en su época a las distintas tradiciones europeas. Ese pasaje constituye
una implícita declaración de las premisas que habían regido la elaboración de su propia pieza teatral y un posicionamiento frente a los modos
más prestigiados del teatro en las cortes de Europa:

> De consentimiento de todas las naciones son los españoles los prín-
> cipes del teatro. Los antiguos, que no conocieron más que dos especies
> de poemas dramáticos, carecían de invención y hermosura de escena, así
> en lo jocoso o satírico de la comedia como en lo funesto de la tragedia.
> Entre los modernos, la Italia, inventora de la ópera, solo ha intentado for-
> mar una gloria a los sentidos, sin darle parte a la razón. Imítala la Francia
> y, aunque en las demás especies en que retiene el carácter antiguo de lo

---

[14] Peralta, *Imagen política,* pp. 48-57.

cómico y lo trágico, es sublime a su gusto, lo poco sonoro de la prosa y la
libertad de la sátira en las unas, y la falta de enredo y de conclusión feliz
en las otras las hace extrañas aun al genio severo de nuestra nación. Solo
ella parece que ha sabido usar con perfección inimitable todas las especies
de poemas de teatro, a quienes sin diferencia da el nombre de comedias,
excusando como funesta la tragedia en todo su rigor. La sátira apenas se
conoce en las jocosas; el enredo es admirable en las cortesanas; la política es grande en las heroicas; y la hermosura es insigne en las de fábula.
Y en todas la invención es ingeniosa, la gracia singular, la conclusión
feliz y el verso sublime. En las fabulosas, que son asunto de las de ópera,
no reina en todas sus partes la música como en Italia y Francia porque,
correspondiendo ésta a las expresiones de afectos, desdice de las demás
que son relaciones o simples coloquios. En ellas compitiendo el deleite de
los sentidos con la complacencia del ánimo, igualmente armoniosas que
poéticas, se sigue con maravillosa invención la historia acomodada a las
leyes del teatro, sembrado de agudos pensamientos y elocuentes afectos,
y tal vez entretejida de proporcionados episodios[15].

En su defensa inicial del modelo teatral español, que abandona la
rigurosa separación clasicista entre lo trágico y lo cómico, y en sus
coincidencias en ello con un texto, de un siglo anterior, orientado a
un mismo fin como el *Arte nuevo de hacer comedias* de Lope de Vega
(1609), el pasaje de Peralta parecería retraerse a una polémica ya fuera
de época. Sin embargo, las líneas siguientes prueban que la confrontación propuesta por el escritor limeño era del todo contemporánea.
Peralta no se detiene a discutir formas teatrales en abstracto, y por
eso menciona los principios de la teoría clásica sólo como punto de
partida de una tradición que habrá de reelaborarse a lo largo de la historia de Occidente. La discusión central está orientada a tratar de los
modos teatrales propios de las cortes europeas con las que la tradición
española de algún modo competía: en primer lugar, el cada vez más
prestigioso modelo del teatro íntegramente cantado propio de la ópera
italiana, nacida en la corte florentina a fines del siglo XVI. Se trataba
este, asimismo, de un género que, después de diversos intentos (y muy
a diferencia de lo ocurrido en España), había logrado arraigarse definitivamente en la corte de Luis XIV, sobre todo a partir de la década
de 1670, cuando Jean Baptiste Lully consiguió adaptarlo finalmente
al gusto y la tradición de la corte francesa. Desde entonces convivía

---

[15] Peralta, *Imagen política,* pp. 54-55.

allí con los géneros, de filiación clásica, más característicos del drama
francés: la comedia y la tragedia.

Visto así resulta evidente que la polémica que Peralta establece
tiene como contraparte fundamental la escena cortesana en Francia,
es decir, una de las prácticas teatrales más asociadas a la exaltación
del poder y la figura del monarca y sometida incluso a la regulación
directa de la Corona, a través del sistema de «academias» propug-
nado por Colbert, que incluía tanto al teatro como a la ópera[16]. La
confrontación que establece Peralta entre su propia praxis teatral y
el modelo francés adquiere especial relevancia en el contexto para
el cual escribía su obra: el triunfo militar de Felipe V, nieto de Luis
XIV, y el afianzamiento definitivo con ello de la dinastía de los Borbones en el trono español. Se ha subrayado, en varias oportunidades,
la influencia que ejerció sobre Peralta la literatura francesa[17]. El hecho
parece indiscutible y se testimonia de modo evidente, por ejemplo,
en los intentos de Peralta de escribir poemas en francés en homenaje a
Felipe V y a su abuelo Luis XIV[18]. Sin embargo, textos como el antes
citado muestran más bien que se trataba no de una recepción pasiva,
sino guiada por el propósito de evaluar e incorporar los modelos prestigiosos propios de la nueva monarquía a las tradiciones del Imperio
español.

Detrás de ese delicado proyecto estético que es, al mismo tiempo,
un intento de recomponer el signo de la autoridad real hispana tras
la quiebra producida por el cambio de dinastía, asoma el escritor
criollo enfatizando su clara conciencia crítica y afirmando de ese
modo su lugar de artífice en la recomposición de ese orden. En tal
sentido, se trata también de un proyecto político. La elaboración del
complejo artefacto que constituye el festejo teatral *Triunfos de amor
y poder* era así un acto de enunciación producido por «la voz de las
repúblicas», es decir, la voz del intelectual criollo que, de este modo,

---

[16]   Para una revisión del papel político y regulador desempeñado por el sistema de
academias vigente en Francia durante el reinado de Luis XIV, ver Pevsner, 1940.

[17]   Fuera de los comentarios generales esbozados por Menéndez y Pelayo (1940,
vol. 3, p. 192), el trabajo más amplio al respecto continúa siendo el de Riva-Agüero,
1962a, quien ofrece un recorrido de la presencia de lecturas y referentes franceses en
la obra de Peralta, incluso antes de que la dinastía borbónica se instalara en España.

[18]   Se trata de «Le triomphe d'Astrée» y de «La Gloire de Louis le Grand». Ambos
han sido editados por Leonard como apéndice de las *Obras dramáticas* de Peralta.

podía afirmar el lugar primordial que reclamaba para sí en el orden político.

La propuesta encerraba también un diálogo con la propia escena teatral del palacio del virrey, en Lima, donde en los diez últimos años se habían representado espectáculos igualmente ligados al ascenso de Felipe V al trono de España que suponían profundas novedades en el plano dramático-musical. Dos de ellos destacan particularmente. En primer lugar, el primer cumpleaños del príncipe Borbón como rey de España, el 19 de diciembre de 1701, había dado motivo en esta ciudad a la puesta en escena por primera vez en todo el continente americano de un drama íntegramente cantado, *La púrpura de la rosa,* con texto de Calderón de la Barca y música preparada para la nueva ocasión por el maestro de capilla de la catedral de Lima, Tomás de Torrejón y Velasco. La ejecución de un espectáculo de tal novedad para entonces, como he intentado probar en otra oportunidad[19], respondía al propósito de sostener simbólicamente la legítima continuidad en el tránsito de una dinastía a otra, para lo cual servía excepcionalmente el drama de Calderón —originalmente escrito en 1659 para celebrar el matrimonio de la hija de Felipe IV, la infanta María Teresa, con el rey de Francia Luis XIV, vínculo del cual procedía el derecho al trono español de Felipe V, nieto de ambos— revestido íntegramente del efecto poderoso de la música.

En segundo lugar, otra novedad radical en este campo se produjo el 19 de septiembre de 1708, esta vez en el festejo por el nacimiento de Luis Fernando, el primer hijo de Felipe V y sucesor al trono. En esta ocasión el propio virrey —el marqués de Castell dos Rius, Manuel de Oms y Santa Pau— proporcionó el texto de la comedia *El mejor escudo de Perseo*[20]. Las partes musicales de la obra fueron encargadas a Roque Ceruti, músico italiano llegado a Lima como parte del séquito del virrey y responsable del impacto directo de la tradición musical italiana en el virreinato del Perú a inicios del siglo XVIII[21]. Aunque

---

[19]   Rodríguez Garrido, 1998, y una reelaboración más amplia en 2002, cap. 3.

[20]   Se trataba, en verdad, tal como ya mostré en un trabajo anterior (Rodríguez Garrido, 1999), de una obra escrita inicialmente cuando el marqués ocupaba el cargo de embajador en Lisboa y que respondía originalmente a un objetivo político distinto de aquel para el que sirvió en Lima, pero que debió ajustarse a las exigencias de su nuevo contexto.

[21]   Acepto como altamente verosímil, tal como se ha venido haciendo, la idea de que Ceruti, recién llegado a Lima como parte de la comitiva del virrey marqués

nada ha sobrevivido de lo que debió de ser la participación de Ceruti
en este y otros festejos teatrales (sí, en cambio, su significativa producción sacra), es obvio que aspectos de su instrumentación y su estilo,
radicalmente italianos para 1708, debieron producir gran impacto en
la ciudad de Lima.

Cuando Peralta debate sobre la ópera y asume incluso algunos conceptos procedentes de este género, es obvio que lo hace motivado por
estos dos hitos en el teatro colonial peruano. La presencia de Ceruti
en la corte virreinal peruana debió de suscitar seguramente interés,
pero también discusión, y la propuesta de Peralta refleja, de alguna
manera, esa doble actitud. Con *Triunfos de amor y poder* tenemos el
primer testimonio de la aplicación de los términos italianos «ópera»
y «aria» a textos escritos en el Perú y destinados a ser musicalizados,
dado que *La púrpura de la rosa,* aunque íntegramente cantada, recibe en
el manuscrito de la partitura la calificación, más propia de los términos españoles, de «representación música» y *El mejor escudo de Perseo,*
que no fue íntegramente cantado, se designó «comedia harmónica»[22].
Peralta, en cambio, se atreve a designar su propia obra como «una
ópera nuevamente compuesta» en la *Imagen política*[23], aunque luego la
llame sencillamente «comedia»[24] (y así se le designe en los manuscritos
que la han transmitido) y discuta, como se ha visto, la validez dramática de ese género[25].

de Castell dos Rius, fuera el encargado de poner música a *El mejor escudo de Perseo,*
que llevaba texto de su patrocinador (Lohmann Villena, 1945, pp. 324-325; Stevenson, 1976, p. 47; Estenssoro, 1989, pp. 42-43). Sin embargo, no conozco ningún
documento que refrende la suposición. Sobre la relevancia de la presencia de Ceruti
en la escena musical limeña de inicios del siglo XVIII, puede consultarse Sas, 1972,
segunda parte, vol. 1, pp. 109-112; Lohmann Villena, 1945, pp. 323-327, y Estenssoro, 1989, pp. 113-114.

[22] Varios críticos han asumido que *El mejor escudo de Perseo* fue una ópera (Riva
Agüero, 1962b, p. 284; Estenssoro, 1989, p. 42; ver también Lohmann Villena, 1945,
p. 325), pero al menos la forma en que se conoce el texto, correspondiente a la versión de Lisboa, muestra que la obra estaba concebida dentro del modelo tradicional
del drama cortesano español e intercalaba partes musicales, pero no estaba destinada
a ser íntegramente cantada (ver Rodríguez Garrido, 1999, pp. 370-371).

[23] Peralta, *Imagen política,* p. 54.

[24] Peralta, *Imagen política,* p. 55.

[25] Años después, la loa que escribió para la comedia *Afectos vencen finezas* (1720),
es designada en los manuscritos como «loa que se cantó en forma de ópera» (en
Peralta, *Obras dramáticas,* p. 107).

Por otro lado, un número significativo de partes cantadas de *Triunfos* presenta una clara indicación de su organización en recitativo y aria. En este último caso, aunque los manuscritos no lo expliciten, como sí lo harán para el caso de *La Rodoguna,* es altamente probable que el texto de tales arias esté organizado según el modelo más habitual de la ópera italiana, el del «aria da capo», es decir, una forma tripartita en que la última sección consistía en una repetición más adornada vocalmente de la sección que figuraba como cabeza del número[26]. Lo que en parte hacía admisible emplear el prestigioso calificativo italiano de «ópera» para designar su propuesta teatral era, en tal sentido, esta incorporación de los números musicales propios de este género (que alternaban, sin embargo, con números musicales característicos de la tradición española —como las coplas y otras formas populares— y partes enteramente habladas)[27].

No sabemos quién fue el encargado de musicalizar este texto que, como se ve, sugería, en el Perú a inicios del siglo XVIII, una clara rela-

---

[26] En el caso de *La Rodoguna,* los números definidos como «aria» presentan en el manuscrito de Santander (el único que ha transmitido esta pieza) al margen derecho la indicación de *final* junto al verso que concluye la «cabeza» y con el cual, por tanto, se debe cerrar la repetición. Leonard parece no haber entendido el sentido de esta señal y opta, en su edición, en la mayoría de los casos, por repetir íntegramente el texto de toda la pieza. En los manuscritos de *Triunfos de amor y poder,* no figura esta indicación. Podría suponerse que esto es un indicio de que, en su primera obra teatral, Peralta —y su colaborador musical— no había adoptado todavía la estructura del *aria da capo* (como sí ocurriría después en *La Rodoguna*); sin embargo, la estructura sintáctica y semántica de los números designados como arias en esta obra, permite intuir normalmente cuál debía ser la cabeza. El modelo de música vocal que Roque Ceruti llevó a Lima procedía de Alessandro Scarlatti (1660-1725), el creador de la ópera napolitana, donde la forma del *aria da capo* estaba firmemente establecida.

[27] La incorporación del término «aria» en el drama cortesano español ocurre por primera vez en 1696 en la obra de José de Cañizares *Salir el amor del mundo;* sin embargo, Sebastián Durón, el compositor encargado, dejó sin musicalizar esos versos (así lo ha observado A. Martín Moreno en su edición de dicha obra; citado por Cortizo, 2002, p. 144). La aclimatación y aceptación del término tanto en la música como en el teatro español ocurre solo plenamente hacia 1707. De ese año es la comedia de Antonio de Zamora *Todo lo vence el amor* (que tanto Emilio Cotarelo como Subirá habían dado como la primera documentación del término en España), y que fue seguramente un referente importante para Peralta, aunque otra comedia anterior con música también de Sebastián Durón, *Apolo y Dafne,* según señala Martín Moreno, muestra ya la aceptación e incorporación del aria en la práctica de este compositor (datos tomados de Cortizo, 2002, pp. 144-145).

ción entre el drama musical y el contexto político. Como es usual, esa
información, que hoy nos parece tan sustancial, suele escamotearse en
las relaciones sobre espectáculos de esta índole de aquella época, tanto
en España como en sus colonias. Sin embargo, puede afirmarse que
para entonces sólo había en Lima dos músicos a la altura de la demanda
que planteaba Peralta en *Triunfos de amor y poder:* Torrejón y Velasco (el
autor de la partitura de *La púrpura de la rosa*) o Roque Ceruti (el compositor y violinista italiano que musicalizó *El mejor escudo de Perseo*).
Aclarar esta disyuntiva permitiría también conocer cómo se canaliza-
ron las propuestas dramáticas de Peralta.

Torrejón representaba el antiguo modelo de la música española de
la segunda mitad del siglo XVII, aunque, en la etapa más avanzada de
su estilo compositivo, mostró la asimilación del nuevo impacto de
la música italiana. Si él fue el responsable en 1711 de poner en pentagrama los versos de Peralta, *Triunfos de amor y poder* debió de significar seguramente también en el plano musical una respuesta semejante
a la que planteaba el texto frente al prestigio de los modelos dramá-
tico-musicales asociados a la nueva dinastía. En caso de que Torrejón
haya sido el compositor, el reto que debió asumir fue el de elaborar
una partitura que mostrara la asimilación de los números propios de
la ópera italiana dentro del modelo del teatro español. Ello hubiera
significado ir más allá de lo que había realizado diez años antes, al
musicalizar *La púrpura de la rosa*. Para aquella ocasión, su estilo y su
concepción dramático-musical revelaban la continuidad de las prácticas musicales propias de la corte española de los Austrias; en cambio,
las exigencias del texto de Peralta conducían necesariamente hacia la
búsqueda de un nuevo lenguaje acorde al nuevo contexto político al
que servía el festejo teatral y a los nuevos estilos musicales adscritos a la
nueva dinastía. La música de este espectáculo habría sido así la primera
muestra —que lamentablemente hemos perdido— de la asimilación
del nuevo impacto del italianismo en la obra de Torrejón. En síntesis,
si el maestro de capilla de la catedral de Lima fue quien compuso la
música para *Triunfos de amor y poder,* el espectáculo resultante constituyó un complejo artefacto gestado íntegramente por los miembros
de la sociedad colonial (Torrejón había llegado al Perú cuarenta años
atrás con la comitiva del conde de Lemos) en respuesta a los nuevos
lineamientos que representaba Ceruti.

Si, por el contrario, fue Ceruti el responsable de musicalizar la obra,
su participación supuso lo contrario: tener que acomodar el modelo

procedente de la música vocal de Scarlatti al programa dramático-musical ideado por el criollo Peralta. Ello suponía no sólo componer recitativos y arias, sino también elaborar páginas musicales dentro de la tradición española, especialmente en los pasajes cómicos de la obra. En tal sentido, el espectáculo ideado por Peralta hubiera sido otro «triunfo» semejante a los que anunciaba el título: el de la cultura criolla, que se mostraba así capaz de incorporar los nuevos condicionamientos, estéticos y políticos, y de afirmar, al mismo tiempo, la permanencia y la supremacía de su tradición[28].

Por otra parte, más allá de los elementos propiamente musicales, el otro rasgo que servía a Peralta para calificar su obra de «ópera» era el hecho de que la materia argumental sobre la que discurría la obra fuera «de fábula», es decir, tema procedente de la mitología clásica, asunto efectivamente característico de la ópera seria hasta inicios del siglo XVIII. En el caso de Peralta, la «fábula» elegida era doble, pues, por un lado, se dramatizaba la historia de los amores de Júpiter e Ío, que el autor proponía como «símbolo de la monarquía de España»[29], y, por otro, la de los amores entre Hipómenes y Atalanta.

Esta duplicidad argumental es justamente otro de los hechos peculiares de este texto teatral de Peralta. No era en absoluto extraño que en una sola pieza teatral se fundieran distintas historias míticas. Por ejemplo, obras de Calderón de la Barca como *La fiera, el rayo y la piedra* o *Los tres mayores prodigios* anuncian en el contenido tripartito de su título la fusión de distintos argumentos. No obstante, en estos como en otros casos, el autor diseñaba siempre un marco general que permitía la confluencia de las distintas tramas originales en una estructura unitaria. *Triunfos de amor y poder* desarrolla, en cambio, dos historias con personajes que nunca se cruzan. La obra se organiza de tal modo que a escenas de cada una de las dos tramas se siguen escenas corres-

---

[28] Esta disyuntiva ha sido considerada por distintos críticos. Riva-Agüero (1962a, p. 188) se limita a calificar la música de *Triunfos* de «italiana», y de allí Robert Stevenson (1976, p. 54) deduce que Ceruti era el único colaborador posible de Peralta. Estenssoro, en cambio, con argumentos que encuentro convincentes, se inclina a pensar que fue Torrejón: «teniendo en cuenta las ideas expresadas por Peralta respecto de la ópera, sus cualidades y sobre todo su posición sobre la relación entre la música y el texto; mucho más cercanas a la unidad de acción y *recitativo* con giros melódicos empleados por la tradición española conocida y dominada por Torrejón y no por Ceruti, de formación netamente napolitana» (Estenssoro, 1989, p. 43).

[29] Peralta, *Imagen política*, p. 55.

pondientes a la otra, sin que en ningún momento se sugiera siquiera que las dos historias compartan necesariamente un mismo tiempo y espacio. La diferencia más contundente entre las dos tramas se muestra además en sus correspondientes desenlaces, lo cual las sitúa en tradiciones genéricas distintas. Una concluye en un final feliz: Ío, perseguida en principio por la celosa Juno, puede al fin gozar del encuentro con el amante Júpiter y en metamorfosis triunfante es finalmente elevada a los cielos y venerada como divinidad. Por el contrario, la historia de Hipómenes y Atalanta encuentra un desenlace fatal: aunque Hipómenes logra vencer en la carrera a la esquiva Atalanta mediante el recurso de arrojarle tres pomos de oro durante la competencia y aunque aquella ha mostrado ya previamente señales de inclinación hacia el joven contendiente, ambos amantes ven frustrados sus deseos de unión; pues al celebrarse sus bodas en el templo de Venus, sus abrazos son castigados por la diosa que los convierte en leones que huyen por las selvas.

Una explicación a esta desconcertante y contradictoria duplicidad puede hallarse en las motivaciones que animaron la elaboración de este texto: el triunfo de la causa borbónica en la Guerra de Sucesión. Si, como sugiere el propio Peralta, la historia con desenlace feliz de Júpiter e Ío era el «símbolo de la monarquía de España», es decir, del triunfo por el cual Felipe V poseía definitivamente la hasta entonces esquiva Corona española, es posible deducir que la contienda amorosa de Hipómenes y Atalanta, que concluye con el infeliz castigo de los amantes, quisiera representar el fracaso de la causa austríaca y de su pretendiente al trono, el archiduque Carlos, en alcanzar el mismo objetivo. Es quizá por ello por lo que, al escribir su relato del festejo teatral, centrado en la exaltación del reconocimiento del monarca Borbón, Peralta silencia por completo la existencia en su obra de la segunda trama y señala sólo la que se corresponde con el poder imperante.

De otro lado, atendiendo al plano formal de la obra, una hipótesis complementaria es que, en su propósito de crear un objeto teatral acorde a las nuevas circunstancias culturales que acarreaba el cambio dinástico, Peralta se esforzara por incorporar los modelos del teatro cortesano propios de la corte de donde procedía el nuevo monarca adecuándolos al eje dominante del modelo español. De este modo, dio cabida en su obra no sólo a la ópera, sino también al esquema trágico, tan característico del drama francés. No podía, por cierto, tratarse de una «tragedia pura», cuyo tono resultara del todo disonante con el carácter festivo dominante de la representación y, por eso, la historia admite episodios amorosos e intervenciones cómicas. Sin embargo, la historia de Hipómenes y Atalanta ofrece uno de los aspectos característicos de la tragedia: la caída de los protagonistas y el desenlace infeliz.

Ni la ópera ni la tragedia habían sido ajenas a la formación del drama cortesano español durante el siglo anterior, como lo atestiguan las piezas de Calderón o la música de Juan Hidalgo compuesta para ellos, durante los reinados de Felipe IV y Carlos II[30]. Sin embargo, el cambio de dinastía en España ocurrido al iniciarse el siglo XVIII implicaba necesariamente un nuevo cotejo de la fórmula del teatro cortesano español de los Austrias (que había asimilado las influencias foráneas hasta cimentar un modelo propio) con el prestigio del modelo ítalo-francés adscrito a la nueva monarquía de los Borbones. Peralta se propone, pues, hacer a su obra receptora de los modos más prestigiosos en la corte de Francia: la tragedia y la ópera; pero al mismo tiempo intenta igualmente reafirmar la continuidad del modelo teatral español, cuyo tradicional hibridismo facilitaba la apropiación de estas formas.

Triunfos de amor y poder constituye, de este modo, un complejo artefacto simbólico que reúne en una sola estructura los modos de la ópera, la tragedia y la comedia mitológica. Con ello su autor se mostraba en 1711 como el artífice de una obra que, en su misma forma, representaba tanto el cambio como la continuidad del poder de la Corona de España. Desprovisto hoy de la partitura que lo acompañó y de los despliegues escenográficos de su representación, sólo podemos apreciar muy parcialmente sus logros. Su lectura puede suscitar la misma perplejidad que despierta la de un libreto operístico sin el soporte musical para el que fue concebido. El lugar de esta obra en la historia cultural del virreinato peruano sería sin duda otro si, como en el caso de *La púrpura de la rosa,* un manuscrito musical hubiera preservado la otra cara del espectáculo. Sin embargo, como proyecto de participación del intelectual criollo mediante los lenguajes simbólicos en la configuración del poder es quizá uno de los intentos más ambiciosos. En 1701 fue probablemente el mismo virrey, el conde de la Monclova, quien eligió *La púrpura de la rosa* como el espectá-

---

[30] Sobre la composición del drama musical español del siglo XVII, ver el fundamental libro de Louise Stein, 1993.

culo dramático-musical que permitiera mantener simbólicamente la unidad quebrada por el cambio de dinastías. Diez años después, al cerrarse la larga Guerra de Sucesión, un miembro de la elite intelectual criolla asumía la elaboración del festejo con el que se representaba la recomposición del poder real tras un período de crisis. De este modo, esta vez no sólo el poder del rey, sino también el de quien reclamaba ser la «voz de la república» salía, al menos simbólicamente, robustecido.

Bibliografía

Carrió de la Bandera, A. («Concolorcorvo»), *Lazarillo de ciegos caminantes*, ed. E. Carilla, Barcelona, Editorial Labor, 1973.

Cortizo, M.ª E., «Aria [área]», en *Diccionario de la zarzuela. España e Hispanoamérica*, dir. E. Casares Rodicio, Madrid, Instituto Complutense de Ciencias Musicales, 2002, vol. 1, pp. 144-147.

Estenssoro, J. C., *Música y sociedad coloniales: Lima, 1680-1830*, Lima, Colmillo Blanco, 1989.

Feijoo, B., *Españoles americanos y otros ensayos*, Buenos Aires, Emecé, 1944.

Fernández de Castro y Bocángel, J., *Elisio peruano*, Lima, Francisco Sobrino, 1725.

Leonard, I., «A great savant of Colonial Peru: don Pedro de Peralta», *Philological Quarterly*, 12, 4, 1933, pp. 54-72.

Lohmann Villena, G., *El arte dramático en Lima durante el Virreinato*, Sevilla, Escuela de Estudios Hispanoamericanos de la Universidad de Sevilla, 1945.

Mazzotti, J. A., «Solo la proporción es la que canta: Poética de la nación y épica criolla en la Lima del xviii», *Revista de Crítica Literaria Latinoamericana*, 22, 43-44, 1996, pp. 59-75.

— «La invención nacional criolla a partir del Inca Garcilaso: las estrategias de Peralta y Barnuevo», en *Perú en su cultura*, ed. D. Castillo Durante y B. Sattler, Lima-Ottawa: PromPerú-University of Ottawa, 2002, pp. 55-72.

Menéndez Pelayo, M., *Historia de la poesía hispano-americana*, Madrid, Librería General de Victoriano Suárez, 1911-1913.

— *Historia de las ideas estéticas en España*, ed. E. Sánchez Reyes, Santander, Aldus, 1940.

Moreno Cebrián, A., *El Virreinato del Marqués de Castelfuerte, 1724-1736: el primer intento borbónico por reformar el Perú*, Madrid, Catriel, 2000.

Peralta y Barnuevo, P., *Imagen política del gobierno de Diego Ladrón de Guevara*, en J. Williams, 1996, pp. 38-86.

— *Obras dramáticas, con un apéndice de poemas inéditos*, ed. I. Leonard, Santiago de Chile, Imprenta Universitaria, 1937.

— *Lima triunfante, glorias de la América, juegos pitios y júbilos de la Minerva peruana en la entrada que hizo Su Exc. en esta muy noble, y leal ciudad, emporio, y cabeza del Perú [...]*, Lima, Joseph de Contreras y Alvarado, 1707.

PEVSNER, N., *Academies of Art. Past and Present*, Cambridge, Cambridge University Press, 1940.

RIVA-AGÜERO, J. de la, «Pedro de Peralta y las influencias francesas en sus obras», en *Obras completas II. Estudios de Literatura peruana: del Inca Garcilaso a Eguren*, Lima, Pontificia Universidad Católica del Perú, 1962a, pp. 165-220.

— «Sociedad y literatura limeñas en el siglo XVIII», en *Obras completas II. Estudios de literatura peruana: del Inca Garcilaso a Eguren*, Lima, Pontificia Universidad Católica del Perú, 1962b, pp. 275-337.

RODRÍGUEZ GARRIDO, J. A., «Entre Austrias y Borbones: la representación en Lima (1701) de *La púrpura de la rosa* de Calderón de la Barca», en *América y el teatro español del Siglo de Oro. Actas del II Congreso Iberoamericano de teatro*, ed. C. Reverte Bernal y M. de los Reyes Peña, Cádiz, Universidad de Cádiz, 1998, pp. 289-303.

— «Una pieza recuperada del teatro colonial peruano: historia del texto de *El mejor escudo de Perseo* del Marqués de Castell dos Rius», en *Edición y anotación de textos coloniales hispanoamericanos*, ed. I. Arellano y J. A. Rodríguez Garrido, Madrid-Frankfurt am Main, Iberoamericana-Vervuert, 1999, pp. 351-373.

— «"La voz de las repúblicas": Poesía y poder en la Lima de inicios del XVIII», en *Agencias criollas: la ambigüedad "colonial" en las letras hispanoamericanas*, ed. J. A. Mazzotti, Pittsburgh, Instituto Internacional de Literatura Iberoamericana, 2000, pp. 249-265.

— «Mutaciones del teatro: la representación en Lima de *Amar es saber vencer* de Antonio de Zamora en las fiestas por la coronación de Luis I (1725)», en *La producción simbólica en la América colonial*, ed. J. Pascual Buxó, México D.F., Universidad Nacional Autónoma de México, 2001, pp. 371-402.

— *Teatro y poder en el palacio virreinal de Lima (1672-1707)*, Ph. D. Dissertation, Princeton University, 2002.

— «La fecha de composición de *La Rodoguna* de Peralta y su significado político». Ponencia presentada en el *VII Simposio Internacional de Cultura Novohispana: Reflexión y espectáculo en la América virreinal, México D.F., Universidad Nacional Autónoma de México: 9-11 noviembre, 2005*, en prensa.

SAS, A., *La música en la catedral de Lima durante el Virreinato*, Lima, Universidad Nacional Mayor de San Marcos, 1972.

STEIN, L., *Songs of Mortals, Dialogues of the Gods. Music and Theatre in Seventeenth-Century Spain*, Oxford, Clarendon, 1993.

STEVENSON, R., «Estudio preliminar» a T. de Torrejón y Velasco y P. Calderón de la Barca, *La púrpura de la rosa,* Lima, Instituto Nacional de Cultura, 1976.

WILLIAMS, J. M., *Censorship and Art in Pre-Enlightenment Lima. Pedro de Peralta's Diálogo de los muertos: la causa académica,* Potomac, Scripta Humanistica, 1994.

— *Peralta Barnuevo and the Discourse of Loyalty: a Critical Edition of Four Selected Texts,* Tempe, Arizona State University, 1996.

— «Peralta Barnuevo's Loa para la Comedia: The Tragic Reign of Luis I». *Dieciocho: Hispanic Enlightenment,* 23, 1, 2000, pp. 7-25.

FANTASMAS EN EL CONVENTO:
UNA «MÁSCARA» EN SAN JERÓNIMO (MÉXICO, 1756)[1]

Frederick Luciani
Colgate University

Hay amplia evidencia de que las monjas del México colonial cele-braban las visitas de virreyes a sus claustros con fastuosos entreteni-mientos dramáticos y musicales. Los varios *Diarios de sucesos notables* de México de los siglos diecisiete y dieciocho aluden a estos festejos, y se conservan muestras de sus piezas dramáticas en las obras de autores de renombre, como sor Juana Inés de la Cruz y Cayetano Cabrera y Quintero[2]. Otros documentos de la época nos revelan las fortunas cambiantes de las costosas celebraciones conventuales en general, y de las de carácter teatral en particular: su mayor o menor florecimiento según el grado de apoyo o de tolerancia por parte de las autoridades civiles y eclesiásticas[3].

[1] El autor desea expresar su agradecimiento a la John Carter Brown Library, donde realizó la investigación para el estudio presente con una beca financiada por el National Endowment for the Humanities. También desea agradecer al profesor Nicolás Wey-Gómez por su revisión de una versión preliminar de este estudio.

[2] Méndez Plancarte, 1951, p. 467, no pudo fechar los «Bailes y tonos provincia-les de un festejo a los Condes de Paredes» que recogió para su edición de las *Obras completas* de sor Juana, aunque notaba que, según el *Diario* de Robles, se celebró un festejo en San Jerónimo el 8 de abril de 1684. Entre las piezas conventuales de Cabrera y Quintero hay dos representadas para el marqués de las Amarillas en 1756, en el colegio de Niñas de San Miguel de Belén. Ver Parodi, 2002.

[3] Aparte de la complicada cuestión de si la representación de obras de teatro en los conventos se conformaba o no a las normas de la vida religiosa, sobre todo si

Un manuscrito del siglo dieciocho, perteneciente a la Hispanic Society of America de Nueva York, puede contribuir a nuestro conocimiento de este género. Es la relación de un festejo completo, celebrado el 19 de agosto de 1756 en el convento de San Jerónimo en la Ciudad de México para recibir al virrey de Nueva España, don Agustín de Ahumada y Villalón, marqués de las Amarillas, y su esposa[4]. La relación describe brevemente las actas ceremoniales de recepción ofrecidas por las monjas, y contiene el texto de las funciones teatrales y musicales: bailes, arias, una loa, un entremés, un sainete y una máscara. En un preámbulo a esta relación, un capellán del convento llamado Joaquín Barruchi y Arana indica que entrega el manuscrito a la madre priora del convento, con disculpas por su tardanza y por la cortedad de su musa[5].

El *Diario de sucesos notables* de México (1752-1758) de José Manuel de Castro Santa-Anna nos permite reconstruir el contexto de este festejo. El marqués de las Amarillas había hecho su entrada oficial a la capital novohispana en febrero de 1756. Pero las ceremonias de recepción que le esperaban[6] fueron interrumpidas por la enfermedad

---

implicaba la presencia de seglares entre el auditorio, el que los festejos y otras celebraciones fuesen muy costosos para los conventos suscitaba el interés de las autoridades. El antecesor del marqués de las Amarillas, el conde de Revillagigedo, le escribió al respecto: «[Las monjas de la ciudad] son nimias en el aseo y compostura de todas las cosas que sirven a las funciones públicas [...] de donde viene a sus familias y a la república algún gravamen e incomodidad; porque no bastando a sus gastos lo que el convento les ministra, les insta la necesidad o el empeño a continuos pedimentos a sus padres o parientes...» (*Instrucciones*, 1991, vol. 2, p. 835).

[4] El manuscrito consta de 68 folios, tamaño cuarto, con una portada pintada a colores, con sencillos ornamentos trazados a pluma al fin de cada sección, y con una encuadernación hecha, al parecer, en el siglo diecinueve. La tinta está algo desteñida, pero legible. No se sabe cuáles fueron las fortunas del manuscrito entre 1756 y el momento en el siglo diecinueve cuando fue adquirido por Karl Hiersemann, un librero y coleccionista alemán. La Hispanic Society of America compró parte de la colección de Hiersemann a comienzos del siglo xx.

[5] No he podido encontrar más rastros biográficos o literarios de Barruchi y Arana. Su nombre no figura en Toribio Medina ni en otras fuentes consultadas.

[6] Se recibió al marqués de las Amarillas en México con los arcos tradicionales erigidos por la catedral y la ciudad. Las pinturas que adornaban el arco de la catedral se basaban en emblemas y metáforas relacionados con los ojos y el sentido de la vista. Su autor fue José Mariano de Abarca y Valda. El arco de la ciudad fue ideado por Miguel Urrutia de Vergara. Los textos correspondientes a los dos arcos fueron publicados en México en 1756. Ver bibliografía.

y muerte de su pequeño hijo el primero de marzo. Los marqueses se retiraron al palacio arzobispal de Tacubaya, para observar un período de duelo que duraría más de tres meses. En Tacubaya recibían visitas de condolencia de los sujetos de distinción de México, y poco a poco volvieron a integrarse a la vida ceremonial y social de la capital. En abril vinieron a la ciudad a pasar Semana Santa; también en abril, la marquesa acudió varias veces al coliseo de la ciudad ya que en él había «una nueva compañía de farsantes, los más de ellos poblanos, que han representado muy al gusto del público». Los marqueses eran, aparentemente, aficionados al teatro; cuando volvieron a México para quedarse, el 13 de junio, hicieron escala en el coliseo para gozar de una comedia[7].

En agosto, los marqueses iniciaron una serie de visitas a los conventos de la capital —veinte en total, cada una registrada por Castro Santa-Anna[8]—. Las religiosas recibieron al virrey con ceremonias sencillas o suntuosas, según los medios y la relativa austeridad de las órdenes. De la visita a San Jerónimo, apunta el diarista: «La tarde de este día pasaron Sus Excelencias a visitar a las Reverendas Madres del monasterio de San Jerónimo, en donde se les obsequió con un primo-

---

[7] El Coliseo Nuevo fue edificado por el antecesor del marqués de las Amarillas, el virrey Francisco de Güemes y Horcasitas, primer conde de Revillagigedo, en 1753. Reemplazó el Coliseo Viejo, destruido en un incendio en 1722. Viqueira Albán afirma que «en la Nueva España el año de 1753 puede servirnos para marcar el inicio de una nueva época para el arte escénico. Ese año no sólo el teatro del Coliseo Nuevo fue inaugurado por el virrey primer conde de Revillagigedo, que lo había mandado construir, sino que también las autoridades eclesiásticas dieron su consentimiento para que el recientemente fallecido Diego de Arias, galán de la compañía teatral, fuese enterrado en el aristocrático convento de San Bernardo, lo cual era prueba de un cambio radical de la Iglesia hacia el arte dramático» (1987, p. 61). La visita del marqués de las Amarillas a San Jerónimo y los otros conventos de la ciudad, y los festejos celebrados en varios de ellos, coinciden, entonces, con un período no sólo de florecimiento del teatro en México, sino también de apoyo por parte de las autoridades civiles y de tolerancia por parte de las autoridades eclesiásticas.

[8] Un análisis de la cronología de estas visitas, del 7 de agosto hasta el 10 de octubre, revela que fueron organizadas según un protocolo específico: por orden religiosa (concepcionistas, carmelitas, capuchinas, brígidas, Compañía de María, dominicas, franciscanas) y fecha de fundación del convento, con los más antiguos honrados primero. San Jerónimo se incluía entre los concepcionistas, seguramente porque sus fundadoras fueron de esa orden.

roso festejo y espléndido refresco. Mantuviéronse en él hasta las once
de la noche muy gustosos»[9].

Aunque las descripciones y acotaciones en la relación de este festejo
son breves, se desprende que las monjas se encargaron de la música,
mientras que las niñas que residían en el convento hicieron los papeles dramáticos, de acuerdo con la costumbre imperante[10]. La relación
revela que las decoraciones eran elaboradas, así como la escenografía
y el vestuario de las varias piezas, que incluían incluso un elemento
de tramoya[11]. Todas las piezas dramáticas del festejo de San Jerónimo
comunican temas seculares. La loa dispone a figuras alegóricas/mito-
lógicas en una complicada coreografía para elogiar al nuevo virrey. El
entremés tiene como escenario el mercado de la Plaza Mayor, donde
la oportuna llegada del virrey resuelve un conflicto entre los personajes. El sainete ofrece una mirada cómica de las sirvientas indígenas
y negras del convento, ocupadas en los preparativos para el festejo. La
máscara, la pieza en que se enfoca el estudio presente, representa las
travesuras de unas niñas del convento.

En esta máscara, estudiantil por ser representada por las niñas educandas, se observa una notable diferencia con respecto a las máscaras
estudiantiles de muchachos descritas en los *Diarios de sucesos notables*.
Aquellas máscaras, representadas en las calles de México, general-

---

[9] Castro Santa-Anna, 1853, vol. 6, p. 26. La descripción que ofrece el diarista de
la visita del virrey a la orden austera de las Carmelitas Descalzas presenta un contraste
interesante: «fueron obsequiados con un almuerzo religioso […] siendo la comitiva
moderada por la recolección de dichas señoras, en donde solo se mantuvieron por
más de una hora» (1853, vol. 6, p. 37).

[10] Bien conocida es la observación al respecto del viajero inglés Thomas Gage en
el siglo diecisiete, refiriéndose a los conventos de la ciudad de México: «Los caballeros y otros ciudadanos confían la educación de sus hijas a estos conventos de monjas,
donde se les enseña a hacer toda clase de dulces y confituras, todo tipo de bordados,
a interpretar toda clase de música… Además las monjas enseñan a estas jóvenes a
hacer representaciones y para atraer a la gente a las iglesias les obligan a representar
pequeñas comedias en sus ceremonias, y vistiéndolas con lujosos trajes de hombres y
mujeres, especialmente el día de San Juan, y los ocho días anteriores a las Navidades,
y se representan tan admirablemente que han tenido lugar muchos altercados y peleas
(en mi época se dieron algunos casos) por discutir cuál de los conventos de monjas
era mejor en música y educación de las jóvenes» (Gage, 1987, p. 171).

[11] Por ejemplo, en la loa que es la primera pieza del festejo, se leen las siguientes
acotaciones: «Se habrá abierto el foro, y descubierto un mar, y en él una barquilla,
dentro de la que viene la Alegría, niña bufona…». En la misma pieza, el personaje
Afecto Religioso aparece en el escenario por medio de un bofetón.

mente sobre carros, eran a menudo de tipo carnavalesco, y podían incluir un elemento satírico que tocaba cuestiones sociales o políticas del momento[12]. La de las niñas de San Jerónimo, aunque también satírica, es más bien introspectiva. Tiene lugar en el convento, coincidiendo el espacio ficticio y el espacio de representación; comenta sobre el mismo entorno conventual en que se celebra el festejo; las niñas que son las actrices son también los personajes. Tiene, en suma, un marcado carácter metateatral o, si se quiere, metaconventual.

La pieza abre con el soliloquio de una niña llamada Josefita, quien se queja amargamente de su nana —una monja anciana y achacosa:

> ¡Qué sinrazón de mi nana!
> ¡Estoy que me desespero!
> ¿No basta estar encerrada?
> Sino estarla siempre oyendo
> regañar, gritar, quejarse
> las noches y días enteros;
> cada rato: «Josefita,
> mira, que me duele un dedo.

---

[12] El *Diccionario de autoridades* nota dos acepciones del término «máscara»: «la invención que se saca en algún festín, regocijo o sarao de personas que se disfrazan con máscaras»; un «festejo de nobles a caballo, con invención de vestidos y libreas, que se executa de noche con hachas, corriendo parejas». El término se refería también a una «fiesta popular de hombres enmascarados con disfraces grotescos, mojiganga» (*Diccionario de la lengua española*). Los *Diarios de sucesos notables* para el México colonial aluden a las máscaras de estos últimos dos tipos. Las mojigangas eran realizadas mayormente por estudiantes. El diario de Robles toma nota de una «máscara ridícula» representada por los estudiantes de la Universidad en una fiesta a la Purísima Concepción de nuestra Señora, el 27 enero de 1675 (1946, vol. 1, p. 158); otra «máscara ridícula con dos carros y como cincuenta personas, variadamente vestidas» que salió unos días después (1946, vol. 1, p. 158); dos máscaras en noviembre de 1700 que formaban parte de las celebraciones de la canonización de San Juan de Dios, una en un carro «con representación del mundo al revés, los hombres vestidos de mujeres y las mujeres de hombres», y otra «de los niños de San Juan de Letrán, vestidos a lo romano» (1946, vol. 3, p. 129). El *Diario* de Gregorio Martín de Guijo, en una entrada para el 7 de julio de 1650 (1952, vol. 1, pp. 109-110), describe una «máscara [...] a lo faceto, con ridiculidades de trajes» representada por los alumnos del colegio jesuita de San Pedro y San Pablo, ostensiblemente en honor de la llegada de un nuevo virrey, pero que aludía con intención a la disputa entre el obispo Juan de Palafox y Mendoza y las órdenes regulares, los jesuitas en particular.

Este flato me acosija.
¡Ay mi alma! Estoy que me muero...».

Harta de atender a la vieja hipocondríaca, Josefita suspira por tener una vida diferente:

Esta no es vida, señores,
ni a mi edad le viene a pelo,
que a mi talle y a mi garbo
no le cuadra tanto yermo.
Yo lo que apetezco es calles,
ricas galas, pasatiempos,
Iztacalco, la Comedia,
los fandangos y bureos,
muchas perlas y diamantes,
sortijas, varios arreos.

Mirándose en un espejo, Josefita ofrece una larga descripción de su propia belleza —descripción que recuerda los más grotescos retratos femeninos de Quevedo— y concluye:

Y este ídolo de lo hermoso,
¿aquí ha de acabar su tiempo?
¿Ha de estar entre paredes
este asombro de lo bello?
¡Oh! y quién hubiera salido,
para ver del virrey nuevo
la entrada...

Pero ya que salir es imposible, a Josefita se le ocurre divertirse de otra manera, gastándoles una broma a otras niñas del convento, todavía más ideáticas que ella:

Una dice que hay ladrones
cada noche en el convento.
Otra que ve una fantasma.
Otra que hay un hechicero
que lo mira encorozado.
Otra que un cierto tendero
anda en penas muy tiznado,
y que a éste acompaña un viejo

malmandadero de acá
mentiroso, y cisa presto;
con otros cien mil embustes,
que referirlos es cuento.
Pero yo con sus quimeras
hoy divertirme pretendo,
y pues que no hubo vestidos,
cuales nos dan por recreo
(a causa de una tragedia
por mi cuenta), ahora ha de haberlos.
Verán qué máscara forman
las niñitas de acá dentro.

Por lo visto, Josefita ha robado o escondido unos vestidos que
las niñas del convento deben exhibir para entretener a los virreyes.
Ahora la traviesa quiere aprovecharse de los temores de sus compañeras. Conspira con cada una para asustar a otra con la figura que
más teme —ladrones, el fantasma de un antiguo guarda de la calle,
un duende, una bruja—, creando así un enredo de figuras disfraza-
das que se encuentran y se espantan unas a otras en la semioscuridad
del claustro. Cuando al fin se escuchan voces y campanadas adentro,
advirtiendo que hay ladrones en el convento, se descubre el complot
de Josefita —y los vestidos hurtados— y las niñas prenden y castigan a
la delincuente. Esta sale «en traje de rea, vestida de plumas y en burro»,
mientras que las otras niñas salen en sus vestidos, «ordenando pasos»[13].
La pieza concluye con el siguiente pregón:

Esta gustosa sentencia,
en día de tanta alegría,
mandan todos se ejecute
con la niña Jusepita.
¡Vivan los nuevos virreyes!
¡Vivan los Ahumadas, vivan!

[13] De ahí, por lo visto, la designación «Vestidos, o máscara, según se usa en los
conventos» que encabeza la pieza. Conjeturo que el término «vestidos» aquí se refiere
a una costumbre de los conventos de lucir los vestidos de las niñas o para el entretenimiento de la comunidad conventual o para visitas de dignatarios. Esa acepción de la
palabra no aparece en el *Diccionario de autoridades* y mis investigaciones preliminares
no han revelado más referencias a tal costumbre.

Aunque la aventura de Josefita parezca extravagante, ofrece atisbos
verosímiles de la vida de las niñas que residían en algunos de los conventos de monjas —los de órdenes menos austeras— en los siglos coloniales. Estas niñas no eran colegialas en el sentido moderno, sino que
convivían con las monjas y sus sirvientas en pequeños núcleos familiares (en conventos como San Jerónimo, las monjas habitaban celdas
individuales, con cocinas propias y otras amenidades). Las niñas vivían
en clausura obligatoria y acompañaban a las monjas en sus devociones.
Según Pilar Gonzalbo, aprendían las labores del hogar, y recibían una
instrucción rudimentaria —cuando más— en las letras[14]. Así vivían
hasta llegar a una edad apropiada para decidir su futuro: casarse, tomar
el velo, o simplemente continuar en la misma condición de niña por
un período indeterminado que podía ser el resto de su vida.
   Las investigaciones de Gonzalbo también revelan que:

   las jóvenes que deseaban entrar al claustro como «mozas» o como
   «niñas», alegaban frecuentemente la necesidad de atender a alguna religiosa enferma, anciana o impedida; para reforzar sus argumentos argüían
   algún lejano parentesco con la religiosa en cuestión… Las edades de las
   niñas [al entrar] oscilaban entre los 10 y los 14 años y las criadas eran poco
   mayores. En algunos casos no se especificaba en qué calidad entraba la
   joven, puesto que se empleaba la expresión ambigua de que «va a acompañar a una religiosa»[15].

   A la luz de esta información la situación de Josefita se aclara: es una
adolescente que acompaña y cuida a una monja anciana y enferma —
posiblemente una parienta— sin que ésta sirva, en realidad, de mentora o maestra. Forzada a conformarse a las rutinas y las restricciones
de la vida conventual, pero sin vocación religiosa ni paciencia para
sobrellevar los años de encerramiento, Josefita se muestra frustrada y
aburrida. Sus travesuras —motivo de hilaridad en la máscara— son
también la consecuencia verosímil de una existencia intolerable.
   Las fantasías de escape de Josefita, junto con su contemplación en
el espejo de sus propios encantos físicos, sugieren una naciente sexua-
lidad, reprimida en el encierro conventual. La referencia a Ixtacalco
es particularmente significativa: en esa época el paseo de Ixtacalco o
Jamaica que se hacía en canoas desde la ciudad era una diversión pre-

---

[14] Gonzalbo, 1987, p. 221.
[15] Gonzalbo, 1987, p. 219.

dilecta de los capitalinos. Si bien era frecuentado por las altas esferas de la sociedad[16], este paseo también tenía cierta mala fama. En sus *Instrucciones* al marqués de las Amarillas, por ejemplo, su antecesor le avisó de las medidas que había tomado para «desterr[ar] y recog[er] a las mujeres libres, ruidosas y de público escándalo». Menciona al respecto «el paseo de Jamaica o Ixtacalco, [que] con la ocasión de la vendimia de vinos y otros comestibles en los nocturnos concursos, y atractivos de las músicas, solía provocar a la disolución, riñas y ruidos». Por tanto, mandó cerrar los puestos de comestibles a las nueve de la noche y no dejar pasar más canoas a Ixtacalco después de esa hora[17]. Los deseos frustados de Josefita de ir a pasear allí, por tanto, serían particularmente significativos para el nuevo virrey, recientemente advertido de los desórdenes morales asociados con ese sitio[18].

Al virrey le habría parecido interesante también el caso de otro personaje de la máscara, una moza o sirvienta del convento, no identificada por nombre. Los disfraces de que se vale esta mujer no son de recreo o travesura, sino que son una manera de remediar sus escaseces:

> Yo soy una vieja moza
> (de las que dice Quevedo):
> vieja, porque tengo edad,
> moza, porque estoy sirviendo.
> Desde pequeñita fui
> golosísima en extremo,
> muy ociosa, muy ladrona,
> para nada de provecho.
> He quedádome arrimada

[16] El *Diario curioso* de José Gómez (1854, p. 233) describe un elegante barco estrenado en 1786 especialmente para llevar al virrey y su séquito a Ixtacalco el día de su cumpleaños.

[17] *Instrucciones*, 1991, vol. 2, p. 802.

[18] Robles registra dos casos de niñas y mozas enclaustradas cuyo deseo de presenciar la vida festiva de la ciudad las llevó al desastre. La entrada para el 6 de octubre de 1685 indica que, «viendo los fuegos en la azotea de San Gerónimo, [a] Juana, la hija mayor de Borja, le cayó un cohete en el pecho y del susto murió» (1946, vol. 2, p. 103). El 14 diciembre de 1686, «en la procesión del Niño Jesús, se cayó una moza del campanario de Regina y se quebró pies y manos» (1946, vol. 2, p. 131). Robles también nota, sin mayor comentario o explicación, que «domingo 11 [septiembre 1678], una moza del convento de Santa Clara se arrojó de lo alto y se quebró las piernas» (1946, vol. 1, p. 248).

sin ama o dueño. El sustento
busco con mis artimañas,
así que va anocheciendo,
visitando las cocinas,
celdas, patios y aposentos;
y para aquesto he inventado
que anda Duende. A veces suelo
vestirme de frailecito,
otras de dama o mancebo,
de monjas de todas partes,
de baladrón o de clérigo...

Como en el caso de Josefita, las medidas cómicas tomadas por esta moza apenas ocultan una dura realidad subyacente. En su estudio de las clases plebeyas en el México de la época, Douglas Cope nota la vulnerabilidad de las mozas que venían a trabajar a los claustros. Dependían totalmente de las monjas individuales a quienes estaban encargadas. Al morirse la patrona, la moza podía encontrarse desvalida, sin recursos para recibir atención médica en caso de enfermedad, o siquiera para mantener una dieta adecuada[19]. Ésa parece ser la situación de esta moza «sin ama o dueño», reducida a hurtar de celdas y cocinas.

También es interesante que la pieza representara otro aspecto de la vida conventual que distaba mucho de la imagen oficial: las supersticiones, incluyendo las más heterodoxas, que podían afligir a las comunidades de religiosas. En la imaginación de las niñas de San Jerónimo, el convento está poblado de fantasmas, duendes, brujas, almas en pena. Los ladrones que amenazan con penetrar este vergel de vírgenes apenas son menos espectrales[20].

---

[19] Cope, 1994, pp. 104-105.

[20] Los varios *Diarios de sucesos notables* revelan que los robos de los conventos ocurrían con cierta frecuencia. Además de la pérdida material que estos robos causaban, implicaban también la intrusión de hombres en espacios reservados para el sexo femenino. Se lee al respecto una entrada interesante en el *Diario* de Robles: «Viernes 2 [marzo 1684] en la noche, hubo ladrones en el convento de Santa Catarina de Siena, y cogió una monja un negro bozal, y lo llevó a la cárcel de corte el fiscal del rey» (1946, vol. 2, p. 62). En la máscara de San Jerónimo, unas palabras de la niña Francisca podrían sugerir que la amenaza que representaban los ladrones era en parte sexual: «¡Ay hermanita! Me roba / su maldad todo el sosiego. / No duermo siquiera un rato, / porque les tengo gran miedo. / Ya sabes que el ver los hombres / es el mayor mal que siento».

El que heterodoxias de ese tipo pudieran asentarse en los claustros coloniales está bien documentado. Un ejemplo notorio aparece en el *Diario* de Robles (3 de enero 1676): en un convento de monjas en Trujillo, Guatemala, «se endemoniaron las religiosas y sólo quedó la abadesa sana»[21]. Sin embargo, en la máscara de San Jerónimo no hay endiabladas, sino diabluras. Cada niña ideática (menos la sagaz Josefita) tiene sus temores, pero cada cual es una estafadora también. Las supersticiones del convento son, literalmente, niñerías, y la máscara las representa de una manera racional que las neutraliza y desmitifica. Cuando Josefita sale al final, «en traje de rea», la única sentencia proclamada es que «vivan los virreyes». La obra parece sugerir que han quedado atrás los días de desórdenes heterodoxos en los conventos, y de virreyes que, debajo de celosías, asistían a autos particulares, donde los penitenciados eran emplumados o sometidos a otros castigos peores[22]. El espíritu de la máscara es risueño e ingenioso —totalmente adecuado para un virrey que representa una nueva generación ilustrada.

También de espíritu ilustrado es el intento crítico que, creo yo, esta pieza manifiesta. Más allá de entretener al virrey con una mera bagatela teatral, el capellán de San Jerónimo que la compuso habrá querido ofrecer el caso de Josefita como lección y escarmiento; el castigo de esta «delincuente» es un recordatorio, si realizado de forma festiva y alegre, de la necesidad de que las residentes de los conventos —religiosas y seglares— acepten las normas de la vida de clausura y las consecuencias de los impulsos no-conformistas que las pueden afligir. Pero al mismo tiempo, la máscara no oculta las circunstancias que pueden dar lugar a esos impulsos: el descuido e incluso el abuso de las niñas por parte de las monjas, y el mal repartimiento de recursos entre las residentes de los conventos que puede resultar en la desesperación de las más indigentes.

---

[21] Robles, 1946, vol. 1, p. 191.

[22] Leemos, por ejemplo, en el diario de Guijo (1952, vol. 2, pp. 239-240): «Domingo 7 de diciembre [1664], segundo de Adviento, se celebró auto particular del Santo Oficio en el convento de Santo Domingo, a que asistió el virrey marqués de Mancera y su mujer debajo de celosías. Fueron diez los penitenciados, y entre ellos uno que leída su sentencia fue sacado al patio del convento, y despojada la ropa de la cintura para arriba, subido en un tablado dos indios lo untaron de miel y lo emplumaron, y estuvo al sol y al aire cuatro horas».

Estas circunstancias tienen un contexto histórico. En las últimas décadas del siglo dieciocho, las autoridades civiles y eclesiásticas de México dirigieron sus esfuerzos a reformar las costumbres en los conventos, sobre todo el hacer caso omiso de las normas de vida común, y la convivencia de monjas con grandes números de seglares —niñas, sirvientas y donadas— lo cual suponía una carga económica para los conventos y la desatención a los deberes espirituales de las religiosas. Esta campaña de reforma se convirtió en un *casus belli* entre los conventos y la jerarquía eclesiástica, un conflicto del cual ésta emergió triunfante. Respaldados por la monarquía y los virreyes, los obispos introdujeron reformas que devolvieron a las monjas a la vida común, y que regularizaron la instrucción de las niñas educandas en colegios adjuntos a conventos establecidos o fundados para ese fin. Me parece plausible que el capellán de San Jerónimo, consciente de la relajación de costumbres en San Jerónimo y otros conventos —de niñas que no eran más que sirvientas para las monjas, y de mozas que, lejos de vivir en un asilo de caridad cristiana, estaban obligadas a hurtar comida para sobrevivir— esgrimiera a través de esta máscara un alegato indirecto a favor de una reforma conventual que, en pocos años, se llevaría a cabo. Este alegato estaría dirigido no sólo a las monjas, sino también al mismo marqués de las Amarillas, de acuerdo con la costumbre de incluir un elemento didáctico en las ceremonias de recepción, de informar al nuevo virrey sobre las cuestiones sociales e institucionales del momento a las que debía atender[23].

Pero lo admonitorio e instructivo es sólo uno entre una miríada de elementos en la máscara y en el festejo en general —una verdadera fiesta barroca en la que conviven la celebración y la introspección, el panegírico y la burla, los arrebatos líricos y el humor burdo—. Si bien refleja la erudición y el no despreciable talento literario del capellán que la compuso, el festejo fue, sin lugar a dudas, una obra colectiva, en la que las monjas y las otras habitantes del convento colaboraron de diversas maneras: como músicas, actrices, bailadoras, escenógrafas y coreógrafas; como cocineras de los manjares con que agasajaban a sus nobles visitantes y como anfitrionas —sin mencionar los infinitos detalles prácticos de planificación necesarios para un evento tan

---

[23] Este elemento didáctico está más aparente todavía en otra pieza del festejo, el entremés «Lo que pasa y no pasa en la calle y en la plaza», objeto de un estudio mío. Ver Luciani, 2006.

espectacular y costoso—. Esta colectividad se refleja no sólo en la ejecución del festejo, sino también en la ficción dramática que éste elabora en las varias piezas teatrales. Es notable la inclusividad de estas piezas, el reconocimiento y la celebración de la diversidad (de estatus, de clase social, y de raza) de esta comunidad de mujeres enclaustradas. Si las monjas salen poco al escenario[24], el prestigio y la raigambre de su convento y su orden son remarcados con cierta insistencia a lo largo del festejo, especialmente en la loa[25]. Las sirvientas del convento son las protagonistas del sainete, que también incluye como personaje importante una vieja donada, quien representa ese sector de las seglares que residían en el convento. Como hemos visto, las niñas educandas tienen su momento en la máscara final. En suma, el festejo manifiesta y celebra la *unidad jerárquica* de la comunidad conventual, y por lo tanto es una versión en miniatura de las grandes celebraciones cívicas de la América colonial en general[26]. En este sentido,

---

[24] Varias monjas salen a cantar arias en los interludios entre las piezas teatrales. La niña que representa el papel de Afecto Religioso en la loa está vestida de monja.

[25] Por supuesto, no faltan alusiones al distinguido legado literario del convento, encarnado en la poeta sor Juana Inés de la Cruz, monja jerónima fallecida 61 años antes. En la loa, el personaje Afecto Religioso, notando la dificultad de alabar debidamente al virrey, afirma que «solo nuestra Juana Inés / pudiera de tanto empeño / desempeñarnos su pluma...». Las palabras *empeño* y *desempeño* recuerdan la comedia de sor Juana, *Los empeños de una casa*. Uno de los personajes del sainete es una anciana que viene a ensayar un baile con las sirvientas del convento. Tan vieja es que recuerda los tiempos cuando «Juana Inés era muchacha / y no pensaba en ser monja». Cuando se le tuercen los pies y cae a plomo, se levanta diciendo: «¡Ay! Juana Inés de mi alma, / yo, y tú, ¿qué habemos pasado, / por andar, en tales danzas, / que bien hicimos, de estarnos / doncellitas celibatas?». En la misma pieza, un *monigote* también evoca a la Décima Musa al decir a una sirvienta indígena del convento: «Quisiera ser, reina mía, / otro Apolo, o el Tetrarca [Petrarca] / y tener a mi mandato / las Musas, y a diez hermanas, / con aquella Meca Meca / que a este claustro le dio fama...».

[26] Con respecto a estas celebraciones, observa Linda Curcio-Nagy que «overall, the message of festivals such as the entry and the oath was one that emphasized the separate (never equal) racial components of colonial society. Performances of these vassals affirmed one of the most important points of government propaganda, namely, the idea of hierarchical unity. Individual ethnicities were to know and maintain their place in society but were joined by their submission to (and dependence on) the Spanish governmental system. [...] [T]he ritual and the message embedded within it bolstered the colonial system by emphasizing hierarchical unity and providing "spaces" for Native leaders and prominent Afro-Mexicans to act as ethnic representatives. The entry and the jura, to a certain extent, were festivals in which social and racial difference was identified, even celebrated, yet these differences were

la máscara cierra el festejo con broche de oro. Reafirma las normas de comportamiento que debían gobernar aquella diversa comunidad de mujeres, a la vez que identifica las fuerzas en tensión que lo mantenían en un estado de dinámica estabilidad. Y siempre con un tono festivo y alegre que habrá provocado una sonrisa indulgente del nuevo virrey, cargado de penas personales y de nuevas e imponentes responsabilidades.

Bibliografía

ABARCA Y VALDA, J. M. de, *Loa y explicación del arco que la santa Iglesia metropolitana de México, para desempeño de su amor, erigió en la entrada que hizo a su gobierno el excelentísimo señor don Agustín de Ahumada y Villalón, marqués de las Amarillas*, México D.F., 1756.

CASTRO SANTA-ANNA, M. de, *Diario de sucesos notables*, Documentos para la historia de México 4-6, México D.F., 1853.

COPE, R. D., *The Limits of Racial Domination: Plebeian Society in Colonial Mexico City, 1660-1720*, Madison, University of Wisconsin Press, 1994.

CURCIO-NAGY, L., *The Great Festivals of Colonial Mexico City: Performing Power and Identity*, Albuquerque, University of New Mexico, 2004.

GAGE, T., *Viajes por la Nueva España y Guatemala*, ed. D. Tejera, Madrid, Historia 16, 1987.

GÓMEZ, J., *Diario curioso de México de D. José Gómez, cabo de alabarderos*, Documentos para la historia de México 7, México D.F., 1854.

GONZALBO AIZPURU, P., *Las mujeres en la Nueva España: educación y vida cotidiana*, México D.F., El Colegio de México, 1987.

GUIJO, G. M. de, *Diario, 1648-1664*, ed. M. Romero de Terreros, México D.F., Porrúa, 1952, 2 vols.

Instrucciones y memorias de los virreyes novohispanos, ed. E. de la Torre Villar y R. Navarro de Anda, México D.F., Porrúa, 1991, 2 vols.

LUCIANI, F., «Criminalidad y buen gobierno en un entremés conventual: las monjas de San Jerónimo instruyen al virrey (México, 1756)», *Bulletin of the Comediantes*, vol. 57, 2 , 2006, pp. 141-153.

MÉNDEZ PLANCARTE, A., ed., *Obras completas de Sor Juana Inés de la Cruz*, vol. 1, México D.F., Fondo de Cultura Económica, 1951.

PARODI, C., «Teatro de monjas en la Nueva España», en *De palabras, imágenes y símbolos: homenaje a José Pascual Buxó*, ed. E. Ballón Aguirre y Ó. Rivera Rodas, México D.F., UNAM, 2002, pp. 233-252.

subsumed under common images and symbols of Spanish ruling authority» (2004, pp. 63-64).

Robles, A. de, *Diario de sucesos notables (1665-1703)*, ed. A. Castro Leal, México D.F., Porrúa, 1946, 3 vols.

Urrutia de Vergara, M., *Eneas español: idea poética del Arco que erigió la Imperial Ciudad de México en la pública entrada de su Virrey, el Excmo. Sr. Marqués de las Amarillas*, México D.F., 1756.

Viqueira Albán, J. P., *¿Relajados o reprimidos? Diversiones públicas y vida social en la Ciudad de México durante el Siglo de las Luces*, México D.F., Fondo de Cultura Económica, 1987.

TEXTOS DRAMÁTICOS
DE LA COLECCIÓN
DE MANUSCRITOS MUSICALES DE SUCRE
(ARCHIVO NACIONAL DE BOLIVIA)

Andrés Eichmann Oehrli
Universidad Nuestra Señora de La Paz

En el pasado Encuentro Internacional sobre el Barroco que tuvo lugar en la ciudad de La Paz en abril de 2005 presenté un trabajo cuyo propósito era hacer una puesta al día sobre la producción teatral conocida hasta ese momento en Charcas, así como sobre la bibliografía disponible, tanto la que se ocupa de las noticias que atestiguan aspectos variados de la actividad teatral de nuestro pasado indiano, como sobre las piezas teatrales cuyos textos se conservan.

Ahora me interesa penetrar con mayor atención en testimonios manuscritos conservados en la colección musical del Archivo y Biblioteca Nacionales de Bolivia (en lo sucesivo ABNB) que contienen diversas formas dramáticas.

Trataré de evitar, en lo posible, repeticiones de información ya ofrecida en aquel encuentro, pero es obligado al menos mencionar brevemente, al hablar de uno u otro tipo de manifestación dramática, lo que ya entonces señalé sobre los materiales descubiertos en la colección del ABNB y, en algún caso, añadir algo sobre lo allí expuesto. Debo decir, además, que desde entonces, en sucesivos viajes a la ciudad de Sucre, he podido acabar el barrido completo de las más de mil trescientas carpetas de la colección, lo que me ha permitido ampliar los hallazgos en varios sentidos[1].

Vistos en conjunto, los testimonios manuscritos del ABNB conservan casi exclusivamente fragmentos: en algunos casos esto se debe a que contienen la música incidental de piezas teatrales. No siempre puedo afirmar con toda certeza que el contenido de los manuscritos a los que me referiré corresponden a una pieza dramática, pero me parece claro que presentan elementos textuales que permiten suponerlo razonablemente en todos los casos.

Antes de proseguir, debo hacer una advertencia: lo que se encuentra en la colección musical no son textos escritos de corrido en un papel. Tampoco hay partituras en las que, saltando de renglón en renglón (de voz a voz), se pueda seguir la secuencia del texto cantado. Por el contrario, cada texto suele encontrarse en lo que llamo *soporte múltiple,* en partes sueltas que eran destinadas a los distintos integrantes del elenco de una pieza, donde se leen frasecitas inconexas, separadas entre sí, cuya ubicación en el texto viene dado por unas señales que indican compases de silencio. Hay que recurrir a todas esas partes sueltas (o particelas) para lograr una reconstrucción textual confiable. Si además sucede, como es frecuente, que los manuscritos se encuentran en notación antigua, no hay barras de compás en el pentagrama, lo cual obliga a contar los tiempos, nota por nota, para establecer los compases y sólo entonces averiguar qué palabra o frasecita viene antes o después de las otras. Recordemos también que en notación antigua (prolación perfecta, menor y mayor) un mismo símbolo (una redonda) puede tener diverso valor de duración, según la posición en que se encuentre respecto de los demás. En ocasiones, en efecto, es necesario pasar en limpio todo, de forma semejante a una partitura.

También ocurre a veces que, además del mencionado fenómeno del *soporte múltiple,* se puede sumar el que esté disperso: son varios los casos en que una carpeta posee un fragmento que completa el juego de partes de una pieza que se halla en otra carpeta: por ejemplo, el papel que se encuentra en la núm. 120 aporta sectores esenciales del texto que se lee en las partes vocales de la núm. 888[2]. Por eso es que fue necesaria

---

[1] De las piezas pertenecientes a las áreas temáticas de Navidad y de Corpus (o Santísimo Sacramento), aunque ya las tengo identificadas, no he podido hacer una revisión a fondo, por lo que puede todavía aparecer alguna sorpresa.

[2] Cuando una pieza se encuentra dispersa, consigno los números de catálogo que identifican a las distintas carpetas (en este caso: 120-888).

la revisión de la totalidad de las carpetas (o ítems, como las llamaré en adelante) para que no se escaparan posibles reconstrucciones. Hasta aquí he descrito la primera fase del trabajo, a lo que se agregan otros pasos que sería largo explicar. La última fase consiste en lo que llamo «retroescritura», que consiste en establecer cuál sería el aspecto, la presentación general del texto antes de que fuera musicalizado. Lo que quiero decir es que hay que llegar, a partir del material estudiado, al estado anterior al actual, de la manera más plausible que se pueda. ¿Cómo lo entregaría el poeta a una imprenta, y cómo lo trataría un cajista de la época? O bien: ¿cómo lo recibiría el compositor (normalmente un maestro de capilla u otro músico al que la compañía teatral confiaría la musicalización) para distribuir las palabras bajo los pentagramas de las distintas particelas, en armonías verticales o en contrapunto? Esta última fase consiste entonces en reconstruir las diversas formas posibles de interlocución que pueden estar presentes o que el texto habría exigido.

Vuelvo al tema de mi exposición. Hablaré de los manuscritos que contienen (o parecen contener) música incidental de comedias en castellano: pasajes cantados bien por la Música o por algún personaje que está sobre las tablas; e incluiré algunos curiosos fragmentos operísticos en italiano. Seguidamente me referiré a las piezas de teatro breve y, por último, hablaré de microformas dramáticas.

MÚSICA INCIDENTAL Y MÚSICA DE MELODRAMA

A esta categoría pertenecen con toda seguridad dos piezas a las que ya me he referido en el Encuentro sobre el Barroco: 1) la composición que contiene las partes musicales de la comedia *El monstruo de los jardines,* de Calderón, compuestas por el maestro de la capilla platense Blas Tardío de Guzmán[3] y 2) un fragmento de acompañamiento para el canto de partes de la comedia calderoniana *Los dos amantes del cielo*[4] o tal vez de una loa que antecediera a su representación.

En otro ítem, el 1141, hay una pieza de temática amorosa en italiano que contiene una parte del diálogo entre Dido y Eneas, que corresponde a la escena cuarta del acto segundo de *Didone abbandonata,*

---

[3] Se trata del ítem 1186. La pieza ha sido analizada por Seoane, 2004.
[4] Ítem 468. Ver Eichmann, 2005b, p. 335.

escrita en 1724 por Pietro Metastasio[5], y puesta en música (entre otros muchos) por Carlo Monza[6] en 1757. Nuestro manuscrito indica el nombre de este compositor. El texto es el que sigue[7]:

ENEA   Ah! se per me nel core
              qualche tenero affetto avesti mai,
              placa il tuo sdegno e rasserena i rai.
              Quell'Enea tel domanda,
              che tuo cor, che tuo bene un di chiamasti;
              quel che sinora amasti
              più della vita tua, più del tuo soglio;
              quello...
DIDONE   Basta, vincesti, eccoti il foglio.
              Vedi quanto t'adoro ancora ingrato.
              Con un tuo sguardo solo
              mi togli ogni difesa
              e mi disarmi;

---

[5] Nacido en Roma en 1698 y fallecido en Viena en 1782; de humilde origen, su primer mentor Vincenzo Gravina helenizó su nombre de Trapassi con el sinónimo de Metastasio, y le dio una sólida educación jurídica. Más tarde descubre sus aptitudes poéticas. La composición del exitoso drama musical *Orti Esperidi*, a pedido del virrey de Nápoles, marca el principio de su verdadera carrera. En el 1729, en Viena, el melodramaturgo italiano Apostolo Zeno, que estaba por entregar su puesto de poeta imperial, recomienda a Metastasio como su sucesor. Con esta recomendación y la ayuda de la condesa de Althann, que fue su patrona mientras vivió, obtuvo el nombramiento. Posteriormente, y particularmente en la década de 1730 al 1740, Metastasio se desenvuelve en la composición de muchos melodramas (más de setenta), oratorios, cantatas, cancionetas, etc. Entre sus melodramas más notables se encuentran: *Endimione, Orti Esperidi, Galatea, Angelica, Didone Abbandonata, Siroe, Catone, Artaserse, Adriano, Demetrio, Issipile, Demofoonte, Clemenza di Tito, Semiramide, Olimpiade, Temistocle* y el *Attilio Regolo*. A la última se la considera su obra maestra. Todas las obras de Metastasio conquistaron el favor popular, primordialmente porque evitó obsesivamente todos los eventos de infelicidad y, avivando sus eficaces diálogos con sencillos aforismos, los combinó con arias y arietas que apelaban al sentimiento (datos tomados de www.enciclopediacatolica.com).

[6] Carlo Monza (1735-1801) es poco conocido ahora, pero fue un compositor muy popular de música vocal, de ópera seria y estilo trágico; desde 1787 fue maestro de capilla de la catedral de Milán, y dejó de lado la composición de óperas serias para dedicarse a la música sacra.

[7] No me detengo a señalar aquí las diferencias, sobre todo ortográficas, con el manuscrito, aspecto que trataré en otra ocasión. Lo mismo vale para los dos siguientes pasajes.

ed ai cor di tradirmi?
e poi lasciarmi?
Ah non lasciarmi, no, bell'idol mio;
di che mi fiderò, se tu m'inganni?
Di vita mancherei nil dirti: addio,
che viver non potrei fra tanti affanni.

Hay otros dos textos dramáticos de Metastasio en la colección. El primero se encuentra en el ítem 219, y corresponde a la escena séptima del segundo acto de *Demofoonte* (que Metastasio saca a luz en 1733). En este pasaje Dircea se dirige a Creusa:

DIRCEA   Che mai risponderti,
che dir potrei?
Vorrei difendermi,
fuggir vorrei;
né so qual fulmine
mi fa tremar.
Divenni stupida
nel colpo atroce;
non ho più lagrime,
non ho più voce;
non posso piangere,
non so parlar.

El otro manuscrito, que se encuentra en el ítem 512, ya fue señalado en el mencionado Encuentro de Barroco[8], pero entonces no había reparado en que se trataba de un pasaje de la escena duodécima del segundo acto de la ópera *Antigono em Tesalónica,* escrita en 1756:

DEMETRIO	Non temer, non son più amante
	la tua legge ho già nel cor.
BERENICE	Per pietà da questo istante
	non parlar mai più d'amor.
DEMETRIO	Dunque addio... Ma tu sospiri?
BERENICE	Vanne: addio. Perché t'arresti?
DEMETRIO	Ah per me tu non nascesti!
BERENICE	Ah non nacqui, oh Dio, per te!

---

[8] Y se encuentra publicado, aunque sin indicadores de interlocución, en Eichmann, 2005a, p. 85.

(A duo)
Che d'Amor nel vasto impero
si ritrovi un duol più fiero,
no, possibile non è.

No sabemos si fue representada alguna ópera italiana en La Plata. Lo que sí es seguro es que estas piezas fueron interpretadas. Pero ¿en qué contexto? Las escenas musicalizadas en estilo recitativo solían acabar con un aria. Estos pasajes pudieron ser cantados en la representación de una obra teatral (la ópera a la que pertenecen; cualquier otra obra dramática que pudiera justificar su canto en un clímax sentimental) o bien en otro contexto, tal vez en una velada. De lo que no cabe duda alguna es que pertenecen a un género teatral, y por ello corresponde consignarlos aquí.

a. Probables

1- Hay una hoja de canto cuyo texto muy probablemente perteneció a una comedia que no ha sido posible identificar[9]. Después de cinco cuartetas asonantadas en las que se describe la belleza de un *locus amoenus* que podemos situar en las cercanías de la ciudad de Coimbra, sigue otra cuarteta en la que el canto se dirige a ganarse el favor de una dama:

> Lisarda hermosa, milagro,
> tirano encanto del sexo,
> si antes sirena de plata
> del cristalino Mondego.

Vienen después unas dos frases sueltas: la primera se refiere a un poderoso

> Hombre notable y resuelto

y la otra probablemente a un ambiente festivo:

---

[9] Ítem 69. Me ocupé de él, muy de pasada, en el mencionado Encuentro de 2005; ahora puedo prestarle mayor atención. He consultado la base de datos del *Corpus diacrónico del español* (CORDE) de la Real Academia Española, así como en la base TESO, en búsqueda de alguna coincidencia textual, sin resultados.

Bueno,
locos deben de venir.

Siguen unos versos que encajan muy bien en una comedia de capa
y espada. El locutor parece dirigirse a un tracista que procura lograr
su cometido amoroso a fuerza de ingenio, teniendo un rival poderoso,
un noble (tal vez el «hombre notable y resuelto»), que es quien ha
hecho el gasto de la música de las seis primeras cuartetas dirigidas a
Lisarda. El locutor parece no conocer (o reconocer, como es frecuente
en este tipo de comedias) al ingenioso galán cuyos intentos ha descubierto. He aquí su parlamento:

Hombre, sombra
o demonio, que te has puesto
a intentar cosa tan grande,
mira que viene por dueño
de esta música un hidalgo
a quien le guardan respeto
en Portugal. Y podrás
de este desalumbramiento
salir muy escarmentado.

Nótese que todo lo transcrito hasta ahora es romance en é-o. De
ello se deduce que el primer renglón de los dos últimos textos citados
es el final de sendos versos comenzados en parlamentos anteriores, de
los que no tenemos noticia.

Hay dos intervenciones más: una destinada a despertar, al ama-
necer, a la amada en un tono que parece esperanzado: sus dos versos
finales dicen «recordad, mi alma, / no durmáis, mi bien». La otra es
una queja de amor ante lo que parece un obstáculo insuperable entre
el galán y la amada:

Vida de mi alma, no os puedo ver.
¡Ésta no es vida que pueda sufrir!

No se puede adivinar cuánto tiempo transcurre entre este parlamento y el anterior. En cambio, se puede sospechar que el galán
pobre pero ingenioso logra al final su objetivo, a despecho del rico-
hombre que tenía todas las de ganar, como sucede en innumerables

piezas auriseculares[10]. En cualquier caso, tenemos aquí un fragmento muy pequeño pero suficiente para hacernos cargo del género al que pertenece. Es posible que su destino sea permanecer en su estado de fragmento solitario, aunque también podemos mantener la esperanza de encontrarle sus tres jornadas en algún lugar de Iberoamérica.

2- En otro manuscrito[11] hallamos la expresión del *bellum intestinum* que sufre un amante engañado. Transcribo solamente unos pocos versos, los que pueden entenderse mejor, ya que los daños que sufrió el manuscrito impiden dar sentido a las frases finales:

> Déjame, tirano dios,
> que viva con la esquivez
> pues no se puede morir
> quien se ha muerto de una vez.
> Deja, mi amor, ¡déjame, déjame!,
> que yo estoy con mi mal muy bien.
> Pero ¿qué es esto? ¡Qué ira,
> qué pena, qué colera fiera
> me induce a que viva,
> me obliga a que muera!

En la parte dañada el personaje se refiere a la infidelidad de una tal «Marcia», ocasión de su despecho y de los sentimientos encontrados que padece. Este fragmento podría ser completado en mayor o menor medida gracias a la compra reciente por parte de un profesor boliviano de un lote de manuscritos musicales, uno de los cuales lleva el mismo *íncipit*[12].

3- Otro fragmento[13] también parece parte de una comedia, por referirse a una circunstancia concreta e inesperada por parte del locutor:

> Siento, suspiro y lloro
> en pena tanta.

---

[10] Para la importancia del amor como motor del ingenio, y el funcionamiento de este último en comedias de capa y espada del Siglo de Oro, principalmente en Tirso de Molina, ver Arellano, 2004.

[11] Ítem 225.

[12] Andrés Orías Bleichner es quien ha efectuado la compra y me ha dado esta información.

[13] Ítem 689.

¿La que ha de consolarme
es quien me mata?
¡Qué crüel sentimiento
el alma siente,
qué pena tan tirana[14]
es la que teme!
¡Ay!, ¡qué furor tan fuerte!
Mi vida acaba.

4- En el ítem 349, aparte de un juego de papeles que forman una pieza dedicada al Santísimo Sacramento y de otro dedicado a la Inmaculada Concepción, se encuentra una tira de papel con un renglón de música que dice:

Y así lloro mi tormento,
pues sé que es mi sentimiento
anticipado morir.

5- Tenemos también una parte musical[15] que parece corresponder a una pieza alegórica, posiblemente una comedia hagiográfica. El personaje que canta es, en efecto, una prosopopeya; se llama a sí mismo el Engaño, figura frecuente del demonio. Éste pretende, a lo largo de cinco silvas, disuadir a su interlocutor, un personaje femenino posiblemente también alegórico, que parece estar decidido a entrar en el camino de la ascesis. Cito solamente tres de estas estrofas, que permiten hacerse cargo de cómo el Engaño asume la posición de consejero prudente:

1. Hermosa peregrina
que vas por esos montes,
pues perdiste la senda,
no pierdas el acento de mis voces.
[...]
3. Al áspero camino
aguarda, no te arrojes,
no des a las espinas
ocasión de vengarse de las flores.

---

[14] Hay una mano que añadió «tirana» en lugar de «terrible». He preferido la enmienda a la palabra original.
[15] Ítem 340.

4. Si en tus dos bellos ojos
hubo para dos soles,
¿cómo entre tantas luces
una estrella te falta para norte?
[...]

La última estrofa seguramente corresponde a un parlamento «aparte», mediante el cual se desenmascara ante el público:

6. Peinaré las marañas
de ese intrincado bosque,
que aun yo, siendo el Engaño
me temo de la astucia de los hombres.

6- Por último, en esta categoría entra una pieza[16] un tanto desmañada, no pudiéndose averiguar si debido a deturpación del amanuense o a otra causa. Alude mediante metáforas, a la tarea de «desfloración» por parte de galanes heridos por las flechas de Cupido. Puede tal vez ponerse en duda su pertenencia a una obra teatral, pero no deja de ser un texto que podría haber pertenecido a una:

Y al ver del sol los rayos,
danzan, retozan
las blancas flores,
sueltan la risa
las fuentecillas.
Y cruzando y cortando
las blancas flores
llevan contrapunto
los ruiseñores.

Es una pieza a cuatro voces. Tres de ellas tienen, a continuación de «ruiseñores», un par de renglones de música pero sin letra, tal vez porque el copista, al ver la poca calidad de lo transcrito, decidió recomenzar la tarea en otros papeles. Pero la particela del Tiple tiene todavía una cuarteta:

Al campo sale el Amor
y, alegre de ver[le?] el campo

---

[16] Ítem 1046.

todos le rinden festejos
y todo en él es aplauso.

Hasta aquí tenemos, entonces, cinco ejemplos de piezas identificadas (dos de comedias de Calderón y tres fragmentos de piezas dramáticas de Metastasio) y seis de obras desconocidas, aparte de las que
no menciono por haberlo hecho en el anterior encuentro, que son
cinco fragmentos de piezas en castellano[17] y otros tres en «italiana
lengua»[18] (tal vez partes de óperas que no identifico). En total suman
diecinueve.

b. Teatro breve en la misma colección

En esta categoría ya he hablado en el anterior encuentro de un
sainete[19], cinco loas[20] (algunas de las cuales podrían ser puramente
musicales), un coloquio[21] y una denominada «zarzuela»[22]. Esta última,
además, en su segundo parlamento anuncia la puesta en escena de una
comedia: «Has de saber, porque hay comedia nueva». Vamos ahora a
los nuevos hallazgos.

1- En primer lugar, hay una pieza dedicada a un tal doctor Antonio
Villar, que a pesar de los aparentes indicios (la portada dice «Música
de la loa para los presidentes 1739»[23]) no es oidor de la Real Audiencia
de Charcas[24]. La indicación de la portada sugiere que no toda la loa
fuera cantada, lo cual es confirmado por el contenido del texto. Me
ha faltado tiempo para averiguar datos sobre Antonio Villar en legajos
del ABNB.

---

[17] Indico entre paréntesis el número de página de los publicados en Eichmann,
2005a: ítems 173 (pp. 65-66), 238 (p. 71), 588 (p. 86), 960 (p. 93), 1144 (p. 97).

[18] Ítems 181, 369 y 1048 (publicado este último en Eichmann, 2005a, p. 94). Los
ítems 219 y 512, mencionados en dicho encuentro, han cambiado de categoría, por
corresponder a las ya dichas piezas del compositor italiano Pietro Metastasio.

[19] Ítem 48.

[20] Por errata se dice en dicho artículo (p. 336) que son seis; pero hablo de cinco.
Se trata de los ítems 331 (que contiene dos loas), 358, 359 y 360 (la pieza está dispersa
en esas tres carpetas contiguas), 647 y 687.

[21] Ítem 686.

[22] Ítem 495.

[23] Ítem 78.

[24] Debo este dato a la gentileza de Pilar Latasa.

Diré dos palabras acerca del estado del manuscrito. Faltan dos de las cuatro voces, de modo que el texto está incompleto. Las dos partes vocales que se conservan, las del Alto y del Tenor, dicen casi las mismas palabras, pero no siempre con el mismo orden. En el «continuo» (particela que indica la música que ejecuta la mano derecha del acompañamiento) aparecen dos reclamos que corresponden a textos perdidos: «en lo fértil de este prado» y «es digno se busque amor». En las particelas de canto vienen siete cuartetas asonantadas, que están numeradas bajo el mismo renglón musical; siguen otras dos a solo, ambas con la misma música (distinta de la de las anteriores cuartetas). A continuación vienen: a) un verso endecasílabo suelto; b) otras dos estrofas sin numerar, y c) otras cinco numeradas. Por último, una estrofa final de seis versos que lleva las disculpas habituales en piezas dramáticas breves. Las primeras siete estrofas acaban en punto y coma, lo que podría implicar parlamentos de personajes entre una y otra.

La pieza tiene las características de lo que ha dado en llamarse «genuflexiones literarias»[25]. Los personajes que se mencionan en el texto son alegóricos: la Diligencia, el Amor, el Cuidado y la Envidia. Los textos musicales son con toda certeza parlamentos confiados a la Música. Veamos los primeros pasajes:

> 1. Al día más aplaudido
> de cuantos numera el tiempo,
> de un gran señor, cuya fama
> es clarín del universo;
> 2. El día de San Antonio,
> que este nombre le dio el cielo,
> y también es merecido[26]
> de los dos[27], sigue su celo;

Sigue una cuarteta según la cual Júpiter le ofrece el laurel y otras dos en las que se lo equipara a Polícrates, Mario, Belisario, Orfeo y Juno[28]. La mención de esta diosa tal vez sorprendería a los oyentes,

---

[25] Suárez Radillo, 1981, vol. 2, p. 385; citado por Zugasti, 1997, p. 563.

[26] La lectura de este verso es insegura.

[27] *De los dos:* en 1739 el presidente de la Real Audiencia era su tocayo: Antonio Hermenegildo Querejazu y Mollinedo (ver DHB). Es de suponer, como se verá enseguida, que en el festejo estuviera este personaje, y la loa no podía dejar de mencionarlo.

[28] Cambio el orden: Juno viene en primer lugar.

aun cuando la materia de la comparación fuera la nobleza. La siguiente cuarteta destaca la amistad entre el Presidente y el doctor Villar:

> El gran señor Presidente
> ampara con gran empeño
> a un dotor que de Villar
> le hace brillar su respeto.

La última de esta serie anuncia los personajes que intervendrán:

> 7. Ya llega Amor y Cuidado
> y la Diligencia a empeño
> de vencer la impura Envidia
> dando principio al festejo;

Lo que sigue a continuación son las dos cuartetas a solo y el verso suelto que permiten saber que han hablado personajes de la loa, ya que se hace referencia a hechos de los que no estamos en antecedentes. El endecasílabo dice «Y buscando a mi amor no puedo hallarle». En las últimas cuartetas numeradas nos enteramos de que Diligencia y Cuidado han encontrado a Amor, que los tres unidos han vencido a Envidia y que Diligencia le dio el pago de su «soberbia indecible». Por último vienen los versos de disculpa:

> Celebrando nuestra dicha,
> nuestra suerte publicando
> si nos concedes, señor,
> disimulo a yerros tantos;
> si logra nuestra fortuna
> perdón, ya que no el aplauso.

2- Al mismo género pertenece otra pieza[29] que celebra a un rector, seguramente de la Universidad de San Francisco Xavier. A todas luces está incompleta, tal vez porque, al igual que la anterior, sólo contiene los pasajes musicales, aunque también puede ser que esto se deba a la ausencia de partes vocales. Sólo he encontrado tres voces que dicen lo mismo. Los personajes, también alegóricos, en este caso son el Tiempo, la Fortuna, el Amor, la Obligación y el Afecto. Transcribo

---

[29] Ítem 690.

aquí todo el texto, ya que permite por sí solo reconocer la necesaria intervención de diálogos entre algunas de las secciones:

¡Silencio, atención!:
Fortuna y Amor,
con la Obligación
celebran alegres
de nuestro Rector
su gran esplendor[30].
Agravios hizo al Amor
el que lo pintó vendado,
que el mostrarse desvelado
acredita más su ardor.
Fortuna y Tiempo igualmente
en su carrera veloces
vuelan con acierto unidos
y echan a rodar discordes[31].
Para apóstrofe pulido
el silencio es adecuado,
no obstante digan las voces
lo poco que han alcanzado.
Mire vuestra atención sólo el afecto.
Del Tiempo y Fortuna unidos,
con la Obligación y Amor
recibid el cortejo,
que sólo será tal cuando, en efecto,
mire vuestra atención sólo el Afecto.
Recibe sólo el deseo
con que el Colegio te aclama,
que aunque es nada lo que ha dicho
el silencio lo declara:
mire vuestra atención sólo el Afecto.

---

[30] Viene un reclamo: «Ojo».

[31] Esta estrofa parecería una trova (en los manuscritos de la colección, «trova» significa texto alternativo, compuesto o acomodado para una ocasión distinta a la del texto original) de la anterior, pero parece más razonable pensar en que es el segundo texto a ser cantado con la misma música. Siguen los reclamos: «digo»; «deidades»; «necesitado».

3- Por último, hay una loa del año 1773 cuyo tema es el Santísimo Sacramento[32]. Las dos primeras estrofas están escritas bajo el mismo renglón de música y, al menos la primera, parece tener la función de pregón[33]:

> Hoy la celestial pureza
> de esos once cielos juntos
> bajen a celebrar por puntos
> de un hombre-Dios la fineza.
> Celebre el Cielo, Señor,
> misterio tan soberano
> pues se ve que entre lo humano
> no hay excesivo amor.

Los versos sueltos que siguen («¡Viva el amor, que viva!») son cantados varias veces. Hay palabras escritas sin música en el pentagrama, seguramente reclamos para orientar a los cantores. Después de unos versos inconexos hay tres redondillas (de verso final hipermétrico la última) que manifiestan el agradecimiento a Jesucristo por dar su cuerpo como alimento. Transcribo solamente la última:

> Y de tu fineza amante
> recibe su amor profundo
> para que os alabe el mundo
> con voces y labios de diamante.

Las ocho piezas de las que hablé en el anterior encuentro, junto con estas tres nuevas, no presentan coincidencias textuales con ninguna obra conocida, ni elementos de ningún tipo que permitan pensar positivamente en autores ajenos a Charcas. De las tres comentadas aquí, las dos primeras son claramente de producción local, por tratarse de obras circunstanciales en las que se elogia a personajes de la ciudad de La Plata.

---

[32] Ítem 355.
[33] El paradigma del pregón en los autos sacramentales de Calderón es analizado por Arellano, 2001, pp. 25-57.

c. Microformas dramáticas

Recordemos que son numerosos los villancicos publicados en pliegos de cordel impresos en España y México para diversas festividades del ciclo litúrgico, que reflejan una «amplia variedad de formas de teatro menor insertas dentro de los villancicos: coloquios pastoriles, diálogos burlescos y disparatados, entremeses de figuras, jácaras entremesadas, bailes, danzas paloteadas punteadas por el diálogo, y mojigangas. Algunos villancicos son auténticos entremeses costumbristas que acaban en peleas y alborotos, como era normal en el género»[34]. Para el ámbito español, en un trabajo de gran interés, José López Sierra señala como posible antecedente de gran parte de los villancicos catedralicios el teatro medieval, en concreto las representaciones paralitúrgicas de los tres grandes ciclos: el de Navidad, el de la Pasión, y el de las fiestas de la Virgen y de los Santos[35]. Esta tradición pasó muy temprano a América, y no parece haber perdido su carácter teatral: en las series de villancicos que se preparaban para las diversas fiestas casi nunca faltaban algunos de esta índole. Alain Bègue, que se ocupa de la producción villanciqueril española del siglo XVII, establece algunas constantes en la posición de los villancicos de locución múltiple dentro de las series, dependiendo del objeto del festejo[36]. Según Aurelio Tello, en México «la práctica representacional debe haber estado en boga ya en los tiempos en que Gaspar Fernandes dirigía la capilla musical de la catedral poblana»[37], es decir, a principios del siglo XVII. Tal vez pudiera pensarse lo mismo de La Plata por la misma época, puesto que allí era maestro de capilla el

---

[34] Ruiz de Elvira Serra, 1992, pp. XV-XVI. Señala la autora, citando a Gloria Martínez, que «al parecer Juan de Castro, Maestro de Capilla de la Catedral de Cuenca, recibió 300 reales por los villancicos que *hizo* y *representó* con los mozos de coro y otras personas. Se pagan también los vestidos, calzados y aparejos necesarios para la representación. Recibió su paga un tal Agustín Pérez, por *hacer de negro* y bailar la noche de Navidad en el coro. Incluso se conservan facturas de pinturas, tablados y retablos encargados para el montaje escenográfico, a personas del mundo del teatro y no a la capilla de música».

[35] Sierra Pérez, 2001.

[36] Así, por ejemplo, entre los textos de Pentecostés, suelen ser de locución múltiple los villancicos de apertura (es decir, cabeza de serie), mientras que los que ocupan la segunda o tercera posición no presentan diálogos. Del mismo modo, observa las constantes que se verifican para otras fiestas del ciclo litúrgico (Bègue, en prensa). Agradezco al autor el haberme facilitado sus valiosos trabajos).

[37] Tello, 2001, p. XLI.

grán compositor Gutierre Fernández Hidalgo[38] (de 1597 a 1635), si bien no quedan testimonios de sus composiciones platenses ya que, como se sabe, éstas se perdieron cuando iban de camino a España para ser impresas. Pero sí tenemos abundantes piezas dialogadas de tiempos más recientes en la colección musical del ABNB. El arco temporal que abarca esta colección va desde 1680 hasta principios del siglo XIX[39]. Ya señalé la presencia de este tipo de microformas dramáticas en el encuentro del año pasado. Ahora puedo añadir un número muy considerable, y de registros poéticos muy diversos: hay obras cuyo paradigma compositivo es de confrontación guerrera, otras de adivinanza, las hay jocosas, etc. Tomaría muchas páginas ocuparse de todas, ya que solamente las de temática mariana suman más de cuarenta, de modo que aquí haré el comentario de una de ellas, que es una pieza alegórica[40].

Su estructura es la siguiente: comienza con una introducción; le sigue una sección de dos recitados, otra que equivale por su estructura a tres coplas (aunque no lo dice el manuscrito) y finaliza con una suerte de conclusión.

Los personajes son dos peregrinos (figuras del ser humano combatido por el mal) y el vigía de una fortaleza que se encuentra junto al mar; la fortaleza es alegoría de la Virgen. Los peregrinos alternan tres llamados sucesivos al «invencible muro» (el primer peregrino), al «fuerte torreón» (el segundo) y a los centinelas del «muro de cristal» (nuevamente el primero). El vigía pregunta quién llama a la plaza fuerte, a lo que el primer peregrino responde que «un mísero bajel que naufragante» busca el «divino puerto». El vigía le permite acogerse al puerto de la fortaleza. Contesta entonces el segundo peregrino diciendo que «en la tierra / padece infausta guerra» y que no encuentra lugar seguro. También es invitado por el vigía a acogerse al muro. Comienza entonces un diálogo en el que se alternan preguntas y respuestas: los peregrinos inquieren admirados quién pudo hacer sin peligro aquel muro y con qué armas cuenta, a lo que el vigía responde que lo pudo hacer el Poder (alusión a Dios Padre) y que el arma es el Amor (el Espíritu Santo), a lo que añade una nueva invitación a

---

[38] Ver Stevenson, 1959-1960, pp. 182 y ss.

[39] Puede haber piezas anteriores a 1680, ya que son muchas las que no llevan fecha; pero de momento, a falta de otros datos, hemos de atenernos a las que aparecen en los manuscritos que sí las manifiestan.

[40] Ítem 1188.

entrar. Los peregrinos, ahora a dúo, exploran el carácter de algunos símbolos marianos en relación con la necesidad que experimentan de seguridad:

> Sea, pues, norte a mi huella
> la Estrella;
> Sea de mi triunfo el alma
> la Palma
> pues alienta mi fortuna
> la Luna
> siendo encendido farol
> el Sol.

Sigue un largo parlamento del Vigía, en el que recoge los símbolos del discurso precedente, animándoles a avanzar. Hasta aquí la introducción.

Los dos recitados (el diálogo en este sector se desdibuja) van dirigidos a ponderar, el primero la belleza de la playa y el segundo la abundancia del pan al que se allega el entendimiento (referencia eucarística). Continúa con el anuncio de la salva que hacen los instrumentos «en lírica armonía» porque ha amanecido el día más feliz.

Las tres coplas que siguen vienen a ser la salva anunciada en la sección anterior; ponderan la belleza de María, figurada como Alba, hermosura y Muro, en sendos romancillos hexasilábicos rematados por una vuelta decasilábica («Celebrad, venerad, aplaudid»).

La conclusión es el sector más breve de la obra, y es el único en el que se nombra a María sin recurrir a símbolos, sino más bien explicitando los anteriormente utilizados: «María el muro, / María el norte / y soberano mar», a lo que se añaden otras cualidades propias de su condición de auxiliadora.

RECAPITULACIÓN

Creo haber completado el panorama de fragmentos, tanto de comedias y otros géneros dramáticos extensos como de piezas de teatro breve, de la colección musical del ABNB. Espero ofrecer en un futuro cercano la totalidad de los textos conservados en una edición crítica y anotada. Respecto de las microformas dramáticas, tomará mucho más tiempo, ya que son muy numerosas, aparte de que la identificación de los locutores, a veces indefinidos, exige una atención muy cuidadosa después de reconstruida la base textual. Fuera de éstas, se habrá podido observar que en la colección se contienen piezas de géneros muy variados: una comedia mitológica de enredo, otra hagiográfica, varias de capa y espada (probablemente la mayoría de las de tema amoroso pertenezcan a este género) y una alegórica. Los textos en italiano que hemos visto son fragmentos de mucho interés, por pertenecer a Pietro Metastasio; sería deseable conocer algo más sobre la utilización de tales fragmentos, que aparecen como piezas «completas».

Del teatro breve, entre las loas están las de festejo y encomio a personajes variados de la ciudad de La Plata (las más numerosas) y las de tema religioso: el Santísimo Sacramento, la Natividad de María, etc. Los demás géneros breves incluyen piezas de tono jocoso (el sainete y la zarzuela de que hablé en el anterior Encuentro sobre el Barroco). Todo ello manifiesta un abanico temático muy amplio y estilos muy variados. Y como se habrá podido notar, aun las piezas en castellano de las últimas décadas del siglo XVIII mantienen la estética aurisecular.

BIBLIOGRAFÍA

ARELLANO, I., *Estructuras dramáticas y alegóricas en los autos de Calderón,* Kassel, Reichenberger, 2001.

— «La fuerza del ingenio en la comedia de capa y espada de Tirso», en *Tirso, de capa y espada; Actas de las XXVI jornadas de teatro clásico,* ed. F. B. Pedraza Jiménez, R. González Cañal y E. Marcello, Almagro, Universidad de Castilla-La Mancha, 2004, pp. 55-81.

BÈGUE, A., «A literary and typological study of the villancico at the end of the seventeenth century», en *Devotional music in the Iberian World, 1450-1800: the villancico and related genres,* ed. T. W. Knighton and Á. Torrente, Aldershot, Ashgate Variorum (en prensa, cap. 11).

Catálogo de villancicos de la Biblioteca Nacional, siglo XVII, intr. I. Ruiz de Elvira Serra, Madrid, Dirección General del Libro y Bibliotecas, Ministerio de Cultura, 1992.

DHB, *Diccionario Histórico de Bolivia,* ed. J. M. Barnadas, Sucre, 2002, 2 vols.

EICHMANN, A., *Letras humanas y divinas de la muy noble ciudad de La Plata,* Madrid/Frankfurt am Main, Universidad de Navarra/Iberoamericana-Vervuert, 2005a.

— «Notas sobre el teatro en Charcas», en *Manierismo y transición al barroco; Memoria del III Encuentro internacional sobre Barroco,* ed. N. Campos, La Paz, Artes Gráficas Sagitario, 2005b, pp. 333-343.

ROLDÁN, W. A., *Catálogo de manuscritos de música colonial de la Biblioteca Nacional de Bolivia*, La Paz, UNESCO/Instituto Boliviano de Cultura, 1986.

SEOANE, C., «Pasajes musicales compuestos en Charcas para la comedia *El monstruo de los jardines* de Calderón», en *Temas del Barroco Hispánico*, ed. I. Arellano y E. Godoy, Madrid/Frankfurt, Universidad de Navarra/ Iberoamericana/Vervuert, 2004, pp. 271-285.

SIERRA PÉREZ, J., «Presencia del castellano en la liturgia latina: el villancico», *Nassarre*, 17, 1-2, 2001, pp. 115-153.

STEVENSON, R., *The music of Peru, Aboriginal and Viceroyal epochs*, Washington-Lima, Panamerican Union, 1959-1960.

TELLO, A. y J. M. LARA CÁRDENAS (eds.), *Cancionero Musical de Gaspar Fernandes*, México, Instituto Nacional de Bellas Artes/Centro Nacional de Investigación, Documentación e Información Musical Carlos Chávez, vol. I, 2001.

ZUGASTI, M., «Un texto virreinal inédito: Loa para la zarzuela *También se vengan los dioses* de Lorenzo de las Llamosas», en *Unum et diversum. Estudios en honor de Ángel-Raimundo Fernández González*, Pamplona, EUNSA, 1997, pp. 553-589.

TEATRO RECUPERADO EN CHARCAS: DOS LOAS OLVIDADAS DE FRAY JUAN DE LA TORRE (OSA) A LA ENTRADA DEL VIRREY DIEGO MORCILLO EN POTOSÍ, 1716

Miguel Zugasti
GRISO. Universidad de Navarra

A la memoria de
Carlos Miguel Suárez Radillo

I. Breve panorama del teatro colonial en Charcas

Tienen mucha razón Josep M. Barnadas y Ana Forenza cuando afirman que todavía no hemos «llegado a conocer, ni siquiera en los rasgos generales de su evolución, la historia teatral de Charcas»[1]. A lo largo del siglo XX se fueron dando los primeros intentos serios por cubrir esta inmensa laguna crítica, con aportaciones destacadas de Moglia (1943), Lohmann Villena (1945)[2], Hanke (1956-1957), Helmer (1960), Gisbert (1962 y 1968), Stevenson (1976)[3], Suárez Radillo (1981), Beyersdorff (1988 y 1998), Wilde (1998), etc. A pesar de tan loables esfuerzos, y ciñéndonos al período colonial, que es lo que aquí

---

[1] Barnadas y Forenza, 2000, p. 557.

[2] Aunque el libro de Lohmann Villena se titula *El arte dramático en Lima durante el virreinato,* se aportan no pocos datos sobre cómo las compañías de cómicos unían Lima con las tierras altas de Cuzco, Potosí, La Paz, etc.

[3] Junto a sus apuntes sobre el teatro musical en Perú, Stevenson ofrece también información al caso referida a la zona de Charcas.

nos compete ahora, el panorama resultante es desolador. El conjunto
de textos dramáticos conservados relativos a la zona de Charcas es
muy escaso:

1. En el apartado de teatro largo tenemos apenas una comedia
mariana, *Nuestra Señora de Guadalupe y sus milagros*, escrita por fray
Diego de Ocaña (OFM) y estrenada en Potosí en 1601. Cáceres
Romero habla de una comedia anónima titulada *El poder de la fortuna*[4],
de la que sólo conocemos fragmentos de la primera jornada editada
por Luis Felipe Vilela en 1950. En puridad, no deberían incluirse en
este apartado, según se ha hecho a veces, comedias como *El hijo de las
batallas* o *El juramento ante Dios y Lealtad contra el amor,* ambas del alférez
portugués Jacinto Cordero (1606-1646); ni *Los sucesos de tres horas,* del
español Luis Antonio de Oviedo y Herrera; ni *Siripo,* del argentino
Manuel José de Lavardén (o Labardén), representada —junto a una
loa titulada *La inclusa*— en el teatro de La Ranchería de Buenos Aires
durante el carnaval de 1789[5].

2. En cuanto al teatro breve (pero no cómico) destaca en primer
lugar la figura del sevillano Diego Mexía Fernangil, que en enero de
1615 residía en Potosí, donde dedica al virrey del Perú, el príncipe
de Esquilache, su manuscrito de la *Segunda parte del Parnaso Antártico.*
Entre los poemas que aquí se incluyen hay una pieza de índole dramática como es la *Égloga del Dios Pan al Santísimo Sacramento.* Escrita en
endecasílabos con media rima, se estructura como un diálogo entre el
cristiano Melibeo y el gentil Damón; a partir de unas leves referencias al dios Pan, antigua divinidad pastoril, se desemboca en el elogio
y descripción de una fiesta eucarística potosina (Dios se da en Pan
en la comunión de los fieles), con mención de algunos de sus ingredientes festivos (procesión, altares, tarasca) y de ciertos espacios de la
villa imperial de Potosí (la plaza, el templo mayor)[6]. El mismo Diego
Mexía Fernangil escribió otra *Égloga del buen pastor,* pero al decir de

---

[4] Cáceres Romero, 1990, pp. 131-168.

[5] Trenti Rocamora, 1948, pp. 27 y 105. Este mismo crítico detalla que cuando
Lavardén estudiaba en Chuquisaca escribió una pieza teatral titulada *Los araucanos,*
de cuyo texto nada sabemos (Trenti Rocamora, 1948, pp. 27 y 106).

[6] A Rodríguez Garrido, 2005, debemos el estudio más pormenorizado de esta
égloga. Como dato curioso cabe apuntar que años más tarde, en 1670, en el auto
de Calderón de la Barca intitulado *El verdadero dios Pan,* se establecerán nuevas analogías entre el sacramento eucarístico y las cualidades que la mitología atribuye al
dios Pan.

Rodríguez Garrido se trata de un poema de carácter narrativo, sin elementos dramáticos, por lo que no procede su inclusión en un repertorio de piezas teatrales[7].

Se ha conservado asimismo una «decuria» (pieza corta destinada a ejercitar a los jóvenes en la declamación y en el arte escénico) escrita por el P. Salvador de Vega (SJ), titulada *Efectos que causa en el alma el que recibe el Santísimo Sacramento*, que fue representada en 1723. Viene luego una *Loa que al mérito del brigadier don Sebastián de Segurola compuso por vía de epitalamio don Pedro Nolasco Crespo*, que se escenificó en la Plaza Mayor de Potosí en 1781.

3. Cabe agregar a todo esto las variadas escenificaciones de *La diablada* en el Departamento de Oruro (con alternancia de danza y recitado), bien documentadas por Fortún (1961). Hay que citar por último el teatro evangelizador representado en las misiones jesuíticas de Moxos y Chiquitos, recopilado con esmero por Nawrot (2000), donde hallamos tres óperas dedicadas a *San Ignacio, San Francisco Xavier* y *El Justo y el Pastor*.

No hay duda de que son materiales muy escasos, en absoluto representativos de la vida teatral charqueña durante el período de la colonia. Contrasta mucho, en efecto, tan menguado ramillete de textos conservados con las noticias que manejamos de una intensa actividad dramática desplegada en Charcas, con un circuito más o menos fijado entre Potosí, La Plata y La Paz, por el que circulaban las compañías de cómicos. En palabras de Eichmann: «En Potosí, en la primera mitad del siglo XVII, se cuenta con cuatro compañías teatrales (el mismo número que hubo por esas fechas en Madrid y Toledo), que por contrato se obligaban a estudiar cinco comedias al mes y las representaban los domingos y días de fiesta»[8]. Y la tradición venía de antiguo, pues el Inca Garcilaso señala que los jesuitas pusieron en práctica su teatro evangelizador, y que «en Potosí se recitó un diálogo de la fe, al cual se hallaron presentes más de doce mil indios»[9]. Un rico hontanar de información al caso es la magna *Historia de la Villa Imperial de Potosí*, del ilustre cronista Bartolomé Arzáns de Orsúa y Vela, de cuyos profusos apuntes sobre el teatro exhibido en Potosí durante los siglos XVI, XVII y XVIII hacen un apretado resumen Barnadas y Forenza (2000).

---

[7] Rodríguez Garrido, 2005, p. 309.
[8] Eichmann, 2005a, pp. 24-25.
[9] Inca Garcilaso, *Comentarios reales*, II, 28, p. 96.

MIGUEL ZUGASTI

Otro texto muy útil es el producido por Pedro Ramírez del Águila, *Noticias políticas de Indias y relación descriptiva de la ciudad de La Plata, metrópoli de las provincias de los Charcas,* aunque sólo alcanza hasta 1639. En el Archivo Nacional de Sucre hay material inédito sobre empresarios teatrales de principios del siglo XVII como Antonio Encinas o Francisco Hurtado[10], material que sigue reclamando la atención de los especialistas. Recientemente Eichmann ha incidido sobre la conveniencia de manejar las *Constituciones* del I Sínodo Platense (1619-1620), donde se habla del teatro representado en las iglesias, siquiera sea para censurarlo[11].

2. AUMENTA EL CORPUS: HALLAZGOS RECIENTES

Decíamos que éste es el panorama entrevisto hasta finales del siglo XX, pero las cosas empiezan a cambiar de modo radical en los albores del siglo XXI, con la búsqueda de nuevos textos en archivos y conventos que empiezan a mostrarnos su rico caudal. Sin duda, los logros más espectaculares se deben al esfuerzo combinado de Arellano y Eichmann (2005). Eichmann publica *Letras humanas y divinas de la muy noble ciudad de La Plata (Bolivia),* donde edita un conjunto de textos poéticos procedentes de la sala capitular de la catedral de La Plata y de la biblioteca del oratorio de San Felipe Neri, en la misma ciudad de La Plata (hoy Sucre)[12]. Ambas colecciones se custodian en la actualidad en el fondo musical del Archivo y Biblioteca Nacionales de Bolivia. La mayoría de los textos recuperados son de tono lírico, aptos para el canto a una o varias voces, pero en dicha colección se deslizan asimismo algunas composiciones como las «negrillas» (villancicos donde todos los personajes son negros), que bien pudieron formar parte de «algún género de representación»[13]; u «otras obras en forma de diálogo

---

[10] Hanke, 1959, p. 31, n. 108.

[11] Eichmann, 2005b, p. 335.

[12] La Plata es la capital constitucional de Bolivia (la capital administrativa o sede de gobierno es La Paz), además de ser también la capital del Departamento de Chuquisaca. La Plata es denominada «la ciudad de los cuatro nombres», pues junto a La Plata se la conoce además como Charcas, Chuquisaca y Sucre.

[13] Eichmann, 2005a, p. 24. Se editan tres negrillas: *Los negrillos de los reyes* (pp. 131-138), *Los coflades de la estleya* (pp. 151-155) y *¡Afuela, afuela! ¡Apalta, apalta!* (pp. 156-161).

que también se prestan a ser acompañadas de escenificación»[14], como por ejemplo: *¡Ah de la oscura, funesta prisión!* (pp. 202-205), *¡Hola, hao, ah de las sombras!* (pp. 206-208), *Cuando nace aquesta aurora* (pp. 225-227) y *Escuchen dos sacristanes* (pp. 241-247). Otros casos afines que aporta este estudioso son *Venid, venid, zagales,* que es el íncipit de una parte musicada perteneciente a la comedia *El monstruo de los jardines,* de Calderón (p. 26); *Después de tres años* (p. 71), que parece corresponderse con el papel dramático asignado a un soldado; o *El flechero rapaz* (pp. 72-74), que se ha elaborado a partir del baile homónimo de Bances Candamo, representado en Madrid el 9 de noviembre de 1687, siendo parte integral de la fiesta áulica *Duelos de Ingenio y Fortuna,* compuesta *ad hoc* para el cumpleaños de Carlos II[15]. Hay más ejemplos que pueden examinarse bajo esta misma premisa, pero concluiré citando el más evidente de todos, el titulado *¡Guerra! ¡Al arma!* (pp. 110-116), que es una loa en la que intervienen personajes alegóricos como el Mérito, la Fama, la Diócesis, etc. El último aporte de Eichmann al panorama teatral charqueño es el hallazgo de un sainete intitulado *La brevedad sin sustancia,* curiosa parodia de todo lo que era un festejo dramático con sus partes (loa, comedia en tres jornadas con sainete y entremés en los entreactos) que se comprime aquí en apenas 56 versos[16].

Sin minusvalorar un ápice la relevancia de estos textos, la mayoría de ellos fragmentos sueltos de obras largas, creo que es más decisivo para nuestros efectos el libro recién editado por Arellano y Eichmann (2005): *Entremeses, loas y coloquios de Potosí (Colección del convento de Santa Teresa).* Se saca a luz aquí una serie de obras procedentes del convento potosino de Santa Teresa, la mayoría de ellas anónimas, cuya cronología fluctúa entre los siglos XVII, XVIII y XIX. Según palabras de los editores, este hallazgo «supone un cierto aumento de las piezas dramáticas conocidas, principalmente auriseculares, conservadas en Hispanoamérica»[17]. Si, en verdad, el aumento es cierto en lo que se refiere al teatro hispanoamericano en general, en lo que al corpus charqueño se refiere supone prácticamente triplicar el volumen de textos disponibles hasta hoy en día. En un apretado resumen diré que se hallan aquí siete entremeses completos, dos entremeses más reconstruidos a base de papeles individuales, seis loas, dos colo-

---

[14] Eichmann, 2005a, p. 24.
[15] Edición moderna de este baile se hallará en Oteiza, 1987, pp. 141-146.
[16] Eichmann, 2006.
[17] Arellano y Eichmann, 2005, p. 9.

quios y una autodenominada «sarzuela»; hay además una serie de
papeles sueltos de piezas incompletas y fragmentarias, que se «corresponden a los textos que un actor debía memorizar y tienen señalados
los reclamos»[18]. Todos estos textos se pueden clasificar en dos categorías diferentes: los de tipo cómico o entremesil y los de tipo religioso,
divididos estos últimos entre los adscritos al ciclo de Navidad y los
de índole mariana, dedicados a la fiesta de la Purificación o Virgen
de la Candelaria[19].

3. La relación impresa de fray Juan de la Torre

Las dos loas de que ahora doy noticia se enmarcan dentro de este
mismo propósito de recuperación de textos teatrales que conviene ir
rescatando del olvido[20]. El hecho que motivó su composición fue la
solemne entrada en Potosí, en 1716, del recién nombrado virrey del
Perú, fray Diego Morcillo Rubio y Auñón (Villarrobledo, 1642-Lima,
1730), trinitario descalzo de 74 años que, a la sazón, ya era por entonces arzobispo de Charcas. En efecto, este nuevo virrey entró en Potosí
el 25 de abril de 1716 (festividad de San Marcos Evangelista) a las tres
de la tarde. Su estancia en la villa imperial duró una semana entera,
pero los fastos de su recepción se concentraron sobre todo durante los
dos primeros días, sábado 25 y domingo 26 de abril.

En la *Historia de la Villa Imperial de Potosí,* de Bartolomé Arzáns de
Orsúa y Vela, se comenta con prolijidad el excepcional acontecimiento
que supuso el arribo de un virrey a las tierras altas de Potosí. Los ciudadanos habían prevenido al efecto dos arcos triunfales, dos loas, varios
carros alegóricos, una mascarada, una misa solemne, una procesión,
etc. Hasta ahora las noticias disponibles sobre esta magna entrada se
reducían a dos tipos de documentos: el texto de Arzáns y el sober-
bio cuadro que para la ocasión pintó Melchor Pérez Holguín, titulado
Entrada del virrey arzobispo Morcillo en Potosí, el cual se conserva en el
Museo de América de Madrid (lámina 1). Este pintor nació en Cochabamba hacia 1660, pero ejerció su oficio sobre todo en Potosí, donde

---

[18] Arellano y Eichmann, 2005, p. 12.
[19] Arellano y Eichmann, 2005, pp. 11-12.
[20] Un primer avance de los datos atingentes a la relación de fray Juan de la Torre
ofrezco en mi ensayo sobre *La alegoría de América:* ver Zugasti, 2005, pp. 140-144 y
181-187.

se casa y reside en 1695. Trabajó para varios conventos, parroquias y particulares, y debió de morir entre 1724 y 1732. Para Mesa y Gisbert (1977) es el pintor más destacado del período virreinal en Bolivia. El cuadro que ahora nos ocupa le fue encargado por un sobrino del virrey, don Pedro Mexía y Morcillo[21], al parecer con intención de mandarlo a España. En la parte inferior central aparece un autorretrato del artista contemplando el paso del cortejo y plasmándolo con su paleta (frente a él está su ayudante negro). Es muy probable que Holguín fuera mestizo, pues se pinta a sí mismo con tez oscura, pero vistiendo capa y espada, signos que le dignifican. A su derecha hay dos personas de avanzada edad (un hombre y una mujer) que aparentemente visten ropas nobles, aunque reflejan cierto desaliño en su atuendo y por ello hay quien los toma por dos graciosos de comedia. Lo interesante son esa especie de filacterias donde comentan la escena que pasa ante sus ojos. El hombre dice: «Hija Pilonga, ¿has visto esta maravilla?», a lo que ella contesta: «Alucho [juro que] en ciento y tantos años no he visto grandeza tamaña» (lámina 2). El cuadro en sí se estructura en tres niveles: a) el más relevante es el nivel inferior, donde se retrata el multitudinario cortejo que acompaña a Morcillo a lo largo de la calle San Martín (hoy calle de Hoyos); la parroquia de San Martín queda a la derecha, y a su altura cabalga bajo palio el virrey, rodeado por el poder civil, militar y religioso de Potosí (lámina 3); b) el nivel intermedio se consagra a la arquitectura urbana y al paisaje de fondo con los empinados cerros; destaca la iglesia de San Martín (era parroquia de indios) con su torre, su atrio y las capillas posas en los cuatro ángulos del muro que la circunda (al estilo del actual santuario de Copacabana); tanto esta iglesia como el resto de edificios urbanos están adornados con ricas colgaduras y cuadros (siete) que representan escenas mitológicas; a sus muros, balcones y ventanas se asoman diversas gentes que contemplan el espectáculo; c) el nivel superior es más complejo, pues en su parte izquierda se divide en dos recuadros (láminas 4 y 5) que remiten a otros dos momentos de la fiesta, como son la entrada de Morcillo en la Plaza Mayor de la villa y la mascarada que por la noche ofrecieron los mineros allí mismo (recuérdese que la famosa riqueza de Potosí estribaba en sus minas de plata)[22].

---

[21] Ver Moreno Cebrián, 2001, p. 190.

[22] No hay espacio aquí para comentar el cuadro con el detenimiento que se merece, por lo que remito a los estudios de Mesa y Gisbert, 1977, pp. 185-196;

A partir de ahora, merced al rescate bibliográfico del escrito del P.
Juan de la Torre, los testimonios de Arzáns de Orsúa y Pérez Holguín
se complementan con un tercer documento de singular importancia,
redactado con gran inmediatez respecto de la fecha del festejo y mandado a imprimir a Lima. Si fijamos nuestra atención en la *Historia* de
Arzáns, ahí se dice que la villa comisionó al agustino fray Juan de la
Torre para escribir la acostumbrada relación del festejo, de modo que
fue

> compuesto todo ingeniosamente por el reverendo padre maestro
> fray Juan de la Torre, prior de San Agustín, de quien mucho hemos
> dicho, y también añado que a petición de la villa escribió la relación de
> esta entrada, recibimiento y fiestas de su excelencia para la ciudad de
> Los Reyes, que quisiera mi corta pluma parte del colmo de la suya para
> adorno de estos renglones[23].

La cita ya anuncia que el texto del agustino se publicó en Lima,
la capital del virreinato (a la altura de 1716 aún no había imprenta en
Potosí), pero la crítica moderna no había reparado en él. Llevo años
rastreando la pista de este esquivo impreso, y a fecha de hoy puedo
afirmar que he localizado, manejado y cotejado dos ejemplares del
mismo, ambos idénticos, y que hay asimismo noticias de un tercer
ejemplar que no he alcanzado a ver. La portada reza así: *Aclamación
festiva de la muy noble imperial villa de Potosí, en la dignísima promoción del
Excelentísimo Señor Maestro don Fray Diego Morcillo Rubio y Auñón, obispo
de Nicaragua y de La Paz, Arzobispo de las Charcas, al gobierno de estos
reinos del Perú, por su virrey y capitán general, y relación de su viaje para la
ciudad de Lima. Con licencia, en Lima, por Francisco Sobrino, año de 1716.*
Pues bien, esta *Aclamación festiva* no se limita a ofrecernos la acostumbrada descripción en prosa de los agasajos dispuestos por la ciudad
en honor del virrey entrante, sino que incluye además las dos loas en
verso que ahora saco a colación (fols. 12r-14r y 20r-25v), escritas también por fray Juan de la Torre para mayor gloria del homenajeado, don
Diego Morcillo Rubio y Auñón.

El impreso, de tamaño cuarto, consta de portada con orla y el
vuelto en blanco, más 32 folios numerados en arábigo (pero en verdad

Kagan y Marías, 1998, pp. 296-299; Wuffarden, 1999; Moreno Cebrián, 2001, pp. 185-189.

[23] Arzáns de Orsúa, 1965, vol. 3, p. 48.

sólo son 31, como se verá). La dedicatoria (fols. 1r-2r) la firma fray Juan de la Torre en el convento de San Agustín de Potosí, el día 26 de junio de 1716, dos meses después de transcurrido el evento que narra. El fol. 2v queda en blanco, y a partir de aquí prosiguen los folios escritos por ambas caras hasta el final. Hay varios errores en la numeración: se omite el arábigo en los fols. 2, 3 y 26; en lo que es el fol. 3v figura el número 4, y el que debería ser fol. 4r pasa a ser el fol. 5r, y así sucesivamente, de modo que aunque al final se llega al fol. 32r (la última cara queda en blanco), en realidad el impreso sólo tiene 31 folios más la portada; otro leve error es que en el fol. 18r el número que aparece es el 81.

En cuanto a la localización del texto, un ejemplar se custodia en la Biblioteca Nacional de Lima (Perú), con signatura X 985.033 T68; el otro está en Brown University (USA), John Carter Brown Library, con signatura B716.T689a (en la parte inferior de la portada una mano ha escrito «No Medina»)[24]. Vargas Ugarte informa de un tercer ejemplar sito en el convento mercedario del Cuzco[25]; hasta allí me desplacé en abril de 2006, pero el convento está en obras y éstas afectan a la biblioteca, así que aunque conté con la docta guía de monseñor Severo Aparicio Quispe (O. de M.), obispo auxiliar emérito del Cuzco, a quien agradezco vivamente la atención prestada, no pude ver este tercer ejemplar.

Sea cual sea el motivo, bien porque en la portada no consta el nombre del autor y eso lo convierte en impreso escurridizo y de difícil ubicación, o bien porque José Toribio Medina no lo incluyó en su conocido ensayo sobre *La imprenta en Lima*[26], el caso es que esta relación resulta desconocida para los estudiosos de la historia y la literatura bolivianas[27]. Han quedado así en penumbra tanto las dos

---

[24] Deseo agradecer públicamente, en el largo proceso de búsqueda que me ha llevado hasta el manejo de este texto, la inestimable ayuda prestada por amigos y colegas americanos como Teodoro Hampe Martínez, Andrés Eichmann, José Antonio Rodríguez Garrido y Fernando Rodríguez Mansilla.

[25] Vargas Ugarte, 1956, p. 45.

[26] Medina, 1904, vol. 2. A esto se refiere, sin duda, la nota manuscrita que figura en la portada del ejemplar de la John Carter Brown Library, donde alguien escribió «No Medina».

[27] Con todo y con eso, casi medio siglo después (1952), Graciela Araujo Espinoza en un tomo monográfico dedicado a José Toribio Medina publicó unas «Adiciones a *La imprenta en Lima (1584-1824)*» donde ya informa de la existencia de un ejemplar de la *Aclamación festiva* de Juan de la Torre en la Biblioteca Nacional de Lima, pero

loas de fray Juan de la Torre dedicadas al arzobispo-virrey Morcillo, como su prolija narración de la entrada en Potosí de este mandatario. Información toda ella que, por cierto, tuvo a su entera disposición Arzáns de Orsúa mientras redactaba la *Historia de la Villa Imperial de Potosí*, de modo que cabe sostener a partir de ahora que el ilustre cronista, además de ser testigo directo del evento, pudo valerse de la *Aclamación festiva* para completar su personal versión de los hechos. Más aún: Bartolomé de Arzáns y fray Juan de la Torre eran amigos, se conocían bien y se intercambiaban papeles, como luego se verá, por lo que esta posibilidad cobra más cuerpo todavía. Ambos coinciden en lo esencial y no incurren en contradicciones llamativas, si bien hay ciertos detalles que distinguen a uno del otro (más abajo, en el apartado 5, señalo algunas de estas diferencias a propósito de las loas a Morcillo).

Ciñéndonos a las dos loas, que es lo pertinente aquí, no se habla de ellas, desde luego, en manuales de literatura colonial al uso como los coordinados por Lazo (1965), Íñigo Madrigal (1982), Goic (1988), Pedraza Jiménez (1991) o González Echeverría y Pupo-Walker (2006). Tampoco hay huellas de estas loas en los diversos repertorios de teatro colonial elaborados por Henríquez Ureña (1936), Trenti Rocamora (1947 y 1950) o Suárez Radillo (1981), ni en otras aproximaciones particulares a la literatura boliviana como las de Barnadas-Forenza (2000) o Wiethüchter (2003). El nombre del autor, fray Juan de la Torre, no aflora tampoco en diccionarios de temática teatral[28], aunque sí se localiza en fuentes agustinas (Vázquez y Monasterio, de los que me ocuparé más abajo) o en el magnífico *Diccionario histórico de Bolivia*[29]. Dicho esto, hay que apuntar, en honor a la verdad, que gracias al aviso de Arzáns esta obra de fray Juan de la Torre no resulta del todo inesperada, y que tanto Gisbert como Wilde o Salazar-Soler ofrecen vagas noticias de su existencia, pero sin llegar a localizar un ejemplar concreto ni del grueso de la relación ni de las dos loas en sí[30].

Cierta sorpresa me ha deparado el artículo arriba citado de Barnadas y Forenza (2000), pues tienen el mérito de ofrecer un somero

---

es evidente que esta noticia suya ha pasado bastante desapercibida para la comunidad científica. Ver en concreto Araujo Espinoza, 1952, pp. 539-540.

[28] Ver Fuente y Amezúa, 2002; y *Quién es quién en el teatro y el cine español e hispanoamericano*, 1991.

[29] Barnadas, 2002, vol. 2, p. 1018.

[30] Gisbert, 1968, pp. 59-60; Wilde, 1998, p. 285; Salazar-Soler, 2004, p. 425.

estado de la cuestión teatral en Potosí durante los siglos de la colonia; se ocupan de sacar a colación los datos sobre espectáculos dramáticos que Arzáns de Orsúa va desgranando poco a poco en su *Historia de la Villa Imperial de Potosí*, pero paSan por alto en su recuento los festejos de 1716 con ocasión de la solemne entrada del virrey Morcillo, que son justamente los que ahora me interesan.

4. Datos sueltos sobre fray Juan de la Torre

Disponemos de muy pocos datos fidedignos sobre la figura de fray Juan de la Torre. Según el P. Monasterio, fue promovido a prior del convento de los agustinos de Lima en el capítulo provincial de 1709, cargo que detentó hasta 1713:

> En el mismo capítulo [...] fue nombrado prior del convento un gran sujeto, el Maestro Juan de la Torre, que después de concluir la lectura fue regente en San Ildefonso, prior de Guía y ahora del Convento Grande, después presidente de un capítulo y prior de Potosí. Todo cuanto tuvo lo aplicó a la fábrica de un magnífico y precioso carro de bruñida plata para el Sacramento. Gastáronse en la obra cerca de ocho mil pesos[31].

Esta cronología casa a la perfección con las escuetas noticias que de nuestro autor facilita Juan Teodoro Vázquez en su *Crónica continuada de la provincia de San Agustín del Perú*, que se terminó de escribir hacia 1725[32]. A partir de 1713 podemos seguirle el rastro en la ya citada *Historia de la Villa Imperial de Potosí*, de Arzáns de Orsúa, gracias a que este cronista aporta muchos datos sobre el clero local. De este modo sabemos que fray Juan de la Torre, tras haber presidido el capítulo provincial de los agustinos celebrado en Lima en julio de 1713, partió de inmediato hacia las tierras altas de Charcas. Su llegada a la villa imperial, en calidad de prior del convento agustino[33], se produjo a

---

[31] Monasterio, 1908, pp. 21-22. Remito asimismo a la documentación aportada en las pp. 181-182 sobre el capítulo provincial de los agustinos celebrado en Lima en 1713, presidido por fray Juan de la Torre.

[32] Vázquez, 1991, pp. 428 y 445. El editor moderno de la *Crónica*, el P. Aparicio López (OSA), agrega un par de notas al pie sobre fray Juan de la Torre, de las cuales interesa la primera de ellas (p. 443, n. 89), pero la segunda está errada (p. 445, n. 92).

[33] Los agustinos fundaron convento en Potosí en 1584, pero su construcción se prolongó al menos cuarenta años más. El convento dejó de cumplir sus funciones

MIGUEL ZUGASTI

mediados de noviembre de 1713, y Arzáns no oculta su admiración al constatar cómo un clérigo de tal categoría aceptó gustosamente pasar de la capital del virreinato al remoto Potosí:

> Se les hizo muy de lo nuevo el que viniese a esta villa, siendo toda la estimación de dicha ciudad, por sus grandes virtudes y letras. Su paternidad reverenda de su voluntad quiso el gobierno de este convento, disponiéndolo así la divina providencia para la paz de esta villa, y en particular para mantenerla en su mismo convento con la hermandad de Nuestra Señora de Aránzazu de los vascongados y montañeses, y el muy reverendo padre fray Juan de Artieda, guardián del convento de nuestro padre San Francisco[34].

En general Arzáns elogia su mediación como pacificador en las rivalidades locales surgidas entre los bandos de vicuñas y vascongados, amén de ofrecernos una serie de detalles particulares de su intensa actividad como clérigo. Sabemos así que el 16 de diciembre de 1713 predicó el sermón que clausuraba la novena por la Concepción de Nuestra Señora. Por aquel entonces Potosí padecía los rigores de una contumaz sequía y nuestro buen fraile prometió hacer un novenario a su costa, en la iglesia de los agustinos, dedicado al Santo Cristo de Burgos, para imprecar por la llegada de las aguas. El 18 de diciembre empezó la novena, rogando por «las lluvias que tanta falta hacían, y ese mismo día, a las oraciones, comenzó Dios por su intercesión a enviarlas copiosamente»[35]. Hay que decir que llovió con tal intensidad durante los siguientes meses de enero y febrero que las lagunas cercanas amenazaron con desbordarse y anegar la villa, así que en marzo de 1714 fray Juan de la Torre hizo otro sermón «exhortando a la penitencia y enmienda»[36] de los potosinos, para lo cual evocó unas famosas inundaciones acaecidas en el año 1626. Arzáns dice que el fraile agustino «sacó de esta *Historia*»[37] dicha información, lo cual comporta la existencia de una cierta amistad o un trato directo entre ambos (le permitió manejar su manuscrito), elocuente dato que nos

en 1826 y pasó a ser mercado y casa de vecinos. Hoy se conserva tanto su espléndida fachada como el antiguo claustro, convertido este último en patio de vecindad: ver Villarejo, 1965, pp. 99-100; Mesa y Gisbert, 1978, p. 61.
[34] Arzáns de Orsúa, *Historia de la villa*, vol. 3, p. 11. Ver también la p. 14.
[35] Arzáns de Orsúa, *Historia de la villa*, vol. 3, p. 13.
[36] Arzáns de Orsúa, *Historia de la villa*, vol. 3, p. 14.
[37] Arzáns de Orsúa, *Historia de la villa*, vol. 3, p. 14.

garantiza por sí solo que las noticias por él ofrecidas sobre Juan de la Torre son fiables.

Al año siguiente, ya en 1715, otra sequía azotó Potosí y nuestro agustino «se determinó con admirable caridad a hacer una misión a que dio principio el día sábado 16 de febrero. Fue de grandísimo consuelo [...], y fue tanta la moción que hizo que, clamando todos, por misericordia se apiadó el Señor y aquella misma noche tornó a enviar el alivio de las aguas»[38]. Siguiendo en el mismo año de 1715, el cronista Arzáns se lamenta de la pobreza que pasaba la ciudad por no haber azogue en las cajas reales, fruto de la negligencia de ciertos ministros de la hacienda real, dándonos este curioso dato:

> Jamás se vio en Potosí lo que en esta ocasión, pues el gobernador de Chucuito envió un soldado a esta villa con orden del virrey y gobierno con recaudos bastantes, nombrando por podatario al reverendo padre maestro fray Juan de la Torre, prior de San Agustín, para apercibir 90.000 pesos procedidos de los azogues que se iban conduciendo, dando por razón de no querer nada con los oficiales reales, por no experimentar iniquidades[39].

Otras noticias, en fin, apuntan que fray Juan de la Torre predicó el 6 de octubre de 1715 en la fiesta de la renovación de Cristo Nuestro Señor sacramentado (*Historia*, vol. 3, p. 38), o que el 12 de marzo de 1716 apadrinó a uno de los cinco indios de la nación chiriguana que el P. Francisco Romero había traído consigo, convertidos, a la villa imperial (*Historia*, vol. 3, p. 43). Al mes siguiente, en abril, se produjo la solemne entrada del virrey Morcillo en Potosí.

5. LAS DOS LOAS AL VIRREY MORCILLO Y SU CONTEXTO FESTIVO

El jueves 2 de abril de 1716 los potosinos se enteraron de que don Diego Morcillo Rubio y Auñón había sido nombrado —con carácter interino— virrey, gobernador y capitán general del Perú. Morcillo frisaba entonces los 74 años y era arzobispo de Charcas, con sede en La Plata. A esta ciudad llegaron las cédulas con su nombramiento oficial el 8 de abril[40]; su interinazgo duraría hasta la llegada del virrey

---

[38] Arzáns de Orsúa, *Historia de la villa*, vol. 3, pp. 26-27.
[39] Arzáns de Orsúa, *Historia de la villa*, vol. 3, p. 30.
[40] Arzáns de Orsúa, *Historia de la villa*, vol. 3, p. 46; Moreno Cebrián, 2001, p. 198.

efectivo, el príncipe de Santo Buono, cuya travesía desde España a
América sufría largas demoras. Estaba claro que urgía trasladarse desde
La Plata hasta Lima para tomar posesión del cargo cuanto antes, y en
ese trayecto la villa de Potosí era escala obligada.

Fray Juan de la Torre en su texto de la *Aclamación festiva* nos avanza
los pormenores del caso, cuya guía seguimos fielmente. Así, el citado
2 de abril los potosinos celebran la noticia de la designación de Morcillo con un repique de campanas y unas luminarias. El día siguiente
es viernes de dolores, y tras la procesión de la Virgen Dolorosa por las
calles de la villa imperial se repiten las luminarias y el alegre tañido
de las campanas. El sábado 4 de abril se celebra una misa de acción de
gracias y se decide enviar dos embajadores a La Plata (o Chuquisaca)
para dar los plácemes a Morcillo (los designados fueron los *veinticuatros*
don Diego de Ibarburu y don Juan Álvarez). Tras el obligado paréntesis de la Semana Santa, el lunes de Pascua (era 20 de abril) Morcillo
y su séquito salen de La Plata y empiezan a cubrir las primeras etapas
de su viaje. El sábado 25, día de S. Marcos Evangelista, amanecen en
el Baño y se encaminan a la ya cercana Potosí; a mitad del trayecto
salen a su encuentro los principales representantes del poder civil y
religioso de la villa, destacando el grupo de los nobles azogueros,
vestidos de gala.

Tan nutrido séquito entra en la ciudad por la parte oeste, en donde
se había levantado un arco triunfal aprovechando una explanada cercana a la parroquia de San Martín. Todos desfilan en procesión bajo al
arco, cerrando la comitiva el propio Morcillo. Arzáns de Orsúa describe el arco con esmero (*Historia*, vol. 3, p. 47), y contamos asimismo
con la inestimable ayuda de la pintura de Pérez Holguín (lámina 3);
fray Juan de la Torre también se ocupa de él, añadiendo el dato de
que «formó su dibujo y maestreó su fábrica el reverendo padre fray
Juan de Ulloa, sacristán mayor del convento de nuestro padre San
Agustín»[41]. Al llegar Morcillo al arco es saludado con una estruendosa
salva emitida por doscientos hombres con sus armas[42]; acto seguido se
sienta debajo del arco y atiende a la representación de la primera loa
compuesta en su honor. Se había dispuesto una tarima frontera al arco,
y sobre ella actuarán dos ángeles junto a dos coros de música; todos

---

[41] *Aclamación festiva*, fol. 8v.
[42] Arzáns de Orsúa, *Historia de la villa*, vol. 3, p. 48, eleva la cifra a 300
hombres.

ellos se congratulan de la llegada de don Diego Morcillo y refieren admirativos elogios del nuevo virrey. Así encuadra la escena fray Juan de la Torre:

> En la otra testera del arco que hacía frente a su excelencia se vían dos ángeles en pie, sobre una tarima adornada con tapices de colores y rica y airosamente vestidos; guarnecíanle los petos tanta variedad de joyas de diamantes, rubíes y esmeraldas, que a la atención más prespicaz pareci[e]ra sola una que les llenaba todo el pecho, según la hermosa unión con que en diversidad tan brillante resplandecía; ceñían una guirnalda de plata, y entre dos coros de música que disimulaba una autorizada colgadura de terciopelo carmesí, cantaron y representaron —en ínterin que su excelencia conciliaba algún descanso— esta loa[43].

Arzáns de Orsúa añade algún detalle interesante en su *Historia de la Villa Imperial de Potosí:*

> A un lado (que fue el derecho) de una de las naves colaterales estaba la silla y cojín para descanso de su excelencia, y al otro lado dos niños con vestiduras a propósito que significaban la Urbanidad y la Liberalidad (virtudes muy propias de esta imperial villa) sobre un teatro, para representar y darle la bienvenida[44].
>
> Con nobilísimo acompañamiento llegó su excelencia ilustrísima hasta ponerse en la nave principal del arco, donde apeándose de la mula, sentado en su silla y cojín, se le calzaron espuelas de oro, y entretanto (haciendo pausa la inquieta turba cuyo eco y murmurio resonó en breve espacio) dio principio la armoniosa música dando la bienvenida a su excelencia; y cesando ésta, la Urbanidad y la Liberalidad (que representaban, como ya dije, aquellos dos niños), en verso muy elegante, ofreciéndose de parte de la villa, aplaudieron su feliz venida comparando a su excelencia con un Moisés y Josué, gobernadores perfectos, resonando la música otra vez al medio y al fin, uno y otro con admirable dulzura y discreción, compuesto todo ingeniosamente por el reverendo padre maestro fray Juan de la Torre, prior de San Agustín[45].

La loa, en romance, consta de 80 versos. Aparecen dos coros de música y dos ángeles que se van turnando en sus parlamentos, de modo que hay alternancia entre las partes cantadas (propias de los

---

[43] *Aclamación festiva*, fol. 12r.
[44] Arzáns de Orsúa, *Historia de la villa*, vol. 3, p. 47.
[45] Arzáns de Orsúa, *Historia de la villa*, vol. 3, p. 48.

coros) y las recitadas (propias de los ángeles). Los coros establecen una primera similitud entre Morcillo y Jacob y Josué, modelos bíblicos de gobernadores perfectos. El segundo ángel prefiere compararlo con Moisés, que se suele representar con báculo de pastor y vara regia, potestades ambas que lo acercan también a Morcillo, pues sobre pastor es ahora virrey. A continuación el primer ángel reelabora la conexión con Jacob, planteando un ingenioso juego etimológico entre Jacob (Jacques, Santiago) y Diego (ahora es Diego Morcillo, claro), para llegar a la conclusión de que se trata del mismo nombre. Concluye la loa entonando vivas al homenajeado.

Aunque fray Juan de la Torre no dice nada al respecto, por Arzáns de Orsúa sabemos que los dos ángeles fueron representados por niños (y lo mismo acontecerá en la segunda loa). En España era frecuente que algunos papeles de ángeles o de la Inmaculada los desempeñasen niños, y un resto de semejante práctica se puede observar todavía hoy en el Misterio de Elche. No hay duda de que en América pasó algo parecido y, sin salirnos de Potosí, en los festejos de 1663 ya intervinieron niños actores: «Tres niños bizarros / una loa echaron luego / con mil donaires y gracias, / quedando el pueblo suspenso»[46].

Terminada la loa, el arzobispo virrey desciende de su sitial ubicado bajo el arco y monta en un caballo ricamente enjaezado; bajo palio y custodiado por lo más granado de la sociedad potosina, se reanuda el cortejo y marchan todos por la calle de San Martín hacia la Plaza Mayor, siendo éste el momento preciso que Pérez Holguín inmortaliza en su pintura (lámina 1). Una vez llegados a la plaza, Morcillo entra en la iglesia matriz de la villa (hoy desaparecida, en su lugar se alza la actual catedral[47]) para dar las gracias al Señor. A la salida vuelve a cruzar la plaza ricamente engalanada y pasa por un segundo arco «todo de espejería»[48] (lámina 4), retirándose a descansar a la casa del alcalde Francisco Gambarte.

El día siguiente, domingo 26 de abril, lo pasó el virrey en su mayor parte recibiendo a las autoridades locales; al anochecer, después de la hora de oración, los mineros de Potosí le agasajaron con una solemne encamisada y máscara que tuvo lugar en la Plaza Mayor de la villa (lámina 5). Por allí desfilaron los potosinos con sus mejores galas (fray

---

[46] Ver Moglia, 1943, p. 166.
[47] Mesa y Gisbert, 1978, p. 56.
[48] *Aclamación festiva*, fol. 16v.

Juan de la Torre insiste mucho en la calidad de los trajes y adornos), exhibiendo su ingenio con variadas invenciones: salió una representación de la Fama con sus alas y clarín; le siguieron los doce héroes de la fama; tras ellos marcharon varios monarcas otomanos con sus turbantes; luego les tocó el turno a «quince personajes adornados de vistosas galas y matizados de joyas»[49] que simbolizaban a la casa real de Austria; a continuación salieron doce sibilas, cada una con su correspondiente tarja indicando su nombre; por último iban otros personajes «vestidos costosamente a lo romano»[50], y tras ellos un carro triunfal con cuatro ninfas y algunos ángeles; el carro albergaba en su interior una alegoría del cerro del Potosí, y al lado un rico dosel donde estaba sentado un niño que figuraba ser el virrey Morcillo, dominando desde su atalaya todo el festivo aparato.

El carro triunfal se paró frente al balcón que ocupaba el verdadero Morcillo y en él tuvo lugar la segunda loa, siendo sus representantes las citadas cuatro ninfas, que encarnaron a las alegorías de la Fama, América, Europa y Potosí, acompañadas todas ellas por la música[51]. Esta segunda loa se escribe también en romance y repite la alternancia de música y recitado, pero se diferencia de la anterior en que es mucho más larga (consta de 238 versos) y está más elaborada. La acción se plantea en una típica estructura de loa competencial, donde las tres alegorías territoriales (América, Europa y Potosí) rivalizan entre sí pretendiendo cada una llevarse la palma a la hora de enaltecer mejor las enormes virtudes del homenajeado. La intervención de la Fama pone fin a la disputa y propone aunar esfuerzos, sin excluir a nadie y sin que haya prelación de unos sobre otros:

FAMA   Suspended la competencia
                con que vuestro noble afecto
                en asumpto tan debido
                intenta ser el primero.
                Verdad es gloria de Europa,
                de la América el consuelo,
                de la Fama heroico asumpto
                y de Potosí el remedio,

---

[49] *Aclamación festiva*, fol. 19r.

[50] *Aclamación festiva*, fol. 19v.

[51] La loa ocupa los fols. 20r-25v de la *Aclamación festiva;* hay edición moderna de la misma en Zugasti, 2005, pp. 181-187.

> pero si de todos juntos
> y aun de todo el universo
> son corta voz al aplauso
> de héroe tan sagrado y regio,
> ¿cómo ha de cifrarse en uno
> el que es tan glorioso empleo?
> Sea pues de todos juntos
> rendido holocausto el pecho. (vv. 103-118)

Este buscado equilibrio entre las partes cabe interpretarse como una evidente manifestación del orgullo criollo (figuras de América y Potosí), que se pone en pie de igualdad ante la presencia del elemento español (representado por Europa): así, queda claro que si Morcillo nació en España-Europa, su grandeza y cargos principales se los debe a América. Concluida la loa, el P. Juan de la Torre refiere algún dato más sobre el festejo (hubo una mojiganga jocosa con presencia de varios negros de Angola, cuyo remate fue un carro en el que aparecía el rey Inga con sus pallas), pero el texto acelera ya su final indicando que se corrieron toros el miércoles y jueves (29 y 30 de abril), y que el viernes 1 de mayo, día de San Felipe y Santiago, se celebró misa mayor en la iglesia matriz con motivo de la onomástica del rey Felipe V[52]. Al día siguiente por la madrugada abandonó Morcillo la villa imperial[53].

---

[52]   Así lo expresa fray Juan de la Torre con gran precisión, pues la onomástica no es otra cosa que la festividad del santo que da nombre a una persona: «la misa solemne que por nuestro católico monarca, rey y señor don Felipe Quinto, acostumbran celebrar las ciudades todas del reino, engrandeciendo el día feliz de su real nombre» (*Aclamación festiva,* fol. 27v). Arzáns de Orsúa identifica por error la onomástica con el cumpleaños: «Aquella misma noche, por ser víspera de San Felipe y Santiago, día en que cumplió su majestad los 33 años de su edad, hubo grandes regocijos de repiques, luminarias y fuegos artificiales, y el siguiente día viernes se cantó una misa solemne por su majestad» (*Historia,* 1965, vol. 3, p. 51). Felipe de Anjou (futuro Felipe V de España) nació en Versalles el 19 de diciembre de 1683, así que el primero de mayo de 1716 aún tenía 32 años.

[53]   No hay espacio aquí para tratar por extenso las vicisitudes del viaje, su ulterior cancelación a la altura de Paria (apenas 13 leguas más allá de Potosí), el silencioso regreso a La Plata, así como su reanudación en julio de ese mismo año de 1716, entrando en Lima el 4 de agosto y tomando posesión del cargo de virrey el 15 de agosto. Su interinazgo apenas duró dos meses, pues el 5 de octubre de 1716 entregó el mando al príncipe de Santo Buono. Años después Morcillo volvería a ser virrey por más tiempo, casi tres años y medio, desde el 26 de enero de 1720 hasta el 14 de

Tal y como sucediera con la primera loa, en la *Historia* de Arzáns de Orsúa hallamos también oportuna información sobre esta segunda loa, con la adición de algunos detalles interesantes que no figuran en la *Aclamación festiva* del agustino:

> Se detuvo aquel hermoso carro y entonó la música con gran destreza y melodía (y en particular el que hacía papel de princesa indiana) alabanzas a su excelencia ilustrísima, y luego representaron dos niños que hacían a Europa y América; la una manifestaba haberle sido su oriente y dádole su cuna, y la otra sus dignidades episcopales y gobierno como allá en el pueblo israelítico lo fueron Moisés y Aarón. Todo en verso elegantísimo, obra del reverendo padre maestro fray Juan de la Torre, prior de San Agustín, que tuvo grandes aplausos de estas excelentes obras.
>
> A la mitad de aquella loa cantada salió de la boca de una mina de aquel Cerro, dispuesta al propósito, un indiecillo vestido a la propiedad de cuando labran las minas, con su costal de metal (que llaman cutama) a las espaldas, su montera y vela pendiente de ella (como lo hacen de las minas a la cancha a vaciar el metal), y así lo hizo derramando del costal oro y plata batida, y se tornó a entrar con linda gracia, que dio mucho gusto esta representación a su excelencia, oidores y demás forasteros[54].

Merced a esta descripción sabemos que los papeles de ninfas o alegorías fueron ejecutados de nuevo por niños, y contamos asimismo con una explicación sobre el efecto tramoyístico de la apertura del cerro del Potosí, la cual ayuda a entender mejor la acotación de la propia loa, que reza así: «Abriose el cerro y salió de su cóncavo un Apírides cargando panes de plata, en significación de sus metales, y cantó dentro del cerro la Música» (acotación al v. 98). Gracias a Arzáns de Orsúa sabemos también que al virrey Morcillo le gustó tanto la máscara y loa que pidió su repetición para otro día; la máscara no pudo repetirse porque al empezar ya la semana laborable los mineros estaban ocupados en sus trabajos, pero sí se volvió a hacer la loa, aunque no queda claro si tuvo lugar el lunes 27 o el martes 28 de abril. Por último, volviendo a fijar nuestra atención en el cuadro de Pérez Holguín, es digno de reseñarse que aparecen en él los dos escenarios sobre los que se representaron ambas loas, tanto el arco erigido junto a la parroquia de San Martín (lámina 3) como el carro triunfal exhibido en la Plaza

---

mayo de 1724. Abordamos todos estos aspectos en la edición completa que estamos preparando de la *Aclamación festiva* de fray Juan de la Torre.

[54] Arzáns de Orsúa, *Historia de la villa*, vol. 3, p. 50.

Mayor (lámina 5), y justo además en el momento recién descrito de la tramoya de apertura del cerro de Potosí con un «indiecillo» saliendo de su interior, en lo que es un maridaje perfecto e irrepetible entre las bellas artes de la literatura dramática y la pintura.

BIBLIOGRAFÍA

ARAUJO ESPINOZA, G., «Adiciones a La imprenta en Lima (1584-1824)», Fénix, 8, 1952, pp. 467-704.

ARELLANO, I. y A. EICHMANN (eds.), Entremeses, loas y coloquios de Potosí (Colección del convento de Santa Teresa), Madrid, Iberoamericana/Vervuert, 2005.

ARZÁNS DE ORSÚA Y VELA, B., Historia de la Villa Imperial de Potosí, ed. L. Hanke y G. Mendoza, Rhode Island (Providence), Brown University Press, 1965, 3 vols.

BARNADAS, J. M., Diccionario histórico de Bolivia, Sucre, 2002, 2 vols.

— y A. FORENZA, «Noticias sobre el teatro en Charcas (siglos XVI-XIX)», Anuario, Sucre, Archivo y Biblioteca Nacionales de Bolivia, 2000, pp. 557-576.

BEYERSDORFF, M., La adoración de los Reyes Magos. Vigencia del teatro religioso español en el Perú andino, Cuzco, Centro de Estudios Regionales Andinos Bartolomé de Las Casas, 1988.

— Historia y drama ritual en los Andes bolivianos (siglos XVI-XX), La Paz, Plural, 1998.

CÁCERES ROMERO, A., Nueva historia de la literatura boliviana. II: Literatura colonial, La Paz, Los Amigos del Libro, 1990.

EICHMANN, A. (ed.), Letras humanas y divinas de la muy noble ciudad de La Plata (Bolivia), Madrid, Iberoamericana-Vervuert, 2005a.

— «Notas sobre el teatro en Charcas», en Manierismo y transición al Barroco. Memoria del III Encuentro Internacional sobre Barroco, ed. N. Campos Vera, La Paz, Unión Latina, 2005b, pp. 333-345.

— «El "Sainete unipersonal intitulado La brevedad sin sustancia". Una rareza escénica aurisecular de Charcas (Bolivia)», Pliegos volanderos del Griso, 9, Pamplona, Universidad de Navarra, 2006.

FORTÚN, J. E., La danza de los diablos, La Paz, Oficialía Mayor de Cultura, 1961.

FUENTE, R. de la y J. AMEZÚA, Diccionario del Teatro Iberoamericano, Salamanca, Almar, 2002.

GARCILASO DE LA VEGA, EL INCA, Comentarios reales, ed. J. de la Riva-Agüero, México D.F., Porrúa, 1998, 3.ª edición.

GISBERT, T., *Teatro virreinal en Bolivia*, La Paz, Biblioteca de Arte y Cultura-Dirección Nacional de Informaciones, 1962.

— *Esquema de la literatura virreinal en Bolivia*, La Paz, Universidad Mayor de San Andrés-Facultad de Filosofía y Letras, 1968.

GOIC, C., *Historia y crítica de la literatura hispanoamericana, I. Época colonial*, Barcelona, Crítica, 1988.

GONZÁLEZ ECHEVERRÍA, R. y E. PUPO-WALKER (eds.), *Historia de la literatura hispanoamericana, I. Del Descubrimiento al Modernismo*, Madrid, Gredos, 2006.

HANKE, L., «The 1608 fiestas in Potosí», *Boletín del Instituto Riva-Agüero*, 3, 1956-1957, pp. 107-128.

— «Estudio preliminar» a su edición de L. Capoche, *Relación general de la Villa Imperial de Potosí*, Madrid, Atlas (BAE 122), 1959.

HELMER, M., *Apuntes sobre el teatro en la Villa Imperial de Potosí. (Documentos del Archivo de Potosí, 1572-1636)*, Potosí, Universidad Tomás Frías, Instituto de Investigaciones Históricas, 1960. (Reeditado en *Cantuta. Recueil d'articles*, Madrid, Casa de Velázquez, 1993, pp. 345-361).

HENRÍQUEZ UREÑA, P., «El teatro de la América española en la época colonial», *Cuadernos de Cultura Teatral* (Buenos Aires, Instituto Nacional de Estudios de Teatro), 3, 1936, pp. 9-50. (Reeditado en sus *Obras completas, 1935-1936-1937*, República Dominicana, 1979, vol. 7, pp. 185-225).

ÍÑIGO MADRIGAL, L. (coord.), *Historia de la literatura hispanoamericana, I. Época colonial*, Madrid, Cátedra, 1982.

KAGAN, R. L. y F. MARÍAS, «Cuatro ciudades y sus imágenes», en *Imágenes urbanas del mundo hispánico 1493-1780*, Madrid, Iberdrola, 1998, pp. 239-314.

LAZO, R., *Historia de la literatura hispanoamericana. El periodo colonial (1492-1780)*, México D.F., Porrúa, 1974, 3.ª ed.

LOHMANN VILLENA, G., *El arte dramático en Lima durante el virreinato*, Madrid, Escuela de Estudios Hispano-Americanos, 1945.

MEDINA, J. T., *La imprenta en Lima (1584-1824)*, Santiago de Chile, impreso en casa del autor, 1904-1907, 4 vols. (manejo edición facsímil de Amsterdam, N. Israel, 1965).

MESA, J. de y T. GISBERT, *Holguín y la pintura virreinal en Bolivia*, La Paz, Juventud, 1977, 2.ª edición.

— *Monumentos de Bolivia*, La Paz, Gisbert y Cia. Libreros, 1978.

MOGLIA, R., «Representación escénica en Potosí en 1663», *Revista de Filología Hispánica*, 5, 1943, pp. 166-167.

MONASTERIO, I., *Convento e iglesia de S. Agustín: algo de su historia*, Lima, 1908.

MORENO CEBRIÁN, A., «La fastuosa entrada del Virrey Arzobispo Morcillo en Potosí, 1716», *Torre de los Lujanes*, 44, 2001, pp. 181-205.

NAWROT, P., *Indígenas y cultura musical de las reducciones jesuíticas*, Cochabamba, Verbo Divino, 2000, 6 vols.

OTEIZA, B., «Loa, entremés, baile y bailete final de la comedia *Duelos de Ingenio y Fortuna* de F. A. Bances Candamo», *Rilce*, 3, 1, 1987, pp. 111-153.

PEDRAZA JIMÉNEZ, F. (coord.), *Manual de literatura hispanoamericana, I. Época virreinal*, Berriozar (Navarra), Cénlit, 1991.

RAMÍREZ DEL ÁGUILA, P., *Noticias políticas de Indias y relación descriptiva de la ciudad de La Plata, metrópoli de las provincias de los Charcas [1639]*, ed. J. Urioste Arana, Sucre, Universidad Mayor, Real y Pontificia de San Francisco Xavier de Chuquisaca, 1978.

RODRÍGUEZ GARRIDO, J. A., «La égloga *El Dios Pan* de Diego Mexía Fernangil y la evangelización en los Andes a inicios del siglo XVII», en *Manierismo y transición al Barroco. Memoria del III Encuentro Internacional sobre Barroco*, ed. N. Campos Vera, La Paz, Unión Latina, 2005, pp. 307-319.

SALAZAR-SOLER, C., «La Antigüedad desfila en Potosí: las fiestas de la Villa Imperial (1608, 1624, 1716)», en *La formación de la cultura virreinal, II. El siglo XVII*, ed. K. Kohut y S. V. Rose, Frankfurt-Madrid, Vervuert-Iberoamericana, 2004, pp. 407-438.

STEVENSON, R., «Estudio preliminar», a P. Calderón de la Barca y T. de Torrejón y Velasco, *La púrpura de la rosa*, Lima, Biblioteca Nacional-Instituto Nacional de Cultura, 1976, pp. 15-69.

SUÁREZ RADILLO, C. M., *El teatro barroco hispanoamericano. Ensayo de una historia crítico-antológica*, Madrid, Porrúa Turanzas, 1981, 3 vols. (el vol. 2 se dedica al Virreinato del Perú, Audiencias de Lima y Charcas).

TORRE, fray J. de la (OSA), *Aclamación festiva de la muy noble imperial villa de Potosí, en la dignísima promoción del Excelentísimo Señor Maestro don Fray Diego Morcillo Rubio y Auñón, obispo de Nicaragua y de La Paz, Arzobispo de las Charcas, al gobierno de estos reinos del Perú, por su virrey y capitán general, y relación de su viaje para la ciudad de Lima. Con licencia. En Lima: por Francisco Sobrino. Año de 1716.*

TRENTI ROCAMORA, J. L., *El teatro en la América colonial*, Buenos Aires, Huarpes, 1947.

— *La cultura en Buenos Aires hasta 1810*, Buenos Aires, Universidad, 1948.

— *El repertorio de la dramática colonial hispanoamericana*, Buenos Aires, Alea, 1950.

VARGAS UGARTE, R. (SJ), *Impresos peruanos (1700-1762)*, Lima, Biblioteca Peruana IX, 1956.

VV.AA., *Quién es quién en el teatro y el cine español e hispanoamericano*, Barcelona, Centro de Investigaciones Literarias Españolas e Hispanoamericanas, 1991, 2 vols.

VÁZQUEZ, J. T., *Crónica continuada de la provincia de San Agustín del Perú*, ed. T. Aparicio Pérez, Zamora, Estudio Agustiniano, 1991.

VILLAREJO, A. (OSA), *Los agustinos en el Perú (1548-1965)*, Lima, Ausonia, 1965.

WIETHÜCHTER, B., *Hacia una historia crítica de la literatura en Bolivia*, I, La Paz, Programa de Investigación Estratégica en Bolivia, 2003.

WILDE, M., «Presencia del Siglo de Oro en Potosí (Bolivia)», en *II Congreso Iberoamericano de Teatro: América y el teatro español del Siglo de Oro*, ed. C. Reverte Bernal y M. de los Reyes Peña, Cádiz, Universidad de Cádiz, 1998, pp. 281-287.

WUFFARDEN, L. E., «Entrada del virrey arzobispo Morcillo en Potosí», en *Los Siglos de Oro en los Virreinatos de América* [Catálogo de la exposición del Museo de América], Madrid, Sociedad Estatal para la Conmemoración de los Centenarios de Felipe II y Carlos V, 1999, pp. 146-148.

ZUGASTI, M., *La alegoría de América en el barroco hispánico: del arte efímero al teatro*, Valencia, Pre-Textos, 2005.

Lámina 1

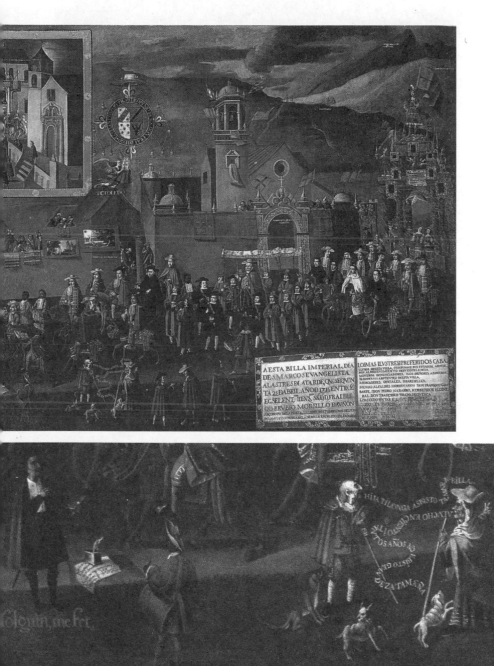

Lámina 2

A ESTA BILLA IMPERIAL, DIA
DE S. MARCOS EVANGELISTA
A LAS TRES D LA TARDE, QE SE QVEN
TA 25 D ABRIL AÑO D 1716 ENTRÓ E
EGSELENT. IIENS. SS. D. D. FR. AI DIE
GO RRUBIO MORSILLO D AUÑON
AÑOBISPO D LA PLATA, I A QVIEN EL BESTOS VECINOS I EL PVE
BLO DE LA ILVSTRE BILLA D BILLA RECOBIDO EN LA MANERA

LOS MAS ILVSTRES I PREFERIDOS CABA.
LLEROS D ESTA VILLA, CONFORME SVS ESTADOS, ASISTIE.
RON AL RECEVIMIENTO D SV EGCELENCIA
MINERO. BENEFECIADORES, I LOS SEÑORES AZOGEROS.
I LOS DEMAS ABITENTES D ESTA VILLA.
MERCADERES, OFICIALES. I HARTIFIZES,
SIENDO ALCALDES HORDENARIOS DON FRANSISCO GAM
BARTE, I DON PEDRO NABARRO, KORREJIDOR EL GENE
RAL DON FRANSISCO TIRADO D CVENCA
LO MANDO PINTAR E.E.

Lámina 3

Lámina 4

Lámina 5

ÍNDICE DE LÁMINAS

ELEMENTOS CÓMICOS EN UNA COLECCIÓN DE ENTREMESES POTOSINOS DE LOS SIGLOS XVII Y XVIII

Ignacio Arellano
GRISO. Universidad de Navarra

LA COLECCIÓN DE POTOSÍ

En el volumen cuarto[1] de la *Biblioteca Indiana* Andrés Eichmann y yo hemos publicado la colección de entremeses, loas y coloquios conservada en el convento de Santa Teresa de Potosí. En el estudio preliminar nos ocupamos de describir esta colección y de glosar algunos de sus aspectos que ahora eludiré remitiendo a dicho volumen. Ahora recordaré sólo que este conjunto refleja fielmente el tipo de textos que formaba parte de las celebraciones potosinas (sobre todo de Navidad y la Candelaria), y aumenta de manera notable los materiales teatrales conocidos en la zona de Charcas[2].

La colección incluye siete entremeses completos y dos más que hemos reconstruido a partir de los materiales conservados, obras que

---

[1] *Entremeses, loas y coloquios de Potosí* (Arellano y Eichmann, 2005). Ver también Arellano, 2004a, 2004b, 2004c y 2005 y Eichmann, 2003a y 2003b. En este trabajo cito siempre por la edición de Eichmann y mía, indicando la página. Reutilizo algunos pasajes del estudio preliminar: discúlpese la reiteración en gracia al deseo de extender el conocimiento de la existencia de estos textos.

[2] Ver el prólogo de nuestra edición o Moglia, 1943; Helmer, 1960; Gisbert y Mesa, 1968; Cáceres Romero, 1990; Helmer, 1993; Barnadas y Forenza, 2000; Wilde, 1998; o las actas *América y el teatro español del Siglo de Oro. Actas del II Congreso Iberoamericano de Teatro.*

serán el objeto principal de mi aproximación a los elementos cómicos[3]: *El pleito de los pastores, Entremés dedicado a la Verdad, Entremés del astrólogo tunante, Entremés de los compadres, Entremés de los tunantes, Entremés cantado del robo de las gallinas, Entremés gracioso para la festividad de Nuestra Señora de 1799, Sainete picaresco* y *Los remedios del ayuno.* Todos corresponden a los siglos XVII y XVIII, y pertenecen por su estética a la literatura aurisecular.

Antes de comentar el desarrollo de la comicidad en este corpus conviene recordar algunas cuestiones sobre los medios cómicos en el Siglo de Oro.

ALGUNAS OBSERVACIONES PREVIAS SOBRE MEDIOS CÓMICOS

Los preceptistas dramáticos de los siglos XVI y XVII se plantean al tratar de la comedia el problema de la definición y clasificación de los medios que provocan la risa en el espectador[4].

Suelen partir de la concepción aristotélica de lo cómico como fealdad ridícula[5], la cual se produce en varios planos de difícil articulación en un sistema, como ya hace notar Cicerón[6], que opta por la división muy general en *dicta* y *res,* correspondiente en los preceptistas áureos a *palabras* y *obras.* El Pinciano afirma que «esta materia de la risa es fundada en torpeza y fealdad», manifestadas en «palabras» y «obras»[7]. Según Cascales[8] la risa de la comedia está «fundada en la fealdad y torpeza ajena, así de cosas como de palabras». Mártir Rizo[9] observa una distinción semejante.

---

[3] Añado la *Loa dedicada al nacimiento,* que contiene interesantes elementos cómicos.

[4] Recojo aquí algunas observaciones que hice en trabajos anteriores. Ver sólo Arellano, 1983 y 2000.

[5] Aristóteles, *Poética,* V. Generalmente se toma a través de la fórmula de Cicerón que define lo cómico como «turpitudo et deformitas» (*De Oratore,* II, 58, 236). Ver Newels, 1974, pp. 87-105.

[6] Ver Newels, 1974, p. 94.

[7] *Filosofía antigua poética,* vol. 3, pp. 32 y 33. Por los ejemplos que da parece pensar sobre todo en fealdad corporal y de movimientos. Más adelante introduce una nueva clase de medios que llama «conceptos» a los que separa de las palabras y de las obras (pp. 68 y 73).

[8] *Tablas poéticas,* p. 221.

[9] *Poética de Aristóteles, traducida del latín...* Ver Newels, 1974, pp. 95, 96 y 104. Teorías modernas proponen parecidas clasificaciones: Bergson (*Le rire)* examina

La delimitación de estos medios parece bastante clara en cuanto a la palabra se refiere, si no en sus modalidades específicas, sí en cuanto a sus límites. Precisar y sistematizar el campo de las *obras* cómicas es más difícil[10]. Si el Pinciano incluye en *obras* principalmente elementos como la fealdad corporal, tropezones y movimientos ridículos, Cascales engloba en *cosas* también las acciones cómicas[11].

Convendría distinguir las *obras* en cuanto recursos propiamente escénicos (gesticulación, vestido, etc.) de las *obras* en tanto situaciones o acciones pertenecientes al *argumento* (fábula y episodios), en la terminología de los preceptistas.

Quizá resulte de utilidad comparar las teorías del xvi y xvii sobre una revisión más moderna de la doctrina aristotélica: en su *Teoría de la comedia* Olson[12] distingue seis partes en la comedia, a las que se pueden hacer corresponder los diversos medios cómicos:

1) argumento: comicidad situacional.
2) personaje: comicidad de tipos.
3) pensamiento: comicidad de conceptos en el sentido del Pinciano.
4) dicción: comicidad de palabras.
5) y 6) música y espectáculo: medios propiamente escénicos.

Algunas de estas partes cualitativas de la comedia «miran al poeta, como es la fábula [...] la sentencia y la dicción; y las otras pertenecen a los histriones o representantes, a los músicos y arquitectos, que son la pronunciación, el concepto, la música y el aparato»[13]. Estas partes

comicidad situacional, de palabras y de caracteres; estudios sobre la comedia del xvii como el de Hesse (1972, cap. VI) distinguen comicidad de dicción, situación, técnicas del comediógrafo y del gracioso, y caracteres cómicos. Otros dedicados en concreto a Calderón organizan sus esquemas en modos análogos: Tejada, 1974, dedica sendos capítulos a los personajes, tipos, situaciones y lenguaje cómicos; Kellenberger, 1975, estudia los tipos y lenguaje cómicos en el teatro de Calderón.

[10] Pinciano, *Filosofía*, III, p. 34: las obras ridículas son muchas y «se pueden mal poner en orden y concierto»; Rizo señala que estos medios son infinitos y «no se pueden reducir fácilmente debajo de la distinción del arte» (cit. por Newels, 1974, p. 95, nota 18).

[11] *Filosofía*, III, pp. 43-44; *Tablas*, pp. 225-226.

[12] Olson, 1978.

[13] Rizo, «*Poética de Aristóteles*», en *Preceptiva dramática española*, p. 228 (en adelante citaré esta antología por *Preceptiva*).

de los histriones y escenógrafos suelen ser marginadas por los preceptistas: es sintomática la actitud de Rizo, que evita ocuparse de estos
medios cómicos: «no es lícito que tratemos por no pertenecer al artificio de quien escribe»[14].

Sobre este marco examinaré los medios cómicos de los entremeses
potosinos en las dos áreas mencionadas: las *obras,* divididas a su vez
en situaciones, tipos y medios escénicos; y los distintos recursos que
pueden englobarse bajo el rubro de las *palabras.*

LAS SITUACIONES CÓMICAS

Las situaciones cómicas principales de los entremeses potosinos son
las habituales del género. Privilegian dos modalidades básicas: la pelea
y la burla, no necesariamente excluyentes.

La primera de las piezas de la colección es la de *El pleito de los
pastores,* cuyo título hace ya referencia al enfrentamiento que desemboca en disputa con violencias, en este caso únicamente verbales. El
conflicto lo protagonizan los pastores Bato y Ergasto a propósito de
un cordero que reclama este último. Bato reacciona negando la deuda
(sólo admite que debe «un cabrito patituerto») e insulta a la abuela de
Ergasto con una paráfrasis de versos quevedianos. Ergasto se irrita:

> ¿Chufletas a mí? ¡Vive Sancho
> que no dejaré pelo
> en esa cara fruncida
> con más lanas que un borrego! (p. 72)

La riña no llega a más porque se trata de una pieza celebrativa
de la Navidad y a fin de cuentas, «es de la Navidad / día que trae
contentos».

Antes de cerrar en Belén la acción con el villancico final, se integra el modelo de la burla[15] en los niveles de la referencia literaria y la
escenificación. La primera categoría se inserta algo adventiciamente al
introducir la sátira de dos personajes tópicos como son el médico y el
poeta. Ergasto ha oído decir que Bato se ha hecho médico y Bato que

---

[14] *Preceptiva,* p. 228. El Pinciano dedica su epístola XIII a los actores aunque no
con perspectiva específicamente cómica. Lope, en el *Arte Nuevo,* atribuye al autor (en
el sentido aurisecular) la competencia del aparato de las comedias.

[15] Para la burla ver Joly, 1982.

Ergasto se ha hecho poeta. Uno pide al supuesto médico que cure a unos corderos enfermos de «incordios engrandulados», y Bato parodia las recetas médicas con latines ridículos y referencias vulgares propias del bajo estilo de la sátira. Ergasto se burla de semejantes recetas y Bato lo califica a su vez de «poeta mamotreto». Las cosas están a punto de enconarse cuando acuden Gila y Licena, calmando los ánimos con vino y buñuelos para celebrar la fiesta.

El cruce de burlas y de invectivas, que parece un mecanismo de *amplificatio* cómica, es menos significativo que la grotesca burla escenificada que sufre Bato a manos de un barbero. La grande barba del rústico pastor le hace parecer un chivo, cosa indecente para acudir al portal de Belén. Bato y Ergasto aceptan raparse y el barbero les llena la cara de almidón, harina o yeso, llevándose las capas, los buñuelos y el vino (p. 81):

BARBERO	Aprieten muy bien los ojos
	si no quieren quedar ciegos
	cuidado, señores pastores,
	que acabo con el remedio.
	Vase llevándose las capas, los buñue-
	los y el vino, diciendo lo siguiente.
BARBERO	Vamos llevando estas capas,
	el vino y estos buñuelos,
	rapemos a estos pastores,
	que harto habrán rapado ellos.

Otra vez la ocasión navideña desactiva la agresividad de la burla, como antes las peleas, y el barbero devuelve lo que se llevó, terminando todo en alegre fiesta.

En *El pleito,* los dos modelos de pelea y burla se ofrecen sucesivamente, como si el esquema entremesil quisiera explotar dos fuentes eficaces de comicidad, aunque no se preocupe demasiado de la ilación estructural. Algo parecido tenemos en *El robo de las gallinas,* en el cual la burla del ladrón Artuz no es el centro de la pieza, sino sólo su desenlace que permite fundir los dos finales tópicos (palos y baile) en el mismo entremés: cantan y bailan para celebrar la fiesta de la Candelaria, pero también el viejo Onofre apalea a su mujer Garibalda y a su hijo Pilongo por no haber tenido cuidado de las gallinas que Artuz ha robado. El núcleo de la primera parte de la obra es el enfrentamiento de marido y mujer, que se pelean verbal y físicamente dirigiéndose abundantes invectivas (*vieja, viejo tiñoso, viejo caduco y demente, costal de huesos pelados...*), según la técnica del motejar y subrayando el aspecto escénico de los gestos, caídas y apaleamientos, que comentaré después al tratar esta fuente de comicidad. Aparecen interesantes elementos locales —objetos y léxico del ambiente potosino, que se acentuarán en otras piezas de la colección—: en su testamento jocoso Onofre deja a su familia además de las cincuenta gallinas dos quintales de *charque* o dos ollas de manteca de *chanchos* para que se alimente Pilongo. Ésta es una muestra de las ternezas conyugales que Garibalda dirige a su marido:

> Viejo caduco y demente,
> costal de huesos pelados,
> todo arrugas, nada carne,
> ofrenda de los gusanos,
> ¿conque eres tan atrevido
> que ante mi presencia y garbo
> quieres hacerme ladrona
> siendo tú el ladrón Caco?
> Pues ahora verás, cochino,
> que a fuerza de garabatos
> y ganzúas de mis uñas
> te robaré con araños.
> ¡Toma, perraso gandido
> mucho más que un perro galgo,
> este cariño amoroso
> que te dan mis blancas manos!
>
> *Embístelo y lo voltea.*

El pobre Onofre no sólo ha de soportar a su agresiva mujer sino también a su hijo Pilongo que es un costal de enfermedades, y cuya caricatura es otro centro de interés de la pieza del que me ocuparé a propósito de los tipos.

Esta fusión de pelea y burla suele ser general, pues ambos modelos de *turpitudo et deformitas* se relacionan estrechamente, a menudo según un esquema de acción y reacción vengativa. En algunos casos predomina el efecto de la pelea. Así sucede en la *Loa dedicada al nacimiento,* en la que el Demonio provoca una riña entre Bato y Gila, con tono cómico, aunque situada en una pieza que no tiene esa dimensión. Plenamente cómica, sin embargo, es la organización de peleas en el

Entremés de los compadres en celebridad del nacimiento del Niño Dios, con el que estamos ya en un territorio decididamente indiano, de ambientación local y comicidad grotesca, muy propia del género, y con registros lingüísticos ligados a la sociedad en cuyo ámbito se produce el texto. Los personajes son dos parejas de Indio/India y Negro/Negra. La India quiere regalar una gallina y unos quesillos a su compadre el Negro Francisco y el Indio se enoja, provocando una escena de disputa conyugal. El matrimonio de los compadres negros acude con vino y buñuelos para celebrar la Navidad con gran regocijo, pero el Indio cree que se burlan de él y se pelean. Embiste el Negro al Indio, luego la Negra a la India, y al enfrentamiento físico se suman los intercambios de invectivas. La estructura binaria y repetitiva de las peleas responde a un modelo de mecanización cómica bien conocido y al exceso de gesticulación grotesca. De nuevo se impone la celebración navideña y ceSan de reñir para adorar al Niño en Belén, a quien ofrecen al fin los quesillos, la gallina, el vino y los buñuelos, cantándole «el tunus di lus ɪɪengritos»:

NEGRO	Negritiyo, gente prieto,
	de tamboli dirindín,
	a servir al piquinini
	como escravos hoy vinid.
TODOS	Alele, Alele.
[NEGRO]	Y las neclas ¿pol qué no
	en tamboli se han de uní?,
	que aunque prite gente somo:
	es muy cielto y es ansí. (p. 123)

El recurso principal de la pieza es, sin embargo, la explotación de la jerga de negros convencional[16] y del quechua, modificados cómicamente, lo que corresponde sobre todo a los mecanismos de la risa verbal.

Lo más frecuente en la mayor parte de las obras del convento de Santa Teresa es el predominio de la burla, que supone un grado de mayor elaboración literaria.

---

[16] Ver Weber de Kurlat, 1963 y Granda, 1971. El lenguaje convencional de negros es semejante en las piezas peninsulares y en las indianas: comp. con el *Entremés de los negros* de Simón Aguado (Cotarelo, 1911, núm. 60).

Una de las dos piezas[17] de autor conocido que contiene el conjunto potosino es *El astrólogo tunante,* de Bances Candamo, dramaturgo oficial de Carlos II y principal continuador de Calderón. El núcleo de este entremés es una burla que adapta el tema de *La cueva de Salamanca* cervantina. Comienza con la llegada al mesón de un estudiante astrólogo procedente de Salamanca. Con halagos consigue que Bárbula, la mesonera, le deje dormir en el pajar. El marido está ausente y Bárbula recibe a cuatro galanes. La llegada inesperada del marido hace que el entremés termine a palos, como era habitual en una de sus modalidades. La burla la dirige el estudiante astrólogo, que explota su conocimiento del escondite de los galanes, para convencer al marido de que tiene habilidades conjuratorias, y aprovecharse de los regalos que traían a Bárbula sus pretendientes.

El astrólogo se basa, por tanto, en una burla que es posible gracias a la mayor información que el burlador tiene sobre los demás personajes a los que hace víctimas de su ingenio y desvergüenza. Se trata en última instancia de un tunante, tipo de protagonista frecuente en el género, y que reaparece en el *Entremés de los tunantes,* el cual apela a otra de las fórmulas más significativas, la de los burladores burlados. Los tunantes Gaspacho y Pericote quieren hacer una burla a un «monigote» que es «medio letrado, medio pulpero, medio endemoniado». Oculto bajo la capa de Gaspacho, Pericote debe entrar a robar la despensa del letrado mientras Gaspacho embauca al dueño de la casa con una conversación disparatada. Pero el letrado se da cuenta, los encierra y amenaza con azotarlos y cortarles las orejas haciéndoles huir ridículamente. Salvo los episodios del ingreso en la casa debajo de la capa de Gaspacho y las amenazas y aspavientos finales en los que Pericote se finge mudo y habla por señas, para eludir el interrogatorio, el entremés es fundamentalmente de comicidad verbal, que examinaré enseguida.

Uno de los entremeses más interesantes por su tejido lingüístico es también el *Entremés gracioso para la festividad de Nuestra Señora* (se refiere a la Candelaria). Igual que el *Entremés de los compadres,* tiene como punto de mira la representación de un marco ambiental, en el que se inserta la comicidad costumbrista. Los protagonistas son el Negro, la Negra, el Sacristán (que es indio) y un Doctor en teología. Desde el

---

[17] La otra es la *Loa dedicada al nacimiento,* de Mariano Fernández, un devoto feligrés.

punto de vista de las situaciones destacan las continuas inversiones de los dos principales personajes, las cuales les hacen cambiar cada vez de tono: quien está momentáneamente en posición de superioridad se dirige al otro con amenazas o insultos y, a la inversa, la inferioridad obliga a recurrir a fingidas expresiones de deferencia y aprecio. En igualdad de condiciones el trato despectivo es mutuo, y también los golpes, que nunca faltan en un entremés. El Negro quiere entrar en la iglesia para festejar a la Virgen con su charango, el día de la Candelaria. El Sacristán se niega a abrir hasta que el Negro le ofrece dinero. Se produce una discusión (la imagen de la Candelaria no está en su camarín y el Negro se siente burlado), el Negro golpea con el charango al Sacristán y éste le amenaza con la Inquisición y le informa de que está excomulgado. Para conseguir el perdón, el Negro acepta recibir cincuenta azotes, hasta que aparece la Negra, y entre ambos golpean al Sacristán. Reclamado por el alboroto sale el petulante Doctor, que viene algo bebido, y acaba recibiendo los palos. La comicidad situacional y gestual es importante en este entremés, pero destaca sobre todo la explotación de las jergas macarrónicas de negros y quechua, con mezclas de todo tipo.

Otra variedad de burla, en fin, es la que presenta el que hemos titulado *Sainete picaresco* (en la colección potosina no lleva título). Protagonista central es Benito Contreras, el pícaro ingenioso que gusta jugar con las palabras y que lleva a cabo el robo de más de doce mil pesos falsificando un documento de pago, secundado por su amigo Lorenzo. Abunda en detalles locales, con menciones de los azogueros, los ingenios, el Cerro minero, la casa de Moneda...

LOS TIPOS CÓMICOS

Los personajes entremesiles pertenecen a un elenco muy tipificado que se reitera. Suelen compartir una baja condición social que implica, por la práctica del decoro, actuaciones igualmente bajas y registros lingüísticos vulgares. En ese marco general se distinguen varias categorías de actantes, principalmente los burladores y los burlados.

El repertorio potosino es bastante completo y significativo. Se documentan en primer lugar los bobos típicos de la farsa antigua, atraídos por el tema navideño de algunas de las piezas, como en los casos de los pastores Bato y Ergasto (*El pleito de los pastores*), o Bato y

Gila (*Loa dedicada al nacimiento*). El mismo nombre de Bato es característico del simple o mentecato. El Bato de la loa, por ejemplo, posee las cualidades de muchos graciosos rústicos del Siglo de Oro[18]: simpleza general, predominio de instintos primarios (glotonería y gusto por el vino), cobardía que no impide sus bravatas; lenguaje escatológico y paremiológico, etc. Su objetivo vital lo recoge en estos versos:

> Comamos, bebamos,
> pongámonos gordos
> y si algo dijeren
> hagámonos sordos. (p. 368)

Su mujer, Gila, le hace contraste cómico por su valentía y carácter decidido, que no se asusta ni del demonio; cuando Antón les comunica el miedo que pasó al encontrárselo antes de llegar hasta donde ellos estaban, ella le contesta:

> GILA   Vamos todos, ño Antón,
> no le acobarden ratones;
> con un grito que yo doy
> huyen de mí los leones. (p. 371)

Hay que tener en cuenta que en esta loa al ser el Demonio el antagonista de Bato y Gila, es inevitable que éstos salgan ganadores en el enfrentamiento, lo que permite que los dos groseros villanos rediman su rustiquez con la clarividencia de la fe. Sea como fuere, el discurso que mantienen ante el portal de Belén nada tiene que ver con el bajo estilo ridículo de otras partes de la pieza, sino que maneja exquisitos afectos y lenguaje elevado. Las expresiones de los pastores en esta última parte, sobre todo de Antón y Gila, comparten muchas ideas y conceptos con la homilética y con la poesía a lo divino del Siglo de Oro, sin que falten los cultismos:

> GILA   Mi Dios, mi encanto, mi amor
> que del Cielo Empíreo bajas
> a sufrir entre las pajas
> del duro hielo el rigor,
> ¿es pocible, Niño hermoso,
> que mis ojos te han de ver

---

[18] Ver García Ruiz, 1994.

en tal pobreza nacer
siendo Dios tan poderoso?
¿Dónde está vuestra grandesa,
dónde tu inmenso poder?
¿Cómo os sujetas a ser
dechado de la pobreza?
¿Tal cuidado te ha debido
el ingrato pecador,
que haz nacido, por su amor,
en un pesebre caído?
¡Y sin otra compañía
que la de dos animales,
que con su aliento leales
te abrigan en noche fría!
¡Ay, mi Dios, cómo enternese
al más duro corazón
ver que por la salvación
del hombre tu amor padese! (p. 378)

La codificación cómica del papel de bobo se manifiesta especialmente en los casos de fingimientos, en los que un personaje se hace pasar por simple para enderezar mejor su burla. Benito en el *Sainete picaresco* se hace el tonto para engañar a Claudio, que investiga una supuesta herencia de la que se quiere apoderar:

CLAUDIO	Y ese sujeto que quedó de tu albacea, ¿quién es?
BENITO	Es el arrendero que corre con las haciendas.
CLAUDIO	¿Y qué se llama?
BENITO	Don Pedro.
CLAUDIO	¿Y su apellido?
BENITO	Arrendero.
CLAUDIO	¿Don Pedro de qué, se llama?
BENITO	Don Pedro de arrendero.
CLAUDIO	Quién es, ¿el corregidor?
BENITO	Es un hombre.
CLAUDIO	Ya lo sé, pero ¿qué se llama?
BENITO	Don Usía.

CLAUDIO	Calla, necio, ese es título, no es nombre.
BENITO	Es así, ahora me acuerdo que se llama don Justicia.
CLAUDIO	Calla, bruto, vete adentro, y vendrás cuando te llame.
BENITO	Sí señor.

Vase.

| CLAUDIO | Si será esto cierto,
lo que dice este muchacho...
debe de cer, pues según veo
es sencillo y es inocente,
y en mucha parte lo creo. (pp. 236-237) |

Ni bruto, ni necio, ni inocente: Benito es un pícaro que representa un papel con gran habilidad.

El catálogo de tipos ofrece unos protagonistas activos y otros objetos pasivos de la sátira, desplegados en forma de estructura de revista, que es una de las tipologías habituales del entremés. Ya asoman en *El pleito de los pastores* dos apuntes característicos de la sátira barroca como son el médico y el poeta, a los que se suma después el barbero, pero hay también casos más ceñidos a la fórmula de revista de personajes. En el *Entremés dedicado a la Verdad* el Loco busca la Verdad, que sale abandonada de todos y tropieza, cayendo en tierra. Nadie la conoce ni la puede levantar: se suceden un poderoso, engañado en sus vanidades; una dama frívola preocupada de las criadas y del chocolate; una vellera celestinesca que quita el vello a las damas; un logrero, un pobre y un niño. Sistemáticamente el Loco denuncia las falsedades de los personajes como el poderoso, que es hijo de una remedadora de calzas, o de la dama, que es una antigua fregona y criada de un letrado y de un barbero, al cual le quitó la hacienda... Sólo el pobre conoce a la Verdad y ayuda a levantarla junto con el niño (un niño igualmente pobre y hambriento). El parlamento del pobre es propio de un auto sacramental más que de un entremés, pero la sátira de los restantes (aun en un tono de bastante seriedad) responde a las caricaturas tópicas.

Tipo de burlador profesional es el estudiante astrólogo del entremés de Bances Candamo. La serie de víctimas de su burla equivale a una breve revista de los personajillos: el marido bobo, un hidalgo, un sastre, un doctor y un sacristán.

Estrictamente cómico es el Pilongo de *El robo de las gallinas,* que acumula una exagerada serie grotesca de males y enfermedades: sale a escena «con un ojo vendado, agarrado de su palo, cojeando y trayendo una canastilla de hilas», y es, como explica el texto y sin duda su caracterización escénica, cojo, tuerto, estevado, tullido, con bubas y ladillas, golondrinos y purgaciones, perlesía, gota y dolor de canillas; el padre se lamenta de los males del hijo:

GARIBALDA   ¿Qué es lo que te aflige, Onofre?
ONOFRE   Unos tormentos amargos
             que me hacen podrir los bofes
             para hacerme más menguado.
             Bien sabes, mi Garibalda,
             que ambos un hijo prohijamos,
             el que se llama Pilongo,
             medio cojo y estevado,
             y tras de ser cojo es tuerto
             porque lo habían ojeado
             para que haga escaramusas
             por tener ojo vendado.
             Asimismo es un tullido
             que aun el mejor sirugano
             no podrá restablecerlo
             por más que le dé tisanas,
             también de yapa es un hético,
             tiene bubas y ladillas,
             golondrinos, purgación;
             también tiene perlecía,
             gota coral, tabardillo,
             con seguidillas de Grecia;
             y temo que en su contagio
             traspase o rompa paredes
             aunque sean de culicanto.
             Mas sea lo que se fuere,
             que lo que estoy tanteando
             es que al cabo este niñuelo
             se nos morirá temprano. (pp. 152-153)

Todos los personajes mencionados son relativamente comunes en los entremeses de la península, pero hay otros característicos de este corpus potosino que pertenecen al ámbito indiano: en *Los compadres*

las parejas de Indio/India y Negro/Negra; en *Los tunantes* un negro
y un monigote «medio pulpero»; en el *Entremés grasioso* un negro, una
negra, un sacristán indio y un doctor teólogo petulante que ha sido,
dice, examinador sinodal en Yungas y Samaipata... Esta cercanía al
ambiente local da pie a excelentes adaptaciones de motivos y mecanismos de comicidad verbal que responden a un objetivo de costum-
brismo grotesco que va más allá de la simple apropiación de piezas
(como es el caso del entremés de Bances Candamo) para dar lugar
a una recreación propiamente potosina de los modelos entremesiles
auriseculares.

LOS MEDIOS ESCÉNICOS

Una clase de *obras* que corresponde a los representantes y escenógrafos es la que atañe a los sistemas de signos no verbales de la puesta
en escena, que en el entremés se ponen al servicio de la comicidad.

Lo primero que se percibe en las tablas es la apariencia del actor,
que involucra vestuario y maquillaje. De las didascalias explícitas e
implícitas se pueden extraer numerosos datos de estos aspectos.

Bato, por ejemplo, en *El pleito de los pastores,* sale a escena con una
larga barba de chivo que provoca las burlas de los otros personajes.
En la broma del barbero cubre las caras de los pastores con almidón,
yeso o harina, en un efecto cómico relacionado con las prácticas del
carnaval:

> *Siéntance y el Barbero les unta las caras con bastante almidón,*
> *con harina o yeso.*

BARBERO	Principio con la resura
	y en nombre de Dios comienzo
	a ministrar estos polvos,
	mas, pastores, les advierto
	que si ambos abren los ojos
	es cierto quedaréis ciegos.
BATO	¿Qué es abrirlos? ¡Vive Sancho,
	que los abra el campanero!
ERGASTO	Qué sabrosos son los polvos;
	de lo mejor lo más bueno.
BARBERO	Aprieten muy bien los ojos
	si no quieren quedar ciegos

cuidado, señores pastores,
que acabo con el remedio. (pp. 80-81)

Los efectos kinésicos completan el maquillaje y la caracterización: dos clases de expresiones destacan en los entremeses potosinos, el llanto y la risa. Ambas manifiestan una falta de mesura propia de las figuras caricaturescas: Garibalda habla «como llorando» (*El robo de las gallinas*, p. 152), y «sale llorando» arrastrando a su hijo Pilongo (p. 159); Benito se echa a llorar para engañar a Claudio (*Sainete picaresco*, p. 242); en el *Entremés grasioso* llora el Negro apaleado, y la Negra (pp. 179, 191); Benito se echa a reír estrepitosamente al ver el reloj que lleva Lorenzo (*Sainete picaresco*, p. 223), etc.

Estos llantos y risas, sumados a los constantes gritos, alborotos, quejas e insultos insisten en la descompostura[19], que es una de las modalidades de la *turpitudo et deformitas*. No hace falta acopiar casos de griteríos y apaleamientos que acompañan siempre al desarrollo escénico de las peleas[20]. Se dan prácticamente en todas las piezas de la colección. A ese mismo clima responden otras formas de gesticulación: sin duda grotescas en el conjuro del astrólogo tunante (p. 107), y no menos ridículas en las señas del fingido mudo Pericote en *Los tunantes* (p. 140). Hay dos series de gestos codificados muy importantes que merecen mención especial. Por un lado los bailes, no necesariamente cómicos, pero sí a menudo: sin duda el baile alternado con los bocados a las provisiones es de cariz risible en *El pleito de los pastores* (p. 83):

> *Bailan y cantan cada uno el verso que le corresponde y respondiendo todos al estribillo; el barbero estará en medio con la fuente de los buñuelos, para que a tiempo del baile vayan comiendo. Canta el barbero.*

La segunda serie es precisamente la referida a la comida y los actos de comer y beber. La presencia directa de la comida (y bebida) como satisfacción de la necesidad vital o de la gula se refiere a los personajes bajos y cómicos. Pellicer de Tovar[21] lo precisa en su *Idea de la comedia de Castilla*, precepto 18:

---

[19] Jammes, 1980.
[20] Ver pp. 110-111, 119-120, 151-152, 160-161, 192-193, 197, 246, etc.
[21] *Preceptiva*, p. 271. Ver Arellano, 2004d.

El precepto dieciocho es excusar las acciones indecentes en los personajes graves, como son comer en las tablas, desnudarse, cantar y otras que son para la graciosidad.

Los pastores del *Pleito* ya hemos visto que comen y beben, y lo mismo hacen los personajes de *Los compadres,* que dan buena cuenta de los buñuelos y el vino. Nada han de envidiar a los anteriores los pastores de la *Loa dedicada al nacimiento:*

> *Baja las alforjas y las pone al suelo y del cacho de sobre el hombro toma el vino; y de la otra de la espalda Gila hase lo mesmo y mientras tanto Antón se aprovecha de los haberes de las alforjas.*

BATO   Barriga llena,
        corazón contento,
        no cría pena
        ni mal pensamiento. (p. 366)

Un entremés en el que la comida resulta nuclear es el que hemos titulado *Los remedios del ayuno,* conservado fragmentariamente. Algunos de los personajes son una buñuelera, un mandadero hambriento, una cocinera y una beata glotona:

> Pues yo quisiera un puchero
> que me nutra la barriga,
> que enflaquecida la tengo
> a causa de tanto ayuno
> de tan dilatado Adviento. (p. 251)
> [...]
> Quisiera muy buenas tortas
> hechas con leche y mil huevos;
> empanadas muy sabrosas
> que tengan buen cosimiento;
> pero ya viene el muchacho
> y me conviene el silencio. (p. 253)

El vestuario es uno de los sistemas de signos más notables. Sin hacer un análisis exhaustivo apuntaré que probablemente el vestuario de la mayoría de los actores debía de remitir a las modas locales con intención de verismo costumbrista, pero con adaptaciones cómicas como hacen pensar otros casos evidentes. En ocasiones un elemento del vestuario no cómico en sí mismo se utiliza cómicamente: es el caso de la capa que sirve en *Los tunantes* para ocultar a Pericote (ardid que recuerda un lance de *El viejo celoso* cervantino):

GASPACHO	(*Enojado*) Pues ya no quiero.
	Anda, recoge la capa y el sombrero.
	Vaya, toma el capote.
PERICOTE	Como Quijote.
	Se entra en la capa de Gaspacho y Gaspacho toca la puerta y sale el Negro.
NEGRO	¿Quién anda afuela?
GASPACHO	Di, negro, a tu amo que aquí le espera
	uno que quiere hablarle.
NEGRO	Sepelate uté poquitito,
	voy an avisale.

Vase. Sale [Pericote] de la capa de Gaspacho. (pp. 134-135)

Otras veces el vestuario pertenece al territorio de la comicidad, como el traje del Loco en *La verdad*, entremés cuya primera acotación subraya precisamente la importancia del vestido:

> *La prevención de vestidos ha de ser famosa, correspondiente a las personas que hablan en él.*

Es el Loco el primer personaje en salir a escena:

> *Tocan los instrumentos y sale el Loco, recogido todo el pelo debajo de un casquete; el vestido de frisa de dos colores y un palo al hombro, y una capa también de frisa terciada al hombro.*

El vestido de Loco, asimilable al de los bufones, se caracterizaba por la mezcolanza de colores. El Pensamiento en el auto de *La cena del rey Baltasar* de Calderón sale «*vestido de loco, de muchos colores*», etc.

El caso más extremo de esta clase de vestuario es el de los disfraces de animales de *El astrólogo tunante*: el sastre de mono, el doctor de tigre y el hidalgo de león fiero. Las dimensiones grotescas de tales mecanismos son obvias y no requieren mayores comentarios.

Pero hay otras modalidades: la del harapo es la que explora el vestuario de Benito (*Sainete picaresco*, p. 219), que sale «con ropa muy vieja,

la más traposa que haiga», condición que subraya el texto pronunciado
por Lorenzo, admirado de la situación en que halla a su amigo:

> me consterna
> el mirarte tan traposo,
> tan flaco y acabado
> que pareces limosnero. (p. 220)

Pero el amigo Lorenzo no lo pasa mejor. Como sucedía a los caballeros chirles del *Buscón,* sus apariencias engañan. La pechera limpia y rizada que asoma por el chaleco sólo disimula la verdad de su
miseria:

LORENZO   ¿Quieres reírte otro poco?
                   Espera, verás esto.

*Tendrá una camisa muy gruesa y muy sucia en el cuerpo y
pegada a ella una pechera muy limpia y bien encarrujada, y des-
abotonándose el chaleco se la muestra a Benito.*

*[Benito] se echará a reír como la primera vez haciendo mil
demostraciones consiguientes viéndole en cuerpo.*
                   ¡Y con qué ganas te ríes!
BENITO   ¿Pues no me he de reír, si veo
                   ese pecho de alabastro,
                   tu camisa y tu pechera? (p. 224)

La del desnudamiento, en fin, es la que provoca el efecto risible en
el sacristán de *El astrólogo tunante* (p. 110) al salir en camisa y tiznado,
o en el negro del *Entremés grasioso,* al cual quita los calzones el sacristán
para darle una azotaina (p. 187).

Usos cómicos conocen también algunos objetos. No hay en estos
entremeses necesidad de especiales efectos escenográficos ni decorados. Bastan con algunos pocos elementos que sirven para caracterizar
a los personajes y que pueden ser utilizados en escenas risibles: barre-
tilla y comba en *Los compadres,* e incluso quesillos y gallinas vivas, guitarras y charangos, alforjas, cestas y botellas de vino, buñuelos, palos,
azotes… El charango del negro en el *Entremés grasioso,* le sirve de arma
para darle en la cabeza al sacristán; la canastilla de hilas contribuye
a la desastrosa apariencia del pobre Pilongo (*El robo de las gallinas*),
etc. Objetos específicamente chistosos son los relojes de Lorenzo en

el *Sainete picaresco,* sobre los cuales se construye una escena de cierta extensión:

BENITO	Vendiendo tus dos relojes:
	y tienes ocho mulas.
LORENZO	¿Relojes? Si voz me dieras
	por ambos un real y medio
	quedaba yo gananciosa.
BENITO	Pues serán peroles viejos
	o de aquellos de dedito.
LORENZO	Valieran más de dos pesos
	si fueran como tú dices,
	y los vendiera al momento.
BENITO	Serán tal vez de cajeta.
LORENZO	Si fueran siquiera de eso
	los compraba un polvillisto.
BENITO	Serán de cartón.
LORENZO	Tampoco.
BENITO	Serán de botones.
LORENZO	Menos.
BENITO	¿Pues de qué son, con mil diablos?
LORENZO	Toma y velos, majadero,
	sacia tu curiosidad.

Sacará dos relojes de yeso con sus cintas y llaves y los alcansará a Benito.

Ya vez. ¿De qué son?

Benito tomará los relojes de yeso y se echará a reír largo tiempo.

BENITO	De yeso.
LORENZO	Vaya, acaba de reírte. (pp. 222-223)

LA PALABRA CÓMICA

Lo más interesante de los entremeses potosinos es seguramente la elaboración de su lengua cómica, compuesta de numerosos elementos, entre los que destacan sin duda, las jergas y parodias de géneros y registros.

Ya he apuntado algunos casos de onomástica burlesca como los pastores Bato Chivato y Ergasto del Pasto, con el juego de rimas jocosas (*El pleito de los pastores*). Recordaré a Pericote, Onofre, Garibalda, don

Gaspacho o Pilongo, entre otros ejemplos. La madre de un presumido se llamaba *Marina* (*La verdad*), nombre muy frecuente en el folclore, de connotaciones populares y cómicas. Correas trae más de treinta refranes en que se menciona a «Marina» y comenta: «Es de advertir que algunos nombres los tiene recibidos y calificados el vulgo en buena o mala parte y significación, por alguna semejanza que tienen con otros por los cuales se toman. Sancho, por santo, sano y bueno; Martín, por firme y entero; Beatriz, por buena y hermosa; Pedro, por taimado, bellaco y matrero; Juan, por bonazo, bobo y descuidado; Marina, por malina y ruin» (Correas, refrán 1549); o en otro refrán «Ni mula mohína, ni moza Marina, ni poyo a la puerta, ni abad por vecino, ni mozo Pedro en casa, ni moral, ni higuera en el corral» (Correas, refrán 15469)...

El bajo estilo propio de la burla multiplica los refranes y frases hechas, bordoncillos vulgares, las referencias escatológicas, o las invocaciones grotescas a santos cuyos nombres se deforman cómicamente; algunos ejemplos:

Frases hechas

Tras cornudo apaleado (*Robo de las gallinas*); todos somos locos, los niños y los locos dicen las verdades, la verdad amarga, llevar pies de plomo (*La Verdad*); tras cornudo apaleado y mandadle bailar, dar para peras, cuando la rana críe pelos, cabra coja no quiere siesta (*Loa dedicada al nacimiento*); la puente de los asnos (*Entremés grasioso*); etc.

Escatología

Pero de miedo al momento
muy de pronto me arrepiento,
pues de la canal del trasero
no sé qué mal olor ciento. (p. 359)

también tiene perlecía,
gota coral, tabardillo,
con seguidillas de Grecia[22];
y temo que en su contagio

[22] La palabra «*seguidillas*» tiene en la lengua del Siglo de Oro connotaciones escatológicas, alusivas a la diarrea.

traspase o rompa paredes
aunque sean de culicanto. (p. 153)

Invocaciones grotescas

Jesum, Malía y Josefe,
¡ay! que me muenlo, Flasico,
pues un golpe en la baliga
men la ha daro angolita.
Parle mío, Santi Antoino,
del Palermo, San Binito,
a esta porbe nencla tuyu
que lan socolas te pilo. (p. 121)

Alabaro sea San Jesuchito (p. 168)

y er Apóstol Santa Crara, sango sarango,
que maten ar sacristán, sango sarango. (p. 170)

Invectivas

El vulgarismo lingüístico tiene un amplio territorio de expansión
en lo que llamaba Bajtín el lenguaje de la plaza pública, que despliega
una gran riqueza de insultos, invectivas y metáforas degradadoras.
Un rastreo somero de los entremeses permite acumular innumerables
casos de insultos: gusarapa, mujer tiñosa, majadero (p. 74), nengra
mola, pirra nigra (p. 119), gainaso (p. 171), ligro mola (pp. 172, 174),
indio borico sonso (p. 175), indio boracho (p. 179), indio bruco, indio
mantecoso (p. 180), indio borico coquera (p. 189), etc. Hay pasajes de
gran acumulación, como el que el Negro endereza contra el sacristán
del *Entremés grasioso*:

y no pensé que vos fuese
una borico animá.
Angora resime, pues,
que ra estoy rescomulgaro,
pícaro, bruco, boracho,
adurón quitaperiyo,
indio ricenciaro en todo,
rarona chaquichidora
de la rispensa der cura:
angora tancay cachame

y tratame de murón,
angora er diabro te yeva
si no me ron quieres da
mi reare y mi chancanquita.
¿Qué pensaste, indio achocaya,
anga ratero ren bare?,
¿pensaste que me cayase
para que me hagáis oco oco?
¡Oh, corora endemoniara,
ahora respachame pues
con esa tu cara ren cueno
a ran Santa Inquicición! (pp. 189-190)

Se reconoce la fórmula del motejar, bien estudiada por Chevalier[23],
en pasajes como el de Garibalda, que moteja a su marido Onofre:

Onofre, viejo tiñoso,
come sopas, sampanabos,
esqueleto arrinconal
del que tienen los capachos
para que en la cirugía
aprendan ser matasanos,
[...]
Viejo caduco y demente,
costal de huesos pelados,
todo arrugas, nada carne,
ofrenda de los gusanos,
¿conque eres tan atrevido
que ante mi presencia y garbo
quieres hacerme ladrona
siendo tú el ladrón Caco?
Pues ahora verás, cochino. (pp. 149-150)

A menudo, como ya se ha visto, las invectivas se baSan en metáforas animalizadoras, como la reiterada de *mula* aplicada al Negro por
el sacristán del *Entremés grasioso,* chivato, borrego, topo, gusano, gusarapa, borrico, etc.

---

[23] Ver Chevalier, 1992.

Juegos de palabras

El ingenio conceptista se muestra en los juegos de palabras y alusiones, o las referencias intertextuales que desembocan en la forma plena de la parodia. En el diálogo de *Los tunantes,* Gaspacho pide perdón para Pericote:

GASPACHO	No sea usted así, señor,
	perdónelo por primera.
LETRADO	Sí, ¿para que me haga flus
	segunda vez que se ofresca? (p. 141)

Recuérdese que hacer flux es frase hecha que significa perder lo que se tiene, y que el flux es lance del juego de cartas llamado de la *primera.* Hay un juego de palabras: si le perdona por ser la primera vez que hace un desaguisado se arriesga a que a la segunda le haga flux y le gane todo o se lo robe.

Una larga escena del *Sainete picaresco* estriba en los juegos de palabras que chistosamente explota Benito, haciendo como que no entiende las órdenes de Claudio, cuyas palabras interpreta literalmente: mejor que hacer un pocillo de chocolate sería hacerlo de barro, pero de cualquier manera no sabe hacer un pocillo (no es alfarero); tampoco sabe hacer chocolate (fabricarlo, labrarlo), y cuando Clausio le dice que no hace falta hacer chocolate (fabricarlo) para hacerlo (cocinarlo), pues ya tienen chocolate hecho (labrado), se lanza a una reflexión burlesca sobre el sentido sin sentido de las palabras:

BENITO	«Allí hay hecho, vasme a hacer»:
	yo no entiendo este cuento,
	y Dios que es Dios; jumento,
	bestia y salvaje he de ser,
	pero yo, ¿qué tengo que hacer
	si el chocolate está hecho?
	Entiéndolo a derecho,
	hacer lo hecho es deshacer
	la razón no se le escuende
	mas no dijera así es.
CLAUDIO	Si te agarro de los pies
	te he de tirar no sé adónde.
BENITO	¡Jesús, que no más haré!
	¿Todo ha de ser a rigor?

Explíquese usted mejor,
con eso le entenderé.

CLAUDIO   Digo que hagas un posillo
de chocolate, ¿no entiendes?

BENITO   Señor, ¡si no me defiendes!,
me da este hombre tabardillo.
¿Cómo he de hacer yo posillo
de chocolate, por Dios?
Mejor es comprar dos
con medio, del baratillo.
De chocolate ni barro
hacer posillos no sé,
no sé cuándo quedrá usté
caldo de fraile de carro,
¿acaso soy yo losero
para entender esas cosas?
Por no trajinar con losas
jamás ese oficio quiero
fuera de que ese posillo
¿para qué servir pudiera?
¿Y si se vuelve de cera
al mínimo calorcillo? (pp. 244-246)

Jergas cómicas

Juegos de palabras, vulgarismos, invectivas son elementos importantes, pero todos entran en la composición de los principales mecanismos que caracterizan estos entremeses potosinos, que son la parodia
y las jergas de negros y de indios que reproducen macarrónicamente
abundante vocabulario y formas gramaticales quechuas, en ocasiones
para dar pie a parodias de oraciones, de conjuros, o de lenguajes profesionales como el del médico (plagado éste de latinajos, otro de los
recursos de la lengua cómica). Me limitaré a apuntar el *Entremés de
los compadres* donde se advierte bien este uso en las intervenciones del
Negro y el Indio:

NEGRO   Compardle del colazone,
ya am tu camsa me he viniro
con la nencla tun comagli
a cená los buñuelito.
Tónmati, siñó complagli,

eta flasco den vinito
pala que la navidade
tengamos con legosijo.

INDIO   Cumpagris dil curazona
y amigu tata Flanciscu,
in il almas ti la cuju
il rigalus disis güinos.
Tambín yu isti gualpita
ti lus duy, mi cumpagritu,
para qui isti mi cumagri
ti la haga un bien asadito.

Hay pasajes en este entremés o en el *Entremés grasioso* que resultan verdaderos laberintos lingüísticos, con una muy compleja expresividad jocosa que revela una destreza poética nada común en sus autores. Como indicábamos en nuestros comentarios preliminares a la edición del corpus completo, en estas piezas además de la codificación normal del habla de negro, presente en obras de cualquier procedencia en Iberoamérica y que afecta a la pronunciación del castellano, se añade la presencia del quechua[24], lo cual hace de las dos extraordinarios ejemplos de experimentación lingüística jocosa.

En el *Entremés grasioso,* después de discutir e intercambiar insultos, el Sacristán hace una parodia de responso que le ha contratado el Negro:

SACRISTÁN   Guaya, puis, ya la comienso.
Risponso; cora caracalsón
cora risponso caracalsón,
nigro, corderos pegata tua,
Domene, Domene, Domene,
sombereres dirijen meam,
quereleysón particalsón
cestila soy.
Patir nostir guri guri guri guri
manas tin cucas tintaciones.

[24] Algunos términos más o menos modificados que caracterizan las hablas de los personajes indios, las más propiamente locales: *guallpita* (gallinita, del quechua *wallpa,* gallina); *esochu* (con el sufijo interrogativo quechua); *cuchi indio* (indio cochino); *mamancheg* (madre de todos, la Virgen); *yana* (negro); *tiquinasus* (probablemente *tanqanasus,* empujones, con terminación castellana *-azo*); *achacaray* (exclamación quechua), etc. Ver el prólogo de nuestra edición y las notas a los textos para la presencia del quechua en estos entremeses.

Negro	Sere libera noso a malo.
Sacristán	A torta inquiri.
Negro	Ere quero nomine suorum.
Sacristán	Requi canan paci.
Negro	Amena.
Sacristán	Dominos sambos racionem mean.
Negro	Erere camo meo atiminis.
Sacristán	Oriemos: dos condor condorum
	animalarum inracionalarum
	la piederum la responso
	la Santorum San Antonion.
	Prosidamus in pascua.
	Por la Christum taminum nostrum
	en secolo secoloron.
Negro	Amena.

El juego es con tres lenguas que se contaminan unas a otras. A la quechuización de palabras castellanas se suma la latinización de palabras quechuas y viceversa, y los insultos disfrazados de oraciones, en castellano latinizado. A la incoherencia de la situación corresponde la incoherencia del lenguaje con repeticiones de palabras que remedan oraciones litúrgicas. Aumenta la jocosidad con recursos como el chiste escatológico («que con meados lo ponga»), y la recitación de la palabra «gorigori» (quechuizada), que designa en lenguaje vulgar el canto lúgubre de los entierros, disparatadamente acomodada a la situación de rezo de un responso.

El entremés de *Los tunantes por su parte* es fundamentalmente de comicidad verbal en su explotación del género jocoso del disparate[25], con el relato de Gaspacho:

> Usted estará enterado
> cómo la diosa Minerva
> tuvo un hijo natural
> en una vaca lechera
> y que de este celibato
> salió, sin que se cintiera,
> un arrogante muchacho
> sin pies, cuerpo ni cabesa.
> Este, pues, tal, se casó

---

[25] Para este género y sus modalidades ver Periñán, 1979.

por parvedad de materia
con la hermana de su hermano
prima de su bisabuela,
la que sólo parió dos
después de parir sesenta,
los doscientos eran machos
y los demás todos hembras.

LETRADO   Ya estoy informándome,
siga usted con su novela.

GASPACHO   Estos, pues, introdujeron
la cisma de Inglaterra,
y como los apresaron,
el rey de bastos ordena
que el primogénito salga
a predicar sin cabesa
y que las niñas se entren
en un corral de comedias.
Todo así se ejecutó,
nostante la resistencia
de varios opositores
que estorbaron se cumpliera. (pp. 135-136)

FINAL

Se puede concluir, en resumen, que la colección de entremeses de Potosí integra con gran complejidad los principales medios cómicos (palabras y obras) vigentes en los códigos del Siglo de Oro. Añade elementos peculiares locales, tanto en los tipos y situaciones como en la lengua. Ofrece sobre todo una serie de experimentaciones paródicas con la mezcla de jergas, latines macarrónicos y aplicaciones jocosas del quechua que revelan en los autores de estas piezas un dominio notable de los recursos poéticos de lo grotesco.

Representan, pues, todas estas obras, una extraordinaria adaptación de los modelos generales del entremés a la zona de Charcas, y alcanzan una calidad cómica que les permite compararse a los mejores entremeses del Siglo de Oro, síntoma de un nivel teatral cuyas dimensiones se han ido quizá difuminando por la falta de un mejor conocimiento de la verdadera actividad dramática en la Villa Imperial de Potosí, al cual hemos intentado contribuir con la edición del corpus del convento de Santa Teresa.

Bibliografía

América y el teatro español del Siglo de Oro. Actas del II Congreso Iberoamericano de Teatro, Cádiz, Universidad de Cádiz, 1998.

ARELLANO, I., «El sentido cómico de *No hay burlas con el amor*», en *Actas del Congreso Internacional sobre Calderón*, Madrid, Consejo Superior de Investigaciones Científicas, 1983, pp. 365-380.

— «La comicidad escénica en Calderón», en *Estudios sobre Calderón*, ed. J. Aparicio, Madrid, Istmo, 2000, pp. 489-542.

— «Una colección dramática de Potosí (Convento de Santa Teresa)», en *Temas del Barroco Hispánico*, ed. I. Arellano y E. Godoy, Madrid, Iberoamericana, 2004a, pp. 25-51.

— «*El pleito de los pastores*, anónimo inédito de la villa imperial de Potosí», *Pliegos volanderos del GRISO*, 7, diciembre 2004b, 23 pp.

— «Piezas framáticas indianas. Un *Coloquio poético a la Purificación*, de Potosí (Convento de Santa Teresa)», *Nueva Revista de Filología Hispánica*, 52-2, 2004c, pp. 489-507.

— «Comedia y comida: el banquete grotesco en la comedia burlesca del Siglo de Oro», en *En gustos se comen géneros*, ed. S. Poot, Mérida, Instituto de Cultura de Yucatán, 2004d, vol. 3, pp. 135-155.

— «Teatro del Siglo de Oro en Indias. La *Zarzuela de la Purificación*, de Potosí», *Revista de Literatura*, 67-133, 2005, pp. 193-209.

ARELLANO, I. y A. EICHMANN, *Entremeses, loas y coloquios de Potosí*, Madrid, Iberoamericana, 2005.

BARNADAS, J. y A. FORENZA, «Noticias sobre el teatro en Charcas (siglos XVI-XIX)», en *Anuario 2000*, Sucre, Biblioteca y Archivo Nacionales de Bolivia, 2000, pp. 557-575.

BERGSON, H., *Le rire*, Paris, PUF, 1941.

CÁCERES ROMERO, A., *Nueva Historia de la Literatura Boliviana*, La Paz, Los amigos del libro, 1990.

CASCALES, F., *Tablas poéticas*, ed. B. Brancaforte, Madrid, Espasa-Calpe, 1975.

CHEVALIER, M., *Quevedo y su tiempo. La agudeza verbal*, Barcelona, Crítica, 1992.

COTARELO, E., *Colección de entremeses, bailes, jácaras y mojigangas*, Madrid, NBAE, 1911.

EICHMANN, A., «El *Coloquio de los Once Cielos*. Una obra de teatro breve del Monasterio de Santa Teresa (Potosí)», *Historia y Cultura* (La Paz), 28-29, 2003a, pp. 95-132.

— «Es la agudeza pasto del alma; aproximación a los códigos literarios que operan en algunas obras de Charcas», en *Memoria del I Encuentro Internacional «Barroco andino»*, 2003b, pp. 315-322.

García Ruiz, V., «Elementos cómicos en los autos de Calderón. Función y sentido», Criticón, 60, 1994, pp. 129-142.

Gisbert, T. y J. Mesa, Esquema de la literatura virreinal en Bolivia, La Paz, Universidad Mayor de San Andrés, Facultad de Filosofía y Letras, Centro de Estudiantes, 1968.

Granda, G., «Sobre el origen del habla del negro en la literatura peninsular del Siglo de Oro», Prohemio, 1, 1971, pp. 97-110.

Helmer, M., «Apuntes sobre el teatro en la Villa Imperial de Potosí», Potosí, Instituto de Investigaciones Históricas, Universidad Autónoma Tomás Frías, 1, 1960, pp. 1-9; y en Cantuta. Recueil d'articles, Madrid, Casa de Velázquez, 1993, pp. 345-61.

Hesse, E. W., La comedia y sus intérpretes, Madrid, Castalia, 1972.

Jammes, R., «La risa y su función social en el Siglo de Oro», en Risa y sociedad en el teatro español del Siglo de Oro, París, CNRS, 1980, pp. 3-11.

Joly, M., La bourle et son interpretation, Toulouse, France Iberie Recherche, 1982.

Kellenberger, K., Calderón de la Barca und das Komische: unter besonderer Berücksichtigung der ernsten Schauspiele, Frankfurt, Meter Lang, 1975.

López Pinciano, A., Filosofía antigua poética, ed. A. Carballo Picazo, Madrid, CSIC, 1973, 3 vols.

Moglia, R., «Representación escénica en Potosí», Revista de Filología Hispánica, 2, 1943, pp. 166-167.

Newels, M., Los géneros dramáticos en las poéticas del Siglo de Oro, London, Tamesis Books, 1974.

Olson, E., Teoría de la comedia, Barcelona, Ariel, 1978.

Periñán, B., Poeta ludens, Pisa, Giardini, 1979.

Preceptiva, ver Sánchez Escribano, F. y A. Porqueras Mayo.

Sánchez Escribano, F. y A. Porqueras Mayo, Preceptiva dramática española, Madrid, Gredos, 1972.

Tejada, A., Untersunchungen zum Humor in den Comedias Calderóns, Berlin-New York, W. de Gruyter, 1974.

Weber de Kurlat, F., «Sobre el negro como tipo cómico en el teatro español del siglo xvi», Romance Philology, 17, 1963, pp. 380-391.

Wilde, M., «Presencia del Siglo de Oro en Potosí», en América y el teatro español del Siglo de Oro. Actas del II Congreso Iberoamericano de Teatro, Cádiz, Universidad de Cádiz, 1998, pp. 281-287.

PASADOS IMAGINADOS:
LA CONQUISTA DEL PERÚ
EN DOS OBRAS DRAMÁTICAS COLONIALES

Carlos García-Bedoya M.

Universidad Nacional Mayor de San Marcos

Se intentará en este trabajo mostrar de manera muy sintética cómo se reconstruye y se reinterpreta la conquista del Perú en dos obras dramáticas coloniales. El trabajo de la memoria produce pasados imaginados (un poco en el sentido de las «comunidades imaginadas» de las que habla Benedict Anderson)[1] estrechamente ligados con los proyectos y las aspiraciones de muy concretos actores sociales: las elites andinas del Perú virreinal[2].

1. La primera obra que se abordará es la anónima *Tragedia del fin de Atahualpa*. Si bien existe un abundante corpus de textos de distintas regiones del área andina, verdaderos guiones o libretos de escenificaciones de la muerte del último inca, se tomará como base para el análisis el texto traducido y publicado por el escritor boliviano Jesús Lara en 1957[3]. Sin duda esta opción nos sitúa ante una tormentosa polémica, a la que sólo cabe aludir de pasada. Curiosamente (y dicho con algo de ironía), se trata en lo fundamental de un debate entre

---

[1] Anderson, 1997.

[2] Ver García-Bedoya, 1992, 2000 y 2003.

[3] Citamos el texto por la edición de Silva-Santisteban (*Tragedia del fin de Atau Wallpa*, 2000). En adelante, cuando se cite el texto se indicará simplemente el número de página entre paréntesis.

franceses. De un lado está la posición de Nathan Wachtel[4] y Jean-Philippe Husson[5], quienes ven en ese texto supervivencias del teatro de los incas y una temprana expresión de la «visión de los vencidos», y del otro la de Pierre Duviols[6] y César Itier[7], quienes apuntan a una elaboración colonial de estas representaciones de la muerte del Inca, sin duda impactadas por el discurso evangelizador, y llegan a afirmar que el texto publicado por Lara es en esencia una superchería literaria. Los argumentos lingüísticos esgrimidos por Itier parecen bastante sólidos y resulta evidente que el texto de Lara ha sufrido notorias manipulaciones; más discutible puede resultar considerarlo una pura superchería. En todo caso, el «argumento» de la obra, su estructura narrativa y temática, resulta muy similar a la de las otras versiones de la muerte del Inca, por lo que más allá de indudables manipulaciones, toda esta tradición dramática nos remite a un arquetipo colonial común.

Sin duda la fecha tradicionalmente admitida, 1555, resulta inverosímil e inaceptable. Tal fecha es indicada por Bartolomé Arzáns Orsúa y Vela en su monumental *Historia de la Villa Imperial de Potosí* (redactada entre 1705 y 1736). En una fecha tan temprana como 1555, una identificación panandina con el pasado incaico no se había afirmado, en tanto prevalecía más bien el arraigo de las identidades étnicas locales, y por otro lado la figura de Atahualpa era altamente controversial y predominaban visiones afines a la del Inca Garcilaso: Atahualpa como «tirano» y «usurpador». La opinión de Manuel Burga[8] parece mucho más convincente: una obra de esta índole sólo pudo surgir en el contexto de profundos cambios en las mentalidades andinas que se comenzó a producir hacia 1660 y que alcanzó su máxima expresión en el siglo XVIII, con lo que se ha denominado movimiento o renacimiento inca. En ese contexto en el que los nobles andinos participan en las festividades oficiales vistiendo atuendos incaicos, en el que tales ceremonias son plasmadas en numerosos cuadros de la escuela cuzqueña, en especial las festividades del Corpus Christi[9], y en que se

---

[4] Wachtel, 1976.
[5] Husson, 1997a y 1997b.
[6] Duviols, 2000.
[7] Itier, 2001.
[8] Burga, 1988, en especial pp. 389-400.
[9] Ver en particular Dean, 2002. Otros trabajos importantes sobre estos aspectos de la plástica colonial: Buntinx y Wuffarden, 1991; Stastny, 1993; Estenssoro, 1993.

escriben las obras del teatro quechua colonial, cabe situar el origen de estas escenificaciones de la muerte del Inca. Varios investigadores consideran incluso que la precisa descripción que proporciona Arzáns de un supuesto drama de 1555, *La ruina del imperio inga,* de sorprendente parecido argumental con las versiones que conocemos, reflejaría una representación contemporánea a la que el propio autor tuvo oportunidad de asistir[10]. Más allá de estas especulaciones, la confirmación contundente de que en el siglo XVIII eran usuales las representaciones de la muerte del Inca la proporciona el *Mercurio Peruano.* En un artículo publicado en el número 162 (de 1792)[11] y firmado por un tal JC (Clément lo identifica como Joseph Coquette y Fajardo)[12], que presenta una descripción de Cajatambo en 1790, el autor reflexiona sobre las causas de la despoblación del territorio, y proclama, desde una mirada de ilustrado antiindígena, que una de ellas es la embriaguez que caracteriza a las fiestas andinas y es allí donde alude de paso a «sus cantos injuriosos a la Religión y a la Nación, quiero decir, un día después de la representacion indecente y trágica que hacen de la Conquista»[13]. Es pues en el marco de esta revolución en las mentalidades andinas, de este movimiento o renacimiento inca donde se configura esta tradición de representaciones de la muerte de Atahualpa.

Como analiza Antonio Cornejo Polar[14], el posible arquetipo colonial de estos «guiones» o «libretos», de vasta difusión en el área andina, se configura en los intersticios entre la oralidad y la escritura. Es probable, como apunta Duviols, que «el núcleo temático inicial pudo ser elaborado por algún eclesiástico quechuista»[15], sin duda alguno de los numerosos religiosos proindigenistas o protoindigenistas del siglo XVIII[16]. Más allá de estos orígenes escriturarios, es indiscutible que el texto se insertó en otros circuitos comunicativos. Forma parte de lo que Cornejo Polar llamaría el sistema de las literaturas populares[17]: adquiere una dimensión ritual y se inserta en el marco de la fiesta andina contemporánea. No cabe sin embargo

---

[10] Ver por ejemplo Burga, 1988, p. 382.
[11] *Mercurio Peruano,* 1965, t. V, pp. 190-197.
[12] Climent, 1979, p. 50.
[13] *Mercurio Peruano,* 1965, t. V, p 197.
[14] Cornejo Polar, 1991 y 1994.
[15] Duviols, 2000, p. 241.
[16] Sobre el protoindigenismo colonial, ver Mazzotti, 1998.
[17] Cornejo Polar, 1983.

hablar de una discursividad «folclórica» o mucho menos puramente oral, no sólo por sus remotos orígenes «letrados», sino también por el rol de los que Margot Beyersdorff denomina «escribidores»[18], estos guionistas que en los distintos tiempos y lugares van introduciendo variantes de mayor o menor significación.

Tomando como referencia el texto de Lara (dejando por el momento entre paréntesis las complejas polémicas reseñadas), es evidente que su estructura textual es profundamente diferente de las obras que conforman el corpus del teatro quechua colonial[19]. Estas obras, aunque escritas en quechua, se estructuran en base a los patrones del teatro barroco español, ya sea el auto sacramental (*Rapto de Proserpina y sueño de Endimión, El hijo pródigo*) o la comedia (*El pobre más rico, Usca Paucar y Ollantay*). Se trata de textos plenamente insertos en el ámbito de la ciudad letrada, escritos seguramente por clérigos filo-indigenistas, a pedido de la aristocracia indígena y para el consumo de ese sector social. En cambio, la estructura dramática de *Tragedia del fin de Atahualpa* no presenta mayores huellas del drama barroco español; aunque sería aventurado afirmar el origen puramente incaico de estas formas dramáticas, tampoco se puede descartar el impacto de modalidades discursivas de raigambre andina.

La obra se configura en base a una yuxtaposición de «escenas», sin que se pueda hablar de desarrollo de una acción dramática en el sentido habitual del término. Las «escenas» suelen presentar un carácter reiterativo: por ejemplo en el episodio en el que Atahualpa recibe el misterioso e indescifrable mensaje de los españoles, la «chala» o papel escrito es examinada sucesivamente por diversos personajes de la corte incaica, siempre con el mismo resultado de incomprensión y desconcierto[20]. Por otro lado, se ha observado el frecuente carácter formulario de muchos pasajes de los parlamentos de los personajes.

Al lado de estos rasgos de corte oralizante, se aprecian referencias de procedencia letrada. Son abundantes las reminiscencias garcilasianas, y es bien conocido el impacto que ejerció la obra del Inca en la visión del mundo de las elites andinas. Los ominosos presagios que angustian al Inca y a su entorno en la parte inicial de la obra recuerdan muy cercanamente los prodigios ocurridos en tiempos de

---

[18] Beyersdorff, 1993, p. 196.

[19] Sobre el teatro quechua colonial, ver García-Bedoya, 1998 y 2000 (en especial pp. 195-219).

[20] *Tragedia del fin de Atau Wallpa*, 2000, pp. 220-228.

Huayna Cápac, que Garcilaso refiere en el capítulo XIV del libro noveno de los *Comentarios reales*[21]. Igualmente se recuerda la profecía del inca Viracocha sobre la llegada de conquistadores extranjeros, referida por el Inca Garcilaso en el capítulo XXVIII del libro quinto de los *Comentarios reales*[22] y nuevamente en el capítulo XV del libro noveno[23], cuando Huayna Cápac ordena a sus súbditos someterse y obedecer a los futuros conquistadores. También proceden seguramente de Garcilaso el relato del inmenso rescate ofrecido por Atahualpa, que sin embargo no basta para salvar su vida, y las referencias a Vilcabamba y a la montaña en que se refugiarán el Hijo del Inca y su séquito tras la muerte de Atahualpa. No es casual que uno de los integrantes del séquito sea Sayri Túpac, uno de los incas de Vilcabamba, de cuya posterior sumisión y asentamiento en el Cuzco fue testigo presencial el joven Garcilaso (capítulos VIII-XI del libro octavo de la segunda parte de los *Comentarios reales,* también conocida como *Historia general del Perú*[24]; el encuentro entre Garcilaso y Sayri Túpac es referido en el capítulo XI[25]). A su vez, el llanto de las ñustas después de la muerte del Inca evoca el relato garcilasiano sobre la ejecución de Túpac Amaru y el general lamento que suscita en los cuzqueños (capítulo XIX, libro octavo de la *Historia general del Perú*[26]). La insólita muerte de Francisco Pizarro, repudiado por España (es decir, el rey de España), que desautoriza su arbitraria decisión de ejecutar al Inca, no sólo introduce un efecto de justicia poética en el desenlace de la obra, que recuerda a la típica figura del monarca justiciero en la comedia barroca española, sino que también puede leerse como una transposición del relato garcilasiano de la muerte de Toledo, supuestamente afectado por el repudio del rey, indignado por la inconsulta ejecución de Túpac Amaru *(Historia general del Perú,* capítulo XX, libro octavo)[27], escena también referida por Guamán Poma y plasmada en un célebre dibujo[28].

---

[21] Garcilaso, *Comentarios reales de los Incas,* t. III, pp. 219-223.
[22] Garcilaso, *Comentarios reales de los Incas,* t. II, pp. 139-141.
[23] Garcilaso, *Comentarios reales de los Incas,* t. III, pp. 223-227.
[24] Garcilaso, *Historia General del Perú,* t. III, pp. 826-837.
[25] Garcilaso, *Historia General del Perú,* t. III, pp. 834-837.
[26] Garcilaso, *Historia General del Perú,* t. III, pp. 871-874.
[27] Garcilaso, *Historia General del Perú,* t. III, pp. 874-877.
[28] Guamán Poma, *El Primer Nueva Corónica y Buen Gobierno,* t. II, p. 425.

Hay en cambio algunos episodios que divergen de la versión del Inca Garcilaso y proceden más bien del imaginario andino. Garcilaso fue casi el único cronista que recusó la versión tradicional sobre el rol de Valverde en la escena de Cajamarca. En *Tragedia del fin de Atahualpa,* en cambio, se reitera la versión tradicional: Valverde le presenta al Inca la Biblia, Atahualpa no «escucha» lo que ésta dice y la lanza por los suelos, lo que desencadena su ejecución (no su captura, pues el Inca ya había sido capturado previamente a esta escena). Además, Atahualpa muere degollado en esta obra dramática, en tanto Garcilaso señala correctamente que le dieron garrote. Es evidente que en el imaginario andino se produjo muy pronto una simbiosis entre la muerte de Atahualpa y la de Túpac Amaru: por eso los dibujos en los que Guamán Poma representa la ejecución de estos dos incas[29] resultan muy similares, y en un conocido cuadro (posiblemente del siglo XVII) Atahualpa es también decapitado. Por último, hacia el final de la obra aparecen algunas notas de corte mesiánico o expresiones de la utopía andina. Atahualpa arroja su maldición sobre Pizarro, ordena al oro y la plata ocultarse en las entrañas de la tierra, e invoca a sus descendientes a expulsar a los invasores:

> Pero mis hijos, los que vengan,
> en el futuro recordando
> que éste fue el país de Atau Wallpa,
> su Inca, su padre y su único señor,
> arrojarán de aquí,
> conseguirán que vuelvan a su tierra
> cuantos barbudos enemigos hayan
> venido codiciosos
> de nuestro oro y de nuestra plata. (p. 48)

Para concluir, es importante destacar que en esta representación de la muerte de Atahualpa no se produce ningún tipo de resistencia indígena al invasor: después de proferir algunas palabras altisonantes, Atahualpa es capturado sin oposición por Pizarro y se somete pasivamente a su autoridad; por cierto, antes de morir es bautizado. Esta versión se enmarca muy claramente en las estrategias discursivas de la nobleza andina, y tanto Garcilaso como Guamán Poma destacan la sumisión pacífica de los indígenas al poder español y su aceptación

---

[29] Guamán Poma, *El Primer Nueva Corónica y Buen Gobierno,* t. II, pp 362 y 418.

casi entusiasta de la religión católica. Para las elites indígenas negar la conquista era negar los derechos del conquistador y por ende recusar el injusto despojo de que habían sido víctimas las aristocracias andinas, abriendo las compuertas legales para reivindicar posiciones protagónicas en el orden virreinal. No es casual que el siglo XVIII esté jalonado de petitorios, memoriales y todo tipo de documentos en que los nobles andinos reclaman sus derechos[30].

2. La segunda obra que se examinará lleva por título *La conquista del Perú*[31] y fue escrita por el célebre fraile mercedario criollo Francisco del Castillo, conocido como el Ciego de la Merced (1716-1770). Figura muy renombrada en el mundillo literario de la capital virreinal, Castillo es autor de numerosas poesías, predominantemente de carácter satírico-costumbrista, y de diversas piezas teatrales, de clara inspiración calderoniana: el auto sacramental *Guerra es la vida del hombre* y las comedias *Todo el ingenio lo allana, El redentor no nacido, mártir confesor y virgen: San Ramón, La conquista del Perú*, y *Mitrídates, rey del Ponto* (inspirada en la obra homónima de Racine; con esta obra, es Castillo uno de los primeros en asimilar parcialmente los modelos del teatro clasicista francés)[32], además de varias piezas breves[33]. De todas ellas, *La conquista del Perú* es la única que aborda el pasado colonial; es más, no hay otra obra de esta índole en todo el relativamente amplio corpus dramático del Perú virreinal. Resulta ciertamente sintomático que sólo hacia mediados del XVIII surja en el virreinato peruano un texto dramático que examine directamente la problemática historia colonial, y en particular el crítico momento de la conquista.

La conquista del Perú se representó en 1748, en el marco de las celebraciones por la coronación de Fernando VI. Se trata de una típica comedia histórica, cuya acción principal presenta una peculiar visión de la conquista del Perú y que incluye una acción secundaria que sigue el modelo de la comedia de enredo, con cruce de damas y galanes, y con matrimonios al final; debió de tratarse de una obra bastante espectacular, por el lujo de los vestuarios y por la gran cantidad de actores

---

[30] Ver García-Bedoya, 2000, en especial pp. 219-229.
[31] Citamos por la edición de Debarbieri (Castillo, 1996). En adelante, cuando se cite el texto se indicará simplemente el número de página entre paréntesis.
[32] Ver García-Bedoya, 2000, pp. 114-115.
[33] Para un estudio de conjunto del teatro de Castillo, ver Reverte, 1985.

en escena. Como se aprecia, se trata de una obra claramente afincada en el ámbito de la ciudad letrada, destinada a las elites y plenamente integrada a la escena oficial y al ceremonial cortesano en la propia capital del virreinato. Sin embargo, presenta un rasgo peculiar: fue escrita y representada por encargo de la nobleza indígena de Lima.

Como lo indica el propio encabezado de esta «comedia famosa», la obra se escribió con ocasión de la «Fiesta que en celebridad de la coronación de nuestro católico monarca don Fernando Sexto, dispuso el gremio de los naturales de esta ciudad de Lima manifestando en ella su cordial, reverente obsequio» (p. 219). En el marco de estas celebraciones cortesanas, el gremio de los «naturales» (o sea de los indios), liderado por la aristocracia andina de la ciudad, financió la representación de esta obra y remuneró sin duda al autor, realzando así el protagonismo andino en esta general demostración de lealtad al rey por parte de sus súbditos indianos. Además, se aprecia aquí cómo un sacerdote, criollo en este caso, pone su pluma al servicio de mecenas andinos. Es difícil saber en qué medida fray Francisco del Castillo simpatizaba con el punto de vista de la nobleza indígena, pero es claro que la obra expresa algunas opiniones representativas del universo discursivo de las elites andinas.

La «Loa» que antecede a la obra resulta especialmente reveladora. En ella se plantea una explícita y sistemática defensa de la dignidad de la nobleza indígena, a la que se considera en pie de igualdad con la nobleza española[34]. Ante las dudas de Europa (personaje alegórico que encarna a los españoles), otro personaje alegórico, la Nobleza, asevera que Europa y la Nación Peruana (que encarna a la «república de indios») no sólo tienen igual jerarquía, sino que además ambas están íntimamente ligadas:

> Un don Martín de Loyola
> dignísimo caballero
> del Orden de Calatrava
> que era muy cercano deudo
> del glorioso San Ignacio
> de Loyola, a cuyo celo
> de Jesús la compañía
> vio la tierra sin ser cielo;

---

[34] Para un análisis de este aspecto, ver Garrido Lecca, 1998, en especial pp. 19-21. Ver también Estenssoro, 2003, pp. 506-507.

éste, pues, preclaro héroe
fue quien unió los dos reinos,
recibiendo en matrimonio
a una india de nuestro Imperio.
Doña Beatriz Clara Coya,
hija del Príncipe excelso,
don Diego de Sayri Túpac. (p. 208)

La dignidad de la nobleza andina es convalidada mediante el recuerdo de la arquetípica unión de don Martín de Loyola con la princesa inca doña Beatriz Clara Coya[35], tema favorito de los pintores de la escuela cuzqueña, y encarnación de la política jesuítica de unión entre las estirpes aristocráticas de las dos «repúblicas», la de indios y la de españoles; está de más insistir en la cercanía de estos planteamientos con las propuestas garcilasistas tan influyentes en las elites andinas y con los planteamientos de sectores criollos (sobre todo del clero) a los que se ha calificado como «protoindigenistas».

En el marco histórico, la obra sigue de cerca a los *Comentarios reales* de Garcilaso. La acción se inicia en tiempos del Inca Huayna Cápac y se hace amplia referencia a los múltiples agüeros que anuncian el próximo fin del imperio, con términos muy similares a los enunciados por Garcilaso en el capítulo XIV del libro noveno de los *Comentarios reales*[36]. Casi al final de la jornada primera, antes de fallecer, Huayna Cápac pronostica (y por ende legitima) la futura conquista:

De una noticia es preciso
daros participación,
la cual nueva muchas veces
me dijo mi padre el Sol:
es, a saber, que a este Imperio
vendrá una noble Nación,
que os hará muchas ventajas
en gobierno y en valor.
A estos os rendiréis luego
sin mostrar alteración,
siendo la obediencia ley
a quien tendrá ley mejor.
En mí el número se cumple

---

[35] Este aspecto es abordado en Chang-Rodríguez, 1996.
[36] Garcilaso, *Comentarios reales de los Incas*, t. III, pp. 219-223.

de doce Reyes, que son
los que están vaticinados. (p. 254)

En la jornada segunda se presenta la pugna entre los dos hijos y
herederos del Inca, Huáscar y Atahualpa, con la consiguiente guerra
civil y la victoria final de Atahualpa, siguiendo muy de cerca una
vez más la versión garcilasista, aunque se omite toda mención a las
crueldades de Atahualpa, referidas con lujo de detalles por Garcilaso.
También hacen su aparición los conquistadores españoles y en apre-
tada síntesis se presenta el acuerdo entre los socios Pizarro y Almagro
(*Historia general del Perú*, libro I, capítulo I)[37] y los primeros viajes de
exploración por el Pacífico sur, con el conocido episodio de los Trece
de la isla del Gallo (*Historia general del Perú*, libro I, capítulo IX)[38]. En
la tercera jornada, los españoles desembarcan en territorio peruano
y se escenifica la curiosa aventura de Pedro de Candia en Tumbes,
siempre con toda fidelidad a la versión del Inca Garcilaso (*Historia
general del Perú*, libro I, capítulos XI a XIII)[39]. Luego se representa una
embajada de Atahualpa a los misteriosos forasteros (*Historia general del
Perú*, libro I, capítulo XVII)[40], y otra posterior de Pizarro a Atahualpa
(*Historia general del Perú*, libro I, capítulos XVIII a XX)[41]. Por último,
se escenifica el encuentro de Cajamarca, con el conocido discurso del
padre Valverde, que incluye una versión del clásico requerimiento
exigiendo la sumisión de Atahualpa a la religión católica y al rey
español (*Historia general del Perú*, libro I, capítulo XXII a XXIV)[42].
Como se aprecia, hasta aquí se sigue muy de cerca la versión del Inca
Garcilaso.

En cambio, el desenlace puede resultar a primera vista desconcertante: la obra concluye con la pacífica sumisión de Atahualpa a la
nueva «ley» (poder y religión) traída por los españoles. No hay aquí
ejecución del Inca, de modo que el desenlace resulta feliz. Pizarro
actúa como agente que restablece el orden, tanto al propiciar la conversión de Atahualpa como al unir a las parejas enredadas. Se ha visto
en esta ahistórica sumisión pacífica una actitud hispanista, una idea-

[37] Garcilaso, *Historia General del Perú*, t. I, pp. 31-33.
[38] Garcilaso, *Historia General del Perú*, t. I, pp. 48-50.
[39] Garcilaso, *Historia General del Perú*, t. I, pp. 52-56.
[40] Garcilaso, *Historia General del Perú*, t. I, pp. 62-65.
[41] Garcilaso, *Historia General del Perú*, t. I, pp. 65-72.
[42] Garcilaso, *Historia General del Perú*, t. I, pp. 76-82.

lización de un poder español benevolente[43]. Pero si bien puede haber algo de ello, al mismo tiempo cabe recordar que las elites andinas propiciaron siempre la tesis de la sumisión pronta y pacífica al poder español, que implicaba negar cualquier derecho de conquista, pues en términos estrictos no habría habido tal[44]. Como se afirma en la «Loa» que precede a esta comedia:

> ...una comedia
> al senado le prevengo,
> donde ha de representarse
> la lealtad y el rendimiento
> con que la Nueva Castilla
> con las armas del afecto,
> *libre quiso sujetarse*
> al augusto hispano gremio. (p. 217, énfasis mío)

En la tercera jornada, luego del requerimiento pronunciado por Valverde, el hasta entonces altanero y belicoso Atahualpa se somete sin resistencia a las exigencias de los forasteros, y además ordena terminantemente a sus súbditos evitar cualquier tipo de resistencia:

> A los españoles nadie
> les toque ni aun el vestido,
> aunque me prendan y maten;
> miren que es precepto mío. (p. 337)

Más adelante, se dirige a su pueblo congregado y luego de recordar la profecía de Huayna Cápac, los insta a aceptar sin vacilaciones la «ley» (es decir la religión, pero también la supremacía política) de los extranjeros:

> mas, pues tienen mejor ley,
> estos, que la que seguimos,
> es fuerza que a sus preceptos
> nos sujetemos rendidos. (p. 338)

---

[43] Reverte, 1985, pp. 179-186.

[44] Al analizar esta misma obra, Estenssoro plantea una opinión muy semejante: «La narración lleva a la conclusión que los indios se rinden espontáneamente a la ley de Dios como había sido predicho a Huayna Cápac e, implícitamente, que la conquista del Perú propiamente dicha (en términos militares), nunca tuvo lugar» (Estenssoro, 2003, p. 504).

CARLOS GARCÍA-BEDOYA M.

El mandato del omnipotente Inca es acogido con júbilo por los indígenas, que exclaman en coro:

A los que tal ley trajeron
es ley forzosa rendirnos;
¡vivan los que nos la han dado
por tan grande beneficio! (p. 338)

Sin duda para el espectador de la época, muy enterado de lo ocurrido en Cajamarca y de la posterior ejecución de Atahualpa, este desenlace jubiloso no podía borrar la memoria histórica ni anular sus resonancias trágicas. Sin embargo, simbólicamente la obra se clausura con una armoniosa sumisión de la población y la elite andinas a la «ley» de los españoles.

En las dos obras analizadas, cuyo tema explícito es la conquista del Perú, la conquista aparece paradójicamente negada. El somero examen de estas dos obras nos permite apreciar de qué modo, al construir un pasado imaginado, se abren las puertas para negociar el futuro.

ANDERSON, B., *Comunidades imaginadas. Reflexiones sobre el origen y la difusión del nacionalismo*, México D.F., Fondo de Cultura Económica, 1997.

ARZÁNS ORZÚA Y VELA, B., *Historia de la Villa Imperial de Potosí*, ed. L. Hanke y G. Mendoza, Providence, Brown University Press, 1965.

BEYERSDORFF, M., «La "puesta en texto" del primer drama indohispano en los Andes», *Revista de Crítica Literaria Latinoamericana*, 37, 1993, pp. 195-221.

BUNTINX, G. y L. E. WUFFARDEN, «Incas y reyes españoles en la pintura colonial peruana: la estela de Garcilaso», *Márgenes*, 8, 1991, pp. 151-210.

BURGA, M., *Nacimiento de una utopía. Muerte y resurrección de los Incas*, Lima, Instituto de Apoyo Agrario, 1988.

CASTILLO, F. del, O. M., «La conquista del Perú», en *Obra completa*, ed. C. Debarbieri, Lima, Edición no venal, 1996, pp. 202-340.

CHANG-RODRÍGUEZ, R., «Entre la tradición colonial y la ruptura ilustrada: *La conquista del Perú*, de fray Francisco del Castillo», en *Crítica y descolonización: el sujeto colonial en la cultura latinoamericana*, coord. B. González Stephan y L. H. Costigan, Caracas, Academia Nacional de la Historia

(Coedición con «Equinoccio», Ediciones de la Universidad Simón Bolívar y The Ohio State University), 1992, pp. 467-489.

— «Cultural Resistance in the Andes and its Depiction in Atau Wallpaj P'uchukakuyninpa or Tragedy of Atahualpa's death», en *Coded Encounters. Writing, Gender and Ethnicity in Colonial Latin America*, ed. F. J. Cevallos-Candau, J. A. Cole, N. M. Scott y N. Suárez-Araoz, Amherst, University of Massachusetts Press, 1994, pp. 115-134.

— «La princesa incaica Beatriz Clara y el dramaturgo ilustrado Francisco del Castillo», en *Mujer y cultura en la colonia hispanoamericana*, ed. M. Moraña, Pittsburgh, Instituto Internacional de Literatura Iberoamericana, 1996, pp. 51-66.

— *Hidden messages: representation and resistance in Andean colonial drama*, Lewisburg [PA]-Londres, Bucknell University Press-Associated University Presses, 1999.

CLÉMENT, J. P., «Índices del *Mercurio Peruano*», *Fénix*, 26-27, 1979, pp. 5-234.

CORNEJO POLAR, A., «La literatura peruana: totalidad contradictoria», *Revista de Crítica Literaria Latinoamericana*, 18, 1983, pp. 37-50.

— «El comienzo de la heterogeneidad en las literaturas andinas: voz y letra en el "diálogo" de Cajamarca», *Revista de Crítica Literaria Latinoamericana*, 33, 1991, pp. 155-207.

— *Escribir en el aire. Ensayo sobre la heterogeneidad socio-cultural en las literaturas andinas*, Lima, Editorial Horizonte, 1994.

DEAN, C. S., *Los cuerpos de los Incas y el cuerpo de Cristo. El Corpus Christi en el Cuzco colonial*, Lima, Universidad Nacional Mayor de San Marcos-Banco Santander Central Hispano, 2002.

DUVIOLS, P., «Las representaciones andinas de "La muerte de Atahualpa". Sus orígenes culturales y sus fuentes», en *La formación de la cultura virreinal. I. La etapa inicial*, ed. K. Kohut y S. V. Rose, Madrid-Frankfurt, Iberoamericana-Vervuert, 2000, pp. 213-248.

ESTENSSORO, J. C., «La plástica colonial y sus relaciones con la Gran Rebelión», en *Mito y simbolismo en los andes. La figura y la palabra*, comp. H. Urbano, Cuzco, Centro de Estudios Regionales Andinos «Bartolomé de las Casas», 1993, pp. 157-182.

— *Paganismo y santidad. La incorporación de los indios del Perú al catolicismo 1532-1750*, Lima, Pontificia Universidad Católica del Perú, Instituto Riva-Agüero-Instituto Francés de Estudios Andinos, 2003.

FLORES GALINDO, A., *Buscando un Inca*, Lima, Horizonte, 1988.

GARCÍA-BEDOYA, C. «Élites andinas y renacimiento Inca», *Pretextos*, 3-4, 1992, pp. 126-148.

— «Teatro quechua colonial, barroco andino y renacimiento Inca», en *Encuentro Internacional de Peruanistas. Estado de los estudios histórico sociales*

366   CARLOS GARCÍA-BEDOYA M.

sobre el Perú a fines del siglo xx, Lima, UNESCO-Universidad de Lima-Fondo de Cultura Económica, 1998, t. 2, pp. 325-338.

— *La literatura peruana en el periodo de estabilización colonial,* Lima, Fondo Editorial de la Universidad Nacional Mayor de San Marcos, 2000.

— «Discurso criollo y discurso andino en la literatura peruana colonial», en *Heterogeneidad y Literatura en el Perú,* ed. J. Higgins, Lima, Centro de Estudios Literarios Antonio Cornejo Polar, 2003, pp. 179-198.

GARCILASO DE LA VEGA INCA, *Comentarios reales de los Incas,* ed. J. Durand, Lima, Universidad Nacional Mayor de San Marcos, 1959.

— *Historia General del Perú,* ed. G. Pons Muzzo, Lima, Editorial Universo, 1970.

GARRIDO-LECCA, H., «La dignificación de la nobleza inca. Un análisis de "Loa" y *La conquista del Perú,* de Fray Francisco del Castillo, "El Ciego de la Merced"», *Aura,* 2, 1998, pp. 12-21.

GUAMÁN POMA DE AYALA, F., *El Primer Nueva Corónica y Buen Gobierno,* ed. J. V. Murra y R. Adorno, México D.F., Siglo XXI, 1980.

HUSSON, J. P., «Opciones metodológicas y resultados de un estudio comparativo de las versiones del ciclo de Atawallpa», *Histórica,* 21, 1, 1997a, pp. 53-91.

— *Une survivance du théâtre des Incas: le cycle dramatique de la mort d'Atawallpa,* Paris, Université de la Sorbonne Nouvelle, 1997b.

ITIER, C., «¿Visión de los vencidos o falsificación? Datación y autoría de la *Tragedia de la muerte de Atahualpa», Bulletin de l'Institut Français d'Études Andines,* 30, 1, 2001, pp. 103-121.

MAZZOTTI, J. A., «Indigenismos de ayer: prototipos perdurables del discurso criollo», en *Indigenismo hacia el fin del milenio. Homenaje a Antonio Cornejo Polar,* ed. M. Moraña, Pittsburgh, Instituto Internacional de Literatura Iberoamericana, 1998, pp. 77-101.

Mercurio Peruano, Lima, Biblioteca Nacional del Perú, [ed. facsimilar], 1965.

REVERTE BERNAL, C., «Notas para un estudio de la "mise en scène" de una comedia histórica hispanoamericana: *La conquista del Perú,* de Fr Francisco del Castillo (Lima, 1716-1770)», *Anales de literatura hispanoamericana,* 12, 1983, pp. 115-128.

— *Aproximación crítica a un dramaturgo virreinal peruano: Fr. Francisco del Castillo ("El Ciego de la Merced"),* Cádiz, Universidad de Cádiz, 1985.

ROWE, J. H., «El movimiento nacional Inca del siglo XVIII», en *Tupac Amaru II–1780,* ed. A. Flores Galindo, Lima, Retablo de Papel, 1976, pp. 13-66.

STASTNY, F., «El arte de la nobleza inca y la identidad andina», en *Mito y simbolismo en los andes. La figura y la palabra,* comp. H. Urbano, Cuzco, Centro de Estudios Regionales Andinos Bartolomé de las Casas, 1993, pp. 137-156.

«Tragedia del fin de Atahualpa», en *Teatro quechua colonial,* ed. y tr. T. Meneses, Lima, Edubanco, 1983, pp. 527-587.

«Tragedia del fin de Atau Wallpa», en *Antología general del teatro peruano*, t. 1, *Teatro quechua*, ed. R. Silva-Santisteban, tr. J. Lara, Lima, Banco Continental-Pontificia Universidad Católica del Perú, 2000, pp. 1-61.

WACHTEL, N., *Los vencidos. Los indios del Perú frente a la conquista española (1530-1570)*, Madrid, Alianza Editorial, 1976.

DE COMEDIA ILUSTRADA A LEYENDA POPULAR: EL TRASFONDO POLÍTICO DE LA ANONIMIZACIÓN DEL OLLANTAY

Ari Zighelboim
Tulane University

Ésta es una historia de amnesias tanto voluntarias como involuntarias y de intentos de recuperar, y en caso necesario, de inventar, memorias, tradiciones e historias. «Los Rigores de un Padre y generosidad de un Rey»[1], más conocida como el *Ollantay,* es una obra importante dentro de la historia literaria peruana, independientemente de cualquier juicio de valor absoluto. Durante el siglo XIX, los defensores de una literatura inca que habría dejado pocos rastros quisieron ver en ella su más logrado ejemplo. Ya entonces críticos menos apasionados reconocieron en ella un ejemplo provinciano de la comedia del Siglo de Oro español, y durante el siglo XX esa opinión fue compartida por muchos investigadores, por lo menos en lo que concierne a su forma actual[2]. Sin embargo, hasta nuestros días prevalece la noción de que,

---

[1] En el manuscrito Sahuaraura el título completo es «Comedia trágica que intitula [*sic*]: Los rigores de un padre y generosidad de un rey» (Galante, 1938, p. 45). El manuscrito Justiniani, considerado posterior, dice: «Tragicomedia del Apu Ollantay, y Cusi Ccoyllor: Rigores de un Padre y generosidad de un Rey Ynca» (reproducción facsimilar en Galante, 1938). El Dominico II pone: «Comedea traxica [...] de ollantay en titulo Los rigores de un Padre generosidad de un Rey» (Meneses, ed., 1983, reproducción facsimilar frente a p. 272).

[2] Uno de los mejores análisis históricos sigue siendo Hills, 1914. Mitre (1881) reconoció la fuente clásica de la estratagema de Rumiñahui en el *Zopiro de los Viajes*

bajo el texto atribuible al cura de Tinta y Sicuani Antonio Valdez[3], se
esconde un hipotexto de origen inca prehispánico[4]. Mi intención es
analizar esta creencia tanto más persistente como improbable (improbable tanto porque no se la puede probar, como porque es insostenible
en vista de la evidencia filológica), en relación con circunstancias políticas y sociales que le han dado sustento.

En resumen, *Ollantay* trata de la rebelión del general inca de ese
nombre bajo el rey Pachacuti y su derrota y perdón por Tupac Yupanqui, hijo y sucesor de aquél. En la primera jornada, Ollanta pide la
mano de su amada Cusi Coyllor, la hija del rey, quien lo rechaza
recordándole su origen plebeyo. En la segunda jornada, el general se
retira a Tambo, conocido desde el siglo XVII también como Ollantaytambo, y durante diez años resiste las embestidas del poder imperial. Pachacuti, sin embargo, ha muerto y Rumiñahui, general de
su sucesor Tupac Yupanqui, se infiltra en el campamento de Ollanta
pretendiendo estar huyendo del rey. En el desenlace del tercer acto,
las fuerzas leales del inca, alertadas por Rumiñahui, logran finalmente
desbaratar al general rebelde durante una fiesta con grandes borrache-
ras. Ollanta es tomado prisionero, pero Tupac Yupanqui lo perdona.
Ése es el contenido épico, si se quiere, de la obra. En las escenas líricas
y graciosas, débilmente integradas a las anteriores, Cusi Coyllor se

---

del joven Anacarsis (p. 243). Middendorf (1890) colocó claramente a la comedia en el
contexto filológico del teatro colonial en quechua.

[3] Al escribir Valdez y no Valdés sigo la grafía propuesta por Porras Barrenechea
(1970, 1999), que corresponde a la que aparece en la lista de subscriptores del *Mercurio Peruano*.

[4] Zuidema (1963-1964) sugirió una interpretación estructuralista de los nombres de personas y lugares mencionados en la obra, basada en la organización social
inca; y hasta Arguedas, después de pasar revista a los múltiples elementos occidentales de la pieza, concluye, sin embargo, que «existen muchas pruebas muy serias
acerca de la existencia de un cantar que relata, aún hoy, algunos pasajes de la leyenda
de "Ollantay"» (1952, p. 140). Por el epítome cronológico (Peralta, 2005, p. 107)
sabemos que en 1776 circulaba una leyenda sobre Ollantay en relación con la famosa
pintura rupestre de Ollantaytambo («En Tambo... El Degolladero... de piedra que
mandó hacer el Inca Huayna Cápac para ajusticiar al famoso Ollantay, su Gobernador que se le rebeló, por cuyo vencimiento y triunfo mandó poner su efigie real de
pintura en el hueco de una peña a la entrada de este pueblo sobre la derecha, la que
aun se deja ver con admiración de todos manteniendo con toda la inclemencia de los
tiempos sus mismos vivos colores»). Sin embargo, la existencia de la leyenda a finales
del siglo XVIII no prueba necesariamente una pretendida antigüedad prehispánica ni
un origen indígena de la misma.

lamenta por su amor imposible. En el tercer acto, el fruto de ese amor, la niña Ima Sumac, de unos diez años, guía al inca a una cueva, donde languidece encadenada su madre, prisionera desde su castigo por su padre. Tupac Yupanqui reconoce a su hermana y la entrega por esposa a Ollanta en la escena final del perdón.

Como el único drama de tema inca sobreviviente del período colonial, *Ollantay* fue el texto fundacional de toda una rama injustamente marginada de la literatura peruana y andina, la dramaturgia incaísta, que se siembra hacia 1880 en el Cuzco, florece entre 1900 y 1920 y luego languidece como una posibilidad que no fue, pero que pudo haber sido, como lo ha demostrado César Itier: la posibilidad de una literatura en quechua que formase parte del canon literario nacional[5].

Aun antes de su publicación, la «comedia trágica» de *Ollantay* ya era tema de polémica. La primera mención publicada del drama aparece en 1837 en el Museo Erudito del Cuzco[6]. En una serie de artículos sobre «la tradición de Ollanta» una fuente anónima, pero que sin duda es el editor de la revista, José Palacios, o su pariente José Manuel Valdez y Palacios[7], se propone rectificar los errores históricos que detectó en la pieza atribuida al doctor Antonio Valdez, quien había sido cura de Sicuani, así como llenar algunas lagunas que habían quedado en la narración, por ejemplo en torno a la astuta táctica de Rimuñahui, que permitió la prisión del general rebelde. Además, el final feliz de la comedia, según Palacios, era contrario a la tradición inca de la rebelión de Ollanta.

En 1853 aparece publicada por primera vez la pieza, por el suizo Johann Jakob von Tschudi[8], a quien se la había hecho llegar en copia el pintor bávaro Johann Moritz Rugendas, de paso por Cuzco en 1844. La versión de Tschudi provenía del manuscrito Dominico I del convento de Santo Domingo en esa ciudad, hoy perdido. A lo largo del siglo XIX aparecen otras versiones del drama, tanto en quechua como

---

[5] Ver en particular Itier, 1995 y 2000.

[6] Palacios, 1837, reproducido también en Mesa, 1866-1867, vol. 2, pp. 139-197, y en Pacheco Zegarra, 1878, pp. 157-195. Para los Valdez Palacios ver Porras Barrenechea, 1970. Englekirk (1973, 1977) analiza el texto de Palacios y concluye que este autor fue el inventor de la «leyenda ollantina».

[7] Porras Barrenechea, 1970.

[8] Tschudi, 1853.

en traducciones y adaptaciones al inglés, francés, alemán y español[9]. El
Ollantay no será publicado en quechua en el Perú hasta bien entrado
el siglo xx[10].

De los múltiples manuscritos mencionados, varios de los cuales
han desaparecido o tal vez nunca existieron (como el llamado de «La
Paz» de la segunda versión de Tschudi[11], o el que usó el ayavireño
Gavino Pacheco Zegarra, que lo encontró supuestamente en unas
cajas de libros pertenecientes a su padre[12]), tres son de fácil acceso al
investigador: el de Justo Apu Sahuaraura Inca, que se conserva en la
Biblioteca Nacional[13]; el de Justo Pastor Justiniani, que se encuentra
en el Archivo Nacional y que publicó en edición facsimilar Hipólito
Galante en 1938, y el manuscrito Dominico II, que aparece en facsímil en la antología *Teatro quechua colonial* editado por Teodoro Meneses[14], aunque éste no lo haya utilizado en su traducción al español que
en ella aparece.

El *Ollantay,* conocido en copias manuscritas antes de su publicación nunca definitiva, es un prototípico texto vivo: uno que cambia,
no sólo de manuscrito en manuscrito, lo cual es común en muchos
textos tanto antiguos como modernos, sino también de edición en
edición. Desde la versión más antigua reconocemos algunos de los
rasgos del género incaísta que el texto funda: en particular, el deseo
de salvaguardar la pureza de la lengua quechua de las invasiones del
español, una tarea que se cumple generalmente con más facilidad en
el área del léxico que en la menos obvia de la sintaxis. A lo largo de
su historia, el texto ha sido enmendado para corregir posibles ana-
cronismos o errores lingüísticos detectados por sus copistas o editores. Valgan aquí un par de ejemplos. Los manuscritos Sahuaraura y
Dominico II ponen «asnu» y «misi», donde el manuscrito Justiniani,
considerado más tardío, corrige «atoc» y «alco» respectivamente[15].

  [9] Ver Hills, 1914, para las ediciones decimonónicas del *Ollantay.*
  [10] Se trata de la edición de Hipólito Galante, 1938, que incluye el facsímil del
manuscrito Justiniani, así como su transcripción y traducción al latín, y una transcripción del manuscrito Sahuaraura.
  [11] Tschudi, 1875.
  [12] Pacheco Zegarra, 1878, p. CXXIV.
  [13] Temple, 1949, p. 74, n. 36. Esta versión, que no existe en edición facsimilar,
forma parte del manuscrito *Literatura Incásica*, Ant. Bib. Nac., 0214.
  [14] Meneses, 1983.
  [15] Hills (1914, p. 165) compara la aparición de estas palabras en la transcripción
de Tschudi (1850), que coincide con los mss. Sahuaraura y Dominico II, y en la de

Ahora bien, era fácil para un autor ocupado en desterrar hispanismos, dejar pasar palabras como *asnu* y *misi*, incorporadas al quechua desde las primeras décadas tras la conquista. El copista del manuscrito Justiniani detectó el problema y purificó el texto, a riesgo de hacerle perder el sentido original. Los dos últimos versos de la comedia son también reveladores, aunque de una manera más sutil: Sahuaraura y Dominico II dicen, y traduzco, «ya tu esposa está en tus manos, de la muerte se han librado»[16], una versión en la que se deja atisbar el concepto de la salvación. Justiniani pone: «ya tu esposa está en tus manos, vivan pues felices»[17]. Se podría argüir que en los años que separan a las dos versiones, el texto fue secularizado, de acuerdo a los gustos de la época[18].

A pesar de sus defectos como obra dramática, que varios investigadores han señalado con cierta acritud[19], el *Ollantay*, representa un esfuerzo de originalidad muy importante y probablemente inimaginable antes de las décadas finales del siglo XVIII: el de crear un texto en quechua, basado en el pasado imperial inca, sin mensajes catequésicos explícitos, y sin intromisión explícita de la teleología en torno a la conquista española. En síntesis, un programa concebible sólo a partir de la revolución epistemológica que representó la Ilustración, corriente intelectual de introducción tardía en el virreinato peruano.

A pesar de su originalidad incontestable, el *Ollantay* no surgió de la nada, sin conexiones con sus predecesores. No es sólo una pieza inspirada en la comedia nueva, aún muy popular en las Américas bien entrado el siglo XVIII; tiene también una deuda con la dramaturgia en quechua de temática religiosa que lo precedió[20]. El tema

Markham, que copió el texto del ms. Justiniani.

[16] Los versos finales en el ms. Sahuaraura (Galante, 1938, p. 72): «ñan huarmiqui maquiquipi / huañumantan qquespinquichis». En el ms. Dominico II (Meneses, 1983, entre pp. 272 y 273): «ñan varmiqui maquiyquipi / vañuymantam quispinquichic».

[17] Los mismos versos finales en el ms. Justiniani (Galante, 1938, s/n): «Ñan huarmiqui maquiquipi, / cusillaña causacuychis».

[18] Mannheim (1990), por medio de un análisis de diacronía lingüística, confirma que, independientemente de la antigüedad de las copias existentes, el texto del ms. Justiniani es posterior al del ms. Sahuaraura.

[19] Mitre (1881, p. 239) opina que «[e]l *Ollantay*... no tiene el mérito literario que se le atribuye... A no haber sido escrito en lengua quechua, nadie se habría ocupado de él...». Para Hills (1914, p. 127), «[t]he drama itself has little intrinsic merit».

[20] Para versiones en español de dramas coloniales quechuas, ver las valiosas antologías de Meneses, 1983, y Silva-Sansisteban, 2000. Desafortunadamente, aún no

del general rebelde que es finalmente sometido y perdonado refiere
implícitamente al del hijo pródigo, propio de varias piezas teatrales
en lenguas indígenas. En «la severidad» del padre, Pachacuti, y «la
generosidad» del rey inca Yupanqui puede reconocerse también el
contraste cristiano entre el Dios de la ley del Antiguo Testamento y el
Dios de la gracia del Nuevo. Tal interpretación parecerá menos osada
si recordamos que en la visión teleológica de la conquista española, los
incas habían preparado el terreno para la evangelización, una visión
difundida por Garcilaso, entre otros, y defendida por la nobleza inca
colonial.

No es coincidencia que al menos dos de los manuscritos sobrevivientes hubiesen estado originalmente en posesión de curas que
reclamaban ser de la sangre real inca. En un caso, se trata de un indio
puro, el doctor Justo Apu Sahuaraura Ramos Tito Atauchi, descendiente de Paullo Inca y de Tupac Yupanqui, el rey generoso de la
pieza (ancestro, por lo demás, del Inca Garcilaso)[21]. En el otro, del
criollo Pablo Policarpio Justiniani, cura de Laris, hijo de Justo Pastor
Justiniani, de cuya mano y firma es el manuscrito. Clements Markham cuenta su encuentro con el anciano cura, que poseía probanzas
de nobleza como descendiente del emperador romano Justiniano y de
la princesa inca María Usca, nieta de Guayna Capac[22]. En las paredes
de su modesta casa colgaban escudos de armas españoles e incaicos
y retratos de incas en el estilo de la portada de la Quinta Década
de Herrera, como las que se encuentran hoy en el Museo de Arte
de Brooklyn[23]. A Justiniani le debemos también, según Markham,
la noticia apócrifa, y hoy descartada como imposible, según la cual
Valdez, cura de Tinta[24] y amigo de José Gabriel Condorcanqui, escenificó la pieza en su honor antes de la Gran Rebelión. La conexión
entre Ollantay, Antonio Valdez y Gran Rebelión, sin embargo, sería
por el medio hermano de José Gabriel, Diego Cristóbal Tupa Amaru.
Valdez actuó como intermediario en las negociaciones de paz por las
que Diego Cristóbal depuso las armas en enero de 1782[25]. En 1783

existen ediciones críticas de esos textos.

[21] Temple, 1949.

[22] Blanchard, ed., 1991, pp. 106-107.

[23] Fane, 1997, carátula y pp. 240-241.

[24] Valdez fue cura de Tinta después de la rebelión (Porras Barrenechea, 1999).

[25] Sobre la intervención de Valdez, ver por ejemplo la *Colección documental de la
Independencia del Perú,* 1971, t. II, vol. 3, p. 200, y la *Colección documental del Bicen-*

las autoridades españolas, incumpliendo el acuerdo, arrestaron y ejecutaron a Diego Cristóbal Tupa Amaru. Valdez habría compuesto el drama sobre rebelión y perdón en celebración del acuerdo de amnistía durante el breve período de su cumplimiento, en 1782[26]. Una vez roto el acuerdo por las autoridades, el drama habría perdido su razón de ser política, explicándose así su olvido hasta las primeras décadas de la Independencia.

El manuscrito Dominico I, usado por Tschudi y hoy perdido, también refuerza, por su proveniencia conventual, la conexión entre el teatro quechua y la Iglesia Católica. El fenómeno literario quechua colonial tuvo su origen en la misión catequética de la Iglesia. El conocimiento de una lengua indígena era condición, en teoría, si bien no siempre en la práctica, para acceder a las filas de la iglesia secular. Que de este segmento de la ciudad letrada surgiese una literatura en quechua es pues poco sorprendente. El teatro, sin embargo, se produce generalmente con un público en miras. La cuestión del público del teatro quechua aún está abierta, pero tiene sentido suponer que se trataba de las elites indígenas de las cuales descendía el cura Apu Sahuaraura[27], que para salvaguardar su posición social eran consumidoras ávidas y selectivas, pero no necesariamente productoras, de memoria histórica inca.

El manuscrito Dominico II aparentemente perteneció al cuzqueño César Farfán, cuyo hijastro, Augusto Reinaga, lo donó al convento en 1940[28]. Farfán había sido miembro de una de las sociedades patrióticas

tenario de la Revolución Emancipadora de Túpac Amaru, 1980, t. II, p. 463. César Itier publicará un análisis detallado de la evidencia en 2008 (comunicación personal).

[26] César Itier habría encontrado evidencias corroboradoras de esta hipótesis entre los papeles de Markham en el British Museum, que publicará en un artículo en 2008 (comunicación personal, ver nota anterior). Mannheim (1990) e Itier (1995b), basándose en el léxico y la transcripción fonética de las versiones más antiguas, han sugerido fechas anteriores, incluso de la primera mitad del siglo xviii, para la redacción del *Ollantay.* Pero en lo que respecta al léxico, Itier subraya también que «[e]s muy probable de que parte de ese vocabulario no reflejara un verdadero estado de lengua de principios del siglo xix, ni siquiera de principios del siglo xviii, sino que fuera el caudal de una tradición quechuista cuyas características se vinieron constituyendo desde el siglo xvi...» (1995b, p. 102, n. 8). Lo cierto es que lo mismo podría decirse de la transcripción fonética y de su relación imperfecta con el habla contemporánea.

[27] Itier, 1995b.

[28] Cosío, 1941, pp. 15-16.

que a comienzos del siglo XX cultivaron el teatro incaísta en asociación con la ejecución de obras cívicas. Es un manuscrito enigmático, porque usa una grafía anticuada para transcribir el quechua, en tanto que las notas didascálicas, en español en todos los manuscritos, indican claramente que el copista no entendía ese idioma. Como sugerencia provocativa muy inicial, argüiría aquí que ese texto, recién dado a conocer a mediados del siglo XX, fue concebido desde sus orígenes con un afán anticuario. Las vicisitudes de *La tragedia del fin de Atahualpa,* dada a conocer, según algunos, por Jesús Lara, y según muchas indicaciones, más bien compuesta por él[29], señalan que este área de la historia literaria andina, como ha sido el caso de otras literaturas étnicas y nacionales, no está exenta de posibles fraudes, producidos no con fines pecuniarios sino polémicos: forzar la evidencia, si es necesario, con el fin «noble» de darle profundidad e independencia a la literatura en una lengua dominada.

El principal debate en torno al *Ollantay* durante el siglo XIX consistió en la determinación de su antigüedad. La noción de que la pieza pudiese datar del período inca nos puede parecer hoy ingenua y ha sido descartada por todos los especialistas, pero su sucesora más sofisticada del siglo XX, según la cual bajo la comedia áurea se esconde un hipotexto indígena que revelaría una memoria censurada desde el reino del emperador Pachacuti, no tiene fundaciones más sólidas que la tesis de una autoría incaica, y sin embargo, es hoy un lugar común aceptado no sólo por el público general, sino también por muchos estudiosos. Es como si lo que se asocia de alguna manera con lo indígena perteneciese necesariamente a un pasado primigenio, una idea que no es nada inocente en el contexto de la historia social peruana. Nada más sintomático de esa táctica deductiva que este argumento oximorónico de José S. Barranca refrendado por Pacheco Zegarra a favor de la antigüedad del drama: «encierra muchos pasajes que *aún hoy en día* se cantan o recitan por los indios de raza pura»[30].

Es sintomático también que los principales defensores de la antigüedad prehispánica del *Ollantay* en el siglo XIX fuesen viajeros extranje-

---

[29] Lara, 1957; Itier, 2001. Ver también Dumézil, 1953, para otra intervención apasionada (y patentemente errónea) de Lara. Esto no refuta, sin embargo, la existencia de una tradición de origen colonial sobre el tema de la muerte de Atahualpa; ver Duviols, 2000.

[30] Barranca, 1868, citado con aprobación por Pacheco Zegarra, 1878, p. XCIV. El énfasis es mío.

ros interesados en la nueva disciplina de la arqueología. No sin justicia Tschudi es considerado, con Mariano Rivero, como el padre de la arqueología peruana, y Markham popularizó como ningún otro autor el interés por los incas entre el público angloparlante de la época. A ambos autores los unía también un prejuicio doble contra los conquistadores españoles y los indios contemporáneos, y, en contrapartida, una doble admiración por los descendientes criollos de los conquistadores (después de todo, sus anfitriones en sus mesas, casas y haciendas) y los antiguos ancestros de los indios, en particular los incas, mucho mejor conocidos, en aquel entonces, que las otras civilizaciones prehispánicas andinas.

El interés de autores peruanos en la antigüedad del *Ollantay* respondía a otros factores. Para los cuzqueños Palacios, Pío Mesa, autor de los *Anales del Cuzco,* y Pacheco Zegarra, el culto de lo inca formaba parte de una reivindicación regionalista en un siglo turbulento durante el cual la centralidad abrumadora de Lima, cosmopolita, hispanohablante, costeña y europeizante, se impuso sobre las provincias, en particular las de la Sierra sur. Palacios, según todos los datos el que le dio su forma definitiva a la tradición de *Ollantay,* utilizó un recurso retórico antiquísimo para corroborar la leyenda, consistente en mencionar a ancianos indígenas que recordaban algunos hilos de ésta: «el autor ha preguntado a don Juan Huallpa, casique noble y de sangre de la parroquia de Belén de esta ciudad, lo que sabía en el particular, y éste le ha dicho que don N. de la parroquia de San Sebastián y don N. de la de San Blas, indios igualmente nobles y principales, le dijeron cuando vivían que la rebelión de Ollantay se aseguraba haber provenido del robo que éste hizo de una aclla del convento de ellas, sin saber expresar más; así anda variada la relación de este hecho»[31].

En general, sin embargo, las elites cuzqueñas y limeñas compartían la poca estima de los viajeros extranjeros por los indios contemporáneos. Aun durante el período de apogeo del teatro incaísta republicano, se trató, como lo señaló Georges Dumézil, de un interés por un «théâtre *en* quechua, mais non un théâtre indien»[32]. El quechua, en la apreciación de aquellos intelectuales cuzqueños, se iría transformado, parafraseando a Itier[33], de «lengua general» en «idioma imperial», indi-

---

[31] Reproducido en Pacheco Zegarra, 1878, p. 180.
[32] Dumézil, 1953, p. 124. Énfasis en el original.
[33] Itier, 1995b.

ARI ZIGHELBOIM

cando una cercanía ideológica con el limeñísimo Felipe Pardo y Aliaga del grito contra el mariscal Santa Cruz, «Incas sí, indios no». La auténtica memoria indígena no incluía recuerdos históricos precisos sobre la época incaica. Casi todo el folclore andino tiene raíces al menos parciales en la catequesis y la divulgación de cuentos populares europeos. Aun cuando aparecen temas históricos sobre el pasado prehispánico, es posible reconocer el filtro de la reinterpretación europea. Un elemento presente en el *Ollantay* que sí aparece en las narraciones indígenas es el de los matrimonios prohibidos. Una parte importante de ese patrimonio oral trata directa o indirectamente del buen equilibrio entre los extremos peligrosos de la exogamia y la endogamia. En la región del Cuzco, esas historias se entrelazan frecuentemente con la problemática de las relaciones entre grupos de diferentes ecosistemas, en particular las alturas pastoriles y los valles productores de maíz[34]. En las crónicas existe un eco de esta preocupación, en historias de relaciones imposibles entre pastores y agricultores. La fuga de una aclla, supuestamente mencionada por «don Juan Huallpa» en el texto de Palacios, podría ser una variación sobre ese tema[35].

La historia de los incas en el siglo XIX se convirtió en el ámbito exclusivo de las elites[36], en particular las de la Sierra sur, aunque se acudiese retóricamente a un anciano indígena, noble o no, para

[34] Itier, 2004.

[35] Nótese con respecto a la tradición erudita, y no popular, a la que pertenece el *Ollantay*, que el nombre de la heroína Cusi Coyllor («estrella alegre») sin duda deriva directa o indirectamente de Curicoillor («estrella de oro»), protagonista tanto de las *Armas Antárticas* de Miramontes Zuázola como de la *Miscelánea Antártica* de Cabello Balboa (ver Rose, 2000, y Miloslavich, 2002). Palacios (en Pacheco Zegarra, 1878, p. 161) también intentó establecer la veracidad de la leyenda por medio de la mención de otro indio anciano, Fabián Tito, «que cuando la inundación del Callao [en 1746] era mozo», poseedor de un «busto o cabeza que sirve de vaso para beber, obra de los gentiles, en barro… imagen del general Rumiñahui». Estos ejercicios de reificación de los personajes del drama identificándolos con objetos prehispánicos continuaron en el siglo XX. En «Una estatua-enigma del Cuzco», Larrea refuta que la dañada estatua en cuestión (hoy en el Museo de América en Madrid) fuese un retrato de «Ollantai, el general victorioso del drama quechua, caído en desgracia después, de manera que su efigie debiera haber sido degradada normalmente» (1960, p. 162).

[36] Ver Estenssoro, 1993, y Majluf, 1995, para un análisis del incaísmo criollo entre la Gran Rebelión y los albores de la Independencia, período dentro del cual se escribió el *Ollantay*.

refrendarla. Los miembros de la nobleza inca que habían sobrevivido a los desórdenes de la Independencia, como Justo Sahuaraura, compartían los valores, así como las fuentes, de la elite letrada criolla. La relación entre el general Ollanta y el pueblo de Ollantaytambo tendría su origen en un interés muy propio de la Ilustración por los restos arqueológicos. En efecto, la fortaleza de Ollantaytambo es una de las obras megalíticas más impresionantes e inexplicables del acervo arqueológico incaico. Se agrega a ello la incertidumbre del nombre, pues el lugar aparece a lo largo del siglo xvi como Tambo, y sólo a partir del siglo xvii con su nombre moderno. No debe sorprender que Antonio Valdez se inspirase en las ruinas más notables del hoy comúnmente llamado Valle Sagrado de los Incas, tan cercanas de su propio lugar de nacimiento en el pueblo de Urubamba. Mucho más sorprendente sería que un recuerdo de una rebelión que hubiese ocurrido en algún momento del siglo xv perdurase en la memoria colectiva de la población indígena del valle trescientos años después, y aún más improbable que Antonio Valdez a finales del siglo xviii, o Manuel Palacios a inicios del xix, se hubiesen ocupado en recuperarla etnográficamente.

Raúl Porras Barrenechea develó detalles sobre la vida de Valdez que, si no probaban su autoría definitiva de la obra[37], sí revelaban un pasado olvidado en el que una parte sustancial de la elite peruana se expresaba cómodamente en quechua y en el que muchos se entregaban al cultivo de esa lengua, aún no estigmatizada como el idioma del atraso de la mayoría indígena, un fenómeno propio de la formación identitaria republicana, particularmente durante el siglo xx. Valdez estuvo suscrito al *Mercurio Peruano,* heraldo de la Ilustración en la última década del siglo xix. En la lista de «subscriptores del virreynato» aparece como «Sr. doct. don Antonio Valdez y Ugarte, Cura propio y Vicario de la Doctrina de Tinta, en el mismo Obispado [de Cuzco]». Es en el *Mercurio Peruano,* por ejemplo, que Hipólito Unanue, criollo limeño e impulsor de la Ilustración en el Perú, publicó en 1791 un breve pero influyente artículo sobre la «Idea general de los monumentos del antiguo Perú, e introduccion a su Estudio»[38]. Este período coincide con el auge del incaísmo criollo, movimiento intelectual y político que pudo desarrollarse precisa-

---

[37] Porras Barrenechea, 1999, Apéndices.
[38] Unanue, 1791.

mente tras la derrota y represión de la Gran Rebelión y de la clase
caciquil indígena con la que ya no necesitaba competir. Este entusiasmo incaísta, oficialmente vilipendiado por las autoridades españolas después de los desórdenes de 1780, se temperó en Lima después
de la Independencia, pero no en el Cuzco, donde se convirtió en la
expresión de los reclamos regionalistas de la elite social e intelectual.
El cura Antonio Valdez fue un representante de ese sector de la
sociedad cuzqueña aún en su momento colonial tardío. Como erudito y quechuista, tuvo acceso a las fuentes escritas sobre el pasado
prehispánico y colonial que circulaban entre las elites letradas del
Cuzco. Una vez restablecida esta memoria se vuelve más fácil reconocer que la tradición de una leyenda ollantina de origen incaico es,
en sí, una leyenda.

Bibliografía

Arguedas, J. M., «El *Ollantay*. Lo autóctono y lo occidental en el estilo de
los dramas coloniales quechuas», *Letras peruanas*, 2, 8, 1952, pp. 113-114,
139-140.

Barranca, J. S., *Ollanta, ó sea la severidad de un padre y la clemencia de un rey,
drama dividido en tres actos, traducido del quichua al castellano, con notas diversas*,
I, Lima, 1868.

Blanchard, P. (ed.), *Markham in Peru. The Travels of Clements R. Markham,
1852-1853*, Austin, University of Texas Press, 1991.

Colección Documental de la Independencia del Perú, t. II, *La Rebelión de Túpac
Amaru*, vol. 3, *La Rebelión*, Lima, Comisión Nacional del Sesquicentena-
rio de la Independencia del Perú, 1971.

*Colección documental del Bicentenario de la Revolución Emancipadora de Túpac
Amaru*, t. II, *Descargos del Obispo del Cuzco Juan Manuel Moscoso y Peralta*,
Lima, Comisión Nacional del Bicentenario de la Rebelión Emancipa-
dora de Túpac Amaru, 1980.

Cosío, J. G., «El drama quechua "Ollantay". El manuscrito de Santo
Domingo del Cuzco», *Revista Universitaria*, 81, 1941, pp. 3-26.

Dumézil, G., «De l'opérette au mythe: Le père et la mère Aigles et le chemi-
nement de l'eau», *Annuaire de l'Institut de philosophie et d'historie orientales et
slaves, Mélanges Isidore Lévy*, 13, 1953, pp. 123-134.

Duviols, P., «Las representaciones andinas de "La muerte de Atahuallpa".
Sus orígenes culturales y sus fuentes», en *La formación de la cultura virreinal. 1. La etapa inicial*, ed. K. Kohut y S. Rose, Madrid, Iberoamericana,
2000, pp. 213-248.

ENGLEKIRK, J. E. «La leyenda ollantina», en *Teatro en el mundo iberoamericano*, reed. de *Literatura de la emancipación hispanoamericana y otros ensayos*, Lima, UNMSM, 1973, pp. 302-308.

— «Another Look at the Legend of Ollantay», en *Homage to Irving A. Leonard, Essays on Hispanic Art, History and Literature*, ed. R. Chang-Rodríguez and D. A. Yates, New York, Editorial Mensaje, 1977, pp. 115-121.

ESTENSSORO, J. C., «La plástica colonial y sus relaciones con la Gran Rebelión», en *Mito y simbolismo en los Andes, La figura y la palabra*, comp. H. Urbano, Cuzco, CBC, 1993, pp. 157-182.

FANE, D., ed., *Convergent Cultures: Art and Identity in Spanish America*, Brooklyn, The Brooklyn Museum of Art, 1997.

GALANTE, H. (ed.), *Ollantay*, Lima, Publicaciones del Instituto Superior de Lingüística y Filología de la Universidad Mayor de San Marcos, 1938.

HILLS, E. C., «The Quechua Drama, *Ollanta*», *The Romanic Review*, 5, 1914, pp. 127-176.

ITIER, C., *El teatro quechua en el Cuzco*, vol. 1, *Dramas y comedias de Nemesio Zúñiga Cazorla*, Lima, IFEA-CBC, 1995a.

— «Quechua y cultura en el Cuzco del siglo XVIII: de la "lengua general" al "idioma del imperio de los Incas"», en *Del Siglo de Oro al Siglo de las Luces. Lenguaje y sociedad en los Andes del Siglo XVIII*, ed. C. Itier, Cuzco, CBC, 1995b, pp. 89-112.

— *El teatro quechua en el Cuzco*, vol. 2, *Indigenismo, lengua y literatura en el Perú moderno*, Cuzco, IFEA-CBC, 2000.

— «¿Visión de los vencidos o falsificación? Datación y autoría de la *Tragedia de la muerte de Atahuallpa*», *Bulletin de l'Institut Français d'Études Andines*, 30, 1, 2001, pp. 103-120.

— *La littérature orale quechua de la région de Cuzco, Pérou*, Paris, Karthala, 2004.

LARA, J., *Tragedia del fin de Atawallpa*, Cochabamba, Imprenta Universitaria, 1957.

LARREA, J., «Una estatua-enigma del Cuzco», en *Corona incaica*, Córdoba, Facultad de Filosofía y Humanidades, Universidad Nacional de Córdoba, 1960.

MAJLUF, N., *The Creation of the Image of the Indian in 19th Century Peru: The Paintings of Francisco Laso (1823-1869)*, Tesis doctoral, Texas University, Austin, UMI, 1995.

MANNHEIM, B., «La cronología relativa de la lengua y literatura quechua cusqueña», *Revista Andina*, 8, 1, 1990, pp. 139-178.

MENESES, T. L. (ed.), *Teatro quechua colonial. Antología*, Lima, Ediciones Edubanco, 1983.

MESA, P. B., *Los anales de la ciudad del Cuzco, o Las cuatro épocas principales de su historia...*, Cuzco, Tipografía de la Convención, 1866-1867, 2 vols.

MIDDENDORF, E. W., *Ollanta, ein Drama der Keshuasprache, vol. 3, Die einheimischen Sprachen Perus*, Leipzig, Brockhaus, 1890.

MILOSLAVICH, D., «El personaje de Curicuillor/Curicoyllor en *Miscelánea Antártica y Armas Antárticas*», en *Historia de las mujeres en América Latina*, ed. J. Andreo García y S. B. Guardia, Murcia, CEMHAL, 2002, pp. 69-85.

MITRE, B., «*Ollantay*. Estudio sobre el drama quechua», en *Páginas de historia*, Buenos Aires, 1881, pp. 220-254.

PACHECO ZEGARRA, G., «*Ollantaï*». *Drame en vers quechuas du temps des Incas*, Paris, Maisonneuve, 1878.

PALACIOS, J., «Tradición de la rebelión de Ollantay», *El museo erudito o periódico político histórico literario y moral*, 1, 6, pp. 9-12; 7, pp. 1-4; 8, pp. 1-3, (reproducido en Mesa, *Los anales...*, vol. 2, pp. 139–197, y en Pacheco Zegarra, «*Ollantaï*»..., pp. 157-195).

PERALTA RUIZ, V. (ed.), *Epítome cronológico o idea general del Perú, Crónica inédita de 1776*, Madrid, Fundación MAPFRE Tavera, 2005.

PORRAS BARRENECHEA, R., *Un viajero y precursor romántico cuzqueño, don José Manuel Valdez y Palacios*, Lima, Instituto Raúl Porras Barrenechea, 1970.

— *Indagaciones peruanas. El legado quechua*, Lima, Instituto Raúl Porras Barrenechea, UNMSM, 1999.

ROSE, S. V., «Una historia de linajes a la morisca: los amores de Quilaco y Curicoillor en la "Miscelánea antártica" de Cabello Valboa», en *La formación de la cultura virreinal. 1. La etapa inicial*, ed. K. Kohut y S. Rose, Madrid, Iberoamericana, 2000, pp. 189-212.

SILVA-SANTISTEBAN, R. (ed.), *Teatro quechua. Antología general del teatro peruano*, vol. 1, Lima, PUCP, 2000.

TEMPLE, E. D., «Un linaje incaico durante la dominación española», *Revista Histórica*, 18, 1949, pp. 45-77.

TSCHUDI, J. J. von, *Die Quechua Sprache*, Wien, Aus der Kaiserlich-Königlichen Hof- Und Staatsdruckerei, 1853.

— *Ollanta. Ein altperuanisches Drama aus der Kechuasprache*, Viena, 1875.

UNANUE, H. (Aristio), «Idea general de los monumentos del antiguo Perú, e introduccion a su Estudio», *Mercurio Peruano*, 22, 17 de marzo de 1791, pp. 201-208.

ZUIDEMA, R. T., «Una interpretación antropológica del drama quechua *Ollantay*», *Folklore Americano*, 11-12, 1963-1964, pp. 349-356.

CONSIDERACIONES PRELIMINARES SOBRE UN DRAMA HEROICO NOVOHISPANO DEL SIGLO XVIII: *LA LEALTAD AMERICANA*, DE FERNANDO GAVILA

Margarita Peña
Facultad de Filosofía y Letras, UNAM

Autores dramáticos del siglo XVIII novohispano fueron, entre otros, Eusebio Vela, Cayetano Cabrera y Quintero, Francisco de Soria, Fermín del Rey y algunos menores, como Fernando Gavila, autor de *La lealtad americana*.

De Fernando Gavila y su drama heroico espigamos aquí y allá algunas noticias. El apellido Gavila está documentado en Cataluña desde 1610. Al dramaturgo se le relaciona con escritores mexicanos de fines del XVIII y principios del XIX, como José Joaquín Fernández Lizardi, y Agustín de Castro. Alguien lo ha llamado equivocadamente un «cómico de la legua» y de él afirma Antonio Magaña Esquivel que «era el primer galán de la compañía del Coliseo»[1]. Se refiere al Coliseo de la ciudad de México en las postrimerías del siglo XVIII, hacia 1794-1796, época en la que Gavila actuaba, escribía su pieza teatral, y a lo que se sabe, una zarzuela titulada *La linda poblana*. Entre él y Eusebio Vela median setenta años, determinantes para el desarrollo del espectáculo teatral en la capital de la Nueva España: construcción de locales teatrales; configuración de un gremio de actores y actrices; importación de comedias gustadas en la península,

---

[1] Magaña Esquivel y Lamb, 1958, p. 441.

en forma de «sueltas»[2]; surgimiento de un teatro vernáculo a imitación del español regido por los cánones neoclásicos. Paralelamente, formación de un gusto teatral y un público que se entusiasmaba con las comedias de José de Cañizares y el muy anterior Calderón de la Barca, entre muchos más[3]. Gavila ha sido mencionado junto con autores como Cristóbal de Monroy, Francisco Comella, Antonio de Valladares, José de Cañizares, Juan Pérez de Montalbán, José Concha, Agustín Moreto, Tomás de Iriarte, Diego Zorrilla, que se escenificaban tanto en la península como en la Ciudad de México.

Ha llegado a nuestras manos el texto original de una curiosa obra atribuida a Fernando Gavila, que recrea el tema de la piratería, oponiendo los bravos españoles a los corsarios ingleses del pirata Morgan.

La portada de la «suelta» de 71 hojas, en regular estado de conservación, dice como sigue:

LA LEALTAD AMERICANA, / DRAMA HEROICO / EN UN ACTO, / QUE SE HA DE REPRESENTAR / EN EL TEATRO DE ESTA M.N.y L. CIUDAD DE MÉXICO EL DÍA 9 DE DICIEMBRE DE 1796. / EN CELEBRIDAD / DEL FELIZ CUMPLEAÑOS / DE NUESTRA AUGUSTA SOBERANA, / Y COLOCACIÓN DE LA ESTATUA / DEL REY NUESTRO SEÑOR / (Q. D. G) / SU AUTOR/ FERNANDO GAVILA, PRIMER ACTOR DEL COLISEO, / QUIEN LO DEDICA / A LA SEÑORA VIRREINA, / MARQUESA DE BRANCIFORTE, &c &c

---

[2] Peña, 2000, pp. 140-141. Ver especialmente el capítulo «Juan Ruiz de Alarcón y los coleccionistas del siglo xix», pp. 149-214. Baste decir que durante este siglo, los editores peninsulares reimprimieron el teatro áureo a partir de las colecciones de comedias de autor (Lope de Vega, Calderón de la Barca, Tirso de Molina, Juan Ruiz de Alarcón, Juan Pérez de Montalbán, entre otros), o de colecciones misceláneas preexistentes, así como de ejemplares de comedias del xvii que circulaban a la deriva, obra de dramaturgos que, o no las habían recopilado, o no contaban con una producción suficientemente amplia (Luis Belmonte Bermúdez, Fernando Zárate Castronovo —seudónimo de Antonio Enríquez Gómez—, Diego Jiménez de Enciso, Francisco Bustos, etc.).

[3] Impresores españoles, o radicados en España, que multiplicaron mediante «sueltas» el acervo teatral fueron Theresa de Guzmán (Madrid), Joseph y Thomás de Orga (Valencia), Antonio Sanz (Madrid), Alonso del Riego (Valladolid), así como la imprenta del Cruzado (Madrid), imprenta de la Plaza del Carbón (Zaragoza), librería de la Vda. de Quiroga (Madrid), y también Tomás Piferrer (Barcelona) y Francisco de Leefdael (Sevilla). Peña, 2000, pp. 149-213.

El texto apareció en México, en la imprenta del bachiller don José Fernández de Jáuregui, en la calle de Santo Domingo y esquina de Tacuba, a expensas del asentista don José Bernabé Ysita. En el colofón, después de la palabra «Fin» y de un grabado floral, viene la Fe de Erratas, que consigna cinco, pero que son muchas más.

Hay que decir que el asentista era una mezcla de empresario y administrador del teatro y recordar, también, las proverbiales pugnas entre asentistas y actores o autores. En el variopinto mundillo teatral del siglo XVIII novohispano fueron frecuentes los pleitos legales que llegaban casi a escándalos cuando se trataba de actrices famosas remisas, a las que había que atraer con señuelos diversos para que cumplieran sus contratos (Antonia de San Martín, entre otras)[4]; o bien, las trifulcas de camerino por cuestiones diversas. El hecho de que al inicio del texto figuren los nombres de los actores le da carácter de libreto. Ellos son la primera dama, Antonia de San Martín como Camila; el propio Fernando Gavila como Amador de la Roca, su marido; y José Domingo Rosales como don Juan Pérez de Guzmán, el gobernador, entre los personajes principales. El pirata Morgan, protagonista, era interpretado por José Duque[5].

Comento, a continuación, el «corpus» preliminar del drama que en éste, como en otros casos, aporta datos extrínsecos que dan luz sobre la obra y su contexto. Tras la censura de don Manuel Domingo de la Fuente, canónigo de la santa iglesia catedral de Guadalajara, figura la licencia para la impresión y representación, otorgada por el virrey mismo en términos de «Superior Decreto», en México, a 24 de noviembre de 1796, dirigida al empresario y al juez subdelegado del teatro. Lo de «superior decreto» hace pensar en orden inapelable de impresión y una cierta premura para representar la obra.

Detengámonos por un instante en la figura de don Miguel de la Grúa Talamanca y Branciforte, uno de los últimos virreyes de la Nueva España. Arribó a América en el año de 1794 y en 1798, cuatro

---

[4]   Algunos casos de divas problemáticas se dieron también en el teatro peninsular del XVIII: La Guzmana (1763); Rosa García (1793) y la Caramba. Ver Sánchez Mariana, 1989, p. 413.

[5]   En una nómina de actores de 1786 (diez años antes, en el año en que fue expedido el reglamento teatral por el virrey José de Gálvez), se lee: «Antonia de San Martín, Primera dama, gana mil ochocientos pesos en las temporadas [un año de duración]...; José Domingo Rosales. Autor y segundo galán. Gana por este último destino ochocientos cincuenta pesos...». Olavarría y Ferrari, 1961, pp. 37-38.

MARGARITA PEÑA

años después dejó su cargo. Sucedió a otros virreyes respetados por los novohispanos, como José María Bucareli y Revillagigedo. De él dice Vicente Riva Palacio que «presentó en Nueva España el más desventajoso contraste con el conde de Revillagigedo [su antecesor]; comenzó por ostentar un lujo en el ceremonial que no sólo ofendía a las autoridades, sino que daba ya al virrey el aspecto de un verdadero monarca»[6]. Y añade: «había nacido en Sicilia, y debió su elevación al virreinato de México a la circunstancia de estar casado con doña María Antonia Godoy, hermana de don Manuel Godoy, duque de Alcudia, favorito de la reina y gran valido de Carlos IV, conocido en la historia como el Príncipe de la Paz»[7]. Artemio del Valle Arizpe, menos comedido que Riva Palacio, apunta: «En el oro y en la plata estaban vinculados sus más finos deleites; sus recreos, sus delicias, sus gustos, eran el dinero [...]. Amaba las dádivas y no daba paso sin provecho, y tenía prodigiosas mañas para lograrlo»[8]. Conocido el marqués de Branciforte por su carácter altanero y prepotente, no debe pensarse que el decreto fuera expedido por mera bondad hacia el autor Gavila. En efecto, hubo una motivación más explicable: el interés, aprovechar una coyuntura histórica. Un poco antes se había declarado la guerra entre España e Inglaterra por problemas que concernían directamente a México: la explotación del palo de tinte en el territorio de Walix, o Belice, concedida por España a Inglaterra en 1783. «Los ingleses», dice Riva Palacio, «como tenían por costumbre hacerlo en todos los tratados que celebraron con relación al territorio de Belice, no cumplieron con lo estipulado, comenzando a ensancharse y a establecer la colonia sin atender a lo convenido [...]. O'Neill [gobernador español de Yucatán] sabía perfectamente que los ingleses no habían cumplido con las estipulaciones del tratado de Londres, y quiso aprovechar la oportunidad de la guerra para armar una expedición contra Walix [Belice] y desalojar de allí a los ingleses»[9]. Por lo que se refiere a la obra teatral y a la sucesión de los hechos, el 5 de octubre de 1796 se declara la guerra a Inglaterra; el 24 de noviembre el virrey emite el «decreto superior» de impresión y representación del drama, el cual se estrena el 9 de diciembre en el Coliseo. Nada más a propósito para criticar al enemigo que un drama

---

[6] Riva Palacio, 1953, p. 883.
[7] Riva Palacio, 1953, p. 883.
[8] Valle Arizpe, 1976, p. 376.
[9] Riva Palacio, 1953, pp. 884-885.

heroico, de clara intención política, contra piratas ingleses que atacan la inerme ciudad de Panamá, en América Central, (paralelismo con Belice), caracterizándolos como bucaneros despiadados, invasores mercenarios. Podemos suponer que la obra se escribió e imprimió en un lapso de dos meses (octubre-noviembre de 1796) y que el incidente entre las dos naciones constituyó una oportunidad afortunada para el dramaturgo Gavila.

Dedicada, como reza el título, a la virreina, María Antonia Godoy, a quien junto con el virrey, Gavila considera su mecenas; con una alusión a Carlos IV en la cuarteta que dice: «Es el rey una imagen de Dios viva / y el vasallo que amante le venera, / obedeciendo al Todo-Poderoso, / al César le da lo que es del César»[10], y estrenándose el mismo día en que se «ha de colocar la estatua del Rey»[11], (cumpleaños, por lo demás, de la reina María Luisa), el drama de Gavila queda totalmente inscrito en el terreno oficial, protegido por el triunvirato Branciforte-Godoy-Carlos IV. Tuvo Gavila su momento de gloria y compartió honores con Manuel Tolsá, escultor de la formidable estatua ecuestre de Carlos IV que se colocó frente al palacio del virrey, y que aún se puede admirar en la Ciudad de México[12].

En cuanto al drama, como era de esperarse, es una obra de circunstancias, un drama histórico. Obediente a los preceptos neoclásicos de las tres unidades de acción, lugar y tiempo, asienta el autor en una «Nota preliminar»: «La acción figura durar el solo tiempo de su representación; y el lugar, en donde principia acaba; conque *no tendrán los escrupulosos reglistas qué criticar en esta parte*»[13]. En lo tocante al obligado decoro, es ratificado en la «Censura» de la obra —al igual que «las tres unidades que prescribe Aristóteles»— por el canónigo Manuel Domingo de la Fuente[14]. Nos encontramos, pues, ante una pieza típica del teatro dieciochesco. La «inventiva» o argumento relata los «sucesos acaecidos en la entrada del inglés Juan Morgan (*sic*) por Tierra firme el año de 1670 y ruina de Panamá, ciudad capital de aquel reino...»[15]. El nudo dramático se teje a partir de la pasión amorosa que Morgan,

---

[10]   Gavila, *La lealtad*, s. n.
[11]   Gavila, *La lealtad*, p. 5.
[12]   Para la relación del virrey Branciforte con el austero escultor Tolsá, ver Valle Arizpe, 1976, pp. 406-409: «Cumplida venganza».
[13]   Gavila, *La lealtad*, p. 9. El subrayado es nuestro.
[14]   Gavila, *La lealtad*, p. 5.
[15]   Gavila, *La lealtad*, p. 7.

el personaje principal, expresa en largos e intensos parlamentos —los más eficaces de la obra— dirigidos a la bella Camila, y el absoluto desdén de ésta, sustentado en el respeto a su marido Amador de la Roca y a la sagrada institución del matrimonio. El personaje de Morgan (Henry y no Juan, como dice erróneamente el reparto), su retrato autobiográfico, ambición y afán de gloria inherentes a la noción de pertenecer a una «estirpe» de piratas, son parte sustancial del drama. Acceder al rango de «conquistador» es su intención, para lo cual no vacila en exclamar: «Cubrirán nuestras huestes vencedoras / El Pirú y Nuevo Reino de Granada / construyendo en los siglos venideros / al nombre de Morgan, su amada patria, / monumentos honrosos, donde admiren / orlados de laurel bustos y estatuas»[16].

Empecinado el personaje en poseer a Camila, da pie a la «catarsis» amor/odio, anticipada desde que, pidiendo por ella y por Carlota, la joven le suplica: «Que a mi decoro / y al de esta prima fiel que me acompaña, /se miren con honor»[17]. La intriga amorosa sostiene la acción, que culmina en drama cuando la heroína, desesperada ante la disyuntiva de su entrega forzada al pirata o la muerte de su marido, opta por una solución extrema: fingir que acepta al presunto amante para luego desfigurarse el rostro con un cuchillo, acabando con la belleza que lo seducía. Antítesis del filibustero, Amador de la Roca, honesto comerciante y esposo, hará, en contrapunto, el discurso de la fundación de Panamá a lo largo de una avanzada verbal contra Morgan en el tono exaltado de un melodrama. Es evidente que un discurso tal atentaba contra la racionalidad y mesura neoclásicas.

El punto de la lealtad de Camila a su matrimonio, que se prolonga en la lealtad del pueblo de Panamá a la Corona de España, confirmada una y otra vez ante el acoso pirata por el coro (el pueblo) y los protagonistas, es uno de los aspectos nodales de la pieza, conectado en lo político, con la preocupación de los gobernantes españoles por el sometimiento de las colonias tras los ejemplos alarmantes de la Revolución Francesa y la independencia de los Estados Unidos de Inglaterra. De ahí que la obra fuera apoyada entusiastamente por el virrey. En

---

[16] Gavila, *La lealtad*, p. 22.

[17] Gavila, *La lealtad*, p. 12. Sobre la piratería en Veracruz, Núñez y Domínguez, 1945, p. 47, afirma, respecto a las vicisitudes femeninas: «Las mujeres pasaron muchos trabajos, porque su maldad [de los piratas] no reservaba blanca ni prieta, ni doncella ni casada, que a fuerza de su vigor no la sacasen llevándolas a forzarlas». Éste es justamente el temor de las damas Camila y Carlota.

lo que toca a las ordenanzas teatrales vigentes en 1796, Germán Viveros Maldonado explicita que «el reglamento teatral de 1786 insistía en que la dramaturgia del coliseo debía orientarse a enseñar las buenas costumbres y a ser un ejemplo de vida, en medio de un modo de escenificación "puro y recto", tal como lo exigían la "santidad de nuestra religión y lo resuelto por su majestad"»[18]. Y asimismo, de acuerdo con Viveros, «labrar héroes». Por ambas partes —la circunstancia política que obligaba a afianzar la figura de Carlos IV ante Inglaterra y ante la misma Nueva España casi en vísperas del movimiento insurgente, y la expresión de la lealtad, sentimiento «puro y recto» por antonomasia, acorde con las ordenanzas teatrales establecidas—, la pieza se convertía en una obra canónica.

El drama en un acto de Gavila da pie a comentarios diversos. Podemos detectar, por ejemplo, algunos nexos con la obra de Cervantes, guardando, claro, distancias insalvables. Los personajes femeninos —la decidida Camila, la astuta Carlota— poseen características similares a las moras Zoraida, Zara, Arlaxa: mujeres fuertes que conducen la acción del episodio novelesco del Cautivo en el *Quijote,* o bien, de la comedia (*Los baños de Argel, El gallardo español*) influyendo en el desenlace. Asimismo, el grupo de cuatro piratas —Brodely, Esquemeling, Hansel y el propio Morgan— en *La lealtad americana* guardan cierto parentesco como elemento estructural, con el quinteto de conquistadores romanos (Cipión, Yugurta, Mario, Quinto Fabio y Gayo) de la tragedia *La Numancia* en cuanto a grupo masculino compacto unido en torno a un propósito bélico. Y el actor colectivo, los numantinos, vendría a equipararse con «el pueblo» de Panamá como fuerza que respalda la acción principal. Es posible que Gavila conociera la tragedia de Cervantes, si no a través de una puesta en escena, sí mediante la lectura del texto teatral impreso en 1615 y quizás reimpreso posteriormente. Por otra parte, la metáfora del Mar Océano que «se sonroja» (se tiñe de rojo), por las acciones de los piratas, nos retrotrae al mar ensangrentado en Cervantes, a la descripción de la batalla de Lepanto, 1571, y el relato de la pérdida del fuerte de La Goleta en Túnez, 1575, (cap. XXXIX del *Quijote*). En el drama dieciochesco no es ya el pirata turco, sino el inglés, pero la crueldad viene a ser la misma; la alusión a que los piratas matan tanto con el plomo como con la pistola nos lleva al pronunciamiento contra la invención de la artillería y la furibunda

---

[18] Viveros Maldonado, 2005, p. 55.

diatriba antibelicista de don Quijote en el «Discurso de las Armas y las Letras» (cap. XXXVIII de la novela). El arquetipo del enemigo —turco o inglés, mahometano o protestante— indica una pugna que subyace desde la Contrarreforma, o antes aún, en la mentalidad hispánica, se traslada a las colonias y se consagra en la letra escrita de una obra teatral dieciochesca. El «todos queremos morir por Dios y su Santa Iglesia»[19] de la obra vendría a ser el mismo planteamiento —España contra el Islam—, de las comedias cervantinas: *Los baños de Argel, El trato de Argel.*

Por lo demás, la creación de héroes y antihéroes corresponde a premisas vigentes. La pintura del pirata codicioso, manipulador, astuto, cuyo código personal corresponde al del invasor mercenario (adquirir riquezas mediante el engaño y la violencia), se opone obligadamente al de Amador de la Roca, esposo de Camila que aparece, según las didascalias, con vestido «decente de español»; o a don Juan Pérez de Guzmán, caballero de la Orden de Santiago y gobernador de Tierra Firme, personaje éste documentado en la historia de Panamá y las Antillas, ratificando un maniqueísmo tradicional. Por encima de las convenciones del teatro prerromántico como son lenguaje grandilocuente, acciones espectaculares, gestos hiperbólicos, desenlace poco verosímil (por las circunstancias adversas) del triunfo de los caballeros españoles y la huida vergonzosa de los piratas, interesa e intriga el tema de la piratería. No sabemos de una comedia que en el siglo XVIII novohispano retome dicho asunto, tratado, en cambio, en el XVII, no solamente en la novela de Carlos de Sigüenza y Góngora, *Los infortunios de Alonso Ramírez,* sino también en una poco conocida crónica naval en prosa de Juan Rodríguez de León [Pinelo]: *Juicio militar de la batalla [...] del vizconde de Centenar [...] con diez y siete naos de Holanda...*[20]. Se trata de una espléndida alegoría del mar en el que éste, metamorfoseado en personaje, endereza un poético alegato contra los corsarios holandeses y franceses que amenazaban a España[21]. Un poco antes, en 1608, Silvestre de Balboa y Troya Quesada escribía su poema épico *Espejo de paciencia,* obra fundacional de la literatura cubana, en el que narra la incursión del pirata Gilberto Girón en Santa María de Puerto

---

[19] Gavila, *La lealtad,* p. 26.
[20] México, Bernardo Calderón, 1638.
[21] Peña, 2005, pp. 93-105.

Príncipe y la prisión de fray Juan de las Cabezas Altamirano, obispo de Cuba[22].

Nos intriga, decimos, hasta cierto punto el porqué elegir un episodio relativo a Morgan y Panamá cuando en Nueva España misma debió de existir memoria del incidente de la batalla entre las naves del pirata Hawkins y los galeones españoles en que viajaba el virrey Martín Enríquez de Almanza, frente a Veracruz, en la segunda mitad del siglo XVI, alrededor de 1570[23]. Abundan, por lo demás, los testimonios sobre el continuo asalto de piratas ingleses y franceses a las costas del golfo, sobre los que Eligio Ancona escribiría, en pleno siglo XIX, una novela de ambiente colonial, *El filibustero*.

La razón, posiblemente, es que Fernando Gavila tenía a mano el libro de Esquemeling *Piratas de la América*, traducido al castellano. Así nos lo hace saber en la «Nota preliminar» al drama, junto con su intención de enmendar la plana al autor de la crónica, un «francés», al que, afirma, «le sobraba envidia [hacia los españoles], y legalidad le faltaba». Curiosamente, Esquemeling, que navegó entre piratas ingleses y «bucarnies» (como llama Gavila a los bucaneros) franceses, va a ser también personaje incorporado al drama, el pirata que en uno de los parlamentos critica la brutalidad de Morgan. Es decir, se le utiliza por partida doble, como fuente textual y personaje dramático.

He podido localizar la obra de Esquemeling en una versión en inglés, presumiblemente del siglo XVII. El título, traducido, es *Los bucaneros de América. Relación verdadera de los más notables asaltos en los últimos años en las costas de las Indias Occidentales por los bucaneros de Jamaica y Tortuga, tanto ingleses como franceses. [Por] John Esquemeling, uno de los bucaneros que estuvo presente en estas tragedias...*

Los hechos del capitán Morgan van de la parte II, capítulo IV a la parte III, capítulo VI. De esta última, Gavila tomó lo relativo al incendio de la ciudad de Panamá. Leemos en Esquemeling: «... cerca del mediodía, él [Morgan] hizo que en secreto, algunos hombres prendieran fuego a varios edificios grandes de la ciudad, sin que nadie supiera de dónde procedía ni quiénes eran los autores, ni tampoco

---

[22] Peña, 2006, pp. 262-263.
[23] La escaramuza ha sido narrada por varios autores, entre otros R. Unwin. En *La derrota del pirata Hawkins. Historia de su tercer viaje de negrero*, hace una relación detallada del encuentro entre la flota española y las naos piratas, resultado de la cual fue la destrucción parcial de éstas y la prisión de los piratas sobrevivientes en las costas del puerto de Tampico por los alguaciles del Santo Oficio.

los motivos que llevaron al capitán a hacer eso [...]. El fuego cundió con tanta rapidez que antes de que anocheciera la mayor parte de la ciudad estaba en llamas»[24]. También en este capítulo se señala la aviesa intención de Morgan de culpar a los españoles del incendio y destrucción, que en el drama heroico se traduce en los versos: «Y cuando se vio sujeta / la provincia en mi poder / *los castellanos, conciertan* / *aniquilarla, quemando/ cuanto sus manos encuentran*»[25], así como la incitación del pirata a que deserten: «la gran Bretaña os ampara; alistaos en mis banderas» o bien «Un comercio ventajoso / hará vuestra dicha inmensa...»[26]. Pero esta especie de cohecho no surtirá efecto sobre los aterrados y leales habitantes.

El pasaje se halla documentado en Esquemeling, que escribe: «El capitán Morgan se esforzó en hacer creer al pueblo que los españoles habían sido los causantes, sembrando estas sospechas entre su propia gente al darse cuenta de que se le imputaba tal acción»[27]. La huida final del pirata, que en el drama está determinada por el espanto y arrepentimiento ante la visión de Camila con el rostro desfigurado y sangrante, es explicada por Esquemeling simplemente como una estratagema más de Morgan: «Finalmente, sintiéndose odiado por su propia gente al punto del deshonor, empezó a temer las consecuencias [...]. Una vez que sus órdenes fueron cumplidas, se dirigió sigilosamente al barco sin dar señal de la partida a sus compañeros [...]. Levó anclas y puso proa al mar sin dispensar un adiós a nadie, seguido tan sólo por tres o cuatro barcos de su flota...»[28]. El dramaturgo recoge el punto del descontento de los filibusteros y lo pone en uno de los parlamentos, en boca del bucanero Brodely y el final de la obra, que apuntaba a ser trágico, se da, en cambio, en tono de apoteosis cuando pueblo y gobernantes claman: «Viva el rey, viva la reina /, viva la Fe, y viva España»[29]. Se refieren a Carlos II, que reinaba en 1670; y en términos sobreentendidos, a Carlos IV, gobernante en 1796. En términos

[24] Esquemeling, *The Buccaneers of America*, p. 151. Se sabe asimismo de la existencia de otra relación de John Esquemeling: *A true Relation of the Live and Death of the Tywo most Famous Pirats, Purser and Clinton who lived in the Reigne of Queene Elizabeth...*, London, 1639 (I y II).
[25] Gavila, *La lealtad*, p. 25.
[26] Gavila, *La lealtad*, p. 25.
[27] Esquemeling, *The Buccaneers of America*, p. 151.
[28] Esquemeling, *The Buccaneers of America*, p. 161.
[29] Gavila, *La lealtad*, p. 71.

teatrales la lealtad americana —y, se infiere, la lealtad novohispana— quedaban suficientemente demostradas.

Resumiendo. El drama heroico *La lealtad americana* del autor español Fernando Gavila es buena muestra de la relación entre arte y poder a través del mecenazgo teatral. Desde el escenario del Coliseo la obra descubrió al gran público el fenómeno de la piratería, problema candente en la época. Actualmente, nos revela una cantidad considerable de datos metateatrales relativos a la guerra entre España e Inglaterra por el conflicto de Belice, en 1796; el comportamiento de los virreyes y la condición subordinada del autor, amén de la pervivencia de preceptos estéticos neoclásicos aplicados al teatro, sancionados por las reformas borbónicas casi en los albores de la independencia de México. Todo ello hace del drama una obra singular.

BIBLIOGRAFÍA

ANCONA, E., «El filibustero», en *La novela del México colonial*, coord. A. Castro Leal, México D. F., Aguilar, 1964, vol. 1, pp. 632-801.

BALBOA Y TROYA QUESADA, S. DE, *Espejo de paciencia*, Las Palmas de Gran Canaria, Edirca, 1984.

ESQUEMELING, J., *The Buccaneers of America. A true account of the most remarkable assaults committed of late years upon the coasts of the West Indies by the Buccaneers of Jamaica and Tortuga (both english and french...)*, s. f. (ca. 1686), (http://www. yahoo//home wanadoo..., 24-03-2006).

GAVILA, F., *LA LEALTAD AMERICANA, / DRAMA HEROICO / EN UN ACTO, / QUE SE HA DE REPRESENTAR/ EN EL TEATRO DE ESTA M.N.y L. CIUDAD DE MÉXICO EL DÍA 9 DE DICIEMBRE DE 1796. / EN CELEBRIDAD / DEL FELIZ CUMPLEAÑOS / DE NUESTRA AUGUSTA SOBERANA, / Y COLOCACIÓN DE LA ESTATUA / DEL REY NUESTRO SEÑOR /(Q. D. G) / SU AUTOR / FERNANDO GAVILA, PRIMER ACTOR DEL COLISEO, / QUIEN LO DEDICA/ A LA SEÑORA VIRREINA, / MARQUESA DE BRANCIFORTE, &c &c.*, con Licencia del Superior Gobierno. Impresa en México en la Imprenta del Br. don Joseph Fernández de Jáuregui, en la Calle de Santo Domingo, y Esquina de Tacuba, A expensas del asentista D. Joseph Bernabé Ysita.

MAGAÑA ESQUIVEL, A. y R. S. LAMB, *Breve Historia del teatro mexicano*, México D. F., Eds. de Andrea, 1958.

NÚÑEZ Y DOMÍNGUEZ, J. de J., *Don Antonio de Benavides, el incógnito «Tapado»*, México D. F., Xóchitl, 1945.

OLAVARRÍA Y FERRARI, E. DE, *Reseña histórica del teatro en México*, México D. F., Porrúa, 1961.

PEÑA, M., *Juan Ruiz de Alarcón ante la crítica, en las colecciones y en los acervos documentales*, México D. F., Porrúa-UAM-BUAP, 2000.

— «La crónica naval de Juan Rodríguez de León y el libro que la contiene», en M. Peña, *Prodigios novohispanos. Ensayos sobre literatura colonial*, México D. F., Dirección General de Literatura, UNAM, 2005, pp. 93-105.

— «Poesía épica», en *Historia de la literatura hispanoamericana*, ed. R. González Echeverría y E. Puppo Walker, Madrid, Gredos, 2006, vol. 1, pp. 262-263.

RIVA PALACIO, V., *México a través de los siglos, vol. 2: El virreinato*, México D. F., Cumbre, 1953.

SÁNCHEZ MARIANA, M., «Documentos sobre actores y teatros en la Sección de Manuscritos de la Biblioteca Nacional», en *El mundo del teatro español en su Siglo de Oro: ensayos dedicados a John E. Varey*, ed. J. M. Ruano de la Haza, Ottawa, Dovehouse, 1989.

VALLE ARIZPE, A. DEL, *Virreyes y virreinas de la Nueva España*, México D. F., Aguilar, 1976.

UNWIN, R., *La derrota del pirata Hawkins. Historia de su tercer viaje de negrero*, trad. J. A. Rico, México D. F., Herrero, 1964.

VIVEROS MALDONADO, G., *Manifestaciones teatrales en Nueva España*, México D. F., UNAM, 2005.

LA RENOVACIÓN TEATRAL EN LAS POSTRIMERÍAS DEL VIRREINATO NOVOHISPANO: LOS CONCURSOS DEL *DIARIO DE MÉXICO*

Dalia Hernández Reyes
*Seminario de Cultura Literaria Novohispana,
Instituto de Investigaciones Bibliográficas
Universidad Nacional Autónoma de México*

I. El teatro novohispano en el cambio de siglo (XVIII-XIX): entre tradición e innovación

A lo largo del siglo XVIII novohispano, surgieron unas cuantas publicaciones periódicas impulsadas y nutridas por un pequeño pero destacado grupo de intelectuales que propició la creación de un espacio adecuado para la transmisión del pensamiento moderno en varios ámbitos: científico, social, político, religioso, artístico[1]. Por las pági-

---

[1] En orden cronológico se publicaron: *Gaceta de México y noticias de la Nueva España* de Juan Ignacio Castorena y Ursúa (1722; seis números mensuales; en los dos últimos cambió el nombre a *Florilegio historial de México y noticias de la Nueva España); Gazeta de México* de Juan Francisco Sahagún de Arévalo y Ladrón de Guevara (enero, 1728-diciembre, 1742; 157 números mensuales; los últimos doce con el nombre de *Mercurio de México); Diario literario de México* de José Antonio de Alzate y Ramírez (marzo-mayo, 1768; 8 números); *Asuntos varios sobre ciencias y artes* de José Antonio de Alzate y Ramírez (1772; 13 números); *Mercurio volante con noticias importantes y curiosas sobre varios asuntos de física y medicina* de José Ignacio Bartolache (1772-1773; 16 números semanales); *Gazeta de México* de Manuel Antonio Valdés (1784-1809; quincenal; cambió su nombre a *Gazeta del gobierno de México* a principios del XIX,

nas de estas gacetas y diarios, desfilaron desde categóricas censuras al método escolástico hasta propuestas conciliadoras entre la religión católica y las nuevas ideas científicas, pasando por copiosas notas de la más variada índole: medicina, astronomía, minería, agricultura, herbolaria, física, música, costumbres, avisos del gobierno y de la Iglesia, por citar sólo algunas. Pero quizá el aspecto más destacado, desde la perspectiva de la historiografía literaria, sea que estas publicaciones sirvieron, y algunas surgieron con esa expresa finalidad, de plaza abierta a la creación y la crítica literarias, y en algunos casos buscaban también —aunque con grado variable de éxito— la difusión de la poética neoclásica.

Ya algunos estudiosos han advertido que en estas publicaciones, sobre todo las de la segunda mitad del siglo, se pueden distinguir dos posturas antagónicas de la elite intelectual: la de los modernos o modernistas y la de los tradicionalistas[2]. Estos dos bandos han sido asimilados en términos literarios a neoclásicos, los primeros, y a barrocos, los segundos; pero lo cierto es que los testimonios arrojan resultados que no comprueban una separación u oposición absoluta, sino que dan cuenta más bien de una suerte de neoclasicismo ecléctico que no abandona por completo la tradición barroca precedente. Con todo, miembros de ambos partidos serían protagonistas, en las últimas décadas del setecientos novohispano, de varias polémicas en torno al quehacer literario, y cada uno defendería su concepción de la *buena* o *mala* literatura, que se extendería también a los términos del *buen* y del *mal gusto,* así como a los de lo *útil* frente a lo *inútil* de la obra literaria en general.

Podemos recordar a manera de ejemplo las disputas (1788-1790) entre José Antonio de Alzate y sus colaboradores de la *Gaceta de literatura* y Francisco Larrañaga por el prospecto de *Una Eneida Apostólica, o Epopeya, que celebra la predicación del V. Apóstol de Occidente P. Fr. Antonio de Margil de Jesús: intitulada Margileida. Escrita con puros versos de P. Virgilio Marón, y traducida a verso castellano,* centón sobre la vida y obra de Antonio de Margil que no llegó a imprimirse; y pocos años después (1792) nuevamente Alzate en debate ahora con el franciscano

declarándose partidista del gobierno oficial); *Observaciones sobre la física, historia natural y artes útiles* de José Antonio de Alzate y Ramírez (1787; 14 números), y del mismo Alzate, *Gaceta de literatura* (1788-1796).

[2] Llamados también *misoneístas* por algunos historiadores mexicanos (Monelisa Merchand, José Miranda, Pablo González Casanova); ver Terán, 2001, pp. 29 y ss.

Joaquín Bolaños por la publicación de su obra en prosa *La porten-
tosa vida de la muerte, emperatriz de los sepulcros, vengadora de los agravios
del altísimo, y muy señora de la humana naturaleza*[3], de evidente asunto
piadoso e intención moral[4]. En ambos casos se acusaba a los autores
(Larrañaga y Bolaños) de ser cabales ejemplos del mal gusto literario:
por el desapego de las reglas poéticas en sus respectivas obras; por el
empleo de «símiles violentos», «ripios insulsos» y «macarronismo»; por
tener ideas «extrañas y ridículas»; en suma de ser completamente ajenos a los principios poéticos de la moderna literatura, cuyos paladines
preceptistas —a los cuales recurrieron los detractores de Bolaños y
Larrañaga— eran Luzán, Tomás de Iriarte, Boileau y Le Bossú.

De este ambiente de confrontación literaria el género dramático,
por supuesto, no podía escapar. Sabido es que, durante el XVIII novohispano, el teatro continuaba siendo el espectáculo más gustado y
popular. En el escenario del Coliseo Nuevo de la Ciudad de México
—inaugurado en diciembre de 1753, tras la reconstrucción del inmue-
ble luego de su incendio en 1722— alternaban obras de dramaturgos
españoles y franceses, principalmente[5]; y, de los primeros, las de factura barroca seguían manteniéndose en la predilección de los asiduos
al Coliseo. Sin embargo, en 1786 por encargo del virrey Bernardo de
Gálvez, Silvestre Díaz de la Vega, miembro de la Sociedad de Suscriptores del Teatro, realizó un *Reglamento [para el Coliseo Nuevo] para su
dirección económica y gubernativa* que (pese a que la mayoría de sus artículos se centraban en aspectos colaterales del teatro: horarios, precios

[3] México, Imprenta de los Herederos de Joseph de Jáuregui, 1792.

[4] Estas polémicas —señala Terán Elizondo— tuvieron un antecedente: la
defensa de la traducción de la égloga octava de la *Eneida* de Virgilio realizada por
Diego Abad, frente a otra versión de esta y otras églogas más hechas por José Rafael
Larrañaga, hermano del autor de la *Margileida*. El ya citado Alzate en una nota enun-
cia, haciendo suyas las palabras del propio Abad, los «errores» de la traducción de
Larrañaga: «Esto conseguiría una buena traducción de Virgilio a nuestro castellano
que hiciese ver que la hermosura de la poesía *no consiste en atropar hipérboles y metáforas
atrevidas y descomunales, ni en amontonar alusiones a la mitología, ni menos en cierta pretendida sublimidad de estilo, que no viene a ser más que una jerigonza de palabrones hinchados
sin trabazón y sin sentido. Éstos son los vicios que comúnmente notan los extranjeros en otros
poetas»* (citado por Terán Elizondo, 2001, p. 50).

[5] La presencia de obras de autoría española era abrumadora, sin duda; pero
con todo se representaban algunas piezas de autores franceses como, por ejemplo,
Molière con una adaptación de su *Misántropo*, o Racine con su *Andrómaca* (Viveros,
1993, p. 23). La lista de obras presentadas entre 1805 y 1812 en el Coliseo de la capital novohispana puede consultarse en Wold, 1970, pp. 92-112.

de entrada, disposiciones que debían cumplir los actores, actitudes del espectador en el recinto de la representación, sobre el aseo del local o la vendimia de bebidas y alimentos, etc.) transmite la concepción ilustrada de que el teatro era una escuela reformadora de la sociedad, encaminada —desde la esfera del poder del *Superior gobierno*— a velar por el bien común; y por tal razón se establecía que: «la diversión pública del teatro de esta capital se hiciese con la decencia, decoro y arreglo debido a las buenas costumbres», ya que —hasta ese momento— no se habían «conseguido contener del todo los excesos y abusos»[6]. A estos lineamientos prácticos del reglamento se sumarían otros de índole más preceptiva, contenidos en un *Discurso sobre el objeto de los dramas* (1786) escrito por el mismo Silvestre Díaz de la Vega, donde el influjo de la *Poética* de Luzán es más que notorio. Dicho discurso exigía que las representaciones teatrales «estuvieran arregladas a las leyes del arte, que están fundadas en la naturaleza de las cosas y hechas con el correspondiente talento», con lo cual resultarían «indefectiblemente de una grande utilidad»[7].

Es, pues, evidente que la polémica dieciochesca del teatro en Nueva España seguía de cerca —en términos generales— el tono del debate en la península española[8]: la defensa del *buen gusto* neoclásico frente al *mal gusto* barroco, que en cuestión teatral pretendía un arte alejado de la *inmoralidad* y el *desarreglo* o *irregularidad* de los modelos barrocos, ya que tanto en la Vieja como en la Nueva España se compartía la idea de que «las letras [...] se "corrompieron" y "degeneraron" por culpa del gusto barroco»[9].

Pese a estos intentos, la situación del espectáculo teatral parece no haberse modificado sustancialmente en los años siguientes. Es manifiesto que los postulados teóricos neoclasicistas no tuvieron una análoga correspondencia práctica, pues buena parte de los modelos dramáticos disponibles a lo largo del siglo seguirían siendo los barrocos. Además, tampoco se verifica históricamente la comunión entre los

---

[6] *Reglamento*, p. 213.

[7] Díaz de la Vega, 1990, p. 201.

[8] En España, se recordaba todavía el duro debate que enfrentó a los primeros ilustrados (*novatores*) con los defensores del «pensamiento conservador y probarroco predominante» (Checa, 2003, p. 1519). En el ámbito de las letras, la polémica relativa al teatro entre neoclásicos y barrocos fue una de las que alcanzó singular encono.

[9] Checa, 2003, p. 1520.

principios neoclásicos y el gusto del espectador[10]. Hoy en día contamos con varios estudios que confirman que las predilecciones del público influyen no sólo en la producción teatral dieciochesca sino también en la vigencia (esto es, las representaciones y las reimpresiones) de piezas barrocas[11]. En la misma Nueva España es sintomático que, en los últimos veinticinco años del siglo XVIII, de las imprentas de Pedro de la Rosa y de los herederos de Miguel Ortega en la Puebla de los Ángeles salieran títulos como los siguientes:

— *Comedia famosa. Para vencer a amor querer vencerle. De don Pedro Calderón de la Barca.* Reimpresa en la Puebla de los Ángeles. En la Oficina de los Herederos de la Viuda de Miguel Ortega, 1776 (Teixidor 1991, p. 251, núm. 306)[12].

— *Comedia famosa. La vida es sueño. De don Pedro Calderón de la Barca.* Puebla de los Ángeles, Reimpresa en la Oficina de los Herederos de la Viuda de Miguel Ortega, 1776 (p. 251, núm. 307)[13].

— *Comedia famosa. La más constante mujer. Del Dr. Juan Pérez de Montalbán.* Puebla, Reimpreso en la Oficina de don Pedro de la Rosa, 1777 (p. 255, núm. 319).

— *Comedia famosa. Los amantes de Teruel. Del doctor Juan Pérez de Montalbán.* Puebla, Reimpreso en la Oficina de don Pedro de la Rosa, 1794 (p. 288, núm. 399).

— *Comedia famosa. El desdén con el desdén. De don Augustín Moreto.* Puebla, Reimpreso en la Oficina de don Pedro de la Rosa, 1785 (p. 271, núm. 359).

[10] Palacios, 1996, p. 216.

[11] Palacios, 1996; Serrano, 2003; Bolaños, 1996; Viveros, 1993 y 1996.

[12] Todos los títulos se confrontaron con Teixidor (1991), por lo cual en las referencias siguientes sólo indicaré la página y el número en el cual se enlista el registro bibliográfico.

[13] En nota agrega Teixidor lo siguiente: «Por los números que anteceden a las Comedias, fácilmente se deduce la existencia de otras impresiones Calderonianas en Puebla» (1991, p. 251, núm. 307). En efecto, de acuerdo con su registro bibliográfico tanto la impresión de *Para vencer a amor...* como de *La vida es sueño* están precedidas de los números 6 y 8, respectivamente, lo cual podría indicar —como propone Teixidor— que se tratara de una especie de serie calderoniana en sueltas proyectada por el impresor poblano, o también podría ser una colección —idea asimismo del impresor— de sueltas de comedias peninsulares y bastante ambiciosa, pues la de Montalbán tiene por número el 2 y la de Zárate el 117.

— *Comedia famosa. El maestro de Alexandro. De D. Fernando de Zárate.* Puebla, Reimpreso en la Oficina de don Pedro de la Rosa, 1794 (p. 289, núm. 401)[14].

Pero queda todavía un aspecto de suma importancia que explica la tolerancia hacia la creación y representación de obras que prolongaban el teatro barroco: la necesidad de mantener los beneficios económicos derivados del espectáculo teatral. No en vano el padre Ramón Fernández del Rincón, censor del Coliseo de México en la última década del xviii, se dolía de las comedias *malas,* aduciendo que «en las producciones de Calderón, Moreto, Solís, Candamo y demás poetas cómicos acreditados, y principalmente en las tragedias y comedias heroicas se ven violadas las reglas de la unidad y se experimentan otras irregularidades», pero con todo se salvaban por algunas cualidades como la «fluidez y naturalidad del metro»[15]. Y en el siguiente juicio declaraba abiertamente los motivos de su aversión hacia este tipo de teatro:

> Si sólo se permitiesen las *buenas* [obras], o habría que cerrar los teatros o que estar repitiendo constantemente un corto número. Yo soy el primero que me alegraría de que hubiese una suficiente colección de *buenas composiciones dramáticas,* que sirviese de frecuentes *lecciones de honor, de regularidad, de sentimientos nobles, de grandeza de ánimo* y otras *virtudes civiles* y al mismo tiempo aprendieran a *discurrir con exactitud, con método y con buen juicio.* Me alegraría de que *no se repitieran* a cada instante esos *amores tan vivos* y *tan patéticos,* esos *celos tan necios* y *tan mal fundados,* esos *desafíos quijotunos,* esas cuchilladas y pendencias de que abundan nuestras comedias, que al mismo tiempo que *corrompen* el corazón *pervierten* el espíritu con la *hinchazón* del verso, con lo *afectado* de las pinturas, con la *desproporción* de las hipérboles, con la *inverosimilitud* de los lances y con muchos otros defectos que se encuentran a cada paso; pero, lo repito, habría que cerrar los teatros[16].

---

[14] Esta impresión poblana ha sido recientemente editada por Germán Viveros, 2005.

[15] Citado por Olavarría, 1961, p. 77.

[16] Olavarría, 1961, pp. 86-87; las cursivas son mías.

2. El *Diario de México*, publicación ilustrada

Éste era el contexto inmediato a la aparición en 1805 del *Diario de México*[17], que recogía los ecos ilustrados de las publicaciones periódicas precedentes[18]. Al igual que sus antecesoras daba acogida a numerosos temas sobre literatura, ciencia y arte; la política quedaba —en teoría— fuera de los objetivos del *Diario* (aunque en la práctica se desmiente), principalmente porque en aquel entonces estaba monopolizada por la *Gazeta de México* (luego *Gazeta del gobierno de México*), la cual se convertiría en el órgano oficial del gobierno virreinal durante la primera década del siglo XIX. Como era de esperar, entre los avisos, artículos y notas del *Diario de México* abundaron, sobre todo en su primera época (desde su aparición hasta 1812), los dedicados al teatro[19]. Muchos de los suscriptores y lectores del *Diario* enviaban, en ocasiones encubiertos con un seudónimo o firmando sólo con las iniciales de sus nombres, escritos para su publicación en los que emitían diversos juicios acerca de las obras puestas en escena en el Coliseo Nuevo,

---

[17] Los fundadores de este diario fueron Jacobo de Villa Urrutia y Carlos María de Bustamante; Nicolás de Galera y Taranco tuvo también un lugar destacado como socio capitalista; por su parte Juan Wenceslao fungió como editor (Wold, 1970, pp. 10 y ss.). El *Diario* se publicó con mínimas interrupciones desde 1805 hasta 1817 (Martínez Luna, 2002).

[18] La carta de naturalización ilustrada se incluyó en el prospecto del *Diario* anexo al primer número, y para mayor comprensión transcribo algunos de los «*Materiales de que se compondrá el Diario*»: «Cuanto concierne al bien de la Sociedad, y al orden público debe comunicarse por todos los medios posibles, para que llegue a noticia de todos los ciudadanos», pues «importa saber los adelantamientos de las ciencias, y de las artes». De tal suerte que «Anunciaremos las diversiones públicas, y cuanto pueda interesar la utilidad, o la curiosidad, y para entretener el gusto de todos habrá un artículo de varia lectura, que unas veces hablará al literato retirado, otras al proyectista bullicioso: ya al padre de familia, ya a las damas melindrosas: tan pronto se dirigirá al pobre como al rico, y se dará lugar a las cartas, discursos, y otras composiciones que se nos remitan, siempre que lo merezcan, que puedan servir de diversión, cuando no traigan otra utilidad, y que guarden las leyes del decoro, del respeto debido a las autoridades establecidas, que no se mezclen en materias de la alta política, y de gobierno [...] y que no ofendan a nadie. Y también se insertarán los epigramas, fábulas, y demás rasgos cortos de poesía, que no contengan personalidades, y sean dignos de imprimirse» («Idea del *Diario económico de Méjico*»; publicado en el *Diario de México,* vol. 1, núm. 1, s. p.). En todas las citas procedentes del *Diario* he conservado puntuación original, pero he modernizado la ortografía.

[19] Wold, 1970, pp. 92-112; Martínez Luna, 2002.

DALIA HERNÁNDEZ REYES

pero también en los teatros europeos[20]. Por ejemplo, bajo el elocuente nombre del *Dramólogo,* un inconforme externaba —en una nota intitulada *«Dramática»*— su molestia ante las actitudes y el lenguaje de los graciosos en estos términos:

> Toda la gracia, o todo chiste de los graciosos de las comedias, consiste por lo regular en dichitos de glotonería, sobre cobardía, sobre alcahuetería, o sobre chismería. Comúnmente son hambrientos, e interesados, aunque sean criados confidentes de grandes personajes, cobardes, terceros, o chismosos. Es preciso pasar por *mil impropiedades, e impertinencias* para encontrar una gracia. Las más veces que hacen reír, es por *equivoquillos indecorosos,* o por *extravagancias.* [Que provocan] la dificultad de hacer resaltar la verdadera gracia del contraste de los caracteres y situaciones [que] presenta diariamente la conducta de los hombres. Este contraste, [...] de las pasiones, de los vicios, de las virtudes, [debería] presentar[se] al vivo en una *acción adornada y arreglada,* sin *impropiedades ni ridiculeces, o extravagancias de una fantasía desenfrenada,* [...] *sin verosimilitud,* [...] *sin contar en nada con la naturaleza,* que ofrece a manos llenas en el mismo orden natural una infinidad de pasajes graciosos[21].

De semejante naturaleza es un artículo intitulado, por el mismo editor del *Diario* en índice del tomo 1, «Sobre el entremés de Juan Aprieta, y discurso sobre las comedias modernas, y antiguas»[22]. No entraré con detalle en este discurso, pero apuntaré que su finalidad consistía en «hacer varias reflexiones sobre el teatro, y *declamar contra los abusos* que frecuentemente [se] ve[n] en él, *manchando el decoro de*

---

[20] Es el caso de un artículo incluido en el *Diario* (vol. 8, núm. 857), el cual se inicia con la siguiente aclaración: *«Las críticas de varias piezas dramáticas, que se hallan en un periódico recomendable de Madrid, bastante escaso a mi entender en este Reino; por ser moderadas y juiciosas, y de ningún modo sangrientas y mordaces, me parecieron oportunas para el diario con el recto fin de extender la ilustración en este ramo, a cuyo efecto me he tomado el trabajo de trasladar los rasgos pequeños, de extractar con cuidado los que me parecieron difusos, y de añadir tal cual vez de mi pobre caudal alguna cosa que juzgo interesante. Sujeto todo a la censura de V. Señor Editor, podrá disponer, que estos papeles fatiguen las prensas, o que se tiren en el carretón. Julio Claro»* (p. 133; las cursivas son del original). El examen trata de la obra *Misantropía y arrepentimiento* del alemán August von Kotzbue o Kotzebue, y su representación en teatros de Francia, Inglaterra y España.

[21] *Diario de México,* vol. 1, núm. 7, p. 26; las cursivas son mías.

[22] Tal artículo continúa en el siguiente número: «Sigue el teatro», *Diario de México,* vol. 1, núm. 18, pp. 69-70, y está firmado por *El crítico del portal.*

forma que muchas veces se hace preciso hasta cerrar los oídos»[23], a más de enfatizar el objetivo primordial del teatro: «hablar juntamente al espíritu y al corazón, y el poder comunicar la *sana instrucción bajo el atractivo aspecto del placer»*, siendo así «el lugar en donde pueden y deben darse y recibirse *útilmente las mas esenciales lecciones»*, es decir, «la *escuela de todas las clases de la sociedad»* (p. 66); por lo cual el furibundo autor se manifestaba a favor de desterrar de la escena «todo lo *indecente, atrevido e inmoral»* (p. 67), y elegir «las *buenas comedias modernas, que dirigen al corazón del espectador a amar la virtud, a ejercer la humanidad* y *detestar el vicio»* (p. 67; las cursivas son mías).

3. LOS CONCURSOS DEL *DIARIO DE MÉXICO* (1805-1808)

Haciendo suyo el sentir reformador de una parte de sus lectores, los encargados del *Diario* hicieron una llamada —entre 1805 y 1808— a varios concursos teatrales. El primero fue convocado el 10 de diciembre de 1805 de acuerdo con las siguientes bases:

> Se ofrece un premio de 25 pesos, al autor del mejor sainete que se presente antes del día 15 de febrero. Desde este día inclusive no se aspirará ya al premio. La medida material, o de su duración deberá arreglarse por los de D. Ramón de la Cruz. Fuera de las reglas dramáticas, se evitarán los chistes, que puedan ofender la modestia, y el decoro.
> Las piezas se pondrán dentro del término señalado en pliego cerrado en la librería de D. Juan B. Arizpe. (*)[24] Los autores pondrán su nombre en un papel, también cerrado, que tenga en la cubierta la misma divisa que el sainete, para saber quién es el premiado; los demás no se abrirán, y se quemarán cerrados. El examen, calificación y aplicación del premio, se harán por tres literatos, lo menos, dentro de los 40 días siguientes o en menos tiempo si se pudiere, y luego se anunciará por el diario, para que el laureado acuda por el premio a la citada librería. El diarista sale por garante, procurará que el sainete premiado se represente en el teatro, y lo hará imprimir. Se advierte que el autor que directa, o indirectamente publicare cuál es su composición antes de la aplicación del premio, quedará excluido de él[25].

---

[23] *Diario de México*, vol. 1, núm. 17, p. 65.

[24] En nota a pie: «Los de fuera de México las dirigirán francas de porte al *Diarista de México*, y tendrán quince días más de término».

[25] *Diario de México*, vol. 1, núm. 71, pp. 313-314.

Sin embargo, con fecha de 20 de diciembre, se notificaba que hasta ese momento sólo se había recibido una pieza (*Al mayor libertinaje la prudencia corta el vicio*) que en opinión de los jueces: «tiene mérito, pero no es *sainete*, que es lo pedido, sino *tonadilla*, o letra de *tonadilla*, y lo avisamos sin pérdida de tiempo porque el autor podrá aspirar al premio en el que falta, y podrá servir de advertencia a otros que hayan incurrido en la misma equivocación». Y para mayor aclaración se explicaba que: «En el número 30 dijimos que el nombre de *sainete*, que solía darse a las tonadillas, corresponde a lo que algunos llaman *pequeña pieza*, y en rigor es una comedia corta, o una acción cómica, adornada de menos episodios, y por consiguiente más ligera y de menos duración»[26].

Hasta febrero de 1806, no habían llegado nuevos textos, a excepción del indicado arriba. Por ello, se fijó un segundo plazo para finales de abril. Diez días antes de cumplirse éste, se anunció que habían llegado sólo dos obras: *El blanco de por fuerza* y *Las quejas infundadas*[27], resultando ganadora la primera de ellas, cuyo autor fue «Antonio Santa Ana, de la Real medalla, capitán de la compañía provincial de milicias de negros de Veracruz, y maestro de alarife, de edad de 90 años cumplidos»[28]. Se aseguraba además que «El premiador queda practicando las diligencias correspondientes, para que se represente [la obra ganadora] en el teatro de esta Corte, y las de su impresión: y procurará que se represente el [sainete] de *Las quejas infundadas*, que cree no dejará de agradar al público, aunque su metro de siete sílabas no es el más a propósito»[29]. Luego se dio la noticia de su puesta en el

---

[26] *Diario de México*, vol. 1, núm. 81, p. 354. Quizá incitado por las aclaraciones del Diarista, un lector envió una pequeña nota en la cual lo exhortaba a «decirnos, aunque sea en dos palabras, pero pronto, si el sainete o pieza encargada, debe ser cómico, trágico, serio, burlesco, o indiferente, para no perder el trabajo» (*Diario de México*, vol. 1, núm. 91, p. 394); a lo cual el Diarista respondió: «*Ad libitum*, aunque lo trágico sólo podrá venir bien burlescamente como en la tragedia de Manolo. D.».

[27] Como una prueba más de que los participantes en el concurso seguían confundiendo —en opinión de los jueces— un sainete con una tonadilla, el 8 de abril de 1806 se insertó en el *Diario* una nota que instaba «al autor de una letra de tonadilla titulada el *Cazador propicio*, que disponga de ella, expresando en dónde quiere que se le ponga» (*Diario de México*, vol. 2, núm. 190, p. 392).

[28] *Diario de México*, vol. 2, núm. 263, p. 207; las cursivas son del original.

[29] *Diario de México*, vol. 2, núm. 263, pp. 207-208.

Coliseo en junio del mismo año[30]. Cabe mencionar que la elección del sainete como género del certamen no era gratuita: se debía al deseo de que «se ejerciten primero los ingenios en pequeñas piezas dramáticas, con ánimo de ofrecer después y dar 100 pesos al autor de la mejor comedia»[31]. Como efectivamente sucedió.

La segunda versión del concurso, con fecha límite de 4 de noviembre de 1806, se comprometía a premiar —otra vez con 25 pesos— de nueva cuenta un sainete, pero ahora se advertía que «para obtener el premio, no bastará que la pieza sea la mejor de las presentadas, sino que sea buena en sí misma»[32]. Se recibieron cuatro sainetes, de los cuales resultaron vencedores *El miserable engañado y niña de la media almendra,* y *El hidalgo en Medellín:*

> Examinados los sainetes presentados al premio, y hecha la calificación comparativa separadamente por los censores, coincidieron en que debe adjudicarse el premio al autor del que tiene por título *El miserable engañado y niña de la media almendra;* y abierto en su consecuencia el pliego correspondiente se halló serlo *don Francisco Escolano y Obregón,* oficial de libros de la filiatura de la Real casa de Moneda, quien podrá acudir desde luego al puesto principal del diario, librería de Arizpe a recibir los 25 pesos ofrecidos: quedando a cargo del diarista el practicar las diligencias correspondientes para que se represente en el teatro, y se imprima. Y las hará para los mismos efectos respecto del intitulado *El hidalgo en Medellín,* que obtuvo el *accésit,* o 2 lugar, y merece imprimirse por el voto conforme de los censores. El autor de éste, según el pliego cerrado es don Juan Policarpo, vecino de Veracruz. Los pliegos cerrados que acompañaban a los otros dos sainetes se han quemado[33].

El sainete ganador del primer lugar se representó en el Coliseo el 18 de junio de 1807 y posteriormente fue impreso y puesto a la venta[34]. El sainete de Juan Policarpo se imprimió asimismo en 1807. Como dato

---

[30] «Crítica nueva: nominada, *El blanco por fuerza,* escrita en este reino, y la que sacó el premio según se anunció en los papeles públicos, la cual se ejecutará con el mayor esmero, trajes propios que pide, y demás necesario a su acierto» (*Diario de México,* vol. 3, núm. 282, p. 288).

[31] *Diario de México,* vol. 2, núm. 141, p. 196.

[32] *Diario de México,* vol. 3, núm. 263, p. 208.

[33] *Diario de México,* vol. 3, núm. 432, pp. 396-397.

[34] «*Aviso.* El sainete premiado se hallará de venta en la librería de Arizpe primera calle de la Monterilla» (*Diario de México,* vol. 6, núm. 661, p. 332). También se vendió el día de su estreno a las puertas del Coliseo.

curioso en torno a estos sainetes, merecen citarse las siguientes notas
paródicas del *Diario* intituladas «*Gaceta de la fantasía*», núms. 1 y 2:

> En *Dramática* [...] diremos con todo que habiendo corrido el arrabal
> de la *media almendra* de que se trata, tuvimos mucha complacencia en leer
> los últimos caracteres de una inscripción, o *lema* colocada sobre la puerta
> del poniente [...]. Días pasados se representó igualmente en un teatro
> particular una pitipieza intitulada: *Ayunar para comer,* que no le va en zaga
> a la niña de la media almendra, por su inconexión y despropósitos; pero
> ella ha gustado a su autor[35].
>
> En *Dramática* apenas hay ya quien se acuerde del malhadado *quilate,* ni
> del delicado frontispicio de *Media Almendra:* desde su presentación, según
> opinan, pasó al sepulcro de la inutilidad, con la monstruosa culebrina de
> *ayunar para comer bien.* Ahora se habla sólo de un nuevo personaje bajo el
> nombre de *El hidalgo en Medellín*[36].

Aunque el tono de la cita es paródico, puede ser sintomático del
rápido olvido en que caían las obras representadas en el Coliseo de
la capital novohispana, cuyo público exigía novedades temporada
tras temporada teatral, y del tipo de comentarios que suscitaban estas
piezas.

Junto con la convocatoria del segundo certamen de sainetes, se
emitió la de un concurso de comedia: «También ofrece otro [premio]
de cien pesos con iguales prevenciones al que componga, y presente la
mejor comedia antes del día 13 de junio del año siguiente de 1807»[37].
Durante los meses previos a la fecha límite, el *Diario* publicó algunas aclaraciones. Por ejemplo, la comedia podía ser escrita en prosa o
verso[38], aunque en este último caso se prefería el octosílabo, por ser el
más adecuado, según opinión de los censores[39]. Posteriormente el 19
de junio de 1807, se notificó de las comedias enviadas:

---

[35] *Gaceta de la fantasía,* núm. 1, *Diario de México,* vol. 6, núm. 699, p. 481.

[36] *Gaceta de la fantasía,* núm. 2, *Diario de México,* vol. 7, núm. 704, p. 10.

[37] *Diario de México,* vol. 3, núm. 263, p. 208. Aunque el día 7 de junio de 1807 se
publicó un aviso donde se notificaba que «el promotor de las bellas letras [consentía
en prorrogar] el término, si no hubiere pieza digna de premiarse» (*Diario de México,*
vol. 6, núm. 616, p. 151).

[38] «Algunos nos han preguntado si podrán hacerla en prosa, y habiéndolo consultado el proponente, ha resuelto que se admitirán al premio tanto como otras»
(*Diario de México,* vol. 3, núm. 410, p. 303).

[39] «En el número 263 publicado en 20 de junio último se anunció el premio para
el autor de la mejor comedia &c: después hemos dicho que las piezas podrán ser en

Premio. En el término señalado para presentar las comedias para el premio ofrecido, sólo han ocurrido dos intituladas *La Mamola* y *La Florinda*, que tienen que correr ahora los trámites de la censura absoluta, y comparativa, cuyas resultas se avisarán oportunamente[40].

Y en la mencionada *Gaceta de la fantasía* publicada por el *Diario*, en la misma sección de «Dramática», junto al *Hidalgo en Medellín*, personaje teatral de moda, se indican:

[las] madamiselas *Mamola, y la Florinda*. Los vaticinadores tratan a la primera, como hija de un numen mezquino: suspenden el juicio en orden a la segunda, y a aquél le llenan de alabanzas. Nosotros apreciaríamos que todos agradasen como son deseados[41],

en franca alusión a los títulos concursantes y el proceso de análisis al que para esa fecha estaban sometidas. El dictamen tardó varios meses en publicarse; tanto que en diciembre de 1807 uno de los concursantes hizo pública su inconformidad, a la cual respondió el Diarista: «Satisfacemos diciendo que por motivo de haber salido disconformes las dos primeras calificaciones, nos hemos remitido a una tercera, de cuyo resultado avisaremos»[42]. Por desgracia, no me ha sido posible localizar el título de la obra ganadora.

Al año siguiente (1808), un aficionado español que desde hacía ocho años se ocupaba en recorrer los territorios americanos —y admirador de las «antigüedades de este hemisferio, desconocido a los europeos»— ofreció un premio de cien pesos ahora para una «tragedia *nacional*», en verso o prosa:

La calificación se hará por tres sujetos de conocida inteligencia. Se entregarán las piezas con la misma *divisa* que tenga la cubierta del nombre del autor; y se pide que venga ésta en lengua Índica, sirviendo para muestra de no faltar argumentos adaptables al caso el siguiente suceso que

prosa o en verso: y ahora añadimos que el verso más proporcionado, y más corriente en estas composiciones, es el de ocho sílabas. Lo que decimos en contestación a la pregunta que hace M. J. Rebala» (*Diario de México*, vol. 3, núm. 418, p. 340).

[40] *Diario de México*, vol. 6, núm. 628, p. 199.
[41] *Diario de México*, vol. 7, núm. 704, p. 10.
[42] *Diario de México*, vol. 7, núm. 804, p. 442.

trae Clavijero[: la historia del general tlaxcalteca Tlahuicole; en el texto se refiere ampliamente][43].

Se refiere a la *Historia antigua de México,* del jesuita expulso Francisco Javier Clavijero. Otras fuentes de inspiración para «cantar a los suyos [a los americanos]» podían hallarse —continuaba el oferente— «en Garcilaso, y en Ercilla, y los hallarán en manuscritos, que éste su apasionado se complacería en leer y se ofrecería a imprimir»[44]. En junio de 1808, el *Diario* hacía del conocimiento de su público que se había presentado sólo una tragedia «intitulada *Xóchil,* que ha pasado a la calificación de su mérito absoluto, respecto de no poder hacerse comparativo. También —añade el *Diario*— se había presentado una sátira, que principia: *Se embravece una sierpe, y en el punto*»[45]. No consta que la tragedia haya efectivamente recibido el atractivo premio.

4. LOS PRESUPUESTOS TEÓRICOS DE LOS CERTÁMENES

El hecho mismo de que el *Diario de México,* en aras de contribuir a la renovación del teatro, citara e incentivara a los adalides del buen gusto a participar en sucesivas palestras resulta de sumo interés para la dramaturgia novohispana; pero asimismo cabe preguntarse: ¿cuál era el sustento teórico que permitía a los jueces emitir un juicio a favor o en contra? O, mejor dicho, ¿de qué manera interpretaron y aplicaron los principios poéticos que les proveían autores como Luzán, Boileau, Blair, por sólo citar algunos?

Para intentar responder —aunque sea escueta y brevemente— a estas interrogantes, nada mejor que recurrir de nueva cuenta a las páginas del *Diario.* En los números 211 al 218 del vol. 2 (29 de abril a 6 de mayo de 1806), posteriores a la tropezada convocatoria inicial (téngase presente que la inicial pieza entregada, en el buen entender de los jueces, no era sainete sino tonadilla), se reprodujo íntegro el «Examen analítico» del falso sainete[46], entre cuyas líneas se vierte una serie de reglas a las cuales debían ceñirse ya una comedia, ya un sainete.

---

[43] *Diario de México,* vol. 8, núm. 874, s. p.

[44] *Diario de México,* vol. 8, núm. 874, s. p.

[45] *Diario de México,* vol. 8, núm. 982, p. 538.

[46] Cabe mencionar que el extenso examen del texto —hecho ya de por sí destacable— causó no poco revuelo y, debido a las cartas que algunos inconformes enviaron, los responsables del *Diario* proponían publicar la tonadilla «por separado, si

En primer lugar, se define la comedia como: «un drama, que divirtiendo al hombre trata de reformarlo por medio de la burla», pero a esta concepción antigua se suma —para «ventaja del teatro, y de los hombres»— su nueva función: «se ha empleado [ahora] para ahuyentar el vicio, las preocupaciones, y extravagancias, [y] también en enseñar la virtud con preceptos, documentos, y ejemplos», así como procura «infundir en los asistentes el amor conyugal, el amor recíproco de padre e hijos, la humanidad, el espíritu público, y otras virtudes apacibles, que no tocan la esfera de lo trágico: la comedia se ha hecho ya un drama más universal»[47], y alejada por supuesto de las conocidas como *tragicomedias,* aquellos hermafroditos repudiados por Ignacio de Luzán en su *Poética.*

En segundo, se propone el sainete como sinónimo de entremés o pequeña pieza («petipieza»), y más aún: «en rigor —apuntaban los censores— es una comedia corta, o una acción cómica, adornada de menos episodios, y por consiguiente más ligera y de menos duración»[48]. Era igualmente el sainete heredero «de los derechos, y caracteres de la comedia primitiva», asumiéndose con ello la división que hiciera Luzán al afirmar que: «La dramática española se debe dividir en dos clases: una popular, libre, sin sujeción a las reglas de los antiguos, que nació, echó raíces, creció y se propagó increíblemente entre nosotros; y otra que se puede llamar erudita, porque sólo tuvo aceptación entre hombres instruidos»[49].

La finalidad del sainete era

> desterrar el vicio y las extravagancias humanas, y a este fin no le es permitido usar de otras armas, que las de la sátira y el ridículo. El convencimiento, la excitación de los afectos, todo aquello en fin, que toca a la razón, imaginación, o al corazón de un modo grave y circunspecto, aunque muy útil en otra clase de piezas, en el sainete está enteramente fuera de lugar, como que no pueden contribuir semejantes ideas a excitar la risa, formando burla del vicio, que se pretende exterminar.

---

el autor (que aún ignoramos quién sea) nos la vuelve a remitir, para su satisfacción, y la del público» (*Diario de México,* vol. 2, núm. 223, p. 47).

[47] *Diario de México,* vol. 2, núm. 211, p. 478.
[48] *Diario de México,* vol. 1, núm. 81, p. 354.
[49] Luzán, 1974, p. 392.

Además, es el sainete «una pieza inventada para el desahogo y alivio de los espectadores, fatigados después de un acto o larga jornada», ubicando así su lugar dentro del espectáculo teatral y su naturaleza básica de diversión[50].

Por otra parte, el asunto de la pieza analizada (*Al mayor libertinaje la prudencia corta el vicio*) a pesar de ser «noble e importante», no mueve a la risa; por ello merecería propiamente el nombre de comedia, pues en efecto al final se presenta «una reforma inesperada»; asimismo la acción resulta pertinente al género comedia, en tanto es «pintura muy verdadera y natural de lo que pasa diariamente». No obstante, «el mérito moral» no basta a la pieza dramática, pues es sólo una pequeña «parte de la invención». Lo más relevante estriba en la composición de «conformidad con las reglas del arte, y de la naturaleza»[51]. Y tales reglas o principios se reducen principalmente al seguimiento de las supuestas y defendidas unidades aristotélicas (unidad de acción, de tiempo y de lugar), que se examinan en los números 212 al 214 del vol. 2.

Se aborda de igual manera «la composición mecánica del sainete», es decir, su división en escenas y la extensión de éstas, así como la caracterización de los personajes a través del comportamiento (costumbres); aspecto en el cual debían evitarse a toda costa «impropiedades, inverosimilitudes, e inconsecuencias»[52]. Además de que se previene acerca del abuso de los monólogos y soliloquios, pues fomentan la inverosimilitud.

En cuanto al estilo, tanto a la comedia como al sainete no conviene uno «elevado y sublime», por el contrario, su «lenguaje debe ser vulgar y común, que es el que corresponde en el trato civil y doméstico»; no obstante, se prohíbe «la bajeza, la oscuridad, el abandono, y mucho menos [se concede] la violación de las reglas gramaticales, el mal uso de las voces, los barbarismos, y otros defectos de esta clase»[53].

Estos lineamientos generales —y en ciertos puntos ambiguos— se complementan con el prólogo que acompaña al sainete *El hidalgo en Medellín,* segundo lugar de uno de los certámenes. Tal como prometía la convocatoria, se hicieron las gestiones necesarias para que el texto obtuviera el permiso de impresión, y en 1807 salió de la oficina impresora de Juan B. Arizpe, en octavo y con una extensión de

---

[50] *Diario de México,* vol. 2, núm. 211, pp. 478-479.
[51] *Diario de México,* vol. 2, núm. 212, p. 482.
[52] *Diario de México,* vol. 3, núm. 215, pp. 9-10.
[53] *Diario de México,* vol. 3, núm. 218, p. 21.

80 páginas numeradas. El prólogo comprende 13 páginas y consiste en una exposición de los modelos y principios teóricos que tuvo en cuenta el autor, un tal don Juan Policarpo, vecino de Veracruz, muy probable seudónimo, en la escritura de su sainete. Sabemos, por noticia del propio *Diario,* que hasta mayo de 1808, *«El Hidalgo en Medellín* [...] hizo su salida en público: y agradó su bella disposición»[54].

En su prólogo, Juan Policarpo censura primero la pobre práctica en el reino de Nueva España de la crítica y la sátira contra las malas costumbres, objetivo al que está encaminada su obra, cuyo argumento él mismo resume. Se trata de una crítica de personajes de hábitos viciosos y envilecidos, encarnados en el sainete en los vecinos de Medellín, villa de Veracruz, lugar caracterizado por sus aguas termales: el vehículo de la crítica es don Toribio, hidalgo asturiano a quien el autor adjudicó «un carácter ridículo, adusto, preocupado, e imprudente» (1807, p. 7); en otras palabras, un figurón (según declaración del propio autor), muy afecto a la censura, pero de no muy buen juicio, por lo cual al final resulta castigado por su mordacidad.

Desde un principio, el autor se protege al desvincular su texto de la invectiva y aclara que «los personajes no tienen relación maliciosa con ningún sujeto en particular, y sólo son ficciones para revestirlos de los vicios motejados». Justifica asimismo el uso de un bajo estilo debido a la caracterización y naturaleza de los personajes: «me valgo de los dichos vulgares, que son característicos a su clase y estado» (p. 9); punto que le sirve para lograr la tan anhelada —en el ámbito de la preceptiva— verosimilitud.

Formalmente, el sainete es para Juan Policarpo «una pequeña comedia en un acto», que debe presentar pinturas o copias fieles de la sociedad, satirizando sus vicios, y siguiendo en ello —dice él mismo— «las lecciones de Hugo Blair» (p. 11), tocantes al principio de la *imitatio,* que también recomendaban Batteux y Luzán. Pero su modelo literario indiscutible «son las bellísimas producciones de D. Ramón de la Cruz y Cano» (p. 12), además, por supuesto, de Cervantes.

Afirma cumplir con las tres unidades: «la acción siempre es una»; la historia transcurre en no más de 3 o 4 horas, y el espacio se constriñe a sólo una parte de Medellín, cuyo traslado de un lugar a otro punto no sobrepasa los cuatro minutos, quizá para evitar el escándalo entre los *ilustrados* —como nombra a los destinatarios de su

---

[54] *Diario de México,* vol. 8, núm. 966, p. 469.

prólogo—, que criticaban la violenta mutación de espacios, aspecto en el que también incidían Luzán, Boileau y Batteux. Finaliza solicitando a la crítica honesta emita juicios que le permitan «corregir, variar o suprimir» algún «pensamiento indigno de la prensa y representación», puesto que escribe para perfeccionar su «tosco numen y aprender ideas nuevas» (p. 15). Resultaría interesante verificar, entre otros aspectos, hasta qué grado aplicó estas notas teóricas don Juan Policarpo en su sainete, pero este propósito quedará por el momento pendiente.

★★★

Es notorio que en las últimas décadas del virreinato novohispano un sector de los hombres de letras (o ilustrados como ellos mismos se consideraron) se declaró a favor de una reforma teatral acorde —por lo menos en teoría— a los principios de la poética neoclásica, y en la tónica del teatro como escuela de la virtud: «para hacer por este medio [el teatro] amable la virtud y odioso el vicio»[55]. Los concursos teatrales convocados por el *Diario de México* son claros ejemplos de este intento reformador.

No extraña que la comedia y la tragedia fueran las formas solicitadas en los concursos: ya las preceptivas habían fijado suficientemente sus cualidades. Sin embargo, llama la atención que en dos de los concursos se pidieran sainetes, forma teatral que —según los textos preceptivos de la época, algunos de los cuales ni siquiera lo consideran— era estética, social y moralmente inferior a la comedia y a la tragedia; rechazo derivado de su vinculación con el teatro antiguo (no sujeto a reglas proporcionadas); de su pertenencia a los géneros breves o menores; de su temática cotidiana y sus personajes tomados de los estratos inferiores de la sociedad, así como de su naturaleza satírica y burlesca, ajena —en opinión de varios preceptistas y autores neoclásicos o ilustrados— a la recta enseñanza moral[56]. No llama tanto la atención que el modelo propuesto en los certámenes de sainetes sea Ramón de la Cruz, autor de vasta fama en este género, a pesar de que sus obras fueron —por más intentos que hizo en su momento de satisfacer a neoclásicos e ilustrados— tachadas las más

55 Silvestre de la Vega, juez teatral, citado por Viveros, 1996, pp. 50-51.
56 Palacios, 1983; Sala, 1994.

de la veces de inmorales; de piezas en las que más que criticar parecía que se enaltecía el vicio[57]; de meras concesiones al gusto vulgar del público; en suma, parte de ese teatro popular que «continúa el desarreglo barroco»[58] por su poco o nulo seguimiento de los correctos principios poéticos.

No obstante, si revisamos con más detenimiento el «Examen analítico» publicado por el *Diario de México,* nos percataremos de que estamos ante una interpretación positiva —que pretende ser teórica— del sainete, tal y como ocurriría en la España del XIX: se aprecia al final del virreinato novohispano al sainete como género fustigador y corrector de vicios a través de la burla, pero sin perder su carácter original de breve pieza intercalada con la sencilla finalidad de divertir; al mismo tiempo, pero más importante aún, se intenta elevar estéticamente al sainete al asimilarlo a uno de los géneros mayores: comedia en un acto (implícitamente se marca así la finalidad moral), que debía apegarse a las famosas tres unidades y construirse en consonancia con los tan valorados principios de la *imitatio,* del decoro y de la verosimilitud.

BIBLIOGRAFÍA

BOLAÑOS, P., «Comedias y comediantes en el coliseo de Écija (1772-1774)», en *Teatro español del siglo XVIII,* ed. J. M. Sala Valldaura, Lleida, Universidad de Lleida, 1996, vol. 1, pp. 115-152.

CARNERO, G., «Los dogmas neoclásicos en el ámbito teatral», en *Estudios sobre el teatro español del siglo XVIII,* Zaragoza, Prensas Universitarias de Zaragoza, 1997.

CHECA BELTRÁN, J., «La teoría teatral neoclásica», en *Historia del teatro español, 2. Del siglo XVIII a la época actual,* dir. J. Huerta Calvo, coords. F. Doménech Rico y E. Peral Vega, Madrid, Gredos, 2003.

Diario de México, México, varios impresores, 1805-1809.

DÍAZ DE LA VEGA, S., *«Discurso sobre los dramas»,* en *Teatro dieciochesco de Nueva España,* ed. G. Viveros, México D.F., Universidad Nacional Autónoma de México, 1990.

El hidalgo en Medellín. Sainete que obtuvo el accésit. Compuesto por D. Juan Policarpo, vecino de Veracruz, México, en la oficina de Arizpe, 1807.

---

[57] Herrera, 1996.
[58] Sala, 1996, p. LXXXIII.

HERRERA NAVARRO, J., «Don Ramón de la Cruz y sus críticos: la reforma del teatro», en *Teatro español del siglo XVIII*, ed. J. M. Sala Valldaura, vol. 2, Lleida, Universidad de Lleida, 1996.

LUZÁN, I. de, *Poética*, ed. R. P. Sebold, Barcelona, Labor, 1974.

MARTÍNEZ LUNA, E., *Estudio e índice onomástico del Diario de México. Primera época (1805-1812)*, México D.F., Universidad Nacional Autónoma de México, 2002.

OLAVARRÍA Y FERRARI, E. de, *Reseña histórica del teatro en México. 1538-1911*, vol. 1, pról. S. Novo, México D.F., Porrúa, 1961.

PALACIOS, E., «La descalificación moral del sainete dieciochesco», en *El teatro menor en España a partir del siglo XVI*, Madrid, Consejo Superior de Investigaciones Científicas, 1982, pp. 215-230.

— «Teatro», en *Historia literaria de España en el siglo XVIII*, ed. F. Aguilar Piñal, Madrid, Trota-Consejo Superior de Investigaciones Científicas, 1996.

REGLAMENTO teatral novohispano (1786), en *Teatro dieciochesco de Nueva España*, ed. G. Viveros, México D.F., Universidad Nacional Autónoma de México, 1990.

SALA VALLDAURA, J. M., *El sainete en la segunda mitad del siglo XVIII. La mueca de Talía*, Lleida, Universidad de Lleida, 1994.

— «Prólogo», a Cruz, R. de la, *Sainetes*, est. prel. M. Coulon, Barcelona, Crítica, 1996.

SERRANO, A., «La recepción escénica de los clásicos», en *Historia del teatro español, 1. De la Edad Media a los Siglos de Oro*, dir. J. Huerta Calvo, coord. A. Madroñal Durán y H. Urzáiz Tortajada, Madrid, Gredos, 2003.

TEIXIDOR, F., *Adiciones a La imprenta en Puebla de los Ángeles de J. T. Medina*, México D.F., Universidad Nacional Autónoma de México, 1991 [ed. facsímil].

TERÁN ELIZONDO, M. I., *Orígenes de la crítica literaria en México. La polémica entre Alzate y Larrañaga*, Zamora, El Colegio de Michoacán-Universidad Autónoma de Zacatecas, 2001.

VIVEROS, G., *Talía novohispana. Espectáculos, temas y textos teatrales dieciochescos*, México D.F., Universidad Nacional Autónoma de México, 1993.

— «Estudio introductorio», en *Teatro mexicano. Historia y dramaturgia, vol. 9. Dramaturgia novohispana del siglo XVIII*, México D.F., Consejo Nacional para la Cultura y las Artes, 1996, pp. 11-33.

WOLD, R., *El Diario de México. Primer cotidiano de Nueva España*, Madrid, Gredos, 1970.

ZÁRATE CASTRONOVO, F. de, «*El maestro de Alejandro*», ed. G. Viveros, en *Manifestaciones teatrales en Nueva España*, México D.F., Universidad Nacional Autónoma de México, 2005.

LOPE DE VEGA EN LOS ANDES

Milena Cáceres

Huamantanga (Canta)

Situada a 3300 metros de altura sobre el nivel del mar, en la cordillera de los Andes, se encuentra la villa de Huamantanga, con una población de 710 habitantes[1]. Este distrito pertenece a la provincia de Canta, del departamento de Lima (Perú). Huamantanga está ubicada a 113 km al nordeste de Lima, la capital del Perú. Se llega a ella por la carretera a Canta. Una vez recorridos 89 km, se alcanza el punto denominado *El Diablo*. Tomando el camino que va hacia el norte, por una carretera de una sola vía y subiendo en serpentín por una pista de tierra afirmada muy escarpada, se llega finalmente a Huamantanga.

Según información del Dr. Teodoro Casana, notable de Huamantanga, la villa habría sido fundada entre 1580 y 1590, y evangelizada por fray Bautista del Santísimo Sacramento, doctrinario perteneciente a la orden de La Merced. Don Ricardo Palma da como fecha de la construcción del templo por los mercedarios los años 1600-1602. El lugar se había vuelto famoso por la escultura de un Cristo crucificado

---

[1] Los datos que consignamos nos fueron proporcionados por los habitantes de Huamantanga en 1981. No obstante, según fuentes del Instituto Geográfico Militar, Huamantanga está situada a 3392 metros de altura. El *Diccionario enciclopédico del Perú* de Alberto Tauro del Pino asigna 1100 habitantes a la localidad, según el censo del año 1940. Lo cierto es que la localidad se ha vaciado y se llena cada vez que hay una fiesta. En estas ocasiones, los comuneros que han bajado a Lima o a Huaral suben fielmente con toda su familia.

que se tenía por muy milagroso porque, según la tradición, «la esfigie era obra de ángeles y no de humanos escultores».

Desde el 7 hasta el 11 de octubre de cada año, las dos comunidades de Huamantanga, Shihual y Anduy, celebran las fiestas de los santos patrones del pueblo de la siguiente manera:

- La Virgen del Rosario, el día 7 de octubre.
- San Francisco de Asís, el día 8 de octubre.
- San Miguel Arcángel, el día 9 de octubre.
- Rodeo y herranza del ganado de Shihual, el día 10 de octubre.
- Rodeo y herranza del ganado de Anduy, el día 11 de octubre.

A las tres de la tarde empieza la representación de la obra teatral denominada *Relación de la Historia [...] del Ave María del Rosario* (Barrio de Shihual, los años impares). Los tres días, es decir, el 7, el 8 y el 9 de octubre, se representa la misma obra durante tres horas.

Para estas fiestas, las comunidades de Shihual y Anduy intercalan anualmente la organización de una de las representaciones teatrales de moros y cristianos. En 1981, nosotros presenciamos *Garcilazo o El Ave María del Rosario,* presentada por el barrio de Shihual. En 1982, el barrio de Anduy representó la *Invención de Carlomán o El Cerco de Roma.*

En el pueblo anexo de Quipán, el 29 de junio se celebra en honor de San Pedro y San Pablo la *Danza del Pajano.* En el anexo de Marco, el 14 de septiembre se festeja *Atahualpa o la toma de Cajamarca* en honor de la Exaltación del Señor de la Agonía.

Hemos comprobado pues que ésta es una zona de tradición dramática: se representan diversas historias de los moros y cristianos en los pueblos aledaños de Quipán, el 29 de junio; Rauma, el 15 de agosto; Pampacocha, el 14 de septiembre; Pirca, el 14 de septiembre; Chaupis, el 22 de agosto; Huándaro, el 8 de septiembre y Sumbilca, el 24 de agosto.

Así llegamos al centro de nuestro interés, la Danza de Moros y Cristianos de *El Ave María del Rosario o Garcilazo,* representada por los habitantes del barrio de Shihual —«el que no se ve»— de la villa de Huamantanga.

A continuación relatamos *El Ave María del Rosario o Garcilazo* que presenciamos el 7, 8 y 9 de octubre de 1981.

En una explanada situada en las afueras del pueblo, cuatro grupos se colocan en un cuadrilátero:

Campo Moro	Reina Isabel	Campo Cristiano	Autoridades
Rey Chico		Rey Fernando	Gobernador
Tarfe		Garcilazo	Alcalde
Primer moro		Primer vasallo (Pulgar)	Presidente de la Comunidad
Segundo moro		Segundo vasallo (Jaime)	Otras autoridades
Tercer moro		Tercer vasallo (Escudero)	
Las Pallas (coro de mujeres)		Conde de la Guardia	

Reina Isabel
Campo moro   Campo cristiano
Autoridades

El público se coloca detrás de estas líneas imaginarias que tienen unos 25 metros de lado y los actores de la danza y las autoridades del pueblo se instalan en cuatro grupos.

Los moros entran en la explanada a pie, acompañados por las pallas y sus músicos (arpa y violín). Los cristianos entran a caballo.

En medio de la explanada hay un árbol donde Tarfe se coloca. Es el único elemento del escenario.

Los cristianos o los moros cantan en coro cuatro versos para realzar los momentos más dramáticos de la obra. Las pallas, un grupo de mujeres que tienen entre dieciocho y setenta años de edad, repite el canto cristiano o moro, agregando un estribillo muy agudo: «quillahuaya, quillahuaya». Actúan de manera similar al coro de la tragedia griega.

Deben ser mujeres fuertes y de muy buena voz, dado que tienen que cantar durante tres días, por la mañana y por la tarde. Hay una década de las pallas quien tiene a su cargo la organización de los ensayos del coro durante todo el año. Tradicionalmente, se dice que las pallas están con los moros, porque la Reina Isabel está con los cristianos.

La obra se basa en un libro «muy antiguo», según el decir de los pobladores, quienes afirman que fueron los españoles quienes trajeron esta pieza teatral. No recuerdan cuándo empezó a representarse. El texto es conservado en su integridad por un notable de cada barrio, que lo custodia y no lo muestra, pues es un secreto comunal. Cada personaje copia sus parlamentos en unas hojas, anotando siempre las últimas frases del personaje que le antecede (estas últimas frases se conocen con el nombre de «*caída*»). A nosotros el texto nos fue entregado en 1989.

ANTECEDENTES HISTÓRICO-LITERARIOS DE LA OBRA: *LA RELACIÓN DE LA HISTORIA [...] DEL AVE MARÍA DEL ROSARIO O GARCILAZO*

Esta pieza teatral gira en torno al tema de la rendición de Granada en 1492, uno de los momentos culminantes de la guerra entre moros y cristianos en la historia de España. La obra nos describe el lance tan renombrado del cristiano Pulgar que dio por resultado la afrenta de Tarfe, la batalla entre el campeador moro Tarfe y el cristiano Garcilaso de la Vega (un joven muy osado), el enfrentamiento de los dos reyes (el rey Chico y el rey Fernando), el triunfo consecutivo de los cristianos y, por último, tal como se estila en el Perú, el bautizo de los moros y la fiesta de conmemoración de la paz recobrada, llamada el Maicillo[2].

1. La hazaña de Fernando del Pulgar

La representación de Shihual (Huamantanga), empieza con el lance de Hernando de Pulgar (llamado también en la *Crónica* y el *Romancero*,

---

[2] Para redactar este capítulo ha sido de gran importancia el encuentro con la doctora María Soledad Carrasco, cuyos libros citados han sido un hallazgo capital que iluminó nuestra visión de la obra de Huamantanga. Su actitud generosa e inteligente nos permitió la interpretación fundamental de esta comedia de moros y cristianos. Dos son las obras claves que citamos: *El moro de Granada en la literatura* y *El moro retador y el moro amigo (estudios sobre fiestas de moros y cristianos)*, ambas de M.ª S. Carrasco Urgoiti.

Fernando, Fernán o Hernán Pérez del Pulgar) a quien se denomina solamente *Pulgar* en la obra de Huamantanga. Este caballero cristiano cumplió con la hazaña de clavar en las puertas de la mezquita de Granada un cartel con las palabras de la oración del Ave María. El mismo Hernando del Pulgar fue el cronista oficial de la reina Isabel la Católica. Y escribió el *Compendio de la Guerra de Granada,* donde cuenta su propia hazaña. Unos dicen que fue «un prosista atildado y latinizante, que imitó el estilo de Tito Livio». Otros más bien lo ponderan como un hombre de letras y armas de aptitudes diversas, ideal del hombre del Renacimiento[3].

Las crónicas constituyen un género literario en que se describe y realza, sin omitir detalle, la contienda con los moros. Rodrigo Manrique (padre del poeta Jorge Manrique), Álvaro de Luna, Fernán Álvarez de Toledo y Hernando del Pulgar narran con minuciosidad una serie de lances individuales en que los paladines cristianos muestran su habilidad en el arte de la guerra. Se combina un profundo sentido individual con una visión colectiva del conjunto de estos incidentes. Este episodio fue convertido en leyenda y ampliado en los libros de los siglos XVII y XVIII.

2. La venganza del gigante Tarfe

Ante tal agravio el temido moro Tarfe va a Santa Fe a buscar venganza. Santa Fe es una ciudad-campamento levantada con tiendas de campaña, frente a Granada, y separada de ella por un espacio al que denominan la Vega, que es el escenario de todos los combates. En un lienzo colocado en torno a las tiendas pintan muros, torres y palacios, y hacen creer a los moros que han erigido toda una ciudad en ochenta días.

3. Garcilaso, el joven osado

Como Pulgar no está presente, se ofrece como voluntario para campear un joven de dieciséis años, valiente y osado, llamado Garcilaso. El rey Fernando le niega el permiso para lidiar, pues le dice que es muy mozo. Éste, enfurecido, va a armarse en secreto, reta a Tarfe,

[3] Menéndez Pelayo, 1959, pp. 35 y ss.

quien en un principio se niega a pelear con un «niño», pero ante el desafío de Garcilaso, Tarfe se ve obligado a lidiar con él.

En nuestra obra aparece intercalado un episodio en el que Garcilaso se dirige al rey con la cabeza del vencido y el rey, en lugar de agradecerle, lo increpa por haberlo desobedecido y lo manda al calabozo.

Garcilaso pide a la Reina, como si ella fuera la Virgen, que interceda por él ante el Rey Fernando. Ella lo logra convencer y el Rey lo perdona, lo manda liberar y le otorga el título de Garcilaso de la Vega.

4. El conde de Cabra

El Rey Chico fue hecho prisionero por el gran conde de Cabra, episodio que corresponde a la tercera secuencia de nuestra obra. En Huamantanga lo llaman el conde de la Guardia según el romance n.º 1069 del *Romancero General* de Agustín Durán. La dinastía de los Condes de Cabra empieza con Diego Fernández de Córdoba, quien sirvió a las órdenes de Enrique IV y de Fernando el Católico. Derrotó a un numeroso ejército, a cuya cabeza se encontraba el rey Boabdil, último rey de Granada, llamado también el Rey Chico.

5. Historia de la familia de Garcilaso de la Vega

La hazaña de Garcilaso de la Vega es una leyenda fabulosa que nació de varios datos históricos.

La ilustre y antigua familia de los Lasos de la Vega debe su apellido a la circunstancia de tener su solar en la vega montañosa donde hoy se levanta la rica y floreciente villa de Torrelavega (actualmente provincia de Santander). El linaje empieza a hacerse famoso con Garcilaso de la Vega, el Viejo, Merino Mayor de Castilla, gran privado de Alfonso XI y víctima del furor popular, que le dio una muerte terrible en la iglesia de San Francisco de Soria el año de 1326.

Sus hijos Garcilaso y Gonzalo Ruiz de la Vega fueron los primeros en pasar el puente en la batalla del Salado en 1340 y herir en «el haz» a los musulmanes. El infante don Juan Manuel había querido retardar el ataque «por excesiva prudencia o mala voluntad», dice el cronista (o tal vez miedo, afirmamos nosotros). Gracias a su ataque impetuoso, los dos hermanos salvaron la batalla.

En tiempos de Enrique IV, otro Garcilaso dio muerte a un moro muy fuerte, lo cual fue muy comentado porque el rey a quien ofreció los trofeos hizo poco honor al presente e incluso dio indicios de estar molesto con el caballero porque había dado muerte al moro en su presencia. Esto se confirmó cuando este Garcilaso fue herido en su presencia por una flecha envenenada en un encuentro con los moros. El rey contempló sonriente su horrible agonía y no otorgó mercedes especiales a sus herederos. Ante esta actitud tan ingrata, el pueblo ensalzó su memoria y creó el personaje del *Romancero,* fusionando el Garcilaso de la batalla del Salado con el Garcilaso muerto ante la indiferencia del injusto rey Enrique IV.

Gabriel Lobo Lasso de la Vega, el poeta del siglo XVI, tuvo el mérito de reunir el episodio de la hazaña del Pulgar con el tema del Ave María que cuenta cómo el joven Garcilaso mató a un moro de talla descomunal que arrastraba en la cola de su caballo un cartel con las palabras de la oración del Ave María. Así, el tema del Ave María, que gozó de gran popularidad en España hasta el siglo XIX, es un caso de elaboración legendaria en que se repite de alguna manera la historia de David y Goliat.

El Garcilaso que sirvió en la Guerra de Granada no se batió contra ningún infiel. Era un hombre destacado que ocupó puestos altos en la diplomacia y fue padre del poeta Garcilaso. Otro Garcilaso de la Vega fue el primer gran poeta castizo peruano: el Inca Garcilaso de la Vega, hijo de conquistador y princesa inca, quien logró gran fama gracias a los *Comentarios Reales,* libro que redactara en España narrando la historia del Tawantinsuyo y la conquista española. Todos estos Garcilasos han originado la popularidad de la danza de moros y cristianos de *La Relación del Ave María o Garcilazo* de Shihual, Huamantanga.

6. Popularidad del tema de la toma de Granada

Este tema, repetimos que nos recuerda la fábula de David y Goliat, fue muy conocido en la literatura del Siglo de Oro. El duelo entre Garcilaso y Tarfe alcanzó una gran popularidad, hasta el punto de que se declamaba en las tertulias de la época romántica (siglo XIX).

En la función que se celebraba el 2 de enero en Granada (día del aniversario de la toma de Granada), a la pregunta de Tarfe:

–¿Habrá quién vuelva por ella?

el público coreaba con el joven Garcilaso la respuesta al reto:

–Y quien te mate también.

Tal parece que el teatro fuera estimulado por la épica durante la Edad Media. Se van cantando en romances (fronterizos) los temas heroicos que luego serán vertidos en las comedias de moros y cristianos, como en la *Relación del Ave María* de Huamantanga. Menéndez Pelayo demostró cómo la comedia del Siglo de Oro había mantenido viva la materia épica cantada en los *romances fronterizos*.

7. Las «Guerras Civiles de Granada» de Ginés Pérez de Hita

La historia de Garcilaso y del moro Tarfe aparece en varios romances que fueron publicados en la obra de Ginés Pérez de Hita *Las Guerras Civiles de Granada*. Esta novela histórica consta de dos partes. La primera fue publicada en 1593 y lleva el título de *Historia de los vandos de los Zegríes y Abencerrajes, caballeros moros de Granada*. En ella se describen los encuentros entre moros y cristianos en la Vega de Granada. En un primer momento, las dos dinastías moras —llamadas Zegríes y Abencerrajes— se enfrentan entre sí. La reina de los Abencerrajes es calumniada y acusada de adulterio. Hay un duelo de cañas, vencen los Abencerrajes, demostrando tanto su superioridad bélica como su superioridad moral sobre los Zegríes. El Reino de Granada se iba desmoronando debido a luchas internas.

Mientras crece la rivalidad entre los moros, aparecen los caballeros cristianos y fundan la ciudad-campamento de Santa Fe. Empiezan los lances entre campeadores cristianos y moros, y es ahí donde Ginés Pérez de Hita inserta el desafío muy audaz del jovencísimo Garcilaso al temido y gigantesco moro Tarfe, rudo guerrero moro. El desenlace del combate es, como ya sabemos, que el temerario castellano corta la cabeza del moro Tarfe.

Tras ser capturado, el Rey Chico se ve obligado a capitular y es enviado al exilio. La novela termina con el episodio romántico de los amores de los moros Gazul y Lindaraja, así como con la muerte del campeador castellano Alonso Aguilar al tratar de vencer a los moros de Sierra Bermeja.

El éxito de la novela fue inmediato. Pérez de Hita tuvo la idea de intercalar los romances fronterizos con sus narraciones, por lo que su libro tenía el doble interés de ser una buena novela histórica y una excelente antología poética. El autor olvida toda consideración histórica y la sacrifica a la amenidad del relato, despertando con mucha habilidad el interés del lector. El suceso fue tal que, habiendo reaparecido en 1593, fue reeditada tres veces entre 1595 y 1600, y dieciséis veces en el siglo XVII.

Lo más importante es que la obra generó una moda morisca que trascendió las fronteras españolas (Francia, Portugal e Inglaterra). A partir de este momento la historia del Reino de Granada es glosada por innumerables poetas, fenómeno que es la manifestación de la idealización del Reino de Granada.

María Soledad Carrasco afirma que, según Agustín de Rojas, autor de *loa de la comedia,* las comedias de moros y cristianos empezaron a florecer poco antes de que compusieran sus obras de teatro Juan de la Cueva, Miguel de Cervantes, Francisco de la Cueva o Lope de Vega. Agustín de Rojas menciona el nombre de Mateo de Berrio (1554–¿1628?) como creador del género. Se trata de un poeta granadino de quien no se conserva desafortunadamente ninguna obra, pero que es citado por Espinosa en la *Primera parte de las flores de los poetas ilustres* (1605) como:

> ...después desto
> se vasaron otras, sin estas,
> de moros y christianos,
> con ropas y tunicelas.
> Estas empezó Berrio.

Según María Soledad Carrasco, las comedias de moros y cristianos pertenecen al género de comedia «que trasmite de modo primordial la exaltación del reto y el combate, jugando con los contrastes entre la acometividad castellana y la decadente exquisitez nazarí»[4]. Se trata de un género cuyo tópico principal es el reto, el combate y la muerte o conversión del moro. Nuestra obra corresponde a este género[5].

También pertenecen a este género dos obras de Lope de Vega: *Los hechos de Garcilaso de la Vega y el moro Tarfe* y *El cerco de Santa Fe,* así

---

[4] Carrasco, 1996, pp. 27 y ss.
[5] Carrasco, 1989, pp. 39 y ss.

como su refundición en la obra de autor anónimo *El triunfo del Ave María*.

8. «*La comedia de los hechos de Garcilaso de la Vega y el moro Tarfe*» de Lope de Vega

La primera obra teatral con el tema del Ave María del Rosario habría sido nada menos que la primera obra conservada que Lope habría compuesto en su fértil vida literaria. Se titula *La comedia de los hechos de Garcilaso de la Vega y el moro Tarfe* (¿1579-1583?). Don Marcelino Menéndez Pelayo, quien tiene la gloria de haberla descubierto, afirma que Lope tendría entre 11 y 12 años cuando la compuso y que es la más antigua escenificación del duelo del Ave María. Carrasco corrige y afirma que habría tenido más bien unos 17 años.

En esta comedia ocurren sucesivamente el desafío del moro Tarfe y la hazaña de Garcilaso. Lope presenta un detalle original cuando en un primer momento aparece el personaje alegórico de la Fama, quien predice el triunfo de Garcilaso. El autor emplea la técnica consistente en versificar colocando al final de cada estrofa un par de versos del romance citado, a modo de refrán.

No aparece el episodio del lance de Pulgar, aparentemente porque la redacción de esta obra de Lope es anterior a la publicación de *Las Guerras Civiles de Granada* de Pérez de Hita, que es donde se enlaza la hazaña del Pulgar con la de Garcilaso.

9. «*El cerco de Santa Fe*» de Lope de Vega

A esta temprana comedia de Lope de Vega sigue una segunda comedia de moros y cristianos compuesta entre 1596 y 1598, titulada *El cerco de Santa Fe*.

Estamos en la ciudad-campamento de Santa Fe. Los desafíos de tres caudillos cristianos que arrojan lanzas dentro de la ciudad de Granada dan comienzo a la trama. Tarfe es el único moro que reacciona al ataque prometiéndole a su dama presentarle las cabezas de esos tres caballeros.

Siguen otros lances cristianos, hasta que la lanza de Tarfe se clava en la tienda de la reina Isabel (la Católica). Pulgar aparece y va a clavar una antorcha en la Alhambra de Granada. De ahí sigue el consabido reto de Tarfe a los cristianos y la batalla entre Tarfe y Garcilaso, quien regresa con la cabeza del enemigo moro. Esta vez sí es acogido como un héroe por el rey Fernando.

Antes de la batalla final hay un momento en que aparecen dos personajes alegóricos: España y la Fama, que alaban los hechos heroicos de los españoles durante siete siglos de guerra de Reconquista y anuncian la futura grandeza de Carlos V y Felipe II.

El romance *Cercada está Santa Fe* no era un romance tradicional muy popular en el último cuarto del siglo XVI, del que conocemos las versiones de Lucas Rodríguez (1579), Ginés Pérez de Hita (1585) y otros coleccionistas anónimos. Lope de Vega (antes de 1609) y Ambrosio de Salazar (1622) citan otras versiones, procedentes sin duda de la tradición oral.

En *El cerco de Santa Fe* encontramos, según María Soledad Carrasco, que una acción episódica sirve al propósito de conmemorar una hora clave en el pasado de España. No se ensalza la victoria misma sobre los moros, sino el esfuerzo por lograrla a través de los lances individuales de los campeones cristianos. La decadencia de los árabes se nota en el gusto por las fiestas y la pasividad ante el embate de los cristianos. Tarfe es el único moro que se quiere enfrentar a los cristianos y se enfurece cuando los demás moros deciden celebrar un juego de cañas para dar al pueblo moro una falsa sensación de normalidad, en lugar de armarse para dar batalla. Se nota así la superioridad moral de los castellanos.

En *El cerco de Santa Fe* aparecen una serie de temas que son del gusto de la época:

– La lanza que penetra en el campo enemigo.
– La alabanza de la ciudad.
– La alabanza de los linajes cristianos.
– El reto o desafío de Tarfe.
– El asedio a la ciudad de Granada desde la ciudad-campamento de Santa Fe.

El moro Tarfe aparece como los personajes desesperados y frenéticos del teatro italiano (recordemos a Orlando o Rodamante, de Ariosto), despreciado por Alifa, dama mora que está enamorada del moro Celimo (hombre virtuoso que muestra gran admiración por los cristianos).

10. «El triunfo del Ave María» del autor anónimo «Un Ingenio de la Corte»

La tercera versión del Ave María es una comedia llamada *El triunfo del Ave María,* cuyo autor anónimo se llama a sí mismo *«Un Ingenio de la Corte».* Menéndez Pelayo le asigna una fecha de composición posterior a *El cerco de Santa Fe* de Lope (o sea, posterior a 1598, en algún momento del siglo XVII) y afirma que sería una refundición tardía de esta obra.

Los especialistas afirman que, respetando los esquemas de composición de base de *El cerco* de Lope, el material poético fue vertido en un molde de inferior calidad. El autor anónimo agrega un cuadro final, escena muy gustada, en que los ejércitos cristianos van a tomar posesión de Granada.

El epíteto *«Un Ingenio de la Corte»* encubre a autores conocidos que querían guardar el anonimato, a impresores que ignoraban quiénes habían sido los autores del drama, al mismo rey Felipe IV o inclusive a autores oscuros o ajenos a la profesión. Se ha pensado en el poeta granadino Cubillo de Aragón, quien en 1654 tenía ya escritas más de cien comedias, o en Vélez de Guevara, ambos poetas posteriores a Lope[6].

A pesar de su menor valor literario, *El triunfo del Ave María* tuvo la suerte de ser incorporada a las festividades del 2 de enero, día de los festejos conmemorativos de la rendición de la ciudad de Granada. En 1842 un crítico declara que hacía doscientos años que ya se representaba anualmente esta obra. «Aunque no tomemos esta afirmación al pie de la letra», dice María Soledad Carrasco, «es interesante observar que por entonces se consideraba muy antigua esta tradición».

Al tener como fuente de inspiración el romance *Cercada está Santa Fe,* esta comedia gozaba de una gran popularidad. En las tertulias literarias se declamaba *el reto de Tarfe.* En la función del 2 de enero, cuando Tarfe preguntaba, aludiendo al cartel del Ave María: «¿Habrá quién vuelva por ella?», el público repetía en coro junto con el joven Garcilaso de la Vega: «Y quien te mate también».

Comprobamos que el texto de Lope está refundido en *El triunfo del Ave María* porque los nombres cambian. La mora Alifa se convierte en Celima; Tarfe siempre la ama, pero ella ama esta vez al cristiano conde de Cabra, un castellano que la hace prisionera. Los parlamentos del Gran Capitán son absorbidos por Pulgar y Garcilaso.

---

[6] Menéndez Pelayo, 1860, pp. 26 y ss.

Se conserva siempre la enumeración de los apellidos de las familias nobles españolas (motivo muy gustado, como veremos en el texto de Huamantanga). Se introduce el personaje gracioso del morillo, común a otras representaciones de moros y cristianos.

A pesar de tanta acumulación de nuevos primores, y quizá por culpa de ellos (pues un drama histórico, por mucho que se imagine, nunca puede confundirse con un compendio de historia), el drama del poeta Díaz, como entonces se le llamaba, fracasó estrepitosamente y hubo que volver a la comedia antigua, donde, en sustitución de lo mucho que se quitó, se intercalaron algunos trozos de autor desconocido, pero de versificación robusta y de buen efecto escénico.

11. Conclusión

La Relación de la Historia... de Huamantanga es distinta de las tres obras teatrales mencionadas: recoge la tradición oral de los romances, algunas partes de *El triunfo del Ave María* del autor anónimo «Un Ingenio de la Corte» y otros fragmentos de tradición oral peruana que hemos identificado en nuestro análisis textual.

BIBLIOGRAFÍA

CÁCERES VALDERRAMA, M., *La Fiesta de Moros y Cristianos en el Perú*, Lima, Fondo Editorial de la Pontificia Universidad Católica del Perú, 2005 (contiene el texto de Huamantanga comparándolo con los textos de Lope de Vega y «Un Ingenio de la Corte»).

CARRASCO URGOITI, M.ª S., *El moro de Granada en la literatura (del siglo XV al XIX)*, Granada, Universidad de Granada, 1989 (ed. facsímil del original de 1956, con un estudio preliminar de J. Martínez Ruiz).

— *El Moro Retador y el Moro Amigo (estudios sobre fiestas de moros y cristianos)*, Granada, Universidad de Granada, 1996.

El Triunfo del Ave María: comedia famosa de moros y cristianos, prólogo de don F. de Paula Valladar, Granada, El Defensor de Granada, 1909.

MENÉNDEZ PELAYO, M., «Prólogo», en Un Ingenio de la Corte, *El triunfo del Ave María*, Madrid, Rivadeneyra, 1860.

— «Observaciones Preliminares», en Lope de Vega, F., *Obras Dramáticas*, Madrid, Biblioteca de Autores Españoles, 1959.

TAURO DEL PINO, A. (dir.), *Diccionario enciclopédico del Perú*, Lima, Juan Mejía Baca, 1966-1975.

VEGA, F. L. de, *Los hechos de Garcilaso*, en *Obras dramáticas*, Madrid, Rivadeneyra, 1959.

— *El cerco de Santa Fe*, en *Obras dramáticas*, Madrid, Rivadeneyra, 1959.

A continuación presentamos algunos fragmentos del texto de Huamantanga donde se encuentra *El triunfo del Ave María de Granada*:

	Texto de Huamantanga	Texto de *El triunfo del Ave María*
	Versos 538-559: provienen del *El triunfo del Ave María de Granada*. Pertenecen a la jornada tercera, p. 170.	
	Heroicos reyes y grandes	Heroicos reyes de España
540	Castros y bracamontes	
	Niños hábiles y pocos	
	Menguas cadenas o bandos	
	Horas talles y peraltas	
	Taberos Hurtados y Sílabos	
	Graciosos mendigos y guerreros	
545	cuya fé es tan admirable	Cuya fe es tan admirable
	Que contra el Moro se sustenta	Que contra el moro sustenta
	La pureza de mis verdades	Lo puro de sus verdades
	Ya el tiempo haveis conseguido	Ya el triunfo habéis conseguido
	Del fiero Barbaro a tarde	Del fiero bárbaro alarde,
550	Que intentas sin poder	Que intentó, sin poder nunca,
	Nunca de María el ultraje	De María el ciego ultraje;
	Y por el débil brazo	Y por el más débil brazo
	Vendició Dios	Venció Dios, porque su Madre,
	Porque se va contra el barbaro	Contra el bárbaro poder
555	A que de este modo se ensalce	Ce aqueste modo se ensalce
	Este es un nombre divino	Este es el nombre divino,
	Barbaro presto verás	
	Con arrogancia de tu sobervia	

Versos 559-573: también provienen de *El triunfo del Ave María de Granada*, donde ocupan un lugar variable, ya sea en la p. 157 o la p. 166, siempre dentro de la tercera jornada.

	En castigo te quitaré la contienda	Yo quitaré la contienda,
560	Sin imprimir el cetro	Saliendo primero al sitio
	Candida Pura Paloma	Cándida y pura paloma
	Alvas del Sol más propicos	Alba del sol más propicio,
	Reina de Angeles del cielo	Reina de ángeles y hombres
	Gloriosos honores del imperio	Glorioso honor del empíreo,
565	Por nuestros nobles seremos	Por vuestro nombre sagrado
	y por la fé	Y por la fe en que me animo
	En que mi ánimo vaya	
	Al moro en confianza	Voy al moro, en confianza
	De uno y otro	De uno y otro patrocinio;
570	Haber gran Señor	A vencer voy, gran Señora,
	Que a vuestros brasos	Que vuestro brazo es preciso
	Es preciso aun amigo vuestro	Ampare á un amigo vuestro
	Y castigo aun enemigo	Y castigue á un enemigo

Los versos siguientes, que aparecen a la derecha del texto, son muy parecidos a los de *El triunfo del Ave María* de «Un Ingenio de la Corte» de la ciudad de Granada, jornada primera, p. 52. Notemos que en nuestra obra aparece en la tercera secuencia, mientras en el *El triunfo* aparece en la primera jornada.

	Despues de mi gran Señora	Después, gran Señora, que
	Que se formo la Empalizada	Se formó la empalizada
640	Con los liesos que se fingían	Con los lienzos, que fingían
	A lo menos torres y murallas	Almenas, torres, murallas,
	Cuyas vistas las hizo a los moros	Cuya vista hizo á los moros
	Que pasmando se han quedado	Que pasmados se quedaran,
	Imaginándose ciudades	Imaginando Ciudad
645	Las torres pintadas	Las que eran telas pintadas,
	Que heran en circulo espacio	En su círculo espacioso,
	Que tan bello ocupaban	Que tanta vega ocupaban,
	En la forma de cruz	En forma de cruz delinean
	Deslizaban el sitio que señalaban	El sitio que la señalan,

	Texto izquierdo	Texto derecho
	Despues de mi gran Señora	Después, gran Señora, que
	Que se formo la Empalizada	Se formó la empalizada
640	Con los liesos que se fingían	Con los lienzos, que fingían
	A lo menos torres y murallas	Almenas, torres, murallas,
	Cuyas vistas las hizo a los moros	Cuya vista hizo á los moros
	Que pasmando se han quedado	Que pasmados se quedaran,
	Imaginándose ciudades	Imaginando Ciudad
645	Las torres pintadas	Las que eran telas pintadas,
	Que heran en circulo espacio	En su círculo espacioso,
	Que tan bello ocupaban	Que tanta vega ocupaban,
	En la forma de cruz	En forma de cruz delinean
650	Deslizaban el sitio que señalaban	El sitio que la señalan,
	De donde a cada extremo	Dando á cada extremo una
	Una puerta que alarga distancia	Puerta, que á larga distancia,
	Por el igual del edificio	Por lo igual del edificio,
	De dos en dos se miraban	De dos en dos se miraran.
655	Repartidas por cuarteles	Repartida por cuarteles
	En la Nobleza mas alta	En la nobleza más alta
	A fabricar empesaron todos	La fábrica empezó y todos
		Tanto el ciudado adelantan,
	Que en los ochenta días	Que en solos ochenta días
	Se vió del todo acabado	Se vió del todo acabada,
660	Y somos fieros moros y tales	Con fosos, muros y torres
	Seductos y barbaros	Reductos y barbacanas
	Calles plazas puentes y tempos	Calles, plazas, fuentes, templos,
	Hermosas casas para asombrarse	Babel hermoso de casas,
	Pues a donde los siglos	Para asombro de los siglos,
665	Y el tiempo no alcanza	Pues donde el tiempo no alcanza
	Para fabricar una ciudad	Fabricar una Ciudad
	con tan alta circunstancia	Con tan altas circunstancias,
	Aunque si miran no es	Aunque si mira, no es
	cosa para imaginarse	Cosa para imaginada.
	solo acreditar pudiera	Sólo acreditar pudieron
670	Una maravilla tan extraña	Maravilla tan extraña
	cuanto grande es Castilla	Tanto grande de Castilla,
	Que en servir a su monarca	Que en servir á sus monarcas
	A infatigables allanamientos	A infatigables alientos
	Pero que han de resistir	Los imposibles allanan.
	Todo el tiempo donde lo halle	Pero, ¿qué ha de resistir
675	Mendozas y Pimenteles	El tiempo donde se hallan
	Cuantos Ilustres principios	Mendozas y Pimenteles

AMÉRICA Y LOS ESCRITORES DE LOS SIGLOS DE ORO (TIRSO DE MOLINA EN SANTO DOMINGO)

Gonzalo Santonja Gómez-Agero
Universidad Complutense de Madrid
Instituto Castellano y Leonés de la Lengua

> La Española es una maravilla: las sierras
> y las montañas y las vegas y las campiñas y las
> tierras tan hermosas y gruesas para plantar y
> sembrar, para criar ganados de todas suertes,
> para edificios de villas y lugares.
> (Cristóbal Colón, «Carta a D. Luis
> de Santángel», 15 de febrero de 1493)

Siempre que se aborda el tema de la relación de los escritores españoles de los Siglos de Oro con el Nuevo Mundo, de inmediato surge el nombre señero de Miguel de Cervantes y a renglón seguido viene aquello de su pretensión, a mi entender por fortuna desatendida, de encontrar mejor acomodo en Indias, dado que su vida española no atravesaba por ningún período de desahogo a la altura de los años noventa, acuciado y herido desde muy diversos frentes. Entonces remitió desde Sevilla hasta Madrid a alguna de sus hermanas o a uno de sus buenos amigos a la sazón estantes en Corte, un memorial con destino al Consejo de Indias en solicitud de «un oficio en las Indias de los tres o cuatro que al presente están vacos»; a saber:
— La contaduría del Nuevo Reino de Granada.
— La gobernación de la provincia de Soconusco en Guatemala.

— El cargo de contador de las galeras de Cartagena.
— El nombramiento de corregidor de la ciudad de La Paz.

Como de sobra se sabe, el Consejo, requerido con prisas, solventó la cuestión con urgencia, apenas en quince días, de modo que a 6 de junio de 1590 una mano anónima estampó al pie de la petición esta negativa un tanto desdeñosa: «busque por acá en qué se le haga merced». Así resuelto el asunto, conviene recordar que nadie comunicó tal decisión a Cervantes, o que en todo caso el trámite sería verbal, porque éste no reclamó el referido expediente o al menos no se lo devolvieron, gracias a lo cual se conservan dos series de documentos cruciales, con bastante probabilidad aventadas de haber regresado a su poder: «Información de Miguel de Cervantes de lo que ha servido a S. M. y de lo que ha hecho estando captivo en Argel, y por la certificación que aquí presenta del duque de Sesa se verá cómo cuando le captivaron se le perdieron otras muchas informaciones, fees y recados que tenía de lo que había servido a S. M.» e «Información pedida por Rodrigo de Cervantes de los servicios de su hijo Miguel» más la «Información en Argel ante fray Juan Gil, pedida por el propio Miguel de Cervantes». Todo esto, insisto, se hubiera evaporado de no mediar su arrumbamiento en los archivos del tal Consejo, donde al cabo de un par de siglos fue redescubierto por Ceán Bermúdez (1804), eximio erudito, comisionado por Martín Fernández de Navarrete, entonces ocupado en los trabajos de su biografía cervantina, obra inaugural de un género[1] que, sobre la paradoja de no demasiadas aportaciones documentales de sustancia, en nuestros días se está revelando de proporciones casi oceánicas.

Cervantes, ciertamente, sintió la llamada de América, pero entre los grandes autores de la época distó mucho de ser el único. Mateo Alemán, a título de alto ejemplo, se puso de veras en ese camino, y aunque con no pocas dificultades, al final consiguió llegar a buen puerto, el de San Juan de Ulúa, el 19 de agosto de 1608, tras dos meses

---

[1] Comisionado en 1804, Ceán Bermúdez tardó cuatro años en encontrar el expediente que aquí nos ocupa; envió un extracto del mismo a Fernández de Navarrete, quien lo incorporó punto menos que tal cual a su *Vida de Miguel de Cervantes Saavedra* (Madrid, 1819). Al cabo de algún tiempo, y al considerar insuficiente aquel resumen, la *Revista de Archivos, Bibliotecas y Museos* encargó a Pedro Torres Lanzas, director del Archivo de Indias, la edición cabal del texto, empresa llevada a cabo en 1905, al hilo del III centenario de la publicación de la primera parte del *Quijote* (Madrid, año X, núm. 5, mayo de 1905, pp. 345-397).

largos de próspera navegación (al mando de Lope de Díaz de Almen-
dáriz, la flota surcó la bahía de Cádiz el 12 de junio), enderezando
después hacia México, ya incorporado a la comitiva del arzobispo fray
García Guerra, luego también designado gobernador, capitán general
y hasta virrey de la Nueva España, aunque virrey de corto mandato
(desde marzo de 1611 al 22 de febrero del año siguiente), religioso de
vida presidida por la mala suerte y el infortunio (al menos, en su etapa
americana), como el mismo Alemán consignó puntualmente en la
última de sus obras: *Sucesos de don fray García Guerra y oración fúnebre,*
páginas que brindan, junto a las de una en verdad curiosa *Ortografía
castellana,* estudio animado por llamativos testimonios autobiográficos
y en el que propone de paradigma una novedosa relación de autores
(México, 1609), la dimensión o el lado americano de su obra. Un
lado, por cierto, tradicionalmente poco tenido en cuenta en España y
aún lleno de zonas oscuras, porque ni siquiera se sabe cuándo murió,
aunque parece que más de un lustro después de lo que se venía supo-
niendo, en torno a 1620, año en que Irving A. Leonard le localiza en
Chalco[2].

Antes había fatigado la misma ruta el poeta Gutierre de Cetina
(Sevilla, 1520-Puebla de los Ángeles, México, ¿1560?), cuyo hermoso
madrigal «Ojos claros, serenos» no falta de ninguna antología, quien
pasó a Indias con veinte o veintidós años en compañía de sus padres y
algunos de sus hermanos, reclamados, acogidos y amparados allí por
un familiar poderoso, Gonzalo López, todos ellos conversos, al igual,
por cierto, que Mateo Alemán, descendiente tanto por parte paterna
como materna de sendos linajes duramente castigados por la Inquisición, condición que al menos en teoría hacía imposible la aventura
del Nuevo Mundo, explícitamente y en reiteradas ocasiones prohibida
por la Santísima.

Ahora bien, por un lado las prohibiciones y por otro la realidad,
en medio creció, tendiendo puentes, el negocio de las licencias falsifi-
cadas y los expedientes mudados a conveniencia y, eso sí, a bien caro
precio, porque Mateo Alemán, sin ir más lejos, rindió a tal cuenta el
tributo, en beneficio de Pedro de Ledesma, a la (de)sazón secretario

---

[2] Obras de extremada rareza y muy difícil localización, el Colegio de México
recuperó en 1950 la *Ortografía,* edición a cargo de José Rojas Garcidueñas, prologada
por Tomás Navarro Tomás (3.ª ed. facsímil, 1981), mientras la Academia Mexicana
de la Lengua hacía años después lo propio con *Los sucesos de fray García Guerra y oración fúnebre.* Ver mi edición de *Los sucesos de fray García...*

del Consejo de Indias, del conjunto de sus propiedades: un buen solar y varias casas en Madrid, incluido su equipamiento, y los derechos absolutos para proceder como le viniera en gana con la segunda parte de *Guzmán de Alfarache* (Lisboa, Pedro de Crasbeeck, 1604) y la *Vida y milagros de San Antonio de Padua* (Sevilla, Clemente Hidalgo, 1604), de modo que Alemán se embarcó sin dejarse ninguna retaguardia.

No fija el tema de este momento, pero ahí queda el dato: conversos flagrantes Cetina y Alemán, ambos eludieron la prohibición, cerco también roto por Antonio de León Pinelo (¿Valladolid?, 1596-Madrid, 1660), el erudito y fantástico autor de *Paraíso en el Nuevo Mundo* (1656), asimismo descendiente de una familia judía, perfectamente informada de ello la Inquisición, lo que no le impidió pisar tierras americanas en 1604. Para mí tengo, aunque ahora y aquí me limite a apuntarlo, que con esto sucedería más o menos lo mismo que con el *Quijote,* la parte del león de cuya edición *princeps* corrió libremente por América a pesar de los repetidos decretos que disponían lo contrario, letra muerta a la que algunos se han acogido con manifiesta obstinación, tercamente aferrados a formulaciones teóricas, estereotipos ideológicos y clichés políticos que, datos en mano, carecen de fundamento[3].

En fin, no se trata de componer un repertorio exhaustivo, pero cierto y bien cierto resulta que no fueron pocos los escritores españoles de los Siglos de Oro que conocieron el Nuevo Mundo. Tomando como límite la muerte de Calderón de la Barca (1681) y dejando de lado cronistas e historiadores notorios, que ya es mucho dejar (empezando por los mismos Colón y Hernán Cortés, esa extensa lista comprendería, entre infinidad de nombres, los bien ilustres de Gonzalo Fernández de Oviedo, que cruzó el Atlántico nada menos que en doce ocasiones, Bartolomé de las Casas, Bernal Díaz del Castillo[4], Francisco de Jerez, Pedro Cieza de León o Alvar Núñez Cabeza de Vaca, en compañía del cual llegó a las actuales tierras de Norteamérica, no resisto la ocasión de señalarlo, un paisano mío,

---

[3] A partir de las investigaciones señeras de Francisco Rodríguez Marín, sobradamente conocidas, remito a un trabajo reciente de Martín Abad (2005) y a otro mío (2006).

[4] Procede sacar a colación el nombre del mercedario fray Alonso Remón (Vara del Rey, Cuenca, 1561-Madrid, 1632), antecesor de Tirso de Molina en el cargo de cronista de su orden y editor de la relación de Bernal Díaz del Castillo, rescatada del olvido por mor de su diligencia.

Andrés Dorantes); relegando al olvido la inagotable nómina de los cronistas *menores,* apartado repleto de autores y obras insignes[5], y sin entrar por ahora en aspectos tan sugerentes como el del nacimiento del cuento hispanoamericano, que Enrique Anderson Imbert atribuye al ingenio de dichos historiadores[6]; al margen también del caso absolutamente excepcional de Catalina de Erauso, la *Monja alférez* (San Sebastián, 1592-Cuitlaxtla, México, 1650; su memorable autobiografía permaneció inédita hasta 1829, dada a conocer entonces por Joaquín María Ferrer en París); haciendo igualmente abstracción de figuras que a nadie se le escapan, al estilo de Alonso de Ercilla y Zúñiga (Madrid, 1533-1594), punto de referencia su poema épico de *La Araucana* (publicado en tres partes: Madrid, 1569, 1578 y 1589) para una auténtica oleada de imitadores (encabezados por Juan de Castellanos y Pedro de Oña), o de Juan de Palafox y Mendoza (Fitero, Navarra, 1600-Osma, Soria, 1659), obispo de Puebla y virrey de la Nueva España, de obra amplia y bien conocida; pasando de largo sobre el amplio grupo de soldados y aventureros que, ocupados allí en misiones circunstanciales, dejaron memoria literaria de sus experiencias, a la manera del fabuloso capitán Alonso de Contreras (de verdadero nombre Alonso de Guillén y Roa, Madrid, 1582-¿1644?), comisionado en socorro de Puerto Rico, Santo Domingo y Cuba, islas combatidas por sir Walter Raleih[7]; y prescindiendo por si aún fuera poco de la nómina abundante de autores de rastro brumoso, al estilo de muchos de los citados por Cervantes en el «Canto de Calíope» de *La Galatea* o por Lope de Vega en *El laurel de Apolo,* donde pondera, por ejemplo, a su buen amigo Pedro Medina Medinilla. A pesar de todas esas ausencias, y orillando asimismo otras muchas cuestiones (como la de los graduados indianos por las distintas universidades españolas, y no necesariamente por las de mayor envergadura y prestigio, prueba palpable de que la comunidad inte-

---

[5] Repárese, como muestra, en la obra ingente de fray Pedro Simón, autor de unas *Noticias historiales de la conquista de tierra firme en las Indias Occidentales* de más de tres mil folios, centrados en la conquista del Reino de Nueva Granada, obra indispensable para Colombia y Venezuela. Ver Valle, 2006.

[6] Anderson Imbert y Florit, 1979. Durán Luzio, 2006, ha estudiado este aspecto.

[7] Contreras, *Vida,* cap. 13 («En que cuento el viaje que hice a las Indias y los sucesos de él»).

lectual se afianzó enseguida[8]) resulta sencillo componer un repertorio pródigo en nombres, obras y referencias. Tal relación incluiría,
entre otras muchas, estas entradas:

Juan de la Cueva (Sevilla, 1543-Granada, 1612), poeta, traductor
y dramaturgo, el primero de la órbita del gran Lope en imprimir sus
comedias, cuya teoría expuso en el *Ejemplar poético,* en estrecha consonancia con el *Arte nuevo,* que llevó a las tablas el tema del don Juan
en *El infamador.* Cueva residió tres años en México (1574-1577) junto
a su hermano, el inquisidor Claudio de la Cueva, siempre, y al parecer
en exclusiva, consagrado a sus obras, conservadas en manuscritos una
y otra vez corregidos con esmero. Más que la realidad americana, le
interesó Virgilio Polidoro, cuya versión del *De inventoribus rerum* apareció a la vuelta de esa experiencia, en 1578, bajo el título de *Los cuatro
libros de los inventores de las cosas.*

Juan Mogrovejo de la Cerda, padre de la literatura satírica en el
Perú con *La endiablada,* relato de falsos caballeros y celestinas disfra-
zadas de beatas, senda después ahondada por Juan del Valle Caviedes
(Porcuna, Jaén, 1652-Lima, h. 1697), trasladado a Perú en la niñez,
poeta y dramaturgo (citando por parejas *Diente del Parnaso* y *Poesías
serias y jocosas; Baile del amor tahúr* y *El amor alcalde),* y Juan Rodríguez
Freyle, criollo (Santa Fe de Bogotá, 1566-¿1640?), fuente ineludi-
ble, histórica y literaria, su crónica de *El carnero* para el virreinato de
Nueva Granada.

Andrés Fernández de Andrada (¿Sevilla, 1575-Huehetoca, México,
1648?), de estancia documentada en México al menos desde 1623,
donde murió pobre de solemnidad tras desempeñar la alcaldía de
diversos lugares menores. De su ingenio brotó, como ha demostrado
Dámaso Alonso, una de las cartas en verso más famosas de la literatura

---

[8] Indicativo a este tenor resulta el estudio de José María Herráez Hernández,
1992, cifrados en ciento setenta, entre nativos (mayoritariamente de Ciudad de los
Reyes, México, Santa Fe, Puebla de los Ángeles y Cartagena de Indias, pero también de Jamaica, Tunja o Quito) y vecinos (excluidos quienes se graduaron antes de
pasar a Indias), a partir de los datos extraídos de los Registros de Grados. Y tómese
en consideración, como señalé más arriba, que ese centro educativo, instalado en el
monasterio de Santo Tomás el Real, primero como estudio particular de los dominicos, más tarde transformado en Estudio General de la Orden y en 1576 elevado
a rango de universidad por el Papa (clausurada en 1824), de ninguna manera pudo
competir, ni se lo planteó, con instituciones tan cercanas y poderosas como las de
Alcalá de Henares, Salamanca y Valladolid, lo que da buena idea de la intensidad de
ese vínculo.

española, *Epístola moral a Fabio,* curiosamente dirigida a Alonso Tello de Guzmán en situación de aspirante a corregidor en México, al que pretende disuadir de tal intento y amonesta la vuelta a casa, aunque luego, despredicando con el ejemplo, consumieran hombro con hombro, y no precisamente en abono de su fortuna, buena parte de su aventura mexicana.

Bernardo de Balbuena (Valdepeñas, Ciudad Real, ¿1563?-San Juan, Puerto Rico, 1627), autor de *El Bernardo o Victoria de Roncesvalles* (1624), poema épico francamente abrumador, porque supera la friolera de los cuarenta mil versos, cuarenta mil, épicos y narrativos, endosados a costa de la leyenda de Bernardo del Carpio, aunque con una infinita maraña de digresiones. Balbuena atesoró una rica experiencia en las Antillas, embarcado hacia el Nuevo Mundo en los alrededores de 1584: fue abad de Jamaica y obispo de Puerto Rico, etapa erizada de sustos (la amenaza de un asalto holandés le indujo a quemar varios manuscritos; algunos certifican otro *Bernardo* consumido en esas llamas), y al cabo compuso una crecida *Grandeza mexicana* (1604) para mayor gloria de la antigua capital de los aztecas[9].

Diego de Hojeda (Sevilla, 1571–Huánuco de los Caballeros, Perú, 1615), sacerdote dominico, ordenado en Perú (1591), fruto de cuyo tesón literario —más, creo yo, del tesón que del ingenio— floreció *La Cristiada* (1611), obra no menos épica que *El Bernardo* y anticipo de la desmesura de Balbuena, pues consta de dos mil octavas, distribuidas en doce cantos, sobre la crucifixión, poema dramatizado que arranca con la *última cena* para alcanzar el final con el *santo entierro,* generosamente trufado el relato de anécdotas y reflexiones. Hojeda, peruano por muerte, se volcó en tareas de evangelización y, al igual que Tirso y Balbuena, formó en las líneas de brega del «segundo proyecto americano», deslinde a mi entender esencial, que nos ocupará más adelante.

Rodrigo Carvajal y Robles (Antequera, Málaga, h. 1580-Lima, Perú, 1635), que a finales del XVI se encontraba defendiendo los puertos del Perú contra las incursiones de los piratas, poeta bien representado en el *Cancionero antequerano* y asimismo partícipe en las *Fiestas de Lima por el nacimiento del príncipe Baltasar Carlos* (Lima, 1632), cuya obra principal, *Poema heroico del asalto y conquista de Antequera,* es limeña de nacimiento (imprenta de Jerónimo Contreras, 1627). Algunos estu-

---

[9] Rojas Garcidueñas, 1982, y Horne, 1940, lo han estudiado en profundidad.

diosos también le atribuyen con fundamento una curiosa pieza teatral prelopesca, la *Tragedia Josefina* (1535), tal vez escrita en La Española.

Luis de Miranda, placentino envuelto en el misterio (nacería a comienzos del XVI), primero soldado y después religioso, cuyo bagaje literario está formado por una sola obra, aunque bien interesante, esa *Comedia pródiga,* conservada en ejemplar único (Biblioteca Nacional de España)[10], escrita a la manera de *La Celestina* (c. de 1532, pero publicada en 1554, en Sevilla) en opinión de Menéndez Pelayo sobre la plantilla de la *Comedia d'il filiuol prodigo* de Juan María Cecchi[11], a partir de la parábola del hijo pródigo según San Lucas, de orientación didáctico-moral, dotada de intensidad expresiva y hondo valor humano, con jugoso desfile de tipos picarescos, rufianes, gorrones, alcahuetas y mozas de partido, espolvoreados por siete actos de redondillas dobles en escenas de disipación y miseria entre pujos erasmistas.

Alonso Enríquez de Guzmán (Sevilla, 1499-¿Ausburgo, 1547?), apasionante personaje, cortesano y soldado pero sobre todo aventurero audaz, cuya estupenda autobiografía sólo alcanzó edición cabal, gracias al esfuerzo de Hayward Keniston, en 1960 (Madrid, Atlas)[12]. Este personaje, gastado en las intrigas de la corte y forjado en la fatiga con riesgo de numerosos combates, también tentó la fortuna al otro lado del mar, y la crónica de sus peripecias, titulada *Libro de la vida y costumbres de don Alonso Enríquez de Guzmán,* se detiene por extenso en las guerras (in)civiles del Perú, compañero de los Pizarro y cronista de sus adversidades («Sentencia contra Hernando Pizarro»), vivamente impresionado por la ejecución de Diego de Almagro, feroz episodio espeluznantemente cainita cuyo dramatismo supo acentuar al incorporar diversos materiales de raigambre popular, como *exenplos,* romances, refranes y dichos, que dan el tono de varios capítulos; verbigracia estos: «Obra en metro sobre la muerte que fue dada al illustre don Diego de Almagro, la cual dicha obra se dirige a su majestad, con cierto romance lamentando la dicha muerte», a renglón seguido de lo cual aclara que «no la hizo el autor

---

[10]　Ver la edición facsímil de J. I. Urquiza González, 1982.

[11]　Menéndez y Pelayo, 1961, vol. 3, pp. 443-444. A juicio de Leandro Fernández de Moratín se trataría de una de las mejores piezas del teatro español prelopesco (*Orígenes del teatro español*).

[12]　Inédita hasta bien avanzado el siglo XIX, objeto en 1873 de una edición incompleta en Chile, se conserva en dos manuscritos, respectivamente custodiados por la Biblioteca Nacional de Nápoles y la Biblioteca Nacional de España.

del libro porque es parte y no sabe trovar»; y «Síguese el romance hecho por otro arte sobre el mismo caso, el cual se a de cantar al tono del *Buen conde Fernand González»*. Enríquez aspiraba a todo, tanto a la gloria militar como a los honores de las letras, y esa ambición a veces le incitó a plantearse notorias complejidades, desde las pretensiones del cultismo precipitado al abismo de lo confuso, lo que no empece para que su testimonio del viaje («Lo que me acaeció en el golfo del mar Océano, el cual es de mill leguas desde el dicho puerto de Gomera hasta Sancto Domingo en las Indias») y los cuadros de Cuzco (desde «Lo que me acaeció en la ciudad principal de la provincia llamada el Cuzco, que agora se llama en lengua de cristianos la ciudad de los Reyes, y la primera vista con el señor gobernador» hasta «De cómo salió el dicho gobernador de la ciudad del Cuzco a conquistar el Yuga y a defender la ira e tiranía de los que le querían usurpar su gobernación e de cómo me dejó la dicha ciudad») resulten, a mi juicio, fascinantes.

Martín del Barco Centenera (Logrosán, Cáceres, h. 1535-h. 1601), émulo de Alonso de Ercilla, localizado en el Río de la Plata entre 1572 y 1593, más de cuatro lustros que le dieron pie para la composición de un largo poema épico en octavas, *Argentina y conquista del Río de la Plata, con otros acaecimientos de los reinos del Perú, Tucumán y estado de Brasil...* (Lisboa, Crasbeek, 1602, facsímil, con estudios de J. M. Gutiérrez y E. Peña, Buenos Aires, 1912), simplemente conocido por *La Argentina*, cuyos valores literarios no pocos ponen en entredicho, pero que nadie discute como fuente de datos para la historia de la conquista de aquellos territorios.

Pedro Sarmiento de Gamboa (1530-1592), a quien Francisco de Toledo, virrey de Perú, encomendó la tarea de perseguir, escrutando las olas, nada menos que a Drake, con el encargo adjunto, por si aquel fuera fácil, de revisar de arriba abajo el estrecho de Magallanes, que fue el recio crisol, combatido por los más enfrentados vientos, en que nuestro autor cuajó un *viaje* cuya consulta mantiene el ánimo del lector en vilo, crónica completada por una *Historia del reino de los incas* en línea recta enderezada a combatir la legalidad de esa causa y el mito del incaísmo. Las tesis de Sarmiento de Gamboa se siguen prestando a la polémica, quizá la mejor prueba de que sus obras no son un mausoleo de letras muertas.

Luis de Belmonte Bermúdez (Sevilla, h. 1587-h. 1650), con más de media vida gastada entre Perú, dado allí a conocer como dramaturgo, y México[13], expedicionario por los extremos australes de Chile, tras regresar a España instalado en Madrid y Sevilla, también poeta, afición representada por *La Hispálica*[14] y *La aurora de Cristo* (1616). Caso curioso y nada habitual, Belmonte se forjó escritor en América y después logró el reconocimiento en España, de muy elevada repercusión algunas de sus comedias (*La renegada de Valladolid, Afanador el de Utrera, El príncipe villano*, y muy singularmente *El diablo predicador*). En colaboración con Francisco de Rojas (segunda jornada) y Calderón de la Barca (tercera) escribió *El mejor amigo, el muerto* (Madrid, 1657).

Arias de Villalobos (1568-¿?), comediógrafo (todas sus obras han desaparecido) y poeta, admirador de Góngora, con momentos de intensidad dramática que trascienden las limitaciones del cultismo que marca el tono general de sus composiciones. Registran particular interés los fragmentos en que se ocupa de las fiestas religiosas y las predicciones de los indios.

Juan de Torquemada (¿?, h. 1557-México, 1624), el último gran eslabón de la saga brillante de cronistas franciscanos, figura de primer orden del llamado Teatro de la Evangelización, creador de *Ejemplos* y *Pasos de la Pasión* que establecieron la pauta del género. Su gran obra, *Los ventiún libros rituales y monarquía indiana, con el origen y guerra de los indios occidentales* (1615), armoniza distintas fuentes (Sahagún, Bernal Díaz del Castillo, informantes indígenas, etc.) para ofrecer un amplio panorama de la vida social y del proceso evangelizador.

Pedro de Aguado (Valdemoro, Madrid, ¿1538?-Madrid, h. 1609), misionero en América, sucesivamente en Cartagena de Indias y en Santafé de Bogotá, nombrado allí provincial de los franciscanos para el Nuevo Reino de Granada. Escritor de pluma ágil, dotado de gran capacidad de observación, gracias a él existe noticia de los usos y tradiciones de algunas tribus, como la de los panches, aunque sus obras más importantes no fuesen publicadas hasta comienzos del siglo xx: *Historia de Santa Marta y Nuevo Reino de Granada* en 1906, *Historia de Venezuela* en 1913.

Eugenio Salazar y Alarcón (Madrid, h. 1530-Valladolid, 1602), letrado, con importantes cargos en Santo Domingo, México y Guatemala, poeta de amplio repertorio, porque cultivó desde las églogas

---

[13] Allí se estampó, por ejemplo, su *Vida del Padre Maestro Ignacio de Loyola*.

[14] Inédita hasta 1921, recuperada entonces por S. Montoto; ver la edición de P. M. Piñero Ramírez. Por su parte, A. Rubio San Román ha establecido una necesaria y completa bibliografía de su obra dramática (1988).

hasta los jeroglíficos, especialmente recordado por sus *Cartas* y desta-
cadamente por el dominio del lenguaje marinero.

Francisco de Aguilar, o Alonso de Aguilar (Feria, Badajoz, 1479-
México, 1569), soldado en la conquista de México luego tornado
encomendadero, con cincuenta y seis años imprimió un giro radical a
su vida al profesar dominico. Y con ochenta, obedeciendo a sus superiores, escribió una magnífica *Relación breve de la conquista de Nueva
España* (1559), ponderada en los juicios y animada por un notable
desfile de personajes.

Toribio de Benavente, de verdadero nombre Toribio Paredes
(Benavente, Zamora, ¿1490?-México, 1569), más conocido por el
seudónimo de Motolinia, palabra náhuatl (significa «el que es pobre»),
franciscano, uno de los doce frailes enviados por Carlos V en 1525
para catequizar a los indios. Autor de un amplio repertorio, al parecer
extraviado irreparablemente, del que derivarían diversas obras menores, largo tiempo consideradas anónimas, posiblemente desgajadas
de aquel tronco común, desconocido pero a juzgar por los indicios
impresionante: *Memoriales o libros de las cosas de la Nueva España y de los
naturales de ella* e *Historia de los indios de la Nueva España.*

Francisco Cervantes de Salazar (Toledo, h. 1514-México, 1575),
estudiante en la Universidad de Salamanca (allí establecería relación
con Hernán Cortés), en 1553 pronuncia la lección inaugural de la
Real y Pontificia Universidad de México, a continuación desempeña
su cátedra de Retórica y ejerce luego como rector. Humanista de sólida
formación, a la manera de Luis Vives escribe en latín, bajo la forma de
diálogos, *México en 1554,* concebido para los estudiantes, tratado que
posiblemente represente el punto más alto de la sensibilidad renacentista en el Nuevo Mundo, presidido por la fascinación ante la belleza
de la antigua capital de los aztecas. También pertenecen a Salazar,
Túmulo imperial, crónica de las honras fúnebres consagradas a Carlos V
en México, precedente de la que años más tarde dedicaría Mateo Alemán a fray García Guerra, y *Crónica de la conquista de la Nueva España,*
glosa y resumen —pero glosa y resumen de estilo elegante— de la
historia de López de Gómara.

Además, también se revelan de imprescindible mención dos franciscanos, expertos ambos en lengua náhuatl: Andrés de Olmos (Burgos,
¿1500?-México, 1571) y Bernardino de Sahagún, de verdadero nombre Bernardino de Ribera (Sahagún, León, h. 1500-México, 1590),
citado de pasada al aludir al nacimiento del cuento hispanoamericano.

El primero dedicó a esa lengua un providencial tratado, *Arte de la lengua mexicana* (1555), mientras el segundo explotaba a fondo tales saberes para su monumental *Historia general de las cosas de la Nueva España* (1560, pero inédita hasta el siglo XVII). Olmos, conocedor profundo de otras lenguas indígenas y supuesto autor del *Auto del Juicio Final,* representado en Tlatelolco en torno a 1533, marca nada menos que el punto de arranque del *teatro evangelizador* y también gozaba, según varios testimonios de la época, del don de la profecía, hasta el punto de que habría señalado su propia muerte. Junto a ellos tampoco puede prescindirse, por más urgente que sea esta relación, de Diego Durán (Sevilla, 1537-México, 1587), trasladado a Nueva España siendo muy niño, dominico, bien introducido en el mundo indígena, enfrentado a sus cultos pero empapado de sus tradiciones, los cuales describe con minuciosidad en *Ritos y fiestas de los antiguos mexicanos* (1578).

En paralelo procedería recordar a los primeros escritores criollos y mestizos, legítimamente españoles y americanos, o sea hispanoamericanos, obviamente encabezado este apartado por figuras tan notorias como las de Juan Ruiz de Alarcón y Mendoza (¿Taxco, México, 1581?-Madrid, 1639) y el Inca Garcilaso de la Vega (Cuzco, Perú, 1540-Córdoba, España, 1616), uno de los escritores fundamentales, creo yo, de la literatura en español sin limitación de fronteras. Sus integrantes no serían muchos, sino muchísimos. Permítaseme incidir en algunos.

Fernando de Alva Ixtlilxóchitl (Teotihuacán, México, 1568-1648), cuya madre, indígena, pertenecía a la nobleza de Texcoco, uno de los centros culturales de mayor importancia en el México prehispánico, aunque él se formó en el colegio franciscano de Santa Cruz de Tlatelolco. Poeta, narrador y cronista, maneja fuentes muy reservadas y trabaja sus textos con minucia, partiendo de los orígenes más remotos para llegar hasta la irrupción de los conquistadores, con dos obras de mayor relieve: *Historia de la nación chichimeca* y *Compendio histórico del reino de Texcoco;* Francisco Bramón (México, ¿?), cronológicamente el primer novelista americano con *Los sirgueros de la Virgen* (1620), cuyas páginas cierran un *Auto del triunfo de la Virgen y gozo mexicano* que presenta una notable influencia indígena; Luis José de Tejada y Guzmán (Córdoba del Tucumán, Argentina, 1604-1680), ordenado dominico en 1663 a raíz de un peligroso encarcelamiento, cabeza de los poetas argentinos, con la parte sustancial de su producción oculta hasta el siglo XX; Juan Suárez de Peralta (México, h. 1540-Trujillo,

Cáceres, 1591), sobrino de la primera mujer de Hernán Cortés, exponente de la generación inicial de criollos, cuya semblanza dibuja en *Noticias históricas de Nueva España* (1590); Pedro de Peralta y Barnuevo (Lima, 1663-1743), poeta gongorino (lo que se ha dado en llamar el *gongorismo colonial,* tendencia seguida por el mexicano Luis Sandoval y Zapata) e historicista (a destacar *Lima fundada,* resumen en verso desde la irrupción de Pizarro a la época del autor), erudito y políglota (conocía ocho lenguas) muy celebrado en Europa, elogiado por Feijoo; Agustín Dávila Padilla (México, ¿1562?-¿?), hijo de conquistador y dominico, uno de los mejores cronistas de la orden (*Historia de la fundación y discurso de la provincia de Santiago de México de la Orden de Predicadores,* 1596, salpicada de anécdotas y estampas biográficas) y obispo de Santo Domingo; Francisco de Terrazas (México, ¿1525-1600?), vástago del conquistador de tal nombre (según algunos, sería el Conquistador Anónimo más arriba considerado), que ocupa en la poesía mexicana el mismo lugar que Tejada en la argentina, de orientación petrarquista e italianizante, figura de extraordinaria popularidad en la época, ponderado por Cervantes en el «Canto de Calíope»; Ruy Díaz de Guzmán (Asunción, Paraguay, h. 1558-1629), hijo de un sobrino de Alvar Núñez Cabeza de Vaca (Riquelme de Guzmán) y madre paraguaya (hija, a su vez, de una de las más destacadas personalidades del Paraguay colonial, Martínez de Irala), primer historiador mestizo del Río de la Plata con *Historia del descubrimiento, población y conquista del Río de la Plata* (1612) o *La Argentina manuscrita,* así conocida por haber circulado más de doscientos años de esa manera (no fue publicada hasta 1835); Hernando Domínguez Camargo (Santafé de Bogotá, Colombia, 1606-Tunja, Colombia, 1659), figura prominente del gongorismo americano; Baltasar Dorantes de Carranza (México, ¿1613?-¿?), soldado a las órdenes de Pánfilo de Narváez y procurador en Castilla de los vecinos de México, lo que le indujo a componer una *Sumaria relación de las cosas de Nueva España, con noticia individual de los descendientes legítimos de los conquistadores y primeros pobladores españoles* (1604), obra combativa y reivindicadora de los derechos de los criollos, que se sentían agraviados y preteridos (Nueva España, apostilla Dorantes, «madrastra de vuestros hijos»), gracias a la cual nos han llegado muchos poemas de la época; Juan de Espinosa Medrano (Calcauso, Perú, 1632-Cuzco, Perú, 1688), el Lunarejo o *el doctor sublime,* apologista de Góngora en anticipo de la crítica moderna (1626) y predicador de verbo florido (repásese *La novena maravilla,* 1695, recopi-

lación de sus sermones), a quien se atribuye el *Auto sacramental del hijo
pródigo,* en quechua y español; Xacinto de Evia (Guayaquil, Ecuador,
1620-¿?), poeta y antólogo, con mucha presencia en su obra de Calderón, Góngora y Quevedo; Antonio Saavedra y Guzmán (¿1555-
México, 1599?), uno de los primeros —cuando no lisa y llanamente
el primero— poetas mexicanos en dar a la a estampa su obra, un (a mi
juicio) tedioso cantar epopéyico sobre las hazañas de Hernán Cortés
(*El peregrino indiano,* 1599); o Francisco Núñez de Pineda y Bascuñán,
que empeñó media vida —en Chile y Perú— en la composición de
Cautiverio feliz y razón individual de las guerras dilatadas del Reino de Chile,
a juicio de Óscar Galindo «uno de los más importantes antecedentes
de la literatura colonial chilena y, sin lugar a dudas, el más relevante
escrito por un criollo»[15].

En fin, esta relación no admite su cierre, aunque sea a costa de
rebasar el límite del año de la muerte de Calderón de la Barca, sin el
nombre de Juan José de Eguiara y Eguren (México, 1696-1765), autor
de la *Vida del venerable padre don Pedro de Arellano* (1735), indignado
con Manuel Martí, deán de Alicante, muñidor de una tesis extrema
que negaba la existencia de la literatura y el arte en el Nuevo Mundo.
Eguiara, dispuesto a rebatirle, se planteó una extensa enciclopedia de
la cultura mexicana desde la época prehispánica, *Bibliotheca Mexicana*
(1755), esfuerzo tan desmedido como al respecto demoledor, aunque
sólo pudiese realizarlo parcialmente (de la A a la C).

Y si de la realidad de los escritores pasamos a la verdad de sus personajes, en ese supuesto tendríamos necesariamente que reparar en
uno de los más populares de nuestra mejor narrativa: el célebre buscón
don Pablos, el rosario de cuyas aventuras azacaneadas se cierra sobre la
promesa de una segunda parte que habría transcurrido, precisamente,
en Indias:

> consultando con la Grajal de pasarme a Indias con ella, a ver si mudando
> mundo y tierra mejoraría mi suerte. Y fueme peor, como V. M. verá en la
> segunda parte, pues nunca mejora su estado quien muda solamente de lugar
> y no de vida y costumbres.

¿Pensó Quevedo en dibujar la carrera de las Indias o simplemente
proyectó ese avatar para su personaje? Concretando la estela pretendida para el buscón don Pablos, Jerónimo de Alcalá Yáñez de Ribera

---

[15] Ver Galindo, 2006.

(Murcia, 1571-Segovia, 1632) desarrolló en Indias algunos de los lances y trapisondas del protagonista de su mejor libro, el gran hablador *Alonso, mozo de muchos amos* (primera parte: Madrid, 1624; segunda parte: Valladolid, 1626), proyección tal vez de deseos irrealizables. Al margen de conjeturas imposibles, ahí está, de fondo, la atracción del Nuevo Mundo, de sus portentos y enigmas, pronto extendidas por España sus primeras advocaciones marianas, fruto significativo del mestizaje y la armonía de creencias, que enseguida ganaron devotos en ambas orillas del inmenso océano. Repárese, a modo de ejemplo, en que una imagen de plata de la virgen de Copacabana, en las riberas del Titicaca, el lago sagrado de aimaras y quechuas, figura en el inventario de los bienes más íntimos y queridos de Calderón de la Barca, dramaturgo —en teólogo— de la evangelización de aquellas tierras en *La aurora en Copacabana*.

Cambiando de tercio, o si se prefiere pisando otros terrenos, Lope de Vega representa una forma peculiar de relación con América, mejor dicho con los indianos y, apurando más, con sus mujeres, asunto —como en él era habitual— de sustanciales implicaciones literarias: prendado de Elena Osorio, mujer del comediante Cristóbal Calderón, ésta, en principio inclinada a sus favores, al cabo cedió, haciendo caso omiso de un Lope desairado, a los requerimientos de Perrot de Granvela, indiano de los acaudalados, y desde ese momento la obra prolija del Fénix otorgó carta de naturaleza al estereotipo del indiano usurpador, vanidoso, vengativo y pérfido; negativa visión aún más acentuada a partir de la ruptura de su idilio con Micaela Luján, la Camila Lucinda de *La hermosura de Angélica*, *Rimas* y *El peregrino en su patria*, amores abocados al ocaso en cuanto en 1602 circuló por Sevilla la noticia de que su esposo, Diego López, estaba de vuelta, enriquecido en Perú, dispuesto a cortar por lo sano tales enredos. Lope abandonó la plaza y López falleció enseguida (1603), pero la inquina de aquel contra la figura de los indianos ya nunca se atenuó. Ni tan siquiera por este lado faltan las implicaciones americanas de los grandes escritores del Siglo de Oro.

Además de estas consideraciones, conviene recordar que en el Nuevo Mundo cuajaron brillantes sociedades literarias, formadas en el XVI y vigentes a través del período colonial completo, asentadas no ya en Lima o en México, cabezas de virreinato, sino en ciudades de segunda importancia, como La Plata (Bolivia), formada ésta alrededor de la Real Audiencia de Charcas, arzobispado y sede metropolitana desde comienzos del XVII, bajo cuya jurisdicción quedaba la villa rica de Potosí, quintaesencia de la riqueza. Aunque privada esa villa de imprenta, «son numerosas las obras escritas en La Plata», impresas en Lima, Sevilla o Madrid, según el juicio exhaustivamente documentado de Andrés Eichmann Oehrli, coeditor con Ignacio Arellano de veinticinco obras de teatro breve[16], por ellos mismos encontradas en el convento de Santa Teresa de Potosí, y descubridor y estudioso del *Cancionero Mariano de Charcas*[17].

Eichmann, que pone el dedo en la llaga cuando señala que «en la actualidad el desconocimiento sobre La Plata [y, por extensión, sobre otras muchas ciudades americanas, asiento de importantes instituciones eclesiásticas y civiles] es un hecho generalizado», llama la atención sobre varios autores de interés subido, al estilo de la pareja formada por Juan de Salcedo y Villandrado, cuya poesía recibió los elogios del propio Miguel de Cervantes[18], y doña Francisca de Briviesca y Arellano, casada con él en segundas nupcias (su primer marido, Juan Remón, también alcanzó notoriedad literaria, buen amigo, entre otros, de Alonso de Ercilla), con actividad reconocida en España y América, en La Paz y en Cuzco, «primera mujer poeta del virreinato»[19]. En dichos espacios también se movió Enrique Garcés (¿1537?-1609), «hombre polifacético que además de dedicarse a su oficio de librero y de poeta, revolucionó las técnicas metalúrgicas, siendo reconocido más tarde por Alexander von Humboldt», de vida en vilo y asiento mudable, traductor en su vuelta a España de Petrarca y Camoens, igualmente ponderado por Cervantes en *La Galatea*[20].

---

[16] Arellano y Eichmann, 2005.

[17] *Cancionero Mariano de Charcas*, 2006, tesis doctoral dirigida por Francisco Crosas López.

[18] «Del capitán Salcedo está bien claro / que llega su divino entendimiento / al punto más subido, agudo y raro / que puede imaginar el pensamiento. / Si le comparo, a él mesmo le comparo, / que no hay comparación que llegue a cuento / de tamaño valor, que la medida / ha de mostrar ser falta o ser torcida» (Cervantes, *La Galatea*, «Canto de Calíope», octava XXXVII).

[19] Eichmann, 2006, p. 19.

[20] «De un Enrique Garcés, que al peruano / reino enriquece, pues con dulce rima, / con subtil, ingeniosa y fácil mano, / a la más ardua empresa en él dio cima, / pues en dulce español al gran toscano / nuevo lenguaje ha dado y nueva estima, / ¿quién será tal que la mayor le quite, / aunque el mesmo Petrarca resucite?». Cervantes, *La Galatea*, «Canto de Calíope», octava LXXV.

La conclusión, aunque sea provisional, de estos apuntes se revela poco simple: los autores españoles de los Siglos de Oro sintieron con fuerza la llamada de América y, siendo bastantes quienes la atendieron, otros muchos se forjaron allí literariamente, donde enseguida cobrarían consistencia las primeras promociones de autores criollos. Carece de sentido, a mi juicio, la reducción de la dilatada etapa colonial a una secuencia exclusiva de dominación con saqueo, mera aplicación acrítica de un cliché en la actualidad políticamente correcto. Más adecuado sería, a mi entender, el estudio de esa realidad compleja desde parámetros menos apriorísticos, sin negar las sombras ni extender su dominio a lo absoluto, así convertido el panorama resultante en una especie de reino de la oscuridad en el que todos los matices resultan anulados o, cuando menos, minimizados, reducidos a meras excepciones anecdóticas. En resumidas cuentas, Tirso de Molina no representó ningún fenómeno raro, ninguno, cuando la Orden de La Merced le envió a La Española.

II

Ahora bien, siendo muchos los autores de los Siglos de Oro que en su haber cuentan con la experiencia del Nuevo Mundo, ¿cuántos de ellos tuvieron conocimiento real de las poblaciones indígenas? Conocimiento real o tan siquiera contacto, porque el mundo de los conquistadores presenta en este sentido muy distintas encrucijadas. Sin ir más allá, y centrándonos en su caso, la experiencia de Tirso de Molina se resume pronto y poco resquicio deja, si es que deja alguno, para la discusión: ninguno. Así de rotundo: el creador del mito de don Juan regresó a España desde Santo Domingo deslumbrado por aquellos parajes y con hondo conocimiento y mucho interés por el mundo de los indianos, tema con rigor estudiado por Alfonso Urtiaga[21], pero punto menos que *in albis* por cuanto se refiere a las poblaciones aborígenes. Y esto por una razón sencilla, tan sencilla como terrible: esas poblaciones formaban parte del pasado, al margen de pequeños y desarticulados residuos en trance de irremisible extinción. Los datos, por tremebundos, no admiten réplica.

En primer término, centremos las fechas del período americano de Tirso de Molina, acotado con bastante precisión y bien conocidas sus

[21] Urtiaga, 1965.

causas. El padre Pedro Nolasco Pérez encontró una Real Cédula de
Felipe III[22], fechada en Madrid a veintitrés de enero de 1616, extendida
a favor de fray Juan Gómez, «que va por Vicario general de la Orden
de Ntra. Sra. de la Mrd. de la isla Española» en compañía de otros siete
religiosos, entre los cuales aparece, en segundo lugar, «fray Gabriel
Téllez, Predicador y letor, de edad de treinta y tres años, frente elevada, barbinegro». Durante mucho tiempo ese hallazgo indujo a pensar que el grupo, partiendo de inmediato hacia Sevilla, donde se alo-
jaría en el convento de la orden, habría tomado la carrera de Indias en
torno al 10 de abril, a bordo de la fragata Nuestra Señora del Rosario,
bajo el mando la flota de don Lope de Armendáriz, pero la presencia
de Tirso en Segovia a la altura del 13 de junio de 1616, documentada
por fray Manuel Penedo Rey[23], obliga a retrasar los plazos establecidos
y, en base al relato del propio Tirso, reduce de siete a cinco el número
de los expedicionarios, al verse finalmente excluidos dos de ellos (Juan
Salgado y Juan Ruiz), declarados «teólogos», esto es, estudiantes de
Teología, al formalizarse el proyecto de puertas adentro, dado que el
Capítulo General de la Merced celebrado en Valencia (1600) prohibía
que estos pasasen a Indias[24]. Acumulados distintos aplazamientos, el
grupo de frailes de la Merced al final zarparía a finales de junio, bajo
las órdenes aquella expedición de La Cueva Mendoza. Sin incidencias
de nota la travesía tocaría su destino en agosto, poniéndose de inmediato manos a la obra.

        ¿Y cuál era allí su misión? Golpeada la vida en la isla por las fan-
tásticas noticias que a diario llegaban de México y, sobre todo, del
Perú, de cuyas infinitas riquezas nadie dejaba de hacerse lenguas, las
actividades religiosas estaban sumidas en una profunda crisis, francamente desbaratado el pasado orden y literalmente hecha añicos la
anterior pujanza de la metrópoli por la fiebre del oro. De mil vecinos,
la población, cayendo en picado, estaba reducida a la mitad, limitada a
quinientos en 1574, más o menos los mismos que en 1616, la inmensa
mayoría de los cuales únicamente aspiraban a serlo de paso, porque
su pretensión se cifraba en cruzar el mar de las Antillas para acceder
a la tierra prometida, el paraíso del oro y el reino de las quimeras. Al

---

[22] Urtiaga, 1965, pp. 195-207.

[23] Tirso de Molina, *Historia general de la Orden de Nuestra Señora de las Mercedes*,
vol. I, «Introducción», p. LV.

[24] «Introducción» de fray M. Penedo Rey a Tirso de Molina, *Historia general de la
Orden de Nuestra Señora de las Mercedes*, vol. I, pp. LVII-LVIII.

escribir la *Historia de la Orden de la Merced,* Tirso de Molina pinta con estas palabras la situación:

> [Santo Domingo] donde, por muchos años residió la corte y el imperio de todo lo que se conquistaba y descubría, puesto que agora, dejando por lo más lo menos, conserva solas las reliquias de toda aquella nueva monarquía, con pocos españoles, y esos necesitados, y una Real Audiencia[25].

Santo Domingo, capital del arranque de la conquista, creció desde la nada al esplendor, dibujando a continuación el camino de vuelta de la cima al apagamiento. La fase de la prosperidad creciente, superada la calamidad de los primeros tiempos, se extendió hasta 1521, cuando Hernán Cortés culminó con éxito la prodigiosa aventura de México, situado su punto álgido a partir de 1502, una vez nombrado Nicolás de Ovando (Cáceres, 1451-1511) gobernador de las Indias en sustitución de Francisco de Bobadilla, sucesor a su vez de Cristóbal Colón[26], cargo del que tomó posesión al año siguiente, tras surcar el océano al frente de la mayor flota enviada hasta entonces (cincuenta y cuatro embarcaciones, treinta bajeles y veinticuatro carabelas, con más de dos mil quinientos hombres), ostentándolo hasta 1508, año en que accedió al mismo Diego Colón, bajo cuyo mandato, sostenido hasta 1523, se produjo la primera insurrección de esclavos negros.

Santo Domingo constituyó el punto de partida en los orígenes de la expansión española por el Nuevo Mundo, impulsadas desde allí expediciones como las de Juan Ponce de León a Puerto Rico (1508), Juan de Esquivel a Jamaica (1509), Rodrigo de Bastidas a Colombia y el Darién (Panamá) y Diego Velázquez de Cuéllar a Cuba (1511-1514), empresa en la que asimismo participaron Francisco Hernández de Córdoba y Hernán Cortés, pionero aquel en el Yucatán y Campeche (1517), descubridor por tanto de los mayas (que le infligieron una

---

[25] Tirso de Molina, *Historia general de la Orden de Nuestra Señora de las Mercedes,* vol. 2, p. 620.

[26] El comendador Francisco de Bobadilla instruyó pesquisa a Colón, le destituyó de sus cargos y confiscó sus bienes, casi con seguridad extralimitándose, porque nada permite suponer que los Reyes Católicos le hubiesen autorizado a tanto. Isabel Aguirre encontró esa célebre instrucción, hasta su hallazgo únicamente conocida por fragmentos y referencias de terceros (tres cartas de los franciscanos de La Española a Cisneros, otra misiva de Francisco Roldán, primer rebelde del Nuevo Mundo, y poco más), publicada, con estudio preliminar de Consuelo Varela, 2006.

dura derrota, a consecuencia de cuyas heridas falleció poco tiempo
después en Cuba), y como de sobra se sabe conquistador éste del imperio azteca (1519-1521), suceso determinante para el comienzo del fin
de la etapa de prosperidad de La Española.

Y es que pronto surgieron dos focos que comenzaron a desplazar
el eje de la conquista: Panamá, fundación de 1519, cabeza de explora-
ciones a Nicaragua que se internaron por el Perú, territorio explorado
por Gil González Dávila y donde Francisco Hernández de Córdoba
se apresuró a crear las ciudades de León, Segovia, Granada y Bruse-
las[27]; y México, con Cortés empeñado a través de Pedro de Alvarado
en la dominación de Guatemala (1523), por medio Cristóbal de Olid
en la de Honduras (1524) y financiero asimismo de la explotación de
las Molucas y California. El declive de Santo Domingo se dejó sentir
enseguida.

La puntilla vino por el lado del Perú, dos años de conquista sangrienta (1531-1533, implacablemente saqueado el Cuzco en ese año
y en 1535 trasladada la capital a la nueva ciudad de Lima) que dieron entrada a implacables guerras (in)civiles de pizarros y almagris-
tas y, en definitiva, de todos contra todos y de todos, según las más
sórdidas conveniencias, en contra o a favor de la Corona, lo que no
fue óbice para que desde el Perú cuajase la expansión española hacia
Chile, aventura afrontada por Pedro de Valdivia en 1540 con la única
ayuda de doce hombres (entre ellos se contó Gerónimo de Alderete,
fundador de Villarrica y Valdivia), Ecuador y el Pacífico. Por último,
el Río de la Plata se convirtió a finales de la década de los treinta en
otro pujante foco de irradiación.

A esas alturas, la fiebre del oro marcaba la aguja de marear de los
conquistadores, ninguno de los cuales, excepción hecha de algunos
funcionarios y un pequeño puñado de religiosos, aspiraba a encontrar
acomodo en Santo Domingo, reciente pero efímera capital de la conquista, mero recuerdo de la bonanza de aquellos años sobre los ecos de
la incredulidad cuando Tirso de Molina ganó sus costas. La decrepitud
y el vacío constituían a dicha sazón sus verdaderas señas de identidad.
Y naturalmente, la vida religiosa no suponía a ese respecto ninguna
excepción, sumida en la parálisis y el estancamiento. Lejos de jugar al
autoengaño, Tirso de Molina, informado de las causas, trazaba este
infeliz panorama, no por ajustado menos ilustrativo de una situación

---

[27] Ver, en calidad de síntesis, Mañueco Baranda, 2006.

de crisis propicia a la desobediencia, aun la de «los nuestros» e incluso la de «las otras Órdenes», *desbaratadas* las leyes y en suspensión *las virtudes,* dado que la pobreza, como cantase Quevedo, aun «siendo tan cristiana, / tiene la cara de hereje»[28]:

> Lo cierto es que la pobreza suma de aquellas partes, descaminaba a los nuestros para que, sin licencia de sus prelados, se pasasen los que eran importantes, a otras más acomodadas, y que quedando sólo los inútiles, padecía la rectitud monástica desaires trabajosos y nuestro hábito algún descrédito. Los estremos siempre desbaratan las leyes y virtudes. El de la mucha abundancia, descamina a no pocos del Pirú [...] y el de la falta de lo preciso para la vida desbarató agora en esta isla lo pulítico y lo religioso, no sólo de los nuestros, pero aun los de las otras Órdenes[29].

La iniciativa partió, según Tirso, de la Real Audiencia de La Española, con residencia en Santo Domingo, que instó «al Supremo Consejo de Indias [para que] proveyese de religiosos nuestros, ejemplares y doctos, para reformar los monasterios que en aquella provincia necesitaban de letras y observancia». En respuesta a tal petición Felipe III promulgó la Real Cédula, de resultas de cuyos efectos embarcaron con ese rumbo fray Juan Gómez, nombrado vicario general de La Merced en la isla, y su contenida tropa de cinco frailes; a saber: «fray Diego de Soria, fray Hernando de Hernando de Canales, fray Juan López, fray Juan Gutiérrez y fray Gabriel Téllez»[30].

«En efeto», continúa Tirso, el grupo pasó «a la dicha isla a costa de la real hacienda», siendo allí recibido, así por «la Chancillería como de todo lo calificado de aquella ciudad noble», con beneplácito y expectación, halagüeñas perspectivas que, según su propio testimonio, conocieron algún quebranto a causa de los «pocos años y malas compañías» de fray Juan Gómez[31], no obstante lo cual se logró el asentamiento

---

[28] Gloso, como es evidente, una de sus populares letrillas: «¿Quién procura que se aleje / del sueño la gloria vana? / ¿Quién siendo tan cristiana, / tiene la cara de hereje? / ¿Quién hace que al hombre aqueje/ el desprecio y la tristeza? / La pobreza».

[29] Tirso de Molina, *Historia general de la Orden,* vol. 2, p. 356.

[30] «... que escribe agora esta»: Tirso de Molina, *Historia general de la Orden de Nuestra Señora de las Mercedes,* vol. 2, p. 357.

[31] Tirso de Molina, que tampoco se extiende más, disculpa a fray Juan, imputables sus yerros al general que le nombró para el cargo: «no sé si en esta parte», escribe, «anduvo el general tan acertado como en otras muchas, porque ni la edad ni

de los «estudios» (hasta el extremo de «que hoy día permanecen, con lucimiento estraño de sus naturales, sin necesitar ya de lectores estranjeros»), la introducción del misterio de la Concepción de la Virgen y la entronización como patrona de la imagen de su monasterio[32], proclamación coronada por una serie de milagros, entre los que destaca el del «terremoto horrible» de comienzos de 1617, cuarenta días de «mortales temblores» con derrumbamientos e inundaciones únicamente atemperados por el consuelo y el ánimo de aquella «piadosa imagen (que) abría y cerraba los favorables ojos incesantemente», fuente de ánimo para los pusilánimes y de reforma para los descarriados[33].

En consecuencia, objetivos al parecer cumplidos cuando Tirso de Molina retornó a España a raíz de la convocatoria a Capítulo General de la Orden, convocado por su vicario, fray Ambrosio Machín de Aquena, el 1 de febrero de 1618 y efectivamente abierto en Guadalajara el 1 de junio del mismo año, en cuyas sesiones (por cierto, muy conflictivas y con consecuencias muy desagradables, cárceles incluidas)[34] Tirso participó en calidad de definidor general de la provincia de

la experiencia podían salir fiadores suyos, por no haber, asta entonces, manejado los oficios y gobiernos menos considerables, que son como rudimentos para los mayores...» (Tirso de Molina, *Historia general de la Orden de Nuestra Señora de las Mercedes,* vol. 2, p. 357).

[32] Tirso recuerda de nuevo la decadencia de Santo Domingo al recalar en el «precioso retrato y copia de la augustísima emperatriz de el Cielo» que Isabel la Católica donó a los frailes compañeros de Colón: «que estaba sin la veneración debida a lo que representa, en la sacristía del convento referido [Monasterio de los Redentores], dedicada sólo para las procesiones extravagantes», en *Deleitar aprovechando,* «Lunes por la tarde, certamen poético», pp. 58-59. Y vuelve sobre ello en *Historia general de la Orden,* vol. 2, p. 620: «El descuido de los tiempos y mudanzas de los frailes, sepultó la devoción que con este glorioso simulacro se tenía, llegando a tal estremo su tibieza, que ocupaba sin el decente adorno, como cosa vieja, un ángulo de nuestra sacristía», sustituida en la devoción de los habitantes de Santo Domingo por «otra milagrosa imagen que, con la advocación de nuestra señora del Rosario, veneran en su templo los padres predicadores o dominicos».

[33] Tirso de Molina, *Historia general de la Orden de Nuestra Señora de las Mercedes,* vol. 2, pp. 623-626.

[34] Sometido a disensiones ásperas el gobierno de la orden, el papa Paulo V nombró vicario a fray Esteban de Muniera, aunque la inmensa mayoría de los frailes españoles, apoyados por Felipe III, se inclinara por fray Ambrosio Machín de Aquena, finalmente elegido por unanimidad. Informado de ello, el auditor del nuncio, Giacomo Romagnoli, montó en cólera, citó en Madrid a los capitulares y, actuando por la tremenda, procedió a encarcelarlos en el convento de la Merced, sometiéndoles a un régimen de mucha severidad hasta que Machín, quien también se contaba entre

Santo Domingo. Esto supone que habría embarcado hacia la península en marzo o abril, tres años antes de lo que le hubiese correspondido. Así pues, nuestro dramaturgo permaneció en Santo Domingo durante el segundo semestre de 1616, el año entero del diecisiete y el primer trimestre del dieciocho; ahora bien, ¿en qué Santo Domingo? No, desde luego, en el país de los indios taínos, la población dominante cuando los descubridores tocaron sus costas, cuestión que nos obliga a remontar el curso de la historia en busca de explicación.

Aunque estuviese convencido de que había llegado a Oriente, al reino del Gran Khan en el Catay y a la isla de Cipango, lo cierto es que Colón desembarcó en el territorio por excelencia de los taínos, indios del tronco arahuaco que, emigrantes desde Venezuela en el siglo V a. de C., se habían extendido por las Antillas Menores, ocupando, además de La Española, espacio que compartían con los ciguayos, Puerto Rico, el oriente de Cuba, algunas zonas de Jamaica y parte de las Bahamas, viéndose sorprendidos en plena etapa de evolución desde el cacicazgo a formas de organización de mayor enjundia, armados con rústicas azagayas, también empleadas para la pesca y la caza, primitivos arcos y simples macanas, preparadas con tabla de palmas, instrumentos de nula eficacia frente a los españoles[35]. «Ellos no traen armas ni las conocen», anota el almirante en sus *diarios,* «porque les mostré espadas y las tomaban por el filo y se cortaban con ignorancia» (12 de octubre).

Hombre curioso y observador puntual, Colón formó sobre los taínos una inmediata visión positiva, que se apresuró a comunicar a los Reyes Católicos:

> son gente de amor y sin codicia y convenibles para cualquier cosa, que certifico a Vuestras Altezas que en el mundo creo que no hay mejor gente ni mejor tierra; ellos aman a sus prójimos como a sí mismos, y tienen un

los reclusos, cedió a la presión de tamaños argumentos y dimitió. Reducidos a prisión el 7 de junio y resuelta la disputa el 18, Tirso de Molina llegó a Toledo la noche del veintitrés (*Historia general de la Orden,* pp. LXI-LXVII).

[35] *Cristobal Colón y los taínos,* catálogo de la exposición celebrada en Segovia, organizada por Caja Segovia en 2006 (6 de febrero-16 de abril, Torreón de Lozoya), bajo el comisariado de Araceli Sánchez Garrido, con estudios, además, de Manuel A. García Arévalo, presidente de la Fundación de su nombre, propietaria de la mejor colección de esa cultura, Marcio Veloz Maggiolo, Francisco José Arnáiz, obispo emérito de Santo Domingo, Luis Arranza Márquez y Anunciada Colón de Carvajal.

habla la más dulce del mundo y mansa, y siempre con risa. Ellos andan desnudos, hombres y mujeres, como sus madres los parieron. Mas, crean Vuestras Altezas que entre sí tienen costumbres muy buenas[36].

Así se expresaba Colón en 1492, y a tenor de tales juicios, aunque modificados en tan idílico adanismo al tener conocimiento de la existencia de los caribes, nada permitía suponer la destrucción y el desastre casi al instante sobrevenidos. Y es que, pronto implantado el régimen del repartimiento y las encomiendas, la tenaza mortal de un trabajo mucho más que excesivo y, fundamentalmente, las pandemias de gripe, tifus, neumonía, viruela, sarampión y rubeola diezmaron sin tasa las poblaciones autóctonas[37], hasta el extremo de que, colocada en una situación dramática al cabo de los cinco primeros lustros, a medidos del XVI ya casi no quedaban indios en Santo Domingo, asimismo liquidadas las comunidades de Puerto Rico y Cuba, donde apenas sobrevivían, en trance de fatalidad, escasos grupos aislados.

En este sentido, se revelaron inútiles las madrugadoras medidas de protección dictadas por los reyes (1500, 1503), mientras caían en saco roto las advertencias de los predicadores. Recuérdese el valeroso sermón del domingo de Adviento de 1511 del dominico fray Antón Montesinos, ásperamente recibido por los encomenderos, tan atónitos como irritados al escucharlo («¿Con qué derecho y con qué justicia tenéis en tan cruel y horrible servidumbre a estos indios? ¿Con qué autoridad habéis hecho tan detestables guerras a estas gentes? ¿Cómo los tenéis tan opresos y fatigados, sin darles de comer ni curarles de sus enfermedades?»), quienes exigieron al prior, Pedro de Córdoba, una rectificación pública, ante lo cual el mismo fraile y desde el mismo púlpito leyó al domingo siguiente un alegato no menos duro, suscrito por la comunidad entera. Oídos sordos, entendederas de mercader; aunque con una excepción de nota: la de Bartolomé de las Casas, testigo de tan insólitas escenas, de inmediato transformado en la vívida encarnación del espíritu de esas predicaciones, hasta ese momento un encomendero más. En contraste con la actitud de De las Casas, la

---

[36] Cristóbal Colón, *Primer diario de a bordo,* según resumen del padre Bartolomé de las Casas y Martín Fernández Navarrete: «Martes 25 de diciembre, día de Navidad».

[37] Conviene insistir en ello: las pandemias fueron la causa de cerca del noventa por ciento de las víctimas. Ver Betrán, 2006, con un capítulo dedicado a su propagación por el Nuevo Mundo.

mayoría de los colonizadores permaneció indiferente; habían ido en busca de oro, y al no encontrarlo, heridos en su ambición pero no resignados, depositaron las ansias de riqueza en la esclavitud de los indígenas, actitud abocada al desastre. La alternativa, como de sobra se sabe, consistió en los esclavos negros, mucho más resistentes, masivamente arrancados de África.

Así pues, cuando Tirso de Molina se instaló en Santo Domingo, taínos y ciguayos eran, si acaso, liviana materia de los recuerdos, anotada su existencia por cronistas como Bartolomé de las Casas o Gonzalo Fernández de Oviedo y singularmente por Ramón Pané, fraile jerónimo del monasterio de Murtra (Badalona), a quien Cristóbal Colón buscó para el segundo viaje, cuya *Relación de las antigüedades de los indios*[38] traza el inventario de una cultura que de no mediar tales testimonios hubiese formado parte del olvido, tragada sin rastro por el sumidero de la historia, sima sin fondo de tantas culturas perdedoras. Algunas palabras despertarían su atención, como *hamaca* o *canoa*, los primeros términos amerindios que se incorporaron al castellano[39], pero muy poco más, porque nuestro genial dramaturgo no había recalado en el paraíso de los aborígenes; se incorporaba, por el contrario, al proyecto en construcción de una nueva España reencarnada al otro lado del gran océano.

Acertadamente, creo yo, se vienen distinguiendo dos fases en la época primigenia de la conquista de América: una tentativa inicial «que suponía», en palabras de José Alberto Manrique, la instalación de «una especie de república teocrática de indios neófitos, dirigida por frailes y guardada por la fuerza de los señores de la tierra, cuyo fin teórico sería realizar en América la soñada república cristiana que se había mostrado tan defectuosa en Europa», que fracasó pronto, carcomida desde los cimientos por el desastre del agotamiento de las poblaciones aborígenes; y un segundo proyecto, edificado sobre las

---

[38] Pané, 1974.

[39] «Dijeron los indios que llevaba que había desde estas a Cuba un día y medio con sus almadías, que son navetas de un madero y no llevan velas. Estas son las canoas», apunta Cristóbal Colón en su *Diario de a bordo* (viernes 26 de octubre), aunque algunos estudiosos atribuyen la cita a Bartolomé de las Casas, cuya intervención en los manuscritos colombinos parece notoria y abundante; en cuanto a *hamaca,* la palabra aparece en la anotación correspondiente al sábado 3 de noviembre: «Vinieron aquel día muchas almadías o canoas a los navíos a cambiar cosas de algodón hilado y redes en que dormían, que son hamacas». Ver López Morales, 2005, pp. 16-17.

ruinas de ese fracaso, «que consiste en [...] rehacer Europa en América», es decir, en «hacer de América otra Europa», acuñado en las tres o cuatro últimas décadas del xvi[40]. A ese proyecto, ya plenamente consolidado, es al que se suma, o mejor dicho, al que suman a Tirso de Molina.

De lo que no cabe duda es del objetivo fundamental de la expedición mercedaria que le contó entre sus miembros: recuperar los *estudios* y construir una cadena de transmisión de tales enseñanzas en lo sucesivo en manos de los naturales de la isla, «sin necesitar ya de lectores estranjeros». Españoles de paso, criollos, mestizos y esclavos negros: el antiguo país de los taínos había cambiado de pobladores, extinguidos éstos de su faz mucho antes de la llegada de Tirso, cuyo mundo sería el de la evangelización, en trato cotidiano con religiosos y funcionarios, gente tan provisional como él, comerciantes y encomenderos, cuyo casi exclusivo norte apuntaba hacia el afán de enriquecimiento, por lo general nostálgicos de España, sobre todo cuando sentían que se aproximaba la última hora, pero entre tanto implacablemente engolfados en lo suyo, objetivo con brutal claridad revelado por Pedro de Cieza de León en *Descubrimiento y conquista del Perú*:

> El conseguir oro es la única pretensión de quienes vinimos de España a estas tierras.

Conseguir oro, allegar riquezas. Tirso, en esto, no se andaba con eufemismos: el ideal de los indianos, el cebo para el anzuelo de tan pronunciados riesgos era la codicia, cifradas sus mejores expectativas en un retorno rápido, bien guarnecido el riñón de caudales. Entonces hasta se evaporaba la memoria de tantas penalidades. He aquí un fragmento, sin duda elocuente, de *La santa Juana*, con perspicacia citado por Angela B. Dellepiane en su histórico estudio, de vigencia sostenida, *Presencia de América en la obra de Tirso de Molina*:

> Rompí la blanca espuma
> del proceloso y húmedo elemento
> y al Perú llegué, en suma,
> después que vi la muerte entre agua y viento,
> y me dio el mar noticia
> del peligro a que pone la codicia.

[40] Manrique, 2005.

Hallé parientes ricos,
con ayuda reparé los daños
que ya juzgo por chicos,
y en el discurso breve de dos años,
con hacienda sin tasa,
vengo a gozar mi esposa, patria y casa.

Angela B. Dellepiane trazó una lista generosa de las obras de Tirso con referencias «a lo americano» que incluye una extensa relación de piezas con menciones incidentales[41], y a continuación insiste en que «ha captado enteramente la identificación Indias-riquezas», subraya que «ensalza el valor y heroísmo de Colón, Hernán Cortés y los Pizarro», haciendo «hincapié en la codicia que los empujaba», y concluye: «Tirso casi no muestra personajes americanos», manifestada la huella del descubrimiento en el léxico, sin que esa presencia resulte desbordante[42] y poco más. En cuanto a las ausencias, algunas se le representan muy notorias, singularmente la de «los bailes americanos tan populares —y criticados por muchos». La solución al enigma se antoja bastante simple: no los pudo describir, ni para bien ni para mal, sencillamente porque los taínos, sus bailes y sus costumbres, habían desaparecido de La Española.

En la obra de Tirso de Molina posterior al regreso a la península no es infrecuente lo español americano, filón de múltiples vetas, con realidades y temas novedosos —bien el de los indianos, bien el de los amores y la relajación de muy acendradas costumbres[43]—, fruto de una experiencia adquirida cuando ya no quedaba ni rastro del intento de construir al otro lado del mar una república cristiana entre los indios, borradas las poblaciones aborígenes de las Antillas desde mediados del siglo anterior. En ese vacío no alienta ningún misterio; sencilla y catastróficamente se le anticipó la extinción.

---

[41] Dellepiane, 1968, pp. 223-224.

[42] En resumidas cuentas, tan resumidas como ajustadas, cuarenta y tres antillanismos (bejuco, cacique, canoa, tiburón...), ocho quechuismos (coco, inca, viracocha...) y seis palabras procedentes del náhuatl (cacao, chocolate, huracán, jícara, petaca y tomate). Ver Dellepiane, 1968, pp. 189-219 («Vocabulario americano», cap. 7).

[43] A dicho tenor, Urtiaga recuerda estos versos de *Escarmientos para el cuerdo:* «¡Gran cosa es la libertad / y estar libre de mujeres / y de hijos, en verdad! / La India gran calidad / tiene para los placeres» (Urtiaga, 1965, p. 159).

BIBLIOGRAFÍA

ALEMÁN, M., *Sucesos de don fray García Guerra y oración fúnebre,* México, «en la emprenta de la viuda de Pedro Balli, / Por C.[ornelio] Adriano César. / Año 1613».

— *Sucesos de don fray García Guerra y oración fúnebre,* ed. J. Rojas Garcidueñas, pról. A. Castro Leal, México D. F., Academia Mexicana de la Lengua, 1983.

— *Los sucesos de fray García Guerra y oración fúnebre,* ed. G. Santonja, Burgos, Instituto Castellano y Leonés de la Lengua, 2003.

— *Ortografía castellana (1609),* ed. J. Rojas Garcidueñas, pról. T. Navarro Tomás, México D. F., Academia Mexicana de la Lengua, 1981 [1.ª ed., México, El Colegio de México, 1950].

ANDERSON IMBERT, E. y FLORIT, E., *Literatura hispanoamericana. Antología e introducción histórica,* New York, Holt, Rinehart and Winston, 1979.

ARELLANO, I. y EICHMANN, A., *Entremeses, loas y coloquios de Potosí (Convento de Santa Teresa),* Madrid-Frankfurt, Universidad de Navarra-Iberoamericana-Vervuert, 2005.

BELMONTE BERMÚDEZ, L. de, *La Hispálica,* ed. P. M. Piñero Ramírez, Sevilla, s. n., 1974.

— *Vida del Padre Maestro Ignacio de Loyola,* México, César, 1609.

BETRÁN, J. L., *Historia de las epidemias en España,* Madrid, La Esfera de los Libros, 2006.

CONTRERAS, A. de, *Vida del capitán Alonso de Contreras,* pról. J. Ortega y Gasset, ed. F. Reigosa, Madrid, Alianza, 1967.

Cristóbal Colón y los taínos, exposición, del 6 de febrero al 16 de abril de 2006, Segovia, Caja Segovia, 2005.

DELLEPIANE, A. B., *Presencia de América en la obra de Tirso de Molina,* Madrid, Revista *Estudios,* 1968.

DURÁN LUZIO, J., «Fray Bernardino de Sahagún: cuento hispanoamericano», *Cuadernos Hispanoamericanos,* 672, 2006, pp. 42-52.

EICHMANN, A., *Cancionero Mariano de Charcas, estudio y edición crítica,* Pamplona, Universidad de Navarra, 2006, tesis doctoral.

GALINDO V., Ó., «Pineda y Bascuñán: tribulaciones y reclamos de un criollo chileno del siglo XVII», *Cuadernos Hispanoamericanos,* 672, 2006, pp. 27-39.

HERRÁEZ HERNÁNDEZ, J. M., «Apuntes sobre los graduados indianos por la universidad abulense del siglo XVII», *Cuadernos Abulenses,* 18, 1992, pp. 151-165.

HORNE, J. van, *Bernardo de Balbuena. Biografía y crítica,* Guadalajara, México D. F., 1940.

LÓPEZ MORALES, H., *La aventura del español en América,* Madrid, Espasa Calpe, 2005.

MANRIQUE, J. A., «El manierismo *americanizado;* el grabado y la influencia en la pintura», en *Manierismo y transición al Barroco. Memoria del III Encuentro internacional sobre barroco,* ed. N. Campos Vera, La Paz (Bolivia), Unión Latina-Centro de Estudios Indianos de la Universidad de Navarra, 2005, pp. 37-44.

MAÑUECO BARANDA, T., *Diccionario del Nuevo Mundo. Todos los conquistadores,* Valladolid, Ámbito, 2006.

MARTÍN ABAD, J., «El *Quijote* y las imprentas en tierras americanas», *Boletín de la Biblioteca de Menéndez Pelayo,* enero-diciembre de 2005, pp. 241-263.

MENÉNDEZ Y PELAYO, M., *Orígenes de la novela,* Madrid, Aldus, 1961.

MIRANDA, L. de, *Comedia pródiga,* ed. facsímil de J. I. Urquiza González, Cáceres, Institución Cultural «El Brocense», 1982.

PANÉ, R., *Relación de las antigüedades de los indios,* México D. F., Siglo XXI, 1974.

ROJAS GARCIDUEÑAS, J., *Bernardo de Balbuena, la vida y la obra,* México D. F., 1982.

RUBIO SAN ROMÁN, A., «Aproximación a la bibliografía dramática de Luis de Belmonte Bermúdez», *Cuadernos de Investigación de Literatura Hispánica,* 9, 1988, pp. 101-164.

SANTONJA GÓMEZ-AGERO, G., «De algunas salidas de don Quijote por tierras americanas. (México)», León, Universidad de León, 2006.

TIRSO DE MOLINA, *Deleitar aprovechando. Obras completas de Tirso de Molina,* ed. P. Palomo e I. Prieto, Madrid, Biblioteca Castro-Turner, 1994, vol. 2.

— *Historia general de la Orden de Nuestra Señora de las Mercedes.* ed. M. Penedo Rey, Madrid, Revista *Estudios,* 1973-1974, 2 vols.

URTIAGA, A., *El indiano en la dramática de Tirso de Molina,* Madrid, Revista *Estudios,* 1965.

VALLE, G., «Fray Pedro Simón, cronista de Venezuela», *Cuadernos Hispanoamericanos,* 672, 2006, pp. 17-26.

VARELA, C., *La caída de Cristóbal Colón. El juicio de Bobadilla,* Madrid, Marcial Pons, 2006.

«LA CUEVA DE SALAMANCA» EN AMÉRICA: TRADICIÓN ORAL Y REELABORACIÓN LITERARIA

Celsa Carmen García Valdés
GRISO. Universidad de Navarra

No hace mucho tiempo se hizo eco la prensa internacional de la noticia del robo, en la vieja biblioteca de Yavi, pequeño pueblo de la puna jujeña cercano a la frontera boliviana, de dos ejemplares muy valiosos del *Quijote*. Correspondían esos dos ejemplares a la edición de Juan de la Cuesta para Francisco Robles, la primera parte del año 1605, y la segunda parte del año 1615. Los ejemplares robados —hasta la fecha no hay noticia de que hayan sido recuperados— pertenecieron a don Juan José Fernández Campero, conocido como el marqués de Yavi, aunque sus verdaderos títulos fueron los de marqués del Valle de Tojo y vizconde de San Mateo. Fue el cuarto marqués de ese título, heredado del primero que lo ostentó, don Pablo Fernández de Ovando, a quien el rey le otorgara la encomienda de aquellas tierras. Su descendiente se incorporó al Ejército del Norte, al mando de Belgrano, con el grado de coronel mayor, y organizó y mantuvo a su costa una mesnada conocida como «Regimiento Peruano» que tenía como misión la vigilancia de las tierras de Humahuaca. Un día que escuchaba misa, desprevenidas las tropas, fue hecho prisionero y murió en cautiverio cuando era llevado a España. Por ese tiempo ya era viudo y no tuvo hijos. Los libros de su biblioteca se conservaron, probablemente muy expoliados, en su casa al lado de la iglesia de Yavi. Cuenta el escritor argentino Héctor Tizón, originario de aquella zona, en un hermoso libro titulado *Tierras de frontera,* que todavía en el año 1998 hubo de acompañar a un incrédulo colega español a visitar el *Quijote* de Yavi[1].

Cómo llegaron las dos partes de la primera edición del *Quijote* a un caserío perdido en la fragosidad de los cerros del Alto Perú es una incógnita. Lo más probable es que pertenecieran al primer marqués de Yavi. Sabemos, por los trabajos de Irving A. Leonard, que en el año 1620 el *Quijote* era ya leído de un extremo a otro de la América hispana, si juzgamos por la venta notariada de ciento cuarenta ejemplares en la plaza pública de Lima, que fueron destinados al puesto avanzado de Concepción, en Chile[2].

A la misma época que el *Quijote* pertenece una conocida canción «*Paso ríos, paso puentes, / siempre te encuentro lavando. / La hermosura de tu rostro / el agua se va llevando*» de otro escritor clásico español, Juan de Vera y Tassis, conde de Villamediana, escuchada en boca de copleros analfabetos en la misma región altoperuana.

Pues bien, por el mismo camino que estos libros y canciones, llegaron, allá en los siglos XVI y XVII, otras semillas culturales que, con orígenes lejanos, en tierras americanas enraizaron y se nutrieron con los jugos autóctonos. Y una de ellas es la leyenda de la cueva de Salamanca.

En el entremés de este título, Cervantes se sirve de una leyenda local de la ciudad de Salamanca con raíces tan antiguas que abrevan en las cuevas de los antiguos misterios paganos. Pero es en los comienzos del siglo XVII cuando se sitúa en un lugar preciso la antigua y vaga tradición de la ciudad como centro esotérico y mágico. Covarrubias en el *Tesoro de la lengua castellana,* publicado en el año 1611, anota: «Algunos quieren que este [nombre de la ciudad] sea griego, de [...] *psallo, et* [...] *mantici, divinatio, quasi cantus divinus;* parece aludir a la fábula de que en Salamanca se enseñaba la encantación y arte de nigromancia, en una cueva que llaman de San Cebrián. Esto tengo por fábula»[3].

La cueva de que habla Covarrubias era la cripta situada debajo de la iglesia dedicada a San Cipriano de Antioquía, antiguo mago después convertido y mártir, protagonista del drama *El mágico prodigioso,* de Calderón. No lejos de la cripta se encuentra la casa de la madre Celestina y la llamada torre del Marqués de Villena, con su fama de mago

---

[1] Tizón, 2000.
[2] Leonard, 1948. Citado por Leonard, 1974, p. 128.
[3] Covarrubias, *Tesoro, s. v.* «Salamanca».

y hasta de hechicero y nigromante, que, siempre según la leyenda
—pues ni siquiera se encuentra documentada la presencia del marqués en Salamanca—, engañó al mismo demonio en la cripta de San
Ciprián.

Por las mismas fechas y con el fin de ensalzar las excelencias de la
universidad salmantina, escribe Álvarez de Ribera:

> Habiendo llegado a ser universal en Salamanca esta comprehensión, y
> enseñanza de todas las facultades, que aun las que no se pueden aprehen-
> der, ni manifestar, las ha descubierto ocultas la Antigüedad en la obscura
> y profunda gruta de San Cibrián o San Ciprián[4]

Este texto de Álvarez de Ribera ya alude a una relación entre los
ocultos estudios que se hacían en la cueva y la cercana y universal-
mente acreditada universidad en la que se estudiaban las materias propias del *trivium* y del *cuadrivium,* y hasta astrología; pero había estudios
—como los de química, en la que había cierto solapamiento con la
alquimia, cuyo mundo mágico en casi todas las circunstancias chocaba
con la Iglesia—, que eran considerados demoníacos[5] y debían hacerse
en sitios ocultos[6].

Cervantes publicó el entremés de *La cueva de Salamanca* en *Ocho
comedias y ocho entremeses nuevos nunca representados* en el año 1615. De
los ocho entremeses que Cervantes publica dos —y dos de las come-

---

[4] Álvarez de Ribera, *Expresión panegírica diaria de las festivas demostraciones con que
solemnizó la canonización de San Juan de Sahagún la... ciudad de Salamanca,* Salamanca,
s. a. Citado por F. R. de la Flor en su «Introducción» a F. Botello de Moraes, *Historia
de las Cuevas de Salamanca.*

[5] Ver Arribas Jimeno, 1991.

[6] Hoy se lee en la guía turística de la ciudad salmantina: «La cueva de Salamanca
no muy lejana a las dos catedrales de esta ciudad, era el lugar donde el Diablo enseñaba lo que todas las escuelas ocultaban. De entre los muchos pupilos que frecuen-
taron al Maestro Negro destacaba Enrique de Villena, de quien se refiere que era el
séptimo de siete aplicados aprendices. El Maestro pidió, a cambio de sus enseñanzas,
el alma de uno de los siete. El de Villena se quedó el último, destinado por sorteo
a ser pago de las lecciones, pero a última hora sorteó él mismo las zarpas del diablo
y salió de la cueva indemne. Bueno, casi indemne: perdió la sombra, que quedó en
manos del Maligno. Y ya se sabe que un hombre sin sombra no deja de despertar
rumores entre las gentes de bien... Durante mucho tiempo la Cueva de Salamanca,
aunque tapiada por las autoridades, se dice que proseguía su labor oculta en las cercanías del seminario de Carvajal y de la que la gente sigue llamando, por don Enrique,
torre de Villena».

dias— debieron de ser escritos en fechas próximas a su publicación, pues en la «*Adjunta*» al *Viaje del Parnaso,* publicado en 1614, confiesa tener compuestas seis comedias y seis entremeses. El hecho de que *El rufián viudo* y *La elección de los alcaldes de Daganzo* sean los únicos entremeses escritos en verso, etapa más perfeccionada y moderna que la prosa, ha llevado a conjeturar que estas dos piezas serían las añadidas, luego *La cueva de Salamanca* sería una de las que ya tenía escritas. En cualquier caso, hay unanimidad en considerar, en general, los entremeses cervantinos como frutos de madurez, y tanto Canavaggio como Asensio coinciden en fecharlos entre 1610 y 1612[7], años que se corresponden con la euforia salmantina de la leyenda de la cueva.

Por esos mismos años de comienzos del siglo XVII, continuando los estudios de Leyes y Cánones que había iniciado en su México natal, se encontraba en Salamanca Juan Ruiz de Alarcón, según ha documentado Margarita Peña, quien ha dedicado al dramaturgo novohispano eruditos trabajos[8].

En 1624 se imprimió en Madrid la *parte primera* de las comedias de Ruiz de Alarcón, donde se encuentra incluida la comedia *La cueva de Salamanca,* cuyo título, como el del entremés cervantino, remite a la cueva mágica. Se encuentran en la comedia continuas alusiones a la vida estudiantil salmantina tan vívidas que ha hecho pensar a los estudiosos que la comedia tuvo que ser comenzada a escribir en los años de la estancia de Ruiz de Alarcón en Salamanca, aunque haya sido terminada o retocada algunos años más tarde.

Se trata de una comedia de magia en la que Ruiz de Alarcón, anacrónicamente, pero muy de acuerdo con la tradición local salmantina, asocia el tema de la cueva con el de la figura del marqués de Villena. El prestigio de la cueva de Salamanca como escuela de artes mágicas atrae a la ciudad al viejo mago Enrico, figura central de la comedia, que pretende aumentar su ciencia. Para este personaje de Enrico probablemente Ruiz de Alarcón se haya inspirado en el sabio Enrico Martínez, famoso matemático, cosmógrafo y fisiónomo de origen alemán, que construyó el acueducto de Huehuetoca en la Nueva España y residía en la capital mexicana desde 1589, con lo que nuestro dramaturgo debió de tener ocasión de conocerle antes de su primer viaje a España y, probablemente, de tratarlo más tarde.

---

[7] Ver Cervantes, *Entremeses,* en las ediciones de E. Asensio y J. Canavaggio.
[8] Peña, 2000, pp. 215 y ss.

Se encuentra, pues, la cueva de Salamanca, con su temática de magia y hechicería, en un entremés de Miguel de Cervantes y en una comedia de Juan Ruiz de Alarcón. El diferente enfoque que uno y otro dan a un tema tan «sospechoso» a comienzos del siglo XVII está en relación con el diferente código que utilizan estos géneros dramáticos[9].

El estudiante del entremés no duda en afirmar que hubiera tenido buena cama y buena cena, si hiciera uso de «la ciencia que aprendí en la cueva de Salamanca, [...] si se dejara usar sin miedo de la Santa Inquisición»[10]. En este entremés, en el que la perspectiva cómico burlesca se dirige hacia la irracionalidad de Pancracio, el marido burlado, el estudiante no encuentra dificultad para hacerle creer en sus poderes mágicos porque Pancracio no sólo demuestra predisposición hacia la magia, como prueba el que pretenda reanimar a su mujer diciéndole al oído «unas palabras que tienen virtud para hacer volver de los desmayos», sino que ya conoce porque ha oído hablar —transmisión oral sobre la que volveremos— de las excelencias de la cueva: «ya deseo en todo extremo ver alguna de estas cosas que dicen que se aprenden en la cueva de Salamanca» (p. 110), y al finalizar el entremés, fuera de toda ortodoxia, invita a cenar a los demonios, para concluir «y, por Dios, que no han de salir de mi casa hasta que me dejen enseñado en la ciencia y ciencias que se enseñan en la cueva de Salamanca» (p. 114). El pecado de Pancracio, inspirado por su bobería, es el de la curiosidad: pecado de conocimiento, que se emparenta con la tentación original de comer la fruta del árbol de la ciencia. Dicho de otro modo, la bobería de Pancracio consiste en no comprender que entrar en la cueva nigromántica implica la suspensión de la ley cristiana. La estupidez del personaje sirve para disimular con un velo de cómica inocencia la gravedad de su comportamiento, salvando de ese modo el orden y estilo del entremés. La única en presentir el engaño es Cristina, la criada, que murmura entre dientes: «El mismo diablo tiene el estudiante en el cuerpo». Para Maurice Molho, el estudiante es una figura equívoca de la que no se sabe si hace de diablo paródico o verdadero, ya que es astucia propiamente diabólica la que consiste para el Demonio en invertirse en un personaje que se pregona por diablo o domador de diablos[11].

---

[9] El diferente código que utilizan la comedia y el entremés para tratar el tema de la honra ha sido estudiado por Chauchadis, 1980.

[10] Cervantes, *Entremeses*, ed. C. C. García Valdés, p. 110.

[11] Molho, 1985, pp. 44 y ss., y 1992.

Hay, además, en el entremés algunos diálogos cómicos que aluden jocosamente a la situación, como cuando la cínica esposa Leonarda exclama «¡Jesús!», al ver aparecer a los dos supuestos demonios que no son otros que el sacristán y el barbero, y le replica Cristina: «Mirá, señora, que donde hay demonios no se ha de decir Jesús»[12]. Todo esto está permitido en el entremés porque «el entremés, —escribe Eugenio Asensio— reverso o complemento de la comedia exaltadora del amor, el honor y la aventura, no cree de su incumbencia el proteger los ideales éticos, ni el hacer triunfar la moralidad social [...]. Esta ejemplaridad queda reservada a la comedia, mientras que el entremés prefiere divertirse a costa de las flaquezas de los hombres»[13].

¿Cómo plantea Ruiz de Alarcón en su comedia el tema de la cueva de Salamanca y de la ciencia mágica? De la inclinación del dramaturgo mexicano por la magia hay abundante bibliografía minuciosamente analizada por Margarita Peña[14], sin embargo, para no caer en terreno tan resbaladizo, después de una trama salpimentada de trucos mágicos, Ruiz de Alarcón se ajusta al código moralizador de la comedia y niega la cueva como antro demoníaco y la magia como ciencia lícita. Veamos.

Enrico se ha instalado en Salamanca, viviendo pobremente en una muy pequeña habitación, desde la que imparte su ciencia:

> En este, pues, que veis, albergue chico
> donde vine a parar por la noticia
> desta Universidad, paso tan rico
> cuan libre de ambición y de codicia;
> aquí mi ciencia a todos comunico;
> que no de lo que sé tengo avaricia[15]. (vv. 411-416)

A Salamanca llega también Enrique de Villena que ha abandonado la corte, a donde le habían llegado noticias de la famosa cueva:

> La parlera fama allí
> ha dicho que hay una cueva
> encantada en Salamanca,
> que mil prodigios encierra;

---

[12] Cervantes, *Entremeses*, ed. C. C. García Valdés, p. 112.
[13] Cervantes, *Entremeses*, ed. E. Asensio, p. 23.
[14] Peña, 2000, pp. 115 y ss.
[15] Cito por la edición de Millares Carlo de *Obras completas*.

que una cabeza de bronce
sobre una cátedra puesta,
la mágica sobrehumana
en humana voz enseña. (vv. 737-744)

Yo, desta ciencia curioso,
incitado destas nuevas,
supe de la cueva el sitio
y partime solo a verla.
La cueva está en esta casa,
si no mintieron las señas. (vv. 749-754)

Y llega así a la pequeña habitación de Enrico donde se encuentra con don Diego, estudiante de buena familia y muy amigo de travesuras que, huyendo de la justicia por una de ellas, ha sido protegido por Enrico. Por medio de don Diego, Ruiz de Alarcón pone las cosas en su sitio, como conviene a una comedia, que no desea ser prohibida o censurada. Don Diego responde al de Villena:

Oíd de la cueva, Enrique,
la relación verdadera.
Retórica la fama, de figura
alegórica usando, significa
la verdad de la cueva en la pintura.
Esta que veis obscura casa chica
cueva llamó, porque su luz el cielo
por la puerta no más le comunica,
y porque una pared el mismo suelo
le hace a las espaldas con la cuesta
que a la iglesia mayor levanta el vuelo;
y la cabeza de metal que puesta
en la cátedra da en lenguaje nuestro
a la duda mayor clara respuesta,
es Enrico, un francés que el nombre vuestro,
el mismo devagar, los mismos casos
y el que tuvistes vos, tuvo maestro.
De Merlín, como vos, siguió los pasos,
y al fin, pródigo aquí de su riqueza,
de magia informa juveniles vasos;
y porque excede a la naturaleza

> frágil del hombre su saber inmenso,
> se dice que es de bronce su cabeza. (vv. 775-797)

> En viéndolo, veréis que ha sido escasa
> la fama en metafóricos pregones,
> pues la verdad sus límites traspasa. (vv. 810-812)

Es decir, la famosa cueva de Salamanca, tan pregonada por la voz parlera de la fama, no es otra cosa, en la comedia, que la pequeña habitación desde la que el mago Enrico comunica su sabiduría, que, al ser tan extraordinaria e incomprensible para el vulgo, ha sido metaforizada en una cabeza parlante. ¿Y toda la ciencia mágica, no permitida, que tanto Enrico como Villena afirman haber aprendido de su maestro común, el mago Merlín? Ruiz de Alarcón ha procurado en todo momento mantenerse dentro de la ortodoxia requerida por el código de la comedia. Se vale para ello, por una parte, del gracioso Zamudio, encargado de echar a broma los saberes mágicos:

> ENRICO   Zamudio, ¿que ya has venido?
> ZAMUDIO   Sí señor y no creería,
>   sin verlo, que preguntara
>   una cosa que es tan clara
>   quien sabe nigromancía. (vv. 1160-1164)

O cuando Zamudio demuestra que él también es mago, pues puede adivinar dónde tiene un dolor Enrico sin tomarle el pulso siquiera, dándole un golpe y diciéndole «¡ahí!», o cuando se burla de Enrico, que ha sido hecho prisionero por haber encubierto a don Diego, y no se libra de la prisión utilizando su magia. Pero, sobre todo, se vale Alarcón del desarrollo de la trama de la comedia que finaliza con un debate de tipo académico, muy universitario, en el que Enrico ha de defender la licitud de la magia frente a un fraile y doctor dominico que la niega. Enrico argumenta que la magia utiliza elementos de la naturaleza, luego es natural, y por lo tanto buena y lícita. El dominico, que divide la magia en tres especies: natural, artificiosa y diabólica, comienza admitiendo que las dos primeras son lícitas, para concluir, después de un minucioso razonamiento, que toda ella es ilícita. Enrico admite su derrota y confiesa que la magia «es arte mala y perversa», afirmación contraria —recuerdo— al Pancracio del entremés que pretende que los demonios se la enseñen. El Pesquisidor, que preside el debate, saca las conclusiones apropiadas:

> Oíd, ilustre nobleza,
> estudiosa juventud,
> desta celebrada Atenas,
> cómo ser la magia mala
> su dogmatista confiesa.
> Esto que veis ha ordenado
> su Majestad por que vea
> esta Escuela la justicia
> con que estas artes condena,
> porque así no habrá ya alguno
> que la estudie ni defienda:
> lo cual en todos sus reinos
> prohíbe con graves penas
> con eso su Majestad
> teniendo esperanza cierta
> de que en pechos tan leales
> habrá la debida enmienda. (vv. 2670-2687)

Ruiz de Alarcón ha sabido dejar su obra —y a él mismo— bien a cubierto de cualquier suspicacia dogmática.

Resulta pues evidente el diferente trato que han debido dar al tema común de la cueva de Salamanca dos dramaturgos, uno nacido en Alcalá (España), el otro en Taxco (México), que escriben aproximadamente por los mismos años de comienzos del siglo XVII. Diferencia obligada por el distinto género dramático elegido.

Entremés de Cervantes y comedia de Ruiz de Alarcón son dos obras diferentes de estructura, estilo y contenido, pero tienen en común que en ambas la leyenda de la cueva de Salamanca pasó a constituir parte del discurso literario. Otro es el camino que siguió la leyenda por transmisión oral, a la que, ya lo hemos dicho, se alude en las piezas dramáticas: tanto Pancracio, en el entremés, como Enrico y el marqués de Villena, en la comedia, *han oído hablar* de las maravillas de la cueva.

En el discurso literario, la cueva de Salamanca es lugar donde se estudia, donde se aprende, lugar de conocimiento, paralelo a la universidad, y si bien esto no va a faltar en la tradición oral, pasa a ser algo secundario. Lo más importante será la presencia del diablo y de otros seres diabólicos.

Los conquistadores de primera hora y colonizadores posteriores pasaron a América con la memoria cargada de canciones, leyendas y tradiciones de sus regiones de procedencia. Menéndez Pidal ha recogido testimonios que prueban, por ejemplo, que el romancero viejo estaba presente, como algo vivo, durante el siglo XVI, en tierras americanas[16].

La cueva de Salamanca, la cueva de magia, la cueva del diablo, una tradición que en España ya decaía, adquirió en las Indias nuevo vigor. El misterio fascinante que encierra creció con elementos autóctonos, con supersticiones y magias indígenas, y se extendió por la mayor parte de Hispanoamérica —no he podido documentar su existencia en México o Centroamérica—, con una mayor presencia en la Argentina y Chile.

En un viaje por la provincia argentina de La Rioja, en la villa de Sanagasta, lugar de viejas tradiciones, habitado por los diaguitas que allí desarrollaron una importante cultura conocida arqueológicamente como *cultura Sanagasta-Angualasto,* encontré un riachuelo con el nombre de La Salamanca, y preguntando el porqué de ese nombre me dijeron que porque nacía en «las salamancas» de una montaña que se veía a lo lejos. Se trataba de cuevas o socavones entre gigantescas rocas graníticas y barrancas erosionadas por las tormentas estivales, consideradas por los lugareños recintos de autóctonos aquelarres, llamados como el río, salamancas. Más tarde pude encontrar muchas otras «salamancas» en el sur de Bolivia, Chile y Argentina.

«La cueva de Salamanca» se adaptó en América y asimiló elementos de la mitología autóctona, alcanzó una vivencia nueva, olvidó el origen y, borrado el recuerdo de la ciudad del Tormes, pasó a ser «la salamanca», nombre común —en algunos casos es nombre propio porque se designa así un lugar o accidente geográfico—, recinto donde el demonio occidental o Zupay o Supay, el diablo indígena, preside su aquelarre y escuela.

Salamanca —sin mayúscula— es todo mundo embrujado e, incluso, como argentinismo, ha pasado a significar un lugar tenebroso, sucio o descuidado. A los brujos, a las personas que paSan por tales, a los ancianos a quienes se tiene por iniciados en los secretos de la

---

[16] Ver mi trabajo «Poesía lírica y épica del siglo XVI», 1991.

salamanca, los campesinos suelen llamarlos «salamanqueros», y este nombre se aplica también a la persona malvada pero afortunada en negocios, amores o artes, porque se la supone favorecida por el pacto diabólico sellado en una salamanca. Y es que en la salamanca americana el diablo enseña todo tipo de artes, incluidas la música y la poesía. No ha perdido, por tanto, su primitiva función de academia del conocimiento. En Argentina, la tradición de la salamanca va unida a la del payador Santos Vega que murió de dolor por haber sido vencido en el canto por un cantor desconocido, que no podía ser otro que el diablo, pues solo él o alguien enseñado por él en una salamanca podía vencer a Santos Vega[17].

No es ésta la ocasión para mencionar los numerosos lugares donde existen salamancas y los testimonios de personas que confieSan haber tenido experiencias relacionadas con ellas[18], pero sí quiero mencionar un par de datos de nuestros días, testimonio de que la leyenda subsistió hasta hoy, no como una especie muerta del folclore, sino como algo vivo y actual.

En el diario *La Gaceta de Tucumán* (14.XI.1987) se da una noticia titulada «Salamanca en Loreto». Un cazador, hombre cuerdo y de comprobado coraje —resalta el periodista para que no quepan dudas sobre la salud mental del protagonista—, merodeando en busca de perdices, quedó sorprendido por una extraña música que provenía de las entrañas de la tierra. Indagando, se asomó a la boca de un ancho pozo donde vio muchos animales enormes, víboras, arañas, sapos que arpegiaban con sus uñas instrumentos de cuerda y una rana gigante que hacía de cantante. De pronto, la música pareció haberse trasladado a la copa de un viejo árbol que estaba a sus espaldas. El cazador perdió el valor y huyó. Pero lo mejor de la noticia son los comentarios del corresponsal: «De este modo el vecino de Loreto comprobó personalmente la existencia de una Salamanca», y vincula el hallazgo con el hecho reciente de una vizcacha gigante que persiguió por los montes cercanos a otro cazador que se pudo salvar milagrosamente[19]. En Santiago del Estero, en la localidad de La Banda, se organiza todos los años el festival de «La Salamanca». El escenario está decorado con figuras de diablos, serpientes, dragones, bestiario propio de la sala-

[17] Hay versiones de Hilario Ascasubi, Rafael Obligado y Eduardo Gutiérrez.
[18] Sobre el tema de la leyenda de la cueva de Salamanca en América, preparo un trabajo más amplio y documentado.
[19] Recogida en Omil, 2000.

manca, cambios de luces, aparición de humo, etc. Entre los danzantes de los distintos grupos que intervienen en el festival, aparecen demonios, caracterizados como tales, con cuernos y rabo, vestidos con largas capas rojas y negras que interactúan con los danzantes.

Esta tradición americana de la cueva de Salamanca fue llevada al teatro por el escritor y erudito argentino Ricardo Rojas (1882-1957) en una obra, cuyo título, *La Salamanca*[20], ya hace referencia al nombre que adoptó en el Cono Sur del continente. «Misterio colonial», «leyenda de pasión, de brujería y de milagro», la subtitula Rojas, que, según afirma, no ha tenido en cuenta en la construcción de su drama las llamadas «comedias de magia»; su inspiración está más cercana a la tradición de los misterios medievales, a los autos sacramentales y al teatro de fantasía.

La Salamanca de Rojas, leyenda dramatizada en tres actos en verso, se representó el 10 de septiembre de 1943 en el Teatro Nacional de la Comedia de Buenos Aires, con un reparto excepcional, música de Carlos Vega y un coro *a capella* que interpretó *Magnum mysterium,* del padre Tomás Luis Victoria (1540-¿1614?). La acción tiene lugar en la época colonial. El Amo, cincuentón rico, engreído, concupiscente, prototipo de encomendero criollo del siglo XVII, según pretende Rojas, está empeñado en poseer a una niña de quince años que se ha criado y vive en su casa; la niña, la Doncella en el drama, pues no hay nombres propios, se le resiste. A la casa llega un desconocido, el Peregrino, que pide hospedaje y que después desaparece misteriosamente; por sospecharlo mago que protege a la Doncella, el Amo recurre a las artes de una Hechicera para contrarrestar aquel influjo adverso, y ésta logra por medio de hechizos apoderarse de la niña y conducirla a la salamanca. El último acto se desarrolla en la cueva donde se encuentra Supay, el diablo nativo, con una corte de engendros demoníacos y animales siniestros: la almamula, el cacuy, el basilisco, el mandinga, etc., que Rojas ya había tratado, con otros elementos de magia indígena, en su libro *El país de la selva* (1907). El Amo pacta con el Diablo, pero no consigue su intento porque se presenta el Peregrino, príncipe de la Luz, y salva a la Doncella.

Para Rojas, que estableció el antecedente colonial de las salamancas americanas en uno de sus primeros libros, *El éxodo de Zupay* (1906), la Salamanca es el mayor mito elaborado en la época colonial. Su drama

---

[20] Rojas, 1943.

se instala, pues, en la tradición de la leyenda de la cueva de Salamanca, pero incorporando novedades autóctonas a lo que fue su primitiva configuración mítica.

Se cierra así el círculo de una tradición oral centenaria que se incorporó al discurso literario[21], pasó al Nuevo Mundo, y, revitalizada con la magia indígena, testimonio de la universalidad de su simbología, de nuevo se vertió en obras de arte.

BIBLIOGRAFÍA

ARRIBAS JIMENO, S., *La fascinante historia de la alquimia descrita por un científico moderno*, Oviedo, Universidad de Oviedo, 1991.

BOTELLO DE MORAES, F., *Historia de las Cuevas de Salamanca*, ed. E. Cobo, intro. F. R. de la Flor, Madrid, Tecnos, 1987.

CERVANTES, M. de, *Entremeses*, ed. E. Asensio, Madrid, Castalia, 1970.

— *Entremeses*, ed. J. Canavaggio, Madrid, Taurus, 1982.

— *Entremeses*, ed. C. C. García Valdés, Madrid, Santillana, 1997.

CHAUCHADIS, C., «Risa y honra conyugal en los entremeses», en *Risa y sociedad en el teatro español del Siglo de Oro*, Paris, CNRS, 1980, pp. 165-178.

COVARRUBIAS HOROZCO, S. de, *Tesoro de la lengua castellana o española*, ed. I. Arellano y R. Zafra, Madrid-Frankfurt, Iberoamericana-Vervuert, 2006.

GARCÍA VALDÉS, C. C., «Poesía lírica y épica del siglo XVI», en F. Pedraza (dir.), *Manual de literatura hispanoamericana*, Pamplona, Cénlit Ediciones, 1991, vol. I, pp. 222-323.

LEONARD, I. A., «Un envío de libros para Concepción de Chile, 1620», *El Bibliófilo chileno* (Santiago de Chile), 2, 1948, pp. 1-7.

— *La época barroca en el México colonial*, México D. F., F.C.E., 1974.

MOLHO, M., «En torno a la Cueva de Salamanca», en *Lecciones cervantinas*, coord. por A. Egido, Zaragoza, Caja de Ahorros, 1985, pp. 29-48.

— «El sagaz perturbador del género humano: brujas, perros embrujados y otras demonomanías cervantinas», *Bulletin of the Cervantes Society of America*, 12.2, 1992, pp. 21-32.

OMIL, L., «Mitos, leyendas y relatos orales del noroeste argentino. Sus bestias», en VV. AA., *Los bestiarios*, Tucumán, Universidad Nacional de Tucumán, 2000, pp. 59-77.

PEÑA, M., *Juan Ruiz de Alarcón ante la crítica, en las colecciones y en los acer-*

---

[21] Para esta ponencia me he fijado únicamente en obras dramáticas, pero la leyenda de la cueva de Salamanca ha pasado a otros géneros como la novela, el cuento y la poesía, para los que remito a mi trabajo en preparación.

vos documentales, México D. F., Grupo Editorial Miguel Ángel Porrúa, 2000.

ROJAS, R., *La Salamanca,* Buenos Aires, Losada, 1943.

RUIZ DE ALARCÓN, J., *Obras completas,* ed. A. Millares Carlo, México D. F., F.C.E., 1977.

TIZÓN, H., *Tierras de frontera,* Buenos Aires, Alfaguara, 2000.

VV. AA., *Los bestiarios,* Tucumán, Universidad Nacional de Tucumán, 2000.

Tomos de la Biblioteca Indiana

1 Ignacio Arellano, Eduardo Godoy (eds.): **Temas del Barroco hispánico.** 2004, 312 p. (Biblioteca Indiana, 1) ISBN 84-8489-158-5

2 Andrés Eichmann Oehrli: **Letras humanas y divinas de la muy noble Ciudad de la Plata (Bolivia).** 2005, 320 p. (Biblioteca Indiana, 2) ISBN 84-8489-175-5

3 Jorge Eduardo Arellano: **Rubén Darío. Don Quijote no debe ni puede morir (páginas cervantinas).** 2005, 102 p. (Biblioteca Indiana, 3) ISBN 84-8489-207-7

4 Ignacio Arellano y Andrés Eichmann (eds.): **Entremeses, loas y coloquios de Potosí (colección del convento de Santa Teresa).** 2005, 480 p. (Biblioteca Indiana, 4) ISBN 84-8489-204-2

5 Raïssa Kordić, Cedomil Goic: **Testamentos coloniales chilenos.** 2005, 360 p. (Biblioteca Indiana, 5) ISBN 84-8489-227-1

6 Cedomil Goic: **Letras del Reino de Chile.** 2006, 336 p. (Biblioteca Indiana, 6) ISBN 84-8489-254-9

7 Ignacio Arellano, Alejandro González Acosta, Arnulfo Herrera (eds.): **San Francisco Javier entre dos continentes.** 2007, 272 p. (Biblioteca Indiana, 7) ISBN 978-84-8489-290-8

8 Judith Farré Vidal (ed.): **Teatro y poder en la época de Carlos II. Fiestas en torno a reyes y virreyes.** 2007, 360 p. (Biblioteca Indiana, 8) ISBN 978-84-8489-295-3

9 Raïssa Kordić (ed.): **Epistolario de sor Dolores Peña y Lillo (Chile, 1763-1769).** 2008, 520 p. (Biblioteca Indiana, 9) ISBN 978-84-8489-328-8

10 Ignacio Arellano, José Antonio Rodríguez Garrido (eds.): **El teatro en la Hispanoamérica colonial.** 2008, 482 p. (Biblioteca Indiana, 10) ISBN 978-84-8489-295-3

11 Antonio Lorente Medina (ed.): **Carlos de Sigüenza y Góngora. Oriental Planeta Evangélico.** 2008, 128 p. (Biblioteca Indiana, 11) ISBN 978-84-8489-347-9

12 Hugo R. Cortés, Eduardo Godoy, Mariela Insúa (eds.): **Rebeldes y aventureros: Del viejo al nuevo mundo.** 2008, 264 p. (Biblioteca Indiana, 12) ISBN 978-84-8489-390-5

13 Ignacio Arellano, Ronin Ann Rice (eds.): **Doctrina y diversión en la cultura española y novohispana.** 2009, 240 p. (Biblioteca Indiana, 13) ISBN 978-84-8489-402-5

14 Trinidad Barrera (ed.): **Herencia cultural de España en América. Siglos XVII y XVIII.** 2008, 296 p. (Biblioteca Indiana, 14) ISBN 978-84-8489-376-9

15 Martina Vinatea Recoba (ed.): **Epístola de Amarílis a Belardo.** 2009, 216 p. (Biblioteca Indiana, 15) ISBN 978-84-8489-401-8